明紀

四部備要

史部

中華書局據江蘇書局刻本校刊

桐鄉 陸費逵 總勘
杭縣 高時顯 吳汝霖 輯校
杭縣 丁輔之 監造

明紀卷第十七

賜進士出身工部候補主事虞衡司行走陳鶴纂

卹贈知府銜給雲騎尉世職內閣候補中書孫男克家參訂

英宗後紀 起天順元年丁丑訖天順八年甲申凡八年

天順元年春正月丙戌改元赦天下論奪門功進石亨忠國公封張軏太平侯張輗文安伯楊善興濟伯擢曹吉祥嗣子欽都督同知商輅上書自訴復儲疏在禮部可覆驗不省興安稍解之帝愈怒安曰向者此輩創議南遷不審置陛下何地帝意漸釋　丁亥殺兵部尚書于謙大學士王文籍其家家戍邊謫大學士陳循尚書江淵俞士悅侍郎項文曜充遼東鐵嶺衛軍斥大學士蕭鎡商輅侍郎王偉古鏞丁澄爲民王誠舒良張永王勤並磔死中官坐誅者甚衆獨興安獲免謙家無餘貲獨正室鐍鑰甚固啓視則上賜蟒衣劍器也死之日陰霾四合天下冤之指揮朶兒者本出曹吉祥部下以酒酹謙

死所慟哭吉祥怒抶之明日復酹奠如故都督同知陳逵感謙忠義收遺骸殯之踰年歸葬杭州皇太后初不知謙死比聞嗟悼累日帝亦悔之文之死人皆知其誣然素刻忮迎駕復儲之議不愜輿論故冤死而民不思　己丑復論奪門功封孫鏜懷寧伯董興海寧伯擢欽天監正湯序禮部右侍郎進會昌伯孫繼宗爲侯世襲繼宗忠之子也　辛卯罷巡撫提督官石亨惡文臣爲巡撫抑武臣不得肆故也亨眷顧特異言無不從弟姪家人冒功錦衣者五十餘人部曲親故竄名奪門籍得官者四千人兩京大臣斥逐殆盡納私人重賄引用太僕丞孫宏郎中陳汝言蕭璁張用瀚郝璜龍文朱銓員外郎劉本道爲侍郎時有語曰朱三千龍八百勢焰薰灼嗜進者競走其門浙江參政曹凱給事中成章御史甘澤等九人嘗攻亨失並貶黜之曹吉祥亦進掌司禮監督三大營從子欽鐸鐣並官都督門下廝養冒官者多至千百人朝士亦有依附希進者權勢與亨埒時並稱

曹石　吏部尚書王直禮部尚書胡濙致仕賜璽書金幣給驛歸官濙一子錦衣鎮撫王翺始專吏部事石亨欲去之翺乞休已得請李賢力爭乃留之　壬辰榜于謙黨人示天下　殺故昌平侯楊俊俊初守永寧懷來聞也先欲奉帝還密戒將士毋輕納及帝還又言是將爲禍本張軏與俊不協白之坐誅奪俊子珍爵戍廣西　先是刑部侍郎周瑄出振順天河間饑未竣而帝復位有司請召還不聽復賜敕令便宜處置瑄徧歷所部大舉荒政先後振饑民二十六萬五千給牛種各萬餘奏行利民八事事竣乃還　二月乙未朔廢景泰帝復爲郕王遷西内皇太后吴氏以下悉仍舊號　庚子高穀致仕帝語廷臣曰穀長者在内閣議迎駕及南内事常左右朕其賜金帛襲衣及驛舟以歸尋復賜敕獎諭穀既去位杜門絕賓客有問景泰天順間事輒不應　湯序請除景泰年號不許　癸卯吏部侍郎李賢兼翰林學士入閣預機務賢氣度端凝奏對皆中機宜帝深眷之

初都督范廣副石亨提督團營軍馬亨所爲不法其部曲多貪縱廣數以爲言亨銜之譖罷廣止領毅勇一營廣又與張軏不相能軏遂與亨誣廣黨附于謙謀立外藩下獄殺之子昇戍廣西籍其家以妻孥第宅賜降丁廣性剛果臨陳身先士卒一時諸將盡出其下最爲謙所信任故指爲黨　甲辰封曹義豐潤伯焦禮東寧伯施聚懷柔伯　石亨張軏追論浙江參政王竑擊馬順事除名編管江夏右都御史李實初使瓦剌請帝還京引咎自責失帝意及是以居鄉暴横斥爲民　廣西大藤峽荔滿等處賊劫掠縣治殺擄居民戊申柳溥勦破之　王驥言陛下復辟之日臣子祥入南城爲諸將所擠墮地幾死今論功不及疑有蔽之者帝乃官祥指揮僉事命驥仍兵部尚書理部事　癸丑郕王薨年三十謚曰戾毀所營壽陵以親王禮葬西山給武成中衛軍二百戶守護後宮唐氏等俱殉葬帝欲并令汪妃殉李賢曰妃已幽廢況兩女幼尤可憫帝乃已　賜脫脫字

羅名和勇克羅俄領占名羅秉忠　贈阮浪太監盧忠及徐正等俱磔死黃竑先自縊剖棺戮其屍其子震亦被誅　戊午方瑛與石璞移兵天柱帥陳友李震等分擊天堂小坪墨溪諸砦大破之克砦二百二十七禽僞王侯伯以下一百二人捷聞召璞還瑛留鎮貴州湖廣　進廣寧伯劉安爲侯　李秉督江南糧儲　三月己巳復立皇子見濬爲皇太子改名見深改封見清德王改名見潾封見澍秀王見澤崇王見浚吉王　徐有貞謂石亨曰願得冠側注從兄後亨爲言於帝癸酉封武功伯兼華蓋殿大學士掌文淵閣事事權盡歸有貞中外側目有貞既得志思自異於曹石窺帝於二人不能無厭色稍稍裁之且微言其貪橫狀帝爲之動　乙亥大賚文武軍民　石亨爲征虜副將軍勦寇延綏　耿九疇議事京師帝顧侍臣曰九疇廉正人也留爲右都御史罪人繫都察院獄者不給米九疇爲言乃日給一升著爲令　石彪以前憾劾年富逮下詔獄帝問李賢賢稱

富能祛弊帝曰此必彪爲富抑不得逞其私耳賢曰誠如聖諭宜早雪之諭錦衣指揮使門達從公問事果無驗乃令致仕是時達專任理刑千戶謝通用法仁恕達倚信之重獄多平反有罪者以下禁獄爲幸朝士翕然稱達賢富之被逮也霍瑄資其家還里韋力轉撻瑄十餘瑄尋召爲工部侍郎以其事聞且言力轉每宴輒用妓樂服御僭侈如王者強取部民女爲妾力轉亦訐瑄違法事帝兩釋焉　丁亥僉都御史林聰振山東饑活饑民百四十五萬　夏四月甲午朔以災異數見求直言　乙未免浙江被災稅糧　丁酉方瑛陳友討蒙能餘黨克銅鼓藕洞一百九十餘砦覃洞上隆諸苗各斬其渠納款李震亦進武岡克牛欄等五十四砦斬獲多湖廣苗悉平　丁未錄囚　癸丑罷團營　帝之北狩也襄王瞻墡於諸王中最長且賢衆望頗屬太后命取襄國金符入宮不果召瞻墡上書請立皇長子令郕王監國募勇智士迎車駕書至景帝立數日矣帝居南內瞻墡

又上書景帝請旦夕省膳問安帥羣臣朔望見無忘恭順帝復辟于謙等以迎立外藩死頗疑瞻墡而襄國金符固在太后閣中又從宮中得瞻墡所上二書乃賜書召之比二書於金縢甲寅瞻墡入朝宴便殿避席請曰臣過開封父老遮道言按察使王槩賢以誣逮下獄願陛下加察帝立出槩以爲大理寺卿詔設襄陽護衞有司爲王營壽藏及歸帝親送至午門外握手泣別瞻墡逡巡再拜帝曰叔父欲何言頓首曰萬方望治如飢渴願省刑薄斂帝拱謝曰謹受教目送出端門乃還　乙卯孛來寇寧夏參將种興戰死　五月召羅綺爲左副都御史綺鎮松潘七年威名甚震　遂溪教諭吾豫言于謙罪當族謙所薦舉諸文武大臣並應誅部議持之得已　先是遣都督馬政往韃靼賜故伯顏帖木兒妻金幣孛來留之而使使入貢欲獻璽帝敕之曰璽已非真卽真亦秦之不祥物耳獻否從爾便第無留我使以速爾禍孛來尋以二千餘騎犯威遠衞都督李文帥師敗之

文英從子也　耿九疇上疏陳崇廉恥清刑獄勸農桑節軍賞重臺
憲五事帝皆嘉納　辛未柳溥備宣大邊　孫繼宗督五軍營戎務
兼掌後軍都督府事自景泰以前外戚無典兵者帝見石亨張軏輩
以營軍奪門故使繼宗參之後李賢以爲言帝曰初內侍言京營軍
非皇舅無可屬太后實悔至今賢曰侯幸淳謹但此後不得爲故事
耳帝曰然　帝欲遣指揮馬雲等使西洋廷臣莫敢諫忠義前衛吏
張昭上疏曰安內救民國家之急務慕外勤遠朝廷之末策漢光武
閉關謝西域唐太宗不受康國內附皆深知本計者也今直隸山東
仍歲災歉小民絕食逃竄妻子衣不蔽體被薦裹席鬻子女無售者
家室不相完轉死溝壑未及瘞埋已成市鬻此可爲痛哭者也望陛
下用和番之費益以府庫之財急遣使振卹庶饑民可救奏下公卿
博議言雲等已罷遣宜籍記所市物俟命帝命姑已之　山東發帑
振饑不足召徐有貞及李賢議有貞謂須振多中飽賢曰慮中飽而

不貸坐視民死是因噎廢食也遂命增給帑銀以振　御史楊瑄印馬畿內至河間民訴曹吉祥石亨奪其田瑄以聞並列二人怙寵專權狀帝語李賢徐有貞曰眞御史也遂遣官按覈而命吏部識瑄名將擢用吉祥聞之懼訴於帝請罪瑄不許吉祥遂怨有貞并忌賢欲傾之帝方傾心委任有貞時屏人密語吉祥令小豎竊聽得之故洩之帝帝驚問曰安所受此語對曰受之有貞某日語某事外間無弗聞帝自是疏有貞會石亨西征還十三道掌道御史張鵬盛時望周斌費廣張寬王鑑趙文博彭烈張奎李人儀邵銅鄭寃陶復及御史劉泰魏翰康驥將因星變劾亨吉祥諸違法事先一日給事中王鉉洩於亨亨與吉祥泣訴帝誣鵬爲已誅內官張永從子結黨排陷欲爲永報讐明日疏入帝大怒收鵬及瑄御文華殿悉召諸御史擲彈章俾自讀斌且讀且對神色自若至冒功濫職帝詰之曰彼帥將士迎駕朝廷論功行賞何云冒濫斌曰當時迎駕止數百人光祿賜酒

饌名數具在今超遷至數千人非冒濫而何帝默然竟下瑄鵬及諸御史於獄榜掠備至詰主使者瑄等無所引乃坐耿九疇羅綺主謀六月甲午亦下獄論瑄鵬死餘遣戍亨等復譖諸言官帝諭吏部給事御史年踰三十者留之餘悉調外王翺列上給事中何玘等十三人御史吳禎等二十三人詔以玘等爲州判禎等爲知縣亨吉祥又泣訴於帝謂瑄鵬誣劾內閣實主之己亥下有貞賢獄忽大風震雷拔木發屋須臾大雨雹壞奉天門鴟吻亨吉祥家大木俱折二人懼其黨湯序亦上言上天示警宜卹刑獄帝感悟敕修省庚子釋九疇出爲江西布政使有貞綺廣東賢福建並參政戍瑄鵬鐵嶺衛餘貶知縣時望東鹿斌江陰鑑廬施文博淳化烈江浦人儀襄陽銅博羅冕衡山泰翰驥及玘禎等並復職　通政司參議兼侍講呂原入閣預機務石亨曹吉祥用事貴倨獨敬原原朝會衣青袍亨笑曰行爲先生易之原不答　薛瑄在內閣帝數召見所陳皆關君德已見石

亨等亂政歎曰君子見幾而作不俟終日吾可久居此乎壬寅致仕
贈鍾同大理寺左寺丞錄其子啓爲國子生尋授咸寧知縣啓請
父遺骸歸葬詔給舟車路費　薛瑄既致仕帝謀代者王翺薦修撰
岳正癸卯召見文華殿正長身美鬚髯帝遙見色喜既登陛連稱善
問年幾何家安在何年進士正具以對復大喜曰爾年正強仕吾北
人又吾所取士今用爾內閣其盡力輔朕正頓首受命趨出石亨張
軏遇之左順門愕然曰何自至此比入帝曰朕今日自擇一閣臣問
爲誰帝曰岳正亨軏陽賀帝曰但官小耳當與吏部左侍郎兼學士
亨軏曰陛下既得人俟稱職加秩未晚帝默然遂命正以原官入閣
預機務翺又言李賢可大用甲辰留爲吏部左侍郎　巡撫貴州副
都御史蔣琳坐于謙黨棄市　石彪楊能與參將張鵬哨磨兒山寇
千餘騎來襲彪帥壯士衝擊斬把禿王搴其旗俘斬百二十人追至
三山墩又斬七十二人　石亨等憾徐有貞不已必欲殺之令人投

匿名書指斥乘輿云有貞怨望使其客馬士權者爲之秋七月乙丑
追執有貞於德州幷士權下詔獄　丙寅夜承天門災丁卯躬禱於
南郊戊辰敕修省曰乃者承天門災朕心震驚罔知所措意敬天事
神有未盡歟祖宗成憲有不遵歟善惡不分用舍乖歟曲直不辨刑
獄冤歟征調多方軍旅勞歟賞賚無度府庫虛歟請謁不息官爵濫
歟賄賂公行政事廢歟朋奸欺罔附權勢歟羣吏弄法擅威福歟征
斂徭役太重而閭閻靡寧歟讒諂奔競之徒倖進而忠言正士不用
歟抑有司闒茸酷暴貪冒無厭而致軍民不得其所歟此皆傷和致
災之由而朕有所未明也今朕省愆思咎怵惕是存爾羣臣休戚惟
均其洗心改過無蹈前非當行者直言無隱　庚午復李賢尚書直
內閣如故石亨知帝嚮賢怒然無可如何乃陽與交驩賢亦深自匿
非宣召不入帝益親之顧問無虛日　許彬性坦率好交游不能擇
人浮蕩士多出其門晚參大政方欲杜門謝客而客惡其變態競相

騰謗爲石亨所忌改南京禮部侍郎　岳正素豪邁負氣敢言既爲帝所拔擢益感激思自效湯序嘗奏災異請盡去奸臣帝問正正言奸臣無指名即求之人人自危且序術淺何足信也乃止有僧爲妖言錦衣校邏得之坐以謀反中官牛玉請官邏者正言事縱得實不過坐妖言律邏者給賞而已不宜與官僧黨數十人皆得免或爲匿名書列曹吉祥罪狀吉祥怒請出榜購之帝使正撰榜格正與呂原入見曰爲政有體盜賊責兵部姦宄責法司豈有天子出榜購募者且事緩之則自露急之則愈匿此人情也帝是其言不問石彪自大同奏捷下內閣問狀使者言捕斬無算不能悉致皆梟置林木間正按地圖指詰之曰某地至某地皆沙漠汝梟置何所其人語塞吉祥及石亨恣甚帝頗厭之正從容言二人權太重臣請以計閒之帝許焉正出見吉祥曰忠國公常令杜清來此何爲者吉祥曰辱石公愛致誠款耳正曰不然彼使伺公所爲耳因勸吉祥辭兵柄復詣亨諭

令自戢亨吉祥揣知正意怒吉祥見帝免冠泣請死帝內愧慰諭之召正責漏言會承天門災正與原列吉祥亨罪狀疏留中正復極言亨將爲不軌且言陳汝言小人今既爲尙書可用盧彬爲侍郎二人俱譎悍若同事必相齮齕乘其隙可並去之徐有貞再下獄正復云用有貞則天變可弭帝皆不納及敕諭廷臣命正視草敕下舉朝傳誦而亨吉祥構蜚語謂閣臣賣直謗訕帝大怒坐便殿召對厲聲曰正大膽敢爾原素恭謹阿正何也辛未謫正欽州同知　癸酉大赦楊瑄張鵬行半道放還或謂當詰石亨曹吉祥謝瑄鵬卒不往復謫戍廣西南丹衛　寧王奠培劾山西副使韓雍下獄奪官　刑部尙書軒輗致仕帝召見問曰昔浙江按察使考滿歸行李僅一簏乃卿耶輗頓首謝賜白金慰遣之　復郭昌武定侯袁瑄廣平侯李輿富陽侯薛忠安順伯王琮成山伯孟俊保定伯昌英之曾孫瑄容之子輿讓之孫忠斌從子琮通之子俊善之孫也　石亨曹吉祥以徐有

貞更大赦恐其見釋言於帝曰有貞自擇封邑武功又撰券辭云纘禹成功禹受禪爲帝武功者曹操始封也有貞志圖非望帝出以示法司刑部侍郎劉廣衡等奏有貞詐譔制文當斬癸未詔赦之放之金齒　戊子進南和伯方瑛爲侯封陳友武平伯石彪定遠伯李文高陽伯楊能武強伯　辛卯大賚諸邊軍士　八月甲午以彗星屢見躬禱於上帝　貶許彬陝西參政既至致仕去　帝於宮中得王竑疏見正倫理篤恩義語感悟命遣官送歸田里敕有司善視之

九月癸亥帝坐文華殿召太常寺少卿彭時謂曰汝非朕所擢狀元乎時頓首明日仍命入閣兼翰林院學士閣臣自三楊後進退禮甚輕爲帝所親擢者惟時與岳正而已帝方嚮用李賢數召賢獨對賢雅重時退必咨之時引義爭可否或至失色賢初小忤久亦服其諒直曰彭公眞君子也　岳正道鄉以母老留旬日陳汝言令巡校言狀且言正嘗奪公主田遂逮繫詔獄杖百戍肅州行至涿夜宿傳舍

手拳急氣奔且死涿人楊四醉卒酒脫正拳刲其中且厚賂卒乃得至戍所正博學能文章高自期許氣屹屹不能下人在內閣才二十八日勇事敢言便殿論奏至唾濺帝衣有規以信而後諫者慨然曰上顧我厚懼無以報稱子乃以諫官處我耶帝亦悉其忠其在戍所嘗念之曰岳正倒好只是大膽正聞自爲像贊述帝前語末言臣嘗聞古人之言蓋將之死而靡憾也其自信不回如此　冬十月丁酉賜王振祭葬立祠曰旌忠　石亨欲引賢者爲己重謀於李賢屬草疏薦吳與弼壬寅遣行人曹隆齎璽書束帛徵之　帝憐建庶人無罪久繫欲釋之以問李賢賢頓首曰此堯舜用心也天地祖宗實式憑之帝意乃決左右或言不可帝曰有天命者任自爲之丙辰請於母后命牛玉往鳳陽釋文圭及其家屬聽居鳳陽婚娶出入自便與閽者二十人婢妾十餘人給使令文圭孩提被幽至是年五十七矣未幾卒　命工部爲石亨營第　十一月甲子封衞頼宣城伯　廣

西田州頭目呂趙僞稱敵國大將軍帥衆刼掠南丹州又據向武州總兵官武進伯朱瑛以聞甲戌命瑛討之瑛冕之子也　己丑免山東被災稅糧　加贈曹鼐太傅改謚文忠官其孫榮錦衣百戶　十二月壬辰封曹欽昭武伯　辛丑柳溥爲平虜大將軍充總兵官禦孛來於甘涼溥請以祥符知縣倪敬自隨許之改敬都督府都事踰年卒士類惜之　尙寶司少卿凌信言糧艘從鎮江裏河爲便帝以爲然命李秉通七里港口引江水注之且濬奔牛新港　帝知毛忠被誣狀召還論福建斬馘功擢都督同知充左副總兵鎮守甘肅

二年春正月辛酉兵部尙書陳汝言有罪下獄籍其家贓累巨萬帝召大臣入視愀然曰于謙被遇景泰朝死無餘貲汝言一何多也石亨俛首不能對汝言尋死獄中　先是郭登召還言官劾登結陳汝言獲召鞫實論斬宥死降都督僉事立功甘肅　己卯上皇太后徽號曰聖烈慈壽皇太后明興宮闈徽號自此始辛巳詔告天下彭時

欲推恩李賢謂一年不宜再赦時曰非赦也宜行優老典朝臣父母七十與誥敕百姓八十給冠帶是老吾老以及人之老也賢稱善即奏行之　朱瑛攻永福賊寨破之　章綸性亢直不能諧俗石亨貴倖招公卿飲綸辭不往又數與尚書楊善論事不合亨善共短綸調南京禮部　延綏副總兵楊信破寇青陽溝大獲二月乙巳封彰武伯佩副將軍印充總兵官鎮守如故尋破寇高家堡　戊申開雲南福建浙江銀場中官市雲南珍寶　京衛馬多耗太僕寺卿程信定期徵之三營大將石亨孫鏜曹欽並以奪門有寵庇諸武臣爲言太僕苛急請改隸兵部信言高皇帝令太僕馬數勿使人知若隸兵部馬登耗太僕不得聞脫有警馬不給誰任其咎帝是之乃隸太僕如故　羅綺既貶官怏怏未赴閏月綺鄉人告磁州同知龍約自京還與綺言天子仍寵宦官刻香木爲王振形以葬綺微笑云朝廷失政致吾輩降黜奏上捕綺下吏坐死籍其家陳所籍財賄於文華門示

百官家屬戍邊婦女沒入浣衣局　己卯瘞土木暴骸　帝問左右曩侍朕編修晳而長者安在左右以陳文對三月召爲詹事文乞終制不允　夏四月復設巡撫官戶部侍郎年富撫山東僉都御史程信撫遼東葉盛撫兩廣已又命李秉撫大同布政使芮釗撫甘肅陳翼撫寧夏王宇撫宣府崔恭撫蘇松諸府太僕寺卿李侃撫山西

石亨權侔人主無日不進見數預政事卽不召必假事以入出則張大其勢市權利帝積久不能堪又厭曹吉祥驕橫嘗屏人語李賢曰此輩干政四方奏事者先至其門爲之奈何賢見吉祥亨方用事顧忌不敢盡言因曰陛下唯獨斷則趨附自息帝曰向嘗不用其言乃怫然見於辭色賢曰願制之以漸孛來近塞獵亨言傳國璽在彼可掩而取帝色動賢言釁不可啓璽不足寶事遂寢亨益惡賢五月帝語賢曰閣臣有事須燕見彼武臣何故頻見遂敕左順門非宣召毋得納總兵官亨自此稀燕見亨嘗白帝立碑於其祖墓工部希亨指

請敕有司建立翰林院撰文帝以永樂以來無爲功臣祖父立碑故事責部臣而令亨自立初帝命所司爲亨營第既成壯麗踰制帝登翔鳳樓見之問誰所居恭順侯吳瑾謬對曰此必王府帝曰非也瑾曰非王府誰敢僭踰若此帝頷之瑾克忠之子也　初于謙分遣降人南征陳汝言希宦官指盡召之還李賢力言不可帝曰吾亦悔今已就道後當聽其願去者　吳與弼至京帝問李賢曰與弼宜何官對曰宜以宮僚侍太子講學壬寅授左春坊左諭德與弼疏辭賢請賜召問且與館次供具遂召見文華殿顧語曰聞處士義高特行徵聘奚辭職爲對曰臣草茅賤士本無高行陛下垂聽虛聲又不幸有狗馬疾束帛造門臣慚被異數匍匐京師今年且六十八矣實不能官也帝曰宮僚優閒不必辭賜文綺酒牢遣中使送館次顧謂賢曰此老非迂闊者務令就職時帝眷遇良厚而與弼辭益力又疏稱學術荒陋苟冒昧徇祿必且曠官詔不許乃請以白衣就邸舍假讀祕

閣書帝曰欲觀祕書勉就職耳命賢為諭意　六月孛來再入涼州柳溥閉壁不出惟陳友帥都指揮趙瑛等與戰稍有斬獲敵亦飽掠乃去溥躡取數十級報捷已而芮昭劾奏諸將失事狀兵部請免友及毛忠罪詔並宥衛潁等召溥還落太傅閑住　初景泰中復儲詔書有父有天下傳之子語出自吏部尚書何文淵及帝復辟或傳朝命且逮捕文淵縊其子南京禮部主事喬新奔喪歸里里人故侍郎揭稽嘗受業於文淵而與喬新兄弟不協奏文淵死實諸子逼之又逼嫁父所愛妾喬新亦訐稽為巡撫嘗薦黃竑且代草易儲疏秋七月俱逮赴鞫文淵妾斷指為諸郎訟冤獄得少解帝亦以事經赦釋不問　吳與弼留京師三月以疾篤請李賢請曲從放還以光曠舉帝然之賜敕慰勞賚銀幣復遣行人送還命有司月給米二石與弼歸上表謝陳崇聖志廣聖學等十事與弼始至京賢以賓師禮事之編修尹直至令坐於側直大慍出卽謗與弼與弼歸知府張瓚謁見

不得亦大愠募人代其弟投牒訟與弼立遣吏攝之大加侮慢與弼諒非弟意友愛如初南昌張元禎遺書誚讓直復肇其事於瑣綴錄又言與弼跋石亨族譜自稱門下士皆非實事也　初弋陽王奠壏訐寧王奠培反逆巡撫韓雍以聞遣官往驗不實會帝復辟盡赦其連逮者六七百人而戍其教授游堅奠培由是憾守土官不爲禮布政使崔恭積不平王府事多持不行奠培遂劾奏恭不法恭與按察使原傑亦奏奠培陰事及是按問皆實遂革其護衛改爲南昌左衛

癸卯石彪爲平夷將軍充總兵官偕李文禦寇寧夏　八月戊辰孛來寇鎭番　九月南京督理糧儲缺官帝問李賢大臣中誰曾居此職者賢以軒輗對且稱其廉乃起左都御史以往時禮部尚書亦缺帝問賢賢曰老成清介無如耿九疇帝命召之既至憐其老改南京刑部尚書　兩廣猺賊蠭起列郡咸被害將吏縮朒觀望慶遠府同知葉禎到官誓不與賊俱生募健兒日訓練峒酋韋父強數敗官

軍禎生縶之　冬十月甲子獵南海子　壬午陳友爲征夷將軍充
總兵官勦寇寧夏時帝憂邊警甚吳瑾侍進曰使于謙在當不令寇
至此帝爲默然　十一月甲寅免山東秋糧　十二月大河衞百戶
閔恭言南京並直隸各衞歲用旗軍運糧三萬石至薊州等衞倉越
大海七十餘里風濤險惡竊見新開沽河北望薊州正與水套沽河
直亥四十餘里而徑且水深其間阻隔者僅四之一若穿渠以運可
無海患下總兵都督宋勝巡按御史李敏行視可否勝等言便從之
　貴州東苗干把豬等僭僞號攻劫都勻諸衞命方瑛與巡撫都御
史白圭合川湖雲貴軍討之　帝慮廷臣黨比欲知外事倚錦衣官
校爲耳目校尉逯杲以強鷙得大幸擢至指揮僉事委任之杲乃摭
羣臣細故以稱帝旨英國公張懋太平侯張瑾及孫繼宗兄弟並侵
官地立私莊杲劾奏懋等服罪乃宥之典莊者悉逮問還其地於官
懋輔之子瑾軏之子也　鎭江知府林鶚言鑿七里港引江道里遠

多石且壞民廬墓請按京口閘甘露壩故跡濬之令通舟春夏啓閉
秋冬度壩功力省便巡撫都御史崔恭從其議遂爲永利
三年春正月甲辰孛來二萬騎入掠安邊營石彪楊信等禦之連戰
皆捷斬其平章鬼力赤追出塞轉戰六十餘里至野馬澗半坡墩都
督僉事周賢窮追不已中流矢卒都指揮李鑑亦戰死寇大敗生禽
四十餘人斬首五百餘級獲馬駝牛羊二萬餘爲西北戰功第一賢
嘗以失期下吏得釋感激誓死報竟如其志　韋父強之黨掠旗山
葉禎約守將救之不聽丙午禎帥健兒出戰抜被虜男婦下山賊見
官兵少復來追禎從子公榮等六十餘人殲焉賊圍雞刺諸村禎復
帥三百人往救約知府及守將爲後繼皆不應辛亥道遇賊人頭山
下鏖戰禎被數鎗手刃賊一人與子官慶及三百人皆死嶺南素無
雪是夜大雷電雪深尺許賊驚駭釋圍去諸村獲全事聞贈禎參議
立廟祀之　二月丁卯遣御史及中官采珠於廣東　李秉之督糧

儲也坐舉知府違例被逮帝以秉過微宥之復任請滸墅關稅悉徵米備荒又發內官金保監淮安倉科索罪御史李周等左遷秉疏救帝怒將罪之會廷議復設巡撫大臣薦秉才遂命巡撫大同都指揮孫英先以罪貶職還衛總兵李文妄引詔書令復職秉至卽斥之裨將徐旺領騎卒操練秉以旺不勝任解其官未幾天城守備中官陳例久病秉請易以羅付帝責秉專擅三月徵下詔獄門達幷以前舉知府救御史及斥英等爲秉罪法司希旨斥爲民　瀧水猺鳳弟吉肆掠夏四月壬子朔葉盛督諸將破禽之　賜皇太子及德王見潾秀王見澍莊田　己巳進石彪陳友爵皆爲侯　白圭以谷種諸夷爲東苗羽翼宜先勦因同方瑛進青崖令總兵李貴進牛皮箐參將劉玉進谷種李震進鬼山所向皆捷克水車壩等一百四十七寨遂會兵青崖攻石門山克擺傷等三十九寨仍分兵四路進攻董農竹盞甲底等四百三十七寨賊退守六美山合兵大進斬五千餘級生

禽千把豬送京師伏誅瑛前後克砦幾二千俘斬四萬餘平苗之功前此無與比者　六月辛酉復命巡撫官以八月集京師議事　石彪謀鎮大同令千戶楊斌等奏保帝覺其詐收斌等拷問得實震怒秋八月庚戌朔下彪錦衣衛獄石亨懼請罪帝慰諭之亨又請盡削弟姪官放歸田里帝亦不許錦衣衛鞫彪得繡蟒龍衣及違式寢牀諸不法事罪當死遂籍彪家命逯杲赴大同械其黨都指揮朱諒等七十六人尋命亨養病　己未禁文武大臣給事中御史錦衣衛官往來交通違者依鐵榜例論罪　乙亥免湖廣被災秋糧　石亨嘗遣京衛指揮裴瑄出關市木遣大同指揮盧昭追捕亡者至是事覺法司請罪亨帝猶置不問　帝復問李賢奪門事賢曰迎駕則可奪門豈可示後天位乃陛下固有奪即非順且爾時亦幸而成功萬一事機先露亨等不足惜不審置陛下何地帝悟曰然賢曰若郕王不起羣臣表請陛下復位安用擾攘爲此輩又安所得邀陞賞招權納

賄安自起老成者舊依然在職何至有殺戮降黜之事致干天象易曰開國承家小人勿用正謂此也帝曰然九月革奪門冒功降吏部左侍郎孫宏都督杜清等官　建安縣老人賀煬言今銓授縣令多年老監生逮滿九載年幾七十苟且貪污宜擇年富有才能者其下僚及山林抱德士亦當推舉景泰朝錄先賢顏孟程朱子孫授以翰林博士俾之奉祀然有官無祿宜班給以昭崇儒之意黄幹劉爚蔡沈真德秀配祀朱子亦景泰間從僉事呂昌之請然未入祀辭宜增補預備義倉本以振貧民乃豪猾多冒支不償致倉庾空虛乞令出粟義民各疏里內饑民同有司散放帝善其言下所司行之　冬十月己未幸南海子　法司再鞫石彪言彪初爲大同游擊以代王仕壥增祿爲己功王至跪謝自是數款彪出歌妓行酒彪淩侮親王罪亦當死因劾亨招權納賕肆行無忌與術士鄒叔彝等私講天文妄談休咎宜置重典庚午命錮彪於獄亨閒住罷朝參時方議革奪門

功遂窮治亨黨由亨得官者悉黜冒奪門功者許自首改正朝署一
清　令每歲霜降後三法司同公侯伯會審重囚謂之朝審後以爲
常　安南黎琮弒其王濬而自立琮濬之庶兄也　十一月癸巳振
湖廣饑　南和侯方瑛卒於鎮年四十五帝震悼賜謚忠襄瑛天資
英邁曉古兵法嘗上練兵法及陳圖老將多稱之爲人廉謙和不伐
所至鎮以安靜民思之久而不忘　十二月詔自今章奏勿用奪門
字　賀煬復言朝廷建學立師將以陶鎔士類而師儒鮮積學草野
小人夤緣津要初解兎園之策已厠鶚薦之羣及受職泮林猥瑣貪
饕要求百故而受業解惑莫措一詞生徒亦往往玩愒歲月俟達城
闕待次循資濫升太學侵尋老耄倖博一官但廑身家之謀無復功
名之念及今不嚴甄選人材日陋士習日非矣帝是其言命巡按御
史同布按二司分巡官照提調學校例考之
四年春正月寇二萬騎入榆林楊信擊卻之追奔至金雞峪斬平章

阿孫帖木兒還所掠人畜萬計　戊子致仕大學士高穀卒年七十穀美丰儀樂儉素位至台司敝廬瘠田而已　遼東都指揮夏霖恣爲不法僉事胡鼎發其四十罪程信以聞下霖錦衣衛獄門達言信不當代奏帝責令陳狀都御史寇深劾信徵下獄降南京太僕寺少卿　逯杲奏石亨怨望與其從孫進士後等造妖言蓄養無賴專伺朝廷動靜不軌跡已著廷臣皆言不可輕宥癸卯下亨錦衣衛獄坐謀叛律斬沒其家貲　吏部舉天下治行卓異布政使賈銓蕭暄梁楘按察使劉孜知府王恕等二月戶部缺尚書王翺欲擢銓帝問李賢賢曰聞其名未見其人也已奏銓貌寢因舉年富左右巧阻者衆帝語賢曰戶部非富不可人多不喜富此富所以爲賢也特召任之而使銓代富拜暄禮部尚書先是尚書缺多用布政使自暄後遂無拜尚書者暄用道之子楘潛之子也　壬子獞陷梧州　癸亥石亨死獄中丁卯彪後並棄市杜清流金齒亨僮僕皆被收御史高明言

不宜坐得免者百人錦衣指揮劉敬坐飯亨直房用朋黨律論死僉都御史韓雍言律重朋黨謂阿比亂朝政也以一飯當之豈律意且亨威時大臣朝夕趨門不坐獨坐敬何也敬亦得免彪本以戰功起家不藉父兄蔭然一門二公侯蓄材官猛士數萬中外將帥半出其門勢威而驕多行不義謀鎮大同與亨表裏握兵柄爲帝所疑遂及於禍帝以逯杲發石亨奸益加倚重杲益發舒自遣校尉偵事四方文武大吏富家高門多進妓樂貨賄以祈免親藩郡王亦然無賄者輒執送門達鍛鍊成獄天下朝覲官大半被譴逮一人數大家立破四方奸民詐稱校尉乘傳縱橫無所忌　崔恭大治吳淞江起崑山夏界口至上海白鶴江又至嘉定卞家渡迄莊家涇凡浚萬四千二百餘丈又浚曹家港蒲匯塘新涇諸水民賴其利目曹家港爲都堂浦　三月選庶吉士帝命李賢盡用北人南人必若彭時者方可賢以語時俄中官牛玉宣旨時謂玉曰南士出時上者不少何可抑之

已選十五人南六人與焉　戊戌免南畿被災秋糧　夏四月己酉分遣中官羅永之浙江羅珪之雲南馮讓之福建何能之四川督銀課　壬子襄王瞻墡來朝命百官朝王於邸又命王詣昌平謁三陵及辭歸禮送加隆且敕王歲時與諸子得出城遊獵蓋異數也　五月壬午免畿內浙江被災秋糧　己亥罷中官督蘇杭織造　六月癸亥免湖廣被災稅糧　安南人誅黎琮立濬之弟灝　秋七月乙亥朔日有食之　自五月雨至是月淮水決沒軍民田廬辛卯遣使振卹　命中官往蘇州松江杭州嘉興湖州增織綵幣七千匹工部侍郎翁世資以東南水潦民艱食議減其半尚書趙榮左侍郎霍瑄難之世資請身任其咎乃連署以諫帝果怒詰主議者榮等委之世資遂下獄謫衡州知府　八月甲子孛來三道入寇詔大同總兵官李文宣府總兵官楊能禦之文按兵不戰癸酉孛來入雁門大掠忻代朔諸州九月庚辰圍大同右衛庚寅撫寧伯朱永都督白玉鮑政

備宣府邊　甲午免江西被災秋糧　初麻城人李添保以逋賦逃入苗中詭稱唐後聚衆萬餘僭稱王建元武烈署故賊首蒙能子聰僞總兵官遺之銀印敕書縱兵剽掠震動遠近貴州湖廣總兵官李震進擊大破之添保僅以身免潛入鬼池絞洞諸寨誘羣苗出掠中林龍里震擊禽之送京師伏誅　冬十月甲子閱京營將領射於西苑　戊辰幸南海子　十一月丁酉閱隨操武臣騎射於西苑　兩廣猺獞陷開建殺官吏帝趣進兵閏月都督同知歐信破賊化州之馬里村再破之石城擊斬海南衞反者卲瑄　己未幸鄭村閱甲仗軍馬　貴州西堡蠻賊聚衆焚劫鎮守中官鄭忠等調川雲都司及宣慰安隴富兵四萬進勦十二月至阿果禽賊首楚得隆等追奔至白石崖焚其巢而還　石亨既敗帝從容謂李賢王翱曰徐有貞何大罪爲亨輩所陷耳其釋歸田里有貞之徒也拊馬士權背曰子義士也他日一女相託及歸士權往候之絕不及婚事士權辭去終身

不言其事人以是薄有貞而重士權　徵李文下獄宥死立功延綏楊信代鎮大同　時歲有邊警天下大水江南北尤甚李賢外籌邊計內請寬百姓罷一切征求帝用其言四方得蘇息年富在戶部酌贏縮謹出納躬親會計事關利害者僚屬或不敢任富曰第行之吾當其責諸君毋署名可也由是部事亦大理

五年春二月己卯免山東被災稅糧　丙申都督僉事顏彪為征夷將軍充總兵官討兩廣猺賊時兩廣盜蠭起所至破城殺將諸將怯不敢戰殺平民冒功民相率從賊葉盛以蠻出沒不常請自今攻劫城池者始以聞餘止類奏為兵部所駮不行　三月壬子免蘇州松江常州鎮江被災稅糧　李震勦城步猺獞攻橫水城溪莫宜中平諸砦皆破之長驅至廣西西延會總兵官過興軍甲寅克十八團諸猺前後俘斬數千人　夏四月和勇充游擊將軍統降夷千人往兩廣討猺賊　癸巳兵部侍郎白圭督陝西諸邊討孛來　五月丁未

免河南被災秋糧　劉寶爲南雄知府商稅巨萬舊皆入守橐寶無所私中官裴可力至南雄入譖言府僚參謁留寶折辱之民競前擁之出可力慚將召謝之寶不往可力去至韶州聞韶人言南雄守且訟於朝矣懼馳奏誣寶毀敕大不敬逮下詔獄寶從獄中上書言臣官三十年未嘗以妻子自隨食麤衣敝爲國家愛養小民不忍困之以是忤朝使帝覽書意稍解且釋之而寶竟瘐死寶苦節自持政務紛遝未嘗廢書士大夫重其學行其歿也南雄人哀而祠之　初遂杲誣弋陽王奠壏母子亂帝令寧王奠培具實以聞復遣駙馬都尉薛桓與杲按問奠培奏無是事杲按亦無實帝怒責問杲杲懼執如初帝竟賜奠壏母子自盡焚其屍是日雷雨大作平地水數尺人咸以爲寃　六月丙子孛來以數萬騎分掠西寧莊浪甘肅諸道入涼州毛忠鏖戰一日夜矢盡力疲賊來益衆軍中皆失色忠意氣彌厲拊循將士復殊死鬬賊見終不可勝而援軍亦至遂解去忠竟全師

還　壬午兵部尚書馬昂總督軍務孫鏜充總兵官帥京營軍討孛
來　初弘農衞指揮使李斌構殺千戶陳安爲安家所訴下巡按御
史邢宥覆讞石亨屬宥薄斌罪已校尉言斌素藏妖書謂其弟健當
有大位欲陰結外藩爲亨報讐逯杲以聞下錦衣獄門達坐斌謀反
帝命廷臣會訊畏杲不敢平反斌健俱置極刑坐死者二十八人
石亨之敗也曹吉祥不自安漸蓄異謀日犒諸達官金錢穀帛恣所
取諸達官亦恐吉祥敗而己黜皆願盡力效死曹欽問客馮益曰自
古有宦官子弟爲天子者乎益曰君家魏武其人也欽大喜逯杲本
由吉祥及亨進訐亨致死復奏吉祥欽陰事吉祥欽大恨欽私掠家
人曹福來爲言官所劾帝令杲按之降敕徧諭羣臣欽驚曰前降敕
遂捕石將軍今復爾殆矣謀遂決時甘涼告警孫鏜受命西征秋七
月己亥朔與恭順侯吳瑾俱宿朝房將以翼日陛辭吉祥欽及湯序
等謀將以翼日昧爽欽擁兵入吉祥以禁軍爲內應謀定欽召諸達

官夜飲都指揮馬亮恐事敗逸出走告瑾瑾趨告鏜草奏叩長安右門自門隙投入帝急令內廷集兵縛吉祥守皇城諸門敕京城九門勿啓欽知亮逸中夜馳往杲家殺杲斫傷李賢於東朝房以杲頭示賢曰杲激我也將殺賢王翱力救免之令草奏釋己罪殺都御史寇深於西朝房攻東西長安門不得入縱火守衛者拆河壖甎石塞諸門賊往來叫呼門外鏜走張瑾家邀兵擊賊瑾不敢出鏜倉卒復走宣武街急遣二子輔軏呼征西將士紿之曰刑部囚反獄獲者重賞衆稍聚至二千人始語之故庚子黎明遂擊欽於東長安門欽轉攻東安門吳瑾將五六騎道遇之力戰死欽復縱火門燬門內聚薪益之火熾欽不得入鏜兵追及之其黨稍散鏜遂逐欽斬其弟鉉鐸軏斫欽中膊軏亦被殺趙榮策馬大呼於市曰曹賊作逆壯士同我討罪果有至者卽帥之往賢密疏請禽賊黨時方擾攘不知賢所在得疏帝大喜賢裹傷入見慰勞之駙馬都尉石璟帥衆殺賊禽其黨脫

脫欽知事不成走突安定諸門門盡閉奔歸家督衆拒鏜力戰會大雨如注鏜督諸軍大呼入欽投井死殺其弟鐸屠其家將士猶妄殺至劓乞兒首報功市人不敢出戶副都御史林聰署院事急令獲賊者必生致濫殺爲止癸卯磔吉祥於市夷其族湯序馮益等皆伏誅錦衣官校悉逮欽姻識龔遂榮亦在繫中人知其冤莫敢直聰辨出之其他湔雪者甚衆　丁未免南畿被災稅糧　庚戌大赦求直言　丁巳河決開封水深丈餘周王後宮及官民乘筏以避城中死者無算襄城縣治亦被決命工部侍郎薛遠往治之遠祥之孫也　進孫鏜爵爲侯贈軏百戶世襲贈吳瑾涼國公謚忠壯寇深謚莊愍趙榮兼大理寺卿食二俸　戊午都督馮宗充總兵官禦孛來於河西兵部侍郎白圭副都御史王竑參贊軍務　辛酉孛來上書乞和使指揮詹昇齎敕往諭孛來遣使隨昇來貢請改大同舊貢道由陝西蘭縣入許之　石亨曹吉祥相繼誅帝謂李賢曰岳正固嘗言之賢

曰正有老母得放歸田里幸甚八月釋正爲民　九月壬戌京師地震有聲　冬十月壬申以西邊用兵令河南山西陝西士民納馬者予冠帶　韃靼阿羅出帥衆潛入河套居之其地三面皆黃河西自寧夏衛東北歷舊豐州三受降城舊東勝衛東至山西平虜衛界延袤二千里饒水草洪武初爲內地後東勝衛以曠絕內徙至是其地始爲虜有　十一月丁酉朔日有食之　壬戌幸南海子　陳循自貶所上書自訟十二月釋爲民　初逯杲給事門達左右及得志恣甚勢出達上欲傾達達惴惴爲杲用不敢縱杲死達勢遂張欲踵杲所爲益布旗校於四方告訐者日盛中外重足立朝野相顧不自保帝益以爲能李賢極言之不能救也

六年春正月白圭等分巡西邊圭遇敵固原川王竑遇敵於紅崖子川皆破之敕孛來使臣仍從大同入麻兒可兒復與孛來相仇殺麻兒可兒死衆共立馬古思可兒吉思亦號小王子自是諸部長益各

專擅小王子稀通中國傳襲世次多莫可考　戊申孛來遣使入貢
復設提督學校官各賜敕諭十六條俾奉行之　顏彪葉盛勦大
藤峽猺賊攻破七百二十一寨斬三千二百七十一級復所掠男婦
五百餘口　二月癸酉諭孛來　三月癸丑召馮宗等還王竑仍留
鎮　夏四月壬申免河南被災秋糧　五月庚子顏彪討平兩廣諸
猺時兩廣賊甚熾諸將多濫殺冒功葉盛屬參議朱英督察參將范
信誣宋泰永平二鄉民爲賊屠戮殆盡又欲屠進城鄉英馳訊悉縱
去信忿留師不還英密請於盛檄信班師一方始靖潮州賊羅劉寧
等流劫遠近屢挫官兵英會師破滅之還所掠人口數千別置一營
以處婦女人莫敢犯　四川山都掌蠻出沒爲患敕松潘總兵官許
貴馳勦之貴會兵敘州追討昔乖件莫洞都夜三寨分兵兩哨克硬
寨四十餘斬首一千一百餘級　己未免陝西被災秋糧　六月戊
辰淮王祁銓來朝　李震帥師由錦田江華抵雲川桂嶺橫江諸砦

破猺俘斬二千八百餘人　秋七月淮安大水潮溢溺死鹽丁千三百餘人　八月呂原遭母喪水漿不入口三日詔葬畢即起視事原乞終制不允初原兄本爲景州訓導父嗣芳就養官舍與本相繼卒貧甚不能歸至是原乃之景州啓父兄殯歸葬舟中寢苫哀毀體素豐遂至羸瘠　九月乙未皇太后崩　門達以囚多獄舍少不能容請城西武庫隙地增置之報可　致仕吏部尚書王直卒直方面修髯儀觀甚偉性嚴重不苟言笑及與人交恂恂如也爲尚書十四年年益高名德益重卒年八十四贈太保謚文端　閣臣以皇太后喪請改孟冬時享於除服後從之　冬十一月甲午葬孝恭章皇后帝生母人卒無知之者　呂原抵家甫襄事而卒年四十五贈禮部左侍郎謚文懿原內剛外和與物無競性儉約分祿卹宗姻身無紈綺歸裝惟賜衣數襲　顏彪亦濫殺謗者以咎葉盛十二月以贊軍御史吳禎爲僉都御史撫廣西而盛專撫廣東　帝將以谷登爲甘肅

副總兵李賢言登不任劉玉老成玉方以曹吉祥黨謫海南副千戶詔復以爲都督僉事右副總兵鎮守涼州　帝問李賢孰可代呂原者曰柯潛可出告王翺翺曰陳文以次當及奈何抑之即已舉潛宜再入請明日賢入見如翺言

七年春二月壬戌詹事陳文爲禮部侍郎兼翰林學士入閣預機務　戊辰會試天下舉人試院火監察御史焦顯鎖其門不聽出焚死者九十餘人國子監丞閻禹錫言舉子遭火者多平昔有學之士一夕無辜抱忠而死乞賜進士名色以表其門禮科給事中何琮等劾禹錫奏對失實下錦衣衞獄鞫之禹錫薛瑄弟子也　李賢言給事中孔公恂至聖後贊善司馬恂宋温國公光後宜輔導太子帝喜同日超拜少詹事侍東宮講讀入語皇貴妃周氏曰吾今日得聖賢子孫爲汝子傅貴妃具冠服拜謝宮中傳爲盛事　己丑晦夜空中有聲帝欲禳之命李賢撰青詞賢言君不卹民天下怨叛厥有鼓妖請

行寬卹之政輕刑已責蠲逋罷礦等九事又請罷江南織造清錦衣衞獄止邊臣貢獻停內外采買帝難之賢爭執數四同列皆懼賢退曰大臣當知無不言可卷舌偷位耶賢委任最專每獨對良久方出遇事必召問可否或遣中官就問賢務持大體尤以惜人才開言路爲急時勸帝延見大臣有所薦必先與吏兵二部論定之及入對帝訪文臣請問王翺武臣請問馬昂兩人相左右故言無不行而人不病其專　三月壬寅旱詔行寬卹之政停各處銀場　復令王竑督漕撫淮陽淮人聞竑再至歡呼迎拜數百里不絕　御史李蕃巡按宣大或告其擅撻軍職用軍容送迎下門達治夏四月壬午逮至京枷於長安門尋死　大同巡撫都御史韓雍召還帝難其代喟然曰安得如雍者而任之李賢薦山東按察使王越召見越偉服短袂進止便利帝喜擢右副都御史以行甫至遭母憂奪情視事越乃繕器甲簡卒伍修堡砦減課勸商爲經久計　丙戌復遣中官督蘇杭織

造　五月己丑朔日有食之　裕州民奏知州秦永昌衣黃衣閱兵帝怒命門達遣官覈之籍其資戮永昌榜示天下并逮布政使侯臣按察使吳中以下十人及先後巡按御史吳珉等四人下獄臣等停俸珉等謫縣丞　校尉言遼東巡按御史楊璡山西巡按御史韓祺妄作威福甲寅逮璡六月丁卯逮祺並下門達治祺亦枷長安門數日死初達欲行督責之術其同列呂貴曰武臣不易犯曹欽可鑒也獨文吏易裁耳達以爲然故文吏禍尤酷陝西督儲參政婁良按察使錢博僉事李觀湖廣參議李孟芳福建僉事包瑛四川巡撫田斌雲南巡按御史張祚清軍御史程萬鍾刑部郎中馮維孫瓊員外郎貝鈿給事中黃甄皆以校尉言下獄瑛守官無玷不勝憤自縊死其他多遣戍湖廣諸生馬雲罪黜詐稱錦衣鎮撫奉命葬親布政使孫毓等八人咸賻祭事覺法司請逮問卒不罪雲李賢數言錦衣官校恣橫爲劇患請禁止帝召達戒諭之達怙寵益驕賢乘閒復具陳達

罪帝復召戒達達遂譖賢受陸瑜金酬以尙書帝惑之不召者半載曰去賢行專用時矣或以告彭時時矍然曰李公有經濟才何可去因力直之且曰賢去時不獨留語聞帝意乃解　陶魯秩滿葉盛上其績秋七月就遷魯新會知縣尋以破賊功進廣州同知仍知縣事

庚戌免陝西被災稅糧　皇后爲帝言宣宗后胡氏賢而無罪廢爲仙師其歿也人畏孫太后殮葬皆不如禮因勸帝復其位號帝以問李賢賢對曰陛下此心天地鬼神實臨之臣以陵寢享殿神主俱宜如奉先殿式庶稱陛下明孝閏月甲戌上尊謚曰恭讓誠順康穆靜慈章皇后修陵寢不祔廟　貴州洪江賊苗蟲鰕等僞稱侯王攻劫鎮遠囤寨戊寅命湖廣貴州總兵官李震李安等分道進討賊退守平坤寨官兵追至清水江斬賊渠飛天猴等破砦二百復赤谿湳洞長官司賊平　寧陽侯陳懋卒年八十四贈濬國公謚武靖懋脩髯偉貌聲如洪鐘胸次磊落敬禮士大夫靖難功臣至天順時無在

者惟懋久享祿位數廢數起卒以功名終　八月乙未會試天下舉人　丙辰致仕禮部尚書胡濙卒年八十九贈太保諡忠安濙節儉寬厚歷事六朝垂六十年中外稱耆德在禮部久表賀祥瑞皆首署名又薦妖人龔謙道士仰彌高時頗譏之　兩廣所在盜起將吏不能定范信守潯梧猺盡在境內陰納猺賂縱使越境流劫約毋犯己於是雷州廉州高州肇慶諸府悉被寇九月甲戌命廣西總兵官泰寧侯陳涇將數千人駐梧州與廣東總兵官歐信會兵討猺賊信等時有斬獲而賊勢不衰涇瀛之弟也　冬十月丁酉振西安諸府饑

丁未吳禎節制兩廣諸軍討猺賊　西安水泉鹵不可飲巡撫都御史項忠爲開龍首渠及皁河引水入城又疏鄭白二渠漑涇陽三原醴泉高陵臨潼五縣田七萬餘頃民祠祀之　初福建賊李宗政等起上杭屢攻城爲都指揮僉事丁泉所卻已而賊轉熾巡按御史伍驥入境立馳入汀州調援兵四集乃單騎赴賊壘諭以禍福賊感

悟泣下歸附者千七百餘戶惟宗政負固不服驥與泉深入破之泉力戰爲賊所害驥弔死卹傷激以忠義復與賊戰連破十八砦俘斬八百餘人四境悉平驥冒瘴癘成疾班師至上杭而卒　門達勢傾朝野廷臣多下之袁彬恃帝舊恩獨不爲屈達深銜之知彬妾父千戶王欽誑人財奏請下彬獄論贖徒還職初錦衣力士趙安役於彬後謫戍鐵嶺衛赦還改府軍前衛有罪下獄達坐安改補府軍由彬請託故十一月復請逮治彬帝欲法行語之曰任汝往治但以活袁彬還我達遂捕彬榜掠誣彬受石亨曹欽賄用官木爲私第索內官督工者甎瓦奪人子女爲妾諸罪名軍匠楊塤不平擊登聞鼓爲彬訟冤語侵達詔幷下達治達方欲陷李賢遂拷掠塤教以引賢塤即謬曰此李學士導我也達大喜立奏聞請法司會鞫塤午門外帝遣中官裴當監視達欲執賢幷訊當曰大臣不可辱乃止及訊塤曰吾小人何由見李學士此門錦衣教我達色沮不能言彬亦歷數達納

賄狀法司畏達不敢問坐彬絞輸贖塡斬帝命彬贖畢調南京錦衣衞帶俸閑住錮塡於獄　癸酉大藤峽賊入梧州時陳涇駐兵城中方會太監朱祥巡按吳璘副使周璹僉事董應軫參議陸禎都指揮杜衡土官都指揮岑瑛等議調兵夜半賊駕梯上城涇等不覺遂入府治劫庫放囚殺死軍民無算大掠城中執璹爲質殺訓導任璩涇等倉卒無計惟擁兵自衞隨軍器械幷備賞銀物皆爲賊有致仕布政司宋欽方家居聞變挺身出以大義諭賊爲所害賊聲言官軍若動則殺周副使涇等乃遣人與賊講解哺時縱之出城賊既出方縱璹還時官軍數千賊僅七百而已事聞徵涇下獄論斬尋宥之朝廷猶倚范信乃命歐信佩征蠻將軍印代涇鎮廣西而擢范信都督僉事充副總兵鎮廣東廣東賊勢愈甚劫掠不止信語人今賊仍犯廣東亦我遣之耶　包瑛既自縊刑部獄諸給事中劾紀綱廢弛壬午下右都御史李賓及林聰於錦衣衞獄　十二月辛卯下刑部尚書

陸瑜侍郎周瑄程信於錦衣衛獄尋俱釋之　永昌涼州莊浪塞外諸番屢爲邊患毛忠與總兵官衛潁分討之忠先破巴哇諸大族其昝咂馬吉思諸族他將不能下者忠復擊破之

八年春正月乙卯帝不豫臥文華殿有閒皇太子於帝者帝頗惑之密告李賢賢頓首伏地曰此大事願陛下三思帝曰然則必傳位太子乎賢又頓首曰宗社幸甚帝起立召太子至賢扶太子令謝太子謝抱帝足泣帝亦泣讒竟不行　己未皇太子攝事於文華殿　初太祖崩宮人多從死者歷成祖仁宣二宗皆然景帝以郕王薨猶用其制己巳帝大漸口占遺詔始命罷宮妃殉葬又命定后妃名分皇太子過百日成婚凡四事付閣臣潤色彭時讀竟涕下悲愴不自勝中官復命帝亦爲隕涕庚午帝崩年三十有八　乙亥太子即位大赦天下免明年田租三之一浙江江西福建陝西臨清鎮守內外官諸邊鎮守內官正統閒所無者悉罷之下番使者緝事官校皆召還

編修張元禎疏請行三年喪不省　赦羅綺爲民還其資產　陳
文既入閣數撓李賢以自異曰吾非若所薦也侍讀學士錢溥與文
比舍居交甚歡溥嘗授內侍書其徒多貴幸來謁必邀文共飲英宗
大漸東宮內侍王綸私詣溥計事不召文文密覘之綸言帝不豫東
宮納妃如何溥謂當奉遺詔行事已而英宗崩賢當草詔文起奪其
筆曰無庸已有草者因言綸溥定計欲逐賢以溥代而以兵部侍郎
韓雍代尙書馬昂賢怒發其事時帝初立綸自謂當得司禮氣張甚
英宗大殮綸衰服襲貂帝見而惡之太監牛玉恐綸軋己因數其罪
逐之去溥謫順德知縣雍浙江參政詞所連順天府尹王福通政司
參議趙昂南寧伯毛榮都督馬良馮宗劉聚錦衣衛僉事門達等皆
坐謫雍亦文素所不悅者榮勝之子也達調貴州都勻衛帶俸差操
甫行言官交章論其罪二月逮治論斬沒其貲鉅萬指揮張山同謀
殺人罪如之子序班升從子千戶清壻指揮楊觀及其黨都指揮牛

循等九人謫戍降調有差後當審錄貫達謫戍南丹衛　庚子始命
中官傳旨授工人爲文思院副使自後相繼不絕一傳旨姓名至百
十人時謂之傳奉官文武僧道濫恩澤者不可勝數　召袁彬復掌
錦衣衛事　詔廷臣議上兩宮尊號中官夏時希周貴妃旨言皇后
久病不當稱太后貴妃帝所生母宜獨上尊號李賢曰遺詔已定何
事多言彭時曰李公言是也朝廷所以服天下在正綱常若不爾損
聖德非小頃之中官傳貴妃旨子爲皇帝母當爲太后豈有無子而
稱太后者宣德間有故事賢色變目時時曰今日事與宣德間不同
胡后表讓位退居別宮故在正統初不加尊今名分固在安得爲比
中官曰如是何不草讓表時曰先帝存日未嘗行今誰敢草若人臣
阿意順從是萬世罪人也中官厲聲怵以危語時拱手向天曰太祖
太宗神靈在上孰敢有二心皇后無子何所規利而爲之爭臣義不
忍默者欲全主上聖德耳若推大孝之心則兩宮並尊爲宜賢亦極

言之議遂定及將上寶冊時曰兩宮同稱則無別皇后宜加兩字以便稱謂三月甲寅朔尊皇后爲慈懿皇太后貴妃周氏爲皇太后越數日中官覃包至內閣曰上意固如是但迫於太后不敢自主非二公力爭幾誤大事陳文初默無語聞包言甚愧　日黯無光李賢偕同官言曰君象君德明則日光盛惟陛下敬以修身正以御下剛以斷事明以察微持之不怠則天變自弭和氣自至翼日又言天時未和由陰氣太甚自宣德至天順間選宮人太多澣衣局沒官婦女愁怨尤甚宜放還其家帝從之戊午放免宮人中外欣悅　廣東賊羅劉寧黨楊輝已撫復叛與曾玉謝瑩分據寶龍石坑諸洞攻陷江西安遠剽閩廣間已欲攻程鄉僉事毛吉先其未至募壯士合官軍得七百人抵賊巢先破石坑斬玉次擊瑩馘之復生禽輝諸洞悉破俘斬千四百人　丙寅毀錦衣衛新獄　侍讀周洪謨言人君保國之道有三曰力聖學曰修內治曰攘外侮力聖學之目一曰正心修內

治之目五曰求真才去不肖旌忠良罷冗職卹漕運攘外侮之目六曰選將帥練士卒講陳法治兵器足饋饟靖邊陲帝嘉納焉　復郭登定襄伯充甘肅總兵官奏邊軍償馬艱甚至鬻妻子乞借楚慶肅三王府馬各千匹官酬其直從之　御史呂洪等請復岳正楊瑄官從之初正得罪都督僉事季鐸乞得其宅至是敕還正瑄尋遷浙江副使張鵬亦復原官超擢福建按察使　癸酉詔內閣九卿考覈天下方面官　戊寅復立團營分爲十二命孫繼宗提督之　年富以陝西頻用兵而治饟者非人請黜左布政使孫毓用右布政使楊璿參政婁良西安知府余子俊王翱論富侵官請下於理富力辨曰薦賢爲國非有私也因乞骸骨帝慰留之爲黜毓　御史陳選言韃靼部落孛來最強又密招三衞諸番相結屯住去冬來朝邀我賞宴窺我虛實其犯邊之情已露而我邊關守臣因循怠慢城堡不修甲仗不利軍士不操習甚至富者納月錢而安閑貧者迫飢寒而逃竄邊

備廢弛緩急何恃乞敕在邊諸臣痛革前弊其鎮守備禦等官亦宜以時黜陟俾能者知奮怠者知警至阨塞要害之處或益官軍或設營堡或設墩臺咸須處置得宜歲遣大臣巡視庶邊防有備寇氛可戢報聞　夏四月癸未朔日當食不見　戶部尙書年富卒賜謚恭定富廉正強直終始不渝然性好疑尤惡干請屬吏黠者故反其意嘗之欲事行故言不可即不行故言可富輒爲所賣　國子監生封登言潯州夾江諸山崯岈巀嶪峽中有大藤如斗延亘兩崖勢如徒杠蠻衆蟻渡號大藤峽最險惡地亦最高登藤峽巔數百里皆歷歷目前軍旅之聚散往來可顧盼盡諸蠻倚爲奥區桂平大宣鄉崇姜里爲前庭象州東鄉武宣北鄉爲後戶藤縣五屯障其左貴縣龍山據其右若兩臂然峽北巖洞以百計仙人關九層崖極險峻峽以南有牛腸大岵諸村皆緣江立寨藤峽府江之間爲力山力山之險倍於藤峽又南則爲府江其中多冥巖奥谷絕壁層崖中產猺人藍胡

傒槃四姓爲巨魁力山又有獞人善傅毒藥弩矢中人無不立斃自景泰以來嘯聚至萬人隳城殺吏而修仁荔浦平樂力山諸猺應之其勢益張渠長侯大狗嘗懸千金購莫能得鬱林博白新會信宜興安馬平來賓亦煽動所至邱墟爲民害乞選良將多調官軍狼兵急滅賊報聞　五月丁巳大雨雹大風飄瓦拔郊壇樹敕羣臣修省李賢言天威可畏陛下當凜然加省無狎左右近幸崇信老成共圖國是有司請造鹵簿賢言內庫尚有未經御者今恩詔甫頒方節財用奈何復爲此帝卽日寢之　庚申葬睿皇帝於裕陵廟曰英宗　張元禎陳三事一勤講學願不廢寒暑所講必切於修德爲治之實不必以亂亡忌解爲諱講退更凝神靜味驗之於身心政化講官令大臣公舉剛明正大之人不拘官職大小一公聽政請日御文華殿午前進講午後聽政天下章奏命諸臣詳議面陳可否陛下親臨決其是非暇則召五品以下官隨意問以時事得失利病令下情得以畢

達一廣用賢請命給事中御史各陳兩京堂上官賢否如有不盡亦許在京五品官指陳之以爲進退又令共薦有德望者以代所去之位則大臣皆得其人於是命之各言其所屬及方面郡縣官之賢否付內閣吏部陞黜之中外羣臣有剛正敢言者舉爲臺諫不必論其言貌官職出身但不宜委之堂上官恐憚其剛方而薦柔媚者以充數所舉之人感其推薦不敢直斥其非是以古者大臣不舉臺諫疏入以言多窒礙難行寢之　南京給事中王徽王淵朱寬李翔李鈞疏陳四事末言自古宦者賢良者少奸邪者多若授以權致令敗壞然後加刑是始愛而終殺之非所以保全之也願法高皇帝舊制毋許預政典兵置產立業家人義子悉編原籍爲民嚴禁官吏與之交接此國家之福亦宦官之福也　南京左都御史軒輗以老乞骸骨不待報徑歸抵家趣具浴欠伸而卒輗孤峭褊隘遇人無賢否拒不與接都御史張純置酒延客輗惡其汰不往徹饌遺之亦不納御史

有許人陰私者輒擬其能衆頗不直覦然清操聞天下與耿九疇齊名語廉介必曰軒耿　初哈密忠順王卜列革卒母弩溫答失里主國事親屬無可繼命國人議當襲者久不定頭目阿只等言脫歡帖木兒外孫把塔木兒官都督同知可繼王母謂臣不可繼君而安定王阿兒察與忠順王同祖請以爲嗣阿兒察以哈密多難力辭不行哈密素衰微又婦人主國衆益離散韃靼乩加思蘭乘隙襲破其城大肆殺掠王母帥親屬部落走苦峪猶數遣使朝貢且告難朝廷不能援降敕令其國人速議當繼者　六月致仕禮部侍郎兼翰林院學士薛瑄卒年七十一贈禮部尚書謚文清瑄學一本程朱嘗曰自朱子以還斯道已大明無煩著作直須躬行耳有讀書錄二十卷平易簡切學者宗之　有司以遺詔請大婚秋七月南京吏部侍郎章綸言山陵尚新元朔未改百日從吉心寧自安陛下踐阼之初當以孝治天下三綱五常實原於此乞俟明年議行時已行冊禮不能用

壬申立吳氏爲皇后　八月癸未御經筵甲申命儒臣日講給事中張寧請講大學衍義從之　給事中蕭斌御史呂洪等共薦王竑李秉可大用下廷議王翱李賢請從其言帝曰古人夢卜求賢今獨不能從輿論所與乎卽召竑爲兵部尚書秉爲左都御史命下朝野相慶　洮岷羌叛項忠言羌志在劫掠盡誅則傷仁遽撫則不威請聽臣便宜從事報可忠乃發兵據險揚聲進討衆盡降　詔修英宗實錄總裁欲革去景泰帝號引漢昌邑更始爲比編修尹直辨曰實錄有初爲大臣後爲軍民者方居官時則稱某官某既罷去而後改稱如漢府以謀逆降庶人其未反時書王書叔如故豈有逆計其反而卽降從庶人之號者哉且昌邑旋立旋廢景泰帝則爲宗廟社稷主七年更始無所受命景泰帝則策命於母后當定傾危難之中微帝則京師非國家有雖易儲失德然能不惑於盧忠徐正之言卒全兩宮以至今日其功過足相準不宜去帝號時不能難　初孫太后

宮人萬氏侍帝於東宮機警善迎帝意遂擅寵皇后旣立摘其過杖之遂譖后於帝帝怒癸卯廢后別宮歸罪於太監牛玉下獄謫孝陵種菜其從子太常少卿綸甥吏部員外郎楊琮並除名姻家懷寧侯孫鏜閑住后父都督同知俊戍邊　冬十月壬辰立王氏爲皇后萬妃寵冠後宮后處之澹如以故得安　皇太后生辰禮部尙書姚夔仍故事設齋建醮會百官赴壇行香張寧言無益徒傷大體乞禁止帝是其言令自後僧道齋醮百官不得行香　南京右僉都御史高明言留都春夏淫雨請修人事以回天意　以沒入曹吉祥地爲宮中莊田皇莊之名由此始給事中齊莊言天子以四海爲家何必置立莊田與貧民較利弗聽　甲午立武舉法令天下文武官舉通曉兵法謀勇出衆者各省撫按三司直隸巡按御史考試中式者兵部同總兵官於帥府試策略教場試弓馬答策二道騎中四矢步中二矢以上者爲中式　時納馬入監者至萬餘人十一月高明請區別

薦郎中孫瓊陳鴻漸梅倫何宜主事朱瑛皆端方廉潔恬於進取宜顯擢以風有位疏下所司　王徽等言陛下冊立中宮此何等事而賊臣牛玉乃大肆奸欺中宮既退人情咸謂玉必萬死顧僅斥陪京猶全首領則凡侍陛下左右者將何所忌憚哉內閣大臣身居輔弼視立后大事漠然不以加意方玉肆欺之初婚禮未成禮官畏權輒爲阿附及玉事發之後國法難貸刑官念舊竟至苟容而李賢等又坐視成敗不出一言黨惡欺君莫此爲甚請幷罪賢等爲大臣不忠者戒臣等前疏請保全宦官正欲防患於未萌乃處置之道未聞牛玉之禍果作然往不可諫來猶可追臣等不敢遠引請以近事徵之正統末有王振矣詎意復有曹吉祥天順初有吉祥矣詎意復有牛玉若又不思患預防安知後不有甚於牛玉者哉夫宦者無事之時似乎恭順一聞國政卽肆奸欺將用某人也必先賣之以爲己功將行某事也必先泄之以張己勢迨趨附日衆威權日盛而禍作矣此

所以不可預聞國政也內官在帝左右大臣不識廉恥多與交結饋獻珍奇伊優取媚卽以爲賢而朝夕譽之有方正不阿者卽以爲不肖而朝夕讒謗之日加浸潤未免致疑由是稱譽者獲顯讒謗者被斥恩出於內侍怨歸於朝廷此所以不可許其交結也內官弟姪受職任事倚勢爲非聚奸養惡廣營財利奸弊多端身雖居內心實在外內外交通亂所由起此所以不可使其子姪在外任職營立家產也臣等職居言路不爲苟容雖死無悔惟陛下裁察詔謂妄言邀譽欲加罪諸給事御史交章論救乃並謫州判官徽普安王淵茂州朱寬潼川李翔寧州李鈞綏德疏蓋鈞筆也侍郎葉盛編修陳音相繼請留不納最後御史楊琅言尤切幾得罪徽至普安興學校教士卻土官賄治甚有聲　德陽人趙鐸反自稱趙王漢州諸賊皆歸之連番衆數陷城殺將吏遣其黨何文讓及僧悟昇掠安岳諸縣都督僉事何洪斬悟昇生禽文讓鐸將逼成都官軍分三路討之洪偕都指

揮寧用趨彰明賊引去追至梓潼朱家河力戰賊少卻洪乘勝陷陳後軍不繼爲賊所圍左右跳盪殺賊甚衆力竭而死洪勇敢善撫士號令嚴蜀將無及之者既死官軍奪氣未幾都指揮僉事劉雄追賊羅江大水河手馘數人賊連敗千戶周鼎傷雄前救之徑奔賊陳叢刺死　十二月延綏參將房能請搜河套除潛寇築營堡製利器下兵部議　甲辰敕三法司中外文武羣臣除贓罪外所犯罪名記錄在官者悉與湔滌其後歲以爲常　廣西猺侵湖南夜入桂陽州大掠李震遣兵分道追擊連敗之俘斬千餘人　是年兩畿川廣荆襄盜賊大起道路不通

明紀卷第十七

明紀卷第十八

賜進士出身工部候補主事虞衡司行走陳鶴纂

卹贈知府銜給雲騎尉世職內閣候補中書孫男克家參訂

憲宗紀一 起成化元年乙酉訖成化七年辛卯凡七年

憲宗繼天凝道誠明仁敬崇文肅武宏德聖孝純皇帝成化元年春正月乙卯享太廟　己未大祀天地於南郊　時將用兵兩廣王竑曰韓雍才氣無雙平賊非雍不可衆以雍新得罪難之竑曰天子方棄瑕錄用雍有罪不當用竑非罪廢者耶甲子都督同知趙輔爲征夷將軍充總兵官改雍左僉都御史贊理軍務討廣西叛猺都督和勇充遊擊將軍以所部從征侍郎薛遠督御史劉慶汪霖紀功　王竑條上進勦事宜且言將帥征討毋得奏攜私人妄冒首功　編修邱濬上書大學士李賢言賊在廣東者宜驅在廣西者宜困欲宿兵大藤峽扼其出入蹂其禾稼期一二年盡賊賢善之獻於朝詔錄示

諸將　何洪之死也綿竹典史蕭讓帥鄉兵擊趙鐸破之官兵頻進
擊其黨稍散去鐸勢孤帥餘賊趨彰明千戶田儀等設伏梓潼而參
將周貴直擣其巢賊大敗夜奔石子嶺儀亟進斬鐸賊盡平　泗城
土官岑豹聚衆四萬攻劫上林長官司殺土官岑志威據其境土兵
部請調兵禽捕從之未幾豹死　二月戊子祭社稷　甲午耕耤田
新會告急副使毛吉帥陶魯及指揮閻華合軍萬人至大磴破賊
乘勝追至雲岫山去賊營十餘里時已乙夜召諸將分三哨黎明進
兵會陰晦衆失期及進戰賊棄營走上山吉命潘百戶者據其營衆
競取財物賊馳下殺百戶華亦馬蹶爲賊所殺諸軍遂潰吉勒馬大
呼止軍吏勸吉避吉曰衆多殺傷我獨生可乎言未已賊持槍趨吉
吉且罵且戰手劍一人斷其臂力屈遂被害是日雷雨大作山谷皆
震動又八日始得屍貌如生吉之出軍也賫犒千金委驛丞余文司
出入已用十之三憫吉家貧以所餘授其僕使歸治喪忽僕婦坐中

堂作吉語曰請夏憲長來舉家大驚走告按察使夏壎壎至起揖曰吉受國恩不幸死於賊今余文以所遺官銀付吉家雖無文簿可考吉負垢地下矣亟還官毋汙我言畢仆地頃之始甦於是歸金於官　御史趙敔爲前少保于謙訟冤幷言郎中吳節御史葉淇無罪當復職下所司亟行　三月戊申朔孛來誘兀良哈九萬騎入遼河武安侯鄭宏禦卻之宏亨之孫也　王竑請復京營舊額禁勢家豪帥擅役禁軍於是命竑同給事中御史六人簡閱十二營軍士竑以擇兵不若擇將共奏罷營職八十餘人而慎簡材武補之　庚戌四川山都掌蠻亂　河南布政使王恕爲右副都御史撫治南陽荆襄流民會恕丁母憂詔奪喪兩月卽起視事恕辭不許　丁巳釋奠於先師孔子　初岳正還朝自謂當大用而李賢欲用爲南京祭酒正不悅忌者僞爲正劾賢疏草賢嗛之張寧倡六科論救王徽等亦寖與內閣忤會兵部清理貼黃缺官夏四月王竑偕諸大臣舉正侍郎寧

僉都御史任其事詔以爲私出正興化知府寧汀州知府幷罷會舉
例竑憤然曰吾尙可居此耶卽引疾求退帝方嚮用竑優詔慰留日
遣醫視疾竑請益切　初西華人劉通有膂力縣門石猊重千斤
隻手舉之因以爲號流民聚荆襄閒通竄入爲妖言潛謀倡亂石龍
者號石和尙聚衆剽掠通遂與起兵僞稱漢王建元德勝　五月辛
酉大雨雹壬戌避正殿減膳敕羣臣修省　大藤峽賊三千餘陷南
平縣刼縣印殺典史周誠擄其妻子　先是革諸奪門功封爵惟太
平侯張瑾與濟伯楊宗襲如故指揮同知董源等援例乞復六月庚
子帝用李賢言幷奪瑾宗爵授瑾錦衣衞指揮使宗金吾衞指揮使
時論益大快之宗善之子也　守備靖州都指揮同知莊榮奏貴州
黎平諸府密邇湖廣五開衞非大將統領不可秋七月命李震兼鎭
貴州　己酉免天下屯糧十之三自正統後屯政稍弛而屯糧猶存
其後屯田多爲內監軍官占奪法盡壞帝頗議釐復而視舊所入不

能什一　設四川鄰水樂至東鄉資陽四縣　辛亥贈死事廣東副使毛吉爲按察使海康知縣王騏爲同知各錄一子入國子監　李震獲賊首苗蟲蝦　給事中袁芳等言比來救荒無術老弱轉死丁壯流離南陽荆襄流民十餘萬兩京浙豫或水或旱禾麥絕收乞敕官司振濟會南京吏部郎中夏寅考滿入都亦言徐州旱澇民不聊生飢餒切身必爲盜賊乞特遣大臣鎭撫蠲租發廩沿途貢船丁夫不足役及老稚而所載官物僅一箱餘皆私齎乞嚴禁絕淮徐濟寧軍士赴京操練然其地實南北要衝宜各設文武官鎭守訓兵屯田常使兩京聲勢聯絡倉卒可以制變章下所司惟不從其設文武官一事甲子命王恕及浙江河南巡撫等各振其屬八月丁丑工部侍郎沈義僉都御史吳義振卹兩畿饑民　辛巳瘞暴骸　庚寅毛里孩犯延綏總兵官房能敗之　九月己未兵部尙書王竑致仕竑爲尙書一年謝病者四月人以未竟其用爲惜旣去名益重然帝頗不

悅中外薦章百十上並報寢初竑號其室曰戇庵既歸改曰休庵杜門謝客鄉人希得見　陝西數苦兵項忠言三邊大將遇敵逗遛雖云才怯亦由權輕士卒畏敵不畏將是以戰無成功宜許以軍法從事廟堂舉將才踰年不聞有一人應詔陝西土風強勁古多名將豈無其人但格於不能答策耳今天下學校生徒善答策者百不一二奈何責之武人帝善其言而所司守故事不能用　冬十月大藤峽賊入藤縣城掠官庫劫縣印總兵官歐信以聞趙輔與諸將議方略皆主邱濬說請令和勇帥番騎趨廣東而大軍直趨廣西分兵撲滅韓雍曰賊已蔓延數千里而所至與戰是自敝也當全師直擣大藤峽南可援高肇廉雷東可應南韶西可取柳慶北可斷陽峒諸路首尾相應攻其腹心巢穴既傾餘迎刃解耳舍此不圖而分兵四出賊益奔突郡邑益殘所謂救火而噓之也衆曰善輔知雍才足辦賊軍謀一聽雍雍等倍道趨全州陽峒苗掠興安擊破之至桂林斬失機

指揮李英等四人以徇按地圖與諸將議曰賊以修仁荔浦爲羽翼
當先收二縣以孤賊勢乃督兵十六萬人分五道先破修仁賊窮追
至力山禽千二百餘人斬首七千三百級荔浦亦定十一月師次潯
州延問父老皆曰峽天險不可攻宜以計困雍曰峽延廣六百里安
能使困兵分則力弱師老則財匱賊何時得平吾計決矣遂長驅至
峽口儒生里老數十人伏道左願爲嚮導雍見卽罵曰賊敢紿我叱
左右縛斬之左右皆愕既縛而袂中利刃出推問果賊也悉支解刳
腸胃分挂林箐中纍纍相屬賊大驚曰韓公天神也雍令信等爲五
哨自象州武宣攻其北身與輔督都指揮白全等爲八哨自桂平平
南攻其南參將孫震等爲二哨從水路入別遣指揮潘鐸等以兵分
守諸山隘口賊魁侯大狗等大懼先移其累重入桂州橫石塘諸處
乃於山南各寨立柵自固多置滾木礧石鏢槍藥弩憑險拒守十二
月甲戌朔雍等督諸軍水陸並進擁團牌登山殊死戰連破石門林

峒沙田古營諸巢焚其室廬積聚賊皆奔潰𤨏等督兵追躡伐木開道直抵橫石塘及九層樓諸山賊復立柵數重用木石槍弩拒守官軍誘賊發矢石度且盡𤨏躬督諸軍緣木攀藤而上先遣壯士從間道登山絶頂舉礮賊不能支遂大敗先後破賊三百二十四寨生擒大狗及其黨七百八十二人斬首三千二百七級墜溺死者不可勝計峽有大藤橫亙𤨏斧斷之改名斷藤峽勒石紀功而還初大軍轉江西饟需十萬人翁世資議齎直就易嶺南米民得不擾　毛里孩大入延綏命楊信帥山西兵項忠帥陝西兵禦之少卻未幾復渡河圍黃甫川堡官軍力戰乃引去　李震討荆襄賊屢敗之乘勝追及於梅溪賊巢官軍不利都指揮以下死者三十八人守備都指揮僉事王信駐房縣賊圍之拒守四十餘日選死士出城五六里舉礮賊疑援至驚走追敗之流民從賊者至四萬人　癸卯朱永爲靖虜將軍充總兵官都督喜信鮑政爲左右參將中官唐慎林貴奉監軍工

部尚書白圭提督軍務發京軍會震等進討以王信爲右參將　徐有貞之釋歸也猶冀復召時時仰觀天象謂將星在吳益自負常以鐵鞭自隨數起舞及聞韓雍有功乃擲鞭太息曰孺子亦應天象耶遂放浪山水閒十餘年乃卒　二年春正月戊申罷團營復三大營舊制　孔公恂上章言兵事諸武臣譁然給事御史交章駮之下獄謫漢陽知府　辛酉英宗神主祔太廟　以荆襄用兵令生員納米百石以上入國子監軍民納二百五十石爲正九品散官加五十石增二級至正七品止　二月癸未鄒幹巡視畿內饑民沈義以奢僭不法下獄斥爲民　揚州鹽寇起守兵失利詔高明討之　三月己酉李賢遭父喪詔起復賢三疏乞終制不許遣中官護行營葬　乙卯朱永白圭進師南漳賊迎戰大破之擊斬九百有奇永有疾留鎮南漳圭與王恕李震王信等分道進兵逼賊巢劉通奔壽陽謀走陝西圭遣兵扼其道通乃退保大市與苗龍合　武岡沅靖銅鼓五開

苗復蠭起而貴州亦告警李震言貴州終難遙制請專鎮湖廣許之
南畿仍歲大饑參贊尚書李賓請令南畿浙江江西福建諸生及
官員軍民子孫納粟送監姚夔言太學乃育才之地近者直省起送
四十歲生員及納草納馬者動以萬計不勝其濫且使天下以貨爲
賢士風日陋請罷其議報可閏月癸酉林聰代吳琛巡視奏貸漕糧
及江南餘糧以振饑民德之　官軍進破荊襄賊於雁坪斬劉通子
聰及其黨苗虎等賊退保後巖山據險下木石如雨諸軍四面攻白
圭往來督戰乙未士皆蟻附登賊大敗禽通及其衆三千五百餘人
獲賊子女萬一千有奇焚其廬舍夷險阻而還石龍與其黨劉長子
等逸去轉掠四川　兵部言哈密國王母避苦峪久今賊兵已退宜
令還故土從之　夏四月韓雍分兵擊賊餘黨鬱林陽江洛容博白
次第皆定　李賢奔喪畢奉詔還朝修撰羅倫詣賢沮之不聽五月
癸酉倫上疏曰臣聞朝廷援楊溥故事起復李賢賢大臣起復大事

綱常風化繫焉不可不慎曩陛下制策有曰朕夙夜拳拳欲正大倫舉萬目使人倫明於上風俗厚於下竊謂明人倫厚風俗莫先於孝在禮子有父母之喪君三年不呼其門子夏問三年之喪金革無避禮與孔子曰魯公伯禽有爲爲之也今以三年之喪從其利者吾勿知也陛下於賢以爲金革之事起復之與則未之有也以大臣起復之與則禮所未見也夫爲人君當舉先王之禮教其臣爲人臣當守先王之禮事其君昔宋仁宗嘗起復富弼矣弼辭曰不敢遵故事以遂前代之非但當據禮經以行今日之是仁宗卒從其請孝宗嘗起復劉珙矣珙辭曰身在草土之中國無門庭之寇難冒金革之名私竊利祿之實孝宗不抑其情此二君者未嘗以故事強其臣二臣者未嘗以故事徇其君故史冊書之爲盛事士大夫傳之爲美談無他君能教臣以孝臣有孝可移於君也自是而後無復禮義王黼史嵩之陳宜中賈似道之徒皆援故事起復然天下壞亂社稷傾危流禍

當時遺譏後代無他君不教臣以孝臣無孝可移於君也陛下必欲
賢身任天下之事則賢身不可留口實可言宜降溫詔俾如劉珙得
以言事使賢於天下之事知必言言必盡陛下於賢之言聞必行行
必力賢雖不起復猶起復也苟知之而不能盡言言之而不能力行
賢雖起復無益也且陛下無謂廟堂無賢臣庶官無賢士君盂也臣
水也水之方圓盂實主之臣之直佞君實召之陛下誠於退朝之暇
親直諒博洽之臣講聖學君德之要詢政事得失察民生利病訪人
才賢否考古今盛衰舍獨信之偏見納逆耳之苦言則衆賢羣策畢
萃於朝又何待違先王之禮經損大臣之名節然後天下可治哉臣
伏見比年以來朝廷以奪情爲常典搢紳以起復爲美名食稻衣錦
之徒接踵廟堂不知此人於天地之重何關耶且婦於舅姑喪亦三
年孫於祖父母服則齊衰奪情於夫初無預其妻奪情於父初無干
其子今或舍館如故妻孥不還乃號於天下曰本欲終喪朝命不許

雖三尺童子臣知其不信也爲人父者所以望其子之報豈擬至於此哉爲人子者所以報其親之心豈忍至於此哉枉己者不能直人忘親者不能忠君陛下何取於若人而起復之也今大臣起復羣臣不以爲非且從而贊之羣臣起復大臣不以爲非且從而成之上下成俗混然同流率天下之人爲無父之歸臣不忍聖明之朝致綱常之壞風俗之弊一至此極也願陛下斷自聖衷使賢歸家持服其他已起復者仍令奔喪未起復者悉許終制脫有金革之變亦從墨衰之權使任軍事於外盡心喪於內將朝廷端則天下一大臣法則羣臣效人倫由是明風俗由是厚矣疏入謫福建市舶司副提舉陳選疏救不報御史楊瑄復申救帝切責之賢具疏再辭帝遣使宣意遂起視事王䎗以文彥博救唐介事諷賢賢曰潞公市恩歸怨朝廷吾不可以效之竟弗救陳文先嘗奪情內愧陰助賢逐倫益爲時論所鄙　己卯禁侵損古帝王忠臣烈士名賢陵墓　六月甲辰趙輔師

還韓雍爲左副都御史提督兩廣軍務雍乃散遣諸軍以省饋饟
乙巳免今年天下屯糧十之三　石龍等之入四川也流劫至巫山
夔州督盜同知王某怯不救通判王禎面數之即代勒所部民兵晝
夜行至則城已陷賊方聚山中禎擊殺其魁餘盡遁乃行縣撫傷殘
招潰散久之乃還甫三日賊復劫大昌禎趣同知行不應指揮曹能
柴成與同知比激禎復行僞許相左右禎上馬二人與俱與賊夾水
陳禎直前渡水擊之二人旣渡見賊即走禎被圍半日誤入淖中被
執賊欲降禎禎大罵賊怒斷其喉及右臂而死從行者奉節典史某
及部卒六百餘人皆死事聞贈禎僉事錄一子禎省之孫也　毛里
孩大入延綏壬子楊信爲平虜將軍充總兵官都督趙勝爲副太監
裴當監督軍務帥京軍及諸邊卒二萬人往討命項忠以師會之
秋七月辛巳封弟見治爲忻王見沛徽王　楊信未至敵散掠平涼
入靈州戊戌犯固原長驅至靜寧隆德諸處大掠而去初韃靼犯遼

東宣府大同寧夏甘肅未嘗敢深入爲患不久自阿羅出入河套孛來與小王子毛里孩等先後繼至擄中國人爲鄉導抄掠延綏無虛時邊事始棘信議大舉搜河套不果　八月庚子朔兵部尚書王復及李秉整飭邊備秉遼東抵大同復延綏抵甘肅　丁巳毛里孩犯寧夏都指揮焦政戰死　丁卯諭祭故少保于謙誥曰當國家之多難保社稷之無虞惟公道之獨持爲權奸所並嫉在先帝已知其枉而朕心實憐其忠天下傳頌焉謙子冕復官府軍前衛副千戶冕自陳不願武職改兵部員外郎　九月賜故尚書鄺埜諡忠肅王佐諡忠簡　李秉至邊即劾鎮守中官李良總兵官鄭宏失律罪出都指揮裴顒於獄舉指揮崔勝傅海等擊敵鳳凰山捷聞璽書嘉勞　都指揮僉事湯公讓爲延綏東路參將分守孤山堡孤山最當寇衝公讓奏請築城聚糧增兵戍守未報冬十月寇大至公讓力疾上馬陷伏死公讓工詩負才使氣嘗偕趙榮使瓦剌慷慨酬答未嘗少屈

朱永白圭分兵進蹙賊丁未劉長子縛石龍以降餘寇悉平　十一月丙子刑部員外郎彭韶疏論僉都御史張岐憸邪請召還王竑李秉葉盛忤旨下錦衣衛獄輸贖還職　庚辰封趙輔爲武靖伯　帝之卽位也萬妃年已三十有五既讒廢吳后六宮希得進御是歲妃生皇第一子帝大喜遣中使祀諸山川遂封貴妃甲午皇子薨妃自是不復娠　王復言延綏東起黄河岸西至定邊營接寧夏花馬池縈紆二千餘里險隘俱在內地而境外乃無屏障止憑墩臺以守軍反居內民顧居外敵一入境官軍未行民遭掠已盡矣又西南抵慶陽相去五百餘里寇至民猶不知其迤北墩堠率皆曠遠非禦邊長策請移府谷響水等十九堡置近邊要地而自安邊營接慶陽自定邊營接環州每二十里築墩臺一計凡三十有四隨形勢爲溝牆庶息響相聞易於守禦又言寧夏中路靈州以南本無亭燧東西二路營堡遼絶聲聞不屬致敵每深入亦請建置墩臺如延綏計爲臺五

十有八又言甘肅永昌西寧鎮番莊浪俱有險可守惟涼州四際平曠敵最易入又水草便利輒經年宿留遠調援軍兵疲銳挫急何能濟請於甘州五衛內各分一千戶所置涼州中衛給之印信其五所軍伍則以五衛餘丁選補且耕且練斯戰守有資兵威自振又言洪武間建東勝衛其西路直達寧夏皆列烽堠自永樂初北寇遠遁因移軍延綏棄河不守誠使兵強糧足仍準祖制據守黃河萬全計也今河套未靖豈能遽復然亦宜因時損益延綏將校視他鎮爲少調遣不足請增置參將二人統軍九千使駐要地互相援接實今日急務奏上皆從之　十二月刑部侍郎廖莊卒贈尚書諡恭敏莊性剛喜面折人過尤好存謝賓客旣官法司或勸稍屏謝往來莊笑曰昔人有言臣門如市臣心如水吾無愧吾心而已卒之日無以爲斂衆裒錢助其喪　初定中鹽制戶部出榜召商無徑奏者至是富人呂銘等託勢要奏中兩淮存積鹽中旨允之戶部尚書馬昂不能執正

鹽法之壞自此始　甲寅李賢卒年五十九帝震悼贈太師謚文達賢自以受知人主所言無不盡常言內帑餘財不以恤荒濟軍則人主必生侈心而移諸土木禱祠聲色之用故前後頻請發帑振貸恤邊不可勝計　丙辰太常少卿兼翰林院侍讀學士劉定之入閣預機務　斷藤峽殘賊侯鄭昂等七百餘人夜入潯州焚軍營城樓奪百戶所印三殺掠男婦數十人參將孫震及指揮張英帥軍擊斬賊魁餘黨仍奔入巢言官交劾趙輔韓雍廣西巡按御史端宏謂賊流毒方甚而輔妄言賊盡冒封爵不罪輔無以示戒輔復自陳戰闘委其罪於歐信帝皆弗問　中官梁芳貪黷諛佞與韋興比而謟萬貴妃日進美珠珍寶悅妃意其黨錢能韋眷王敬鄭忠等爭假採辦名出監大鎮帝以妃故不問也韋朗者鎮守開原坐失律當逮治李良爲之乞戴罪立功兵部執不可內批允之唐慎等自荆襄還杖死淮安府知事谷淵自奏丐免副都御史賈銓執奏乃命法司罪其從人

付愼等司禮監　韃靼諸部內爭孛來弑馬可古兒吉思毛里孩殺孛來更立他可汗斡羅出者復與毛里孩相仇殺毛里孩遂殺其所立可汗逐斡羅出而遣使入貢

三年春正月壬申進朱永爵爲侯　先是蘇州大水民饑知府邢宥不待奏輒發米二十萬斛以振宥素廉介及治蘇嚴而不苛巡撫宋傑薦於朝詔加浙江左參政仍理府事　朝鮮頻貢異物海靑白鵲之屬戊子敕國王李瑈修常貢勿事珍奇　毛里孩渡河掠大同丙申朱永爲平胡將軍充總兵官會楊信征之　二月丁酉朔日有食之　毛里孩再乞通貢別部長孛魯乃亦遣人來朝帝許之詔朱永等駐軍塞上尋命王越贊理軍務　帝命馬昂林聰及給事中潘理陳鉞淸理京營陳文言必得內臣共事始可剗除宿弊因薦太監懷恩帝從之　廣西賊連陷洛容北流二縣韓雍益發兵撲討時諸賊所在蜂起思恩潯賓柳城悉被擾掠流劫至廣東欽化二州皆應時

破殄　德王見潾就藩德州請齊漢二庶人所遺東昌兗州閑田及白雲景陽廣平三湖地皆許之又請漢庶人舊牧馬地知府趙璜言地歸民間供租賦已久不宜奪乃弗予　李震之還兵也由銅鼓天柱分四道進連破賊直抵清水江因苗爲導深入賊境兩月間破巢八百焚廬舍萬三千斬獲三千三百而廣西猺劫桂陽者亦擊斬三千八百有奇震威名著西南苗獠聞風畏懾呼爲金牌李　三月戊辰召商輅爲兵部侍郎復入閣　己巳毛里孩犯大同　辛巳復開浙江福建四川雲南銀場以中官領之　李秉巡宣府大同更將帥申軍令而還　夏四月四川境內自去年六月至於是月地震三百七十五　哈密無王者八年頭目交章請詞極哀乃擢把塔木兒爲右都督攝行國王事賜之誥印　西番之役毛忠功多而衞穎得世券忠以爲言庚子封忠爲伏羌伯　乙巳錄囚　韓雍言諸猺之性悍見官吏懾以流官終難靖亂請改上隆州爲武靖州移治峽內改

設武宣縣東鄉等巡檢司以土官岑鐸土人覃仲英李昇等爲知州吏目副巡檢等官從之　初罷團營命分一等次等訓練已選得一等軍十四萬有奇帝以數多癸丑令仍分十二營團練區其名爲奮耀練顯四武敢果効鼓四勇立伸揚振四威命侯十二人掌之各佐以都指揮監以中官提督以勳臣名其軍曰選鋒不任者仍爲老家以供役　陳選督學南畿頒冠婚祭射儀於學宫令諸生以時肄之作小學集註教諸生按部必止宿學宫夜巡兩廡察諸生誦讀除試牘糊名之制曰己不自信何以信於人　給事中毛士廣等言比塞上多事正陛下宵衣旰食時乃聞退朝之暇頗事逸遊礮聲數聞於外非禁城所宜有況災變頻仍兩畿水旱川廣兵革之餘公私交困願省遊戲宴飲之娛停金豆銀豆之賞日御經筵講求正學庶幾上解天怒下慰人心御史展毓等亦以爲言帝皆嘉納　五月荆門州學訓導高瑤抗疏陳十事其一言正統己巳之變先帝北狩陛下方

在東宮宗社危如一髮使非郕王繼統國有長君則禍亂何由平鑾輿何由返六七年間海宇寧謐元元樂業厥功不細迨先帝復辟貪天功者遂加厚誣使不得正其終節惠濟祀未稱典禮望特敕禮官集議追加廟號盡親親之恩章下廷議　己丑趙輔充總兵官李秉總督軍務征迤東　六月戊申雷震南京午門敕羣臣修省　商輅陳勤學納諫儲將防邊省冗官設社倉崇先聖號廣造士法凡八事因請召復元年以後建言貶斥羅倫孔公恂等官從之毛士廣請斷自踐阼而後并召王徽等不許　山都掌蠻數叛陷合江等九縣廷議發大軍討之辛酉襄城伯李瑾為征夷將軍充總兵官兵部尚書程信提督軍務太監劉恆監軍討之瑾珍之弟也　秋七月國子監學錄黃明善言宋時多剛縣蠻為寇用白艻子兵破之白艻子者即今之民壯多剛縣今都掌多剛寨也前代用鄉兵有明效宜亟募民壯以助官軍都掌水稻十月熟宜督兵先時取其田禾則三月之內

蠻爲餒矣軍宜分三路南從金鵝池攻大壩中從戎縣攻箐前北從高縣攻都掌小寨破大寨自拔又大壩南百餘里爲芒部西南二百里爲烏蒙令二府土官截其險要更用火器自下而上順風筵爇寨必可攻又言征調土兵須處置得宜招募民壯須賞罰必信會程信亦奏都掌地勢險要必得土兵鄉導請敕東川芒部烏蒙烏撒諸府兵並速調湖廣永順保靖兵以備征遣又請南京戰馬一千應用皆報可　庚辰追封董仲舒廣川伯胡安國建寧伯蔡沈崇安伯真德秀浦城伯　乙酉停河南採辦　王翺病甚許致仕　八月始命御史巡茶陝西番人不樂御史馬至日少　虜破開成縣知縣于達教死之廢其縣入固原　九月辛未振湖廣江西饑　王越兼巡撫宣府　冬十月李秉等分五道出塞趙輔與秉從撫順深入連戰大捷朝鮮王瑈亦遣中樞府知事康純統衆萬餘渡鴨綠潑豬二江攻破九獮府諸寨斬獲甚多　十一月乙亥封太后弟周壽慶雲伯　致

仕吏部尚書王翺卒年八十四贈太保謚忠肅翺在部謝絕請謁公
餘恆宿直廬非歲時朔望謁先祠未嘗歸私第每引選或值召對侍
郎待選暮必至署閱所選惟恐不當論薦不使人知曰吏部豈快恩
怨地耶孫以蔭入太學不使應舉曰勿妨寒士路李賢嘗語人曰皐
陶言九德王公有其五亂而敬擾而毅簡而廉剛而塞強而義也然
性頗執不喜南士多引北人晚年徇中官郭聰囑爲李秉所劾不無
小損云　郕王位號議久不決十二月禮部言追崇廟號非臣下敢
擅議惟陛下裁決庚子左庶子黎淳追論景泰廢立事力爭謂不當
復且言高瑤此言有死罪二一誣先帝爲不明一陷陛下於不孝臣
以謂瑤非欲爭郕王特爲羣邪進用階必有小人主之者帝曰景泰
往過朕未嘗介意豈臣子所當言淳爲此奏欲獻諂希恩耶議遂寢
帝將以元夕張鐙命詞臣撰詩詞進奉編修章懋黃仲昭檢討莊
昶言頃諭臣等撰鼇山煙火詩詞臣等竊議此必非陛下本懷或以

兩宮聖母在上欲備極孝養奉其歡心耳然大孝在乎養志不可徒陳耳目之玩以爲養也今川東未靖遼左多虞江西湖廣赤地數千里萬姓嗷嗷張口待哺此正陛下宵旰焦勞兩宮母后同憂天下之日至翰林官以論思爲職鄙俚之言豈宜進於君上伏讀宣宗皇帝御製翰林箴有曰啓沃之言唯義與仁堯舜之道鄒魯與陳張鐙豈堯舜之道詩詞豈仁義之言若謂煙火細故不足爲聖德累則舜何必不造漆器禹何必不嗜旨酒漢文何必不作露臺古帝王愼小謹微必矜細行者正以欲不可縱漸不可長也伏乞將煙火停止移此視聽以明目達聽省此資財以振饑恤困則災祲可銷太平可致帝以元夕張鐙祖宗故事惡懋等妄言各廷杖二十貶懋臨武知縣仲昭湘潭知縣㬋桂陽州判官時以懋等與羅倫並稱翰林四諫　保定侯梁珤卒贈蠡國公謚襄靖珤天資平恕數總兵柄未嘗妄殺一人子弟從征以功授官輒辭不受人以爲賢　程信至永寧分道進

都督芮臣由戎縣巡撫貴州都御史陳宜參將吳經由芒部都指揮崔旻由普市冰腦南寧伯毛榮由李子關巡撫四川都御史汪浩參將宰用由渡船鋪左右遊擊將軍羅秉忠穆義由金鵝池而信與李瑾居中節制轉戰六日破龍背豹尾諸寨七百五十餘四年春正月至大壩焚寨千四百五十前後斬首四千五百有奇俘獲無算按諸九姓不奉化者還瀘州衞於渡船鋪增置江水流崖洞掃等關堡改大壩爲太平川長官司分山都掌地設官建治控制之

進趙輔爵爲侯　章懋等既貶毛士廣偕諸給事御史論救改懋及黃仲昭爲南京大理寺評事莊㫤南京行人司副兩京諸司隸卒放還而取其月錢爲故事惟仲昭與羅倫不取　高明造巨艦名曰籌亭往來江上督戰並江置邏堡候望賊蹤跡無所匿遂平之中官鬻私鹽據法沒入鹽政大治二月條上利病十餘事多議行遂還南京　三月甲子免湖廣被災秋糧　給事中邱寬叔等言洪武永

樂間以畿輔山東土曠人稀詔聽民開墾永不科稅邇者權豪怙勢率指爲閑田朦朧奏乞如嘉善長公主求文安諸縣地西天佛子劄實巴求靜海縣地多至數十百頃夫地踰百頃古者百家產也豈可徇一人之私情而奪百家恆產哉帝納其言甲午詔中外勢家毋得擅請田土著爲令劄實巴所乞地還之民　改侍郎楊璿副都御史撫荊襄流民　韓雍言兩廣地大事殷請東西各設巡撫帝可之命陳濂撫廣東張鵬撫廣西雍專理軍事　禮部侍郎葉盛請錄先朝大臣子孫詔許其家自陳命吏部疏操行尤異者夏四月錄前都御史顧佐軒輗尚書耿九疇巡撫都御史馬謹侍郎王士嘉尚書沈翼子孫各一人入國子監　始建太僕寺常盈庫貯備用馬價　遼東巡撫張岐得罪吏部舉代者帝曰遼東自王翺後屢更巡撫多不稱可於大臣中求之乃改工部侍郎彭誼右副都御史以往鎮守中官橫徵諸屬衛誼下令凡文牒不經巡撫審定者所司毋輒行虐燄爲

息　姚夔以災異屢見疏請均愛六宮以廣繼嗣乞罷西山新建塔院斥遠阿叱哩之徒勤視經筵裁決庶政親君子遠小人節用度愛名器服食言動悉遵祖宗成憲以回天意且言今日能守成化初政足矣帝曰內事朕自主之他所請十事皆立報可　始封西番僧劄巴堅參爲大悟法王劄實巴鎖南堅參皆爲國師錫誥命　丁巳錄囚　陳文卒贈少傅謚莊靖禮部主事陸淵之御史謝文祥疏論文不當得美謚帝以事已施行不聽　萬貴妃專寵皇后希得見儲嗣未兆郕王女及笄未下嫁五月丁卯劉定之因久旱並論及之且請經筵兼講太祖御製諸書斥異端邪教勿令害政耗財帝留其疏不下　癸未遣使錄天下囚　六月庚子錦衣衞指揮僉事朱驥條上弭盜安民六事　丙午免江西被災秋糧　開城賊滿俊反俊亦名滿四其祖巴丹明初帥所部歸附居縣之固原里世以千戶畜牧爲雄長俊獷悍素藏匿奸盜出邊抄掠會有獄連俊有司跡逋至其家

多要求俊怒遂激衆爲亂守臣遣其從子指揮璹往捕俊殺其從者劫璹以叛入據石城石城卽唐吐蕃石堡城四面峭壁惟一徑可緣而上中鑿五石井以貯水最爲險固俊自稱招督王有衆四千都指揮邢端等禦之敗績辛亥命陝西總兵官寧遠伯任壽巡撫都御史陳价討之壽禮之子也　甲寅慈懿皇太后崩周太后不欲后合葬帝使中官夏時懷恩與諸大臣議彭時首對曰合葬裕陵主祔廟定禮也翼日帝召問時對如前帝曰朕豈不知慮他日妨母后耳時曰皇上孝事兩宮聖德彰聞禮之所合孝之所歸也商輅曰不祔葬恐損聖德劉定之曰孝從義不從命帝默然久之曰不從命尙得爲孝耶時力請合葬裕陵左而虛右以待周太后已復與輅定之上疏曰大行慈懿皇太后作配先帝正位中宮陛下尊爲太后詔示天下先帝全夫婦之倫陛下盡母子之愛比聞欲別卜葬地竊謂皇上所遲疑者必以皇太后萬壽後當與先帝同尊自嫌二后並配非祖宗制

考之於古漢文帝尊所生母薄太后而呂后仍祔長陵宋仁宗追尊
生母李宸妃而劉后仍祔太廟今若陵廟之制稍有未合則有乖前
美貽譏來葉帝再下廷議秋七月吏部尚書李秉等九十九人議上
皆請如時言帝曰卿等言是顧朕屢請太后未得命乖禮非孝違親
亦非孝詹事柯潛曰朝廷大事臣子大節舍是奚所用心與修撰羅
璟再疏爭給事中魏元等三十九人御史康永韶等四十一人抗章
極諫姚夔偕諸大臣三疏力爭國子監祭酒邢讓亦帥僚屬諫中旨
猶諭別擇葬地毛士廣倡言曰此大事吾輩當以死諫請合大小臣
工伏闕固爭衆許諾有退卻者給事中張賓呼曰君輩獨不受國恩
乎何爲首鼠兩端於是時等皆伏哭文華門外帝命羣臣退衆叩頭
言不得旨不敢退自巳至申帝固請周太后太后亦感動竟從時議

管河主事郭昇築徐州洪兩岸石堤鑿外洪敗船惡石三百　滿
俊衆至二萬關中震動癸酉都督同知劉玉爲平虜將軍充總兵官

太監劉祥監軍副都御史項忠總督軍務帥京營及陝西四鎮兵討之八月任壽陳价寧夏總兵官廣義伯吳琮及賊戰敗績都指揮蔣泰申澄被殺賊因官軍器甲勢益張琮管者從子也　癸巳京師地震有聲　己酉進李瑾爵爲侯封羅秉忠順義伯　乙卯朱永代劉玉爲總兵官前南京大理寺卿馬文升爲副都御史代陳价巡撫陝西會討滿俊　九月庚申葬孝莊睿皇后於裕陵　辛酉振陝西饑　戊辰彗星見三台壬申以地震星變下詔自責敕羣臣修省彭時等言外廷大政固所當先宮中根本尤爲至急諺云子出多母今嬪嬙衆多惟熊無兆必陛下愛有所專而專寵者已過生育之期故也望均恩愛爲宗社大計又言大臣黜陟宜斷自宸衷或集羣臣僉議不可悉委臣下使大權旁落　魏元等言入春以來災異疊至近又彗星見東方光拂台垣皆陰盛陽微之證臣聞君之與后猶天之與地不可得而參貳也傳聞宮中乃有盛寵匹耦中宮尚書姚夔等向

嘗言之陛下謂內事朕自裁置屏息傾聽將及半載而昭德宮進膳未聞少減中宮未聞少增夫宮闈雖遠而視聽猶咫尺衽席之微謫見天象不可不懼且陛下富有春秋而震位尚虛豈可以宗社大計一付之愛專情一之人而不求所以固國本安民心哉願明伉儷之義嚴嫡妾之防俾尊卑較然各安其分本支百世之基實在於此四方旱澇相仍民困日棘荊襄流民告變陛下作民父母初無儆惕僅循故事付部施行而戶部尚書馬昂凡有奏報遇上意喜則曰移付所司處置遇上意怒則曰事室難行微有利害即乞聖裁首鼠依違民更何望惟亟罷征稅發內帑遣官振贍庶可少慰人心陛下崇信異教每遇生慇之辰輒重糜資財廣建齋醮而西僧劄實巴等至加法王諸號賜予駢蕃出乘櫻輿導用金吾仗搢紳避道奉養過於親王悖理亂紀孰甚於此乞革奪名號遣還其國追錄橫賜用振飢民仍敕寺觀永不得再請齋醮以蠹國用天下之財不在官則在民今

公私交困由玩好太多賞賚無節或營立塔寺或購市珍奇一物之微累價鉅萬國帑安得不絀願屏絶淫巧停罷宴遊諸銀場及不急務悉爲禁止至兩京文武大臣不乏奸貪爭爲蒙蔽陛下勿謂其位高而不忍遽去勿謂其舊臣而姑且寬容宜令各自陳免用全大體其貪位不去者則言官糾劾而臣等濫居言路無補於時亦望罷歸爲不職戒康永韶亦偕同官言八事大指與元疏相類　御史胡深陳宏鄭己何純方昇張進祿上疏請斥奸邪痛詆學士商輅尚書程信姚夔馬昂帝不納給事中董旻陳鶴胡智亦劾輅等疏呈御前故事諫官彈章非大廷宣讀則封進未有不讀而面呈者帝不悅曰大臣進退有體旻等敢不循舊章亂朝儀耶輅等乞休帝唯聽昂去夔憤甚連疏求去甲申深旻等復合詞攻輅而詆夔甚力帝怒下深等獄以前御史林誠嘗劾輅并屬之吏毛士廣等皆論救輅亦請寬之乃各杖二十復職深坐按陝時杖殺訴寃者謫黔陽縣丞　給事中

程萬里言毛里孩久不朝貢窺伺邊疆其情叵測然臣度其有可敗者三近我邊地才二三日程彼客我主一也兼幷諸部馳驅不息旣驕且疲二也比來散逐水草部落四分兵力不一三也宜選精兵二萬每三千人爲一軍統以驍將嚴其賞罰使探毛里孩所在潛師擣之破之必矣帝壯其言而不能用　朱永故難其行多所邀請會項忠上言臣等調兵三萬三千餘人足以滅賊今秋深早寒若更調他軍恐往復需時賊得遠遁且邊兵不能久留益兵非便彭時度軍可無行第令永整裝待冬十月忠與馬文升劉玉等分軍七道抵石城下屢敗賊斬獲多乙卯伏羌伯毛忠冒矢石連奪山北山西兩峯忠亦克山之東峯及石城東西二門賊大窘相對哭忽昏霧起他哨舉煙掣軍毛忠力戰不已爲流矢所中死從子海孫愷趨救俱死玉亦被圍諸軍欲退忠斬一千戶以徇衆力戰玉得出乃列圍以困賊毛忠爲將嚴紀律善撫士西陲人弔哭者相望於道十一月事聞贈侯

諡武勇帝遣中官懷恩黄賜偕兵部尚書白圭程信等至閣議彭時曰賊四出攻剽鋒誠不可當今入石城自保我軍圍甚固此困獸易禽耳信曰安知忠不退師時曰彼部分已定何故自退且今出師度何時到信曰來春時曰如此益緩不及事事成敗冬月決矣信忿出言曰忠若敗必斬一二人然後出師衆問時何見時曰觀忠疏曲折知其能若聞別遣禁軍將退避不敢任賊不可知矣先是有言星變占在秦分師不利者忠曰李晟討朱泚熒惑守歲此何害時天甚寒士卒頗困忠慮賊奔突乘凍度河與套寇合日夜治攻具身當矢石不少避大小三百餘戰都指揮僉事魯鑑出則先驅入則殿後最爲賊所憚忠遣兵薄城下焚芻草絶汲道賊窘欲降邀忠與文升相見忠偕玉單騎赴之文升亦從數十騎至呼俊璹諭以速降賊遥望羅拜忠直前挾璹以歸俊氣沮猶豫不出忠命縛木爲橋人負土囊填濠塹擊以銅礮死者益衆賊倚愛將楊虎貍爲謀主夜出汲被禽忠

貰其死諭以購賞格縱歸使誘俊出戰伏兵禽焉急擊下石城盡獲
餘寇毀其城增一衛於固原西北西安廢城留兵戍之　日本使清
啓來貢其從者殺人於市有司請治罪詔付清啓自治清啓言犯法
者當用本國之刑容還國如法論治且自服不能鈐束之罪帝俱赦
之自是使者益無忌　壬戌毛里孩之衆犯遼東指揮胡珍戰沒十
二月己酉犯延綏掠孤山堡都指揮僉事許寧提孤軍奮擊三戰三
捷寇渡河走寧貴之子也　朝鮮王瑈卒遣太監鄭同崔安封世子
晄爲王遼東巡按御史侯英奏同等所過驛騷狀因言同安俱朝鮮
人墳墓宗族皆在見其國王不免屈節褻中國體乞寢成命或翰林
或給事中行人內推選一員往使爲便帝曰英所言良是自後賞賜
遣內臣冊封正副使選廷臣有學行者充　李秉銳意澄仕路監生
需次八千餘人請分別考核黜庸劣者數百人於是謗怨紛起左侍
郎崔恭以久次當得尚書而秉得之頗不平右侍郎尹旻嘗學於秉

秉初用其言既而疎之侍讀彭華附中貴數以私干秉秉不聽胥怨秉御史戴用請兩京堂上官及方面正佐如正統間例會廷臣保舉又吏部司屬與各部均陞調不得久擅要地且驟遷語侵吏部吏部持之帝令兩京官四品以上吏部具缺取上裁而御史劉璧吳遠馮徽爭之請仍歸吏部帝怒詰責言者

五年春正月朝覲考察秉斥退者衆又多大臣鄉故於是衆怨交集大理寺卿王㮣欲去秉代其位與華謀嗾同鄉給事中蕭彥莊劾秉十二罪且言其陰結年深御史以攬權帝怒下廷議恭旻輒言吾兩人諫之不聽陸瑜等附會二人意爲奏衆謂秉且見逮秉謂人曰爲我謝彭先生秉罪惟上所命第毋令入獄入則秉必不出恐傷國體因具疏引咎略不自辨時方會試舉子雲集皆奮罵曰李公天下正人爲奸邪所誣若罪李公願罷我等試以贖帝以秉狥私變法負任使落太子少保致仕并罷其子南宮知縣聰所連鮑克寬李冲調外

任邱陵張穆陳民弼孫遇李齡柳春皆罷命彥莊指秉所結御史不能對久之以璧等三人名上俱下獄出之外秉行官屬餞送皆欷歔有泣下者秉慷慨揖諸人登車而去陵等實良吏有名以讒黜衆議不平陵尤不服連章訐彥莊廷訊陵詞直帝惡彥莊誣罔謫大寧驛丞秉既罷商輅欲用姚夔彭時欲用概北人居言路者謂時實逐秉喧謗於朝時得疾在告侍讀尹直以時概皆己鄉人恐因此得罪急言於輅以恭代秉秉歸日出入里閈與故舊談笑遊燕王竑聞之曰大臣何可不養重自愛秉聞之亦笑曰所謂大臣豈以立異鄉曲尙矯激爲賢哉秉誠心直道夷險一節與竑並負重望家居二十年中外薦疏十餘上竟不起　二月毛里孩復以三千騎入沙河墩許寧與房能禦之寇退復掠康家岔寧出塞百五十里追與戰獲馬牛羊千餘而還　衍聖公孔以敬有罪奪爵令其弟以和襲　岳正至官築堤溉田數千頃節縮浮費經理預備倉欲有所興革鄉士大夫不

利其所爲騰謗言正亦厭吏職閏月致仕　初章綸子元應以冒籍舉京闈給事中朱清御史楊智等因劾綸命葉盛毛士廣勘之綸與高明考察庶官議不協疏旣上綸復獨奏給事中王讓不赴考察且言明剛愎自用己言多不見從乞與明俱罷章並下盛等讓及下考諸臣連章劾綸綸屢疏求罷帝不聽旣盛等勘上元應實冒籍帝宥綸而綸所奏他事悉不問未幾復改綸禮部　夏四月正一眞人張元吉有罪械至京廷訊論極刑陸瑜等言張氏在前代未有官封宋止授眞靜先生元世始加封爵令視三品我太祖去天師稱眞人未欲遽絕其後而子孫不肖往往爭襲成讎今元吉所犯至重神人共憤竊以張氏無功於國無補於世宜絕其廕封籍其族而徭役之毋令印行符籙毀其府第革其所設管句都目庶邪教不興正道永賴帝命元吉繫獄候決封廕仍舊制　五月辛丑禮部侍郎萬安兼翰林院學士入閣預機務安外寬而深中不學無恥同年生詹事李泰

中官永昌養子也齒少於安安兄事之得其歡每當遷必推安出己上及議簡閣臣泰復推安曰子先之我不患不至故安得入閣而泰忽暴病死安既柄用日事請託結諸閹爲內援致殷勤於萬貴妃自稱子姪行妃嘗自愧無門閥聞則大喜妃弟錦衣指揮通遂以族屬數過安家兩家婦日往來通妻著籍禁內恣出入安得備知宮中動靜益自固　六月癸丑朔日有食之　辛酉錄囚　癸亥封和勇爲靖安伯　秋八月辛酉劉定之卒贈禮部尚書謚文安定之謙恭質直以文學名一時　初禁勳戚請乞莊田周壽冒禁乞通州田六十二頃帝不得已與之壽弟錦衣指揮彧奏乞武強武邑民田不及賦額者籍爲閑田命刑部郎中彭韶御史季琮復勘韶等周視徑歸上疏自劾曰真定田自祖宗時許民墾種卽爲恆產除租賦以勸力農功臣戚里家與國咸休豈當與民爭尺寸地臣誠不忍奪小民衣食附益貴戚請伏奉使無狀罪九月詔以田歸民而責韶等邀名方命

下錦衣衛獄言官爭論救得釋詔與何喬新同官並有重名一時稱何彭　冬十一月文選郎中陳雲等爲吏所訐下獄貶官吏部尙書姚夔知工部員外郎黃孔昭廉調之文選　兩廣自罷總督師臣觀望相推諉寇盜滋蔓僉事陶魯言兩廣地勢錯互當如臂指相使不可離析近賊犯廣西臣與廣東三司議調兵匝月未決盜賊無所憚乞仍命大臣總督便會僉事林錦巡按御史龔晟亦以爲請乃罷兩巡撫而起復韓雍右都御史總督如故　乙未毛里孩糾三衛犯延綏榆林大擾初阿羅出與毛里孩等三部入河套時出沒不敢久駐至是始屯牧其中房能無將略延綏巡撫都御史王銳請濟師詔王越帥師赴之　十二月析浙江黃巖縣置太平縣以樂清縣地益之

是冬燠如夏無雪彭時言光祿寺採辦各城門抽分掊克不堪而獻珍珠寶石者倍估增直漁竭帑藏乞革其弊以惠小民帝優詔褒納

六年春正月王越至榆林遣許寧出西路龍州鎮靖諸堡范瑾出東路神木鎮羌諸堡而自與中官秦剛按榆林城爲聲援寧戰黎家㵎瑾戰崖窰州皆捷右參將神英又破敵於鎮羌　己亥楊信與副將徐恕參將張瑛分道出塞敗毛里孩於胡柴溝獲馬五百餘匹　王越引還抵偏頭關二月延綏告警兵部劾越擅違詔弗罪令還屯延綏近地爲援　辛未大理寺少卿宋旻侍郎曾翬原傑黃琛副都御史滕昭巡視大名諸府及浙江河南四川福建考察官吏訪軍民疾苦其餘南直隸各布政司有巡撫等官者命亦如之　丁丑禱雨於郊壇　戊寅振廣西饑　三月甲申免湖廣山東被災稅糧　程信應詔言兵事宜更張者四兵弊宜申理者五大略謂延綏歲遭劫掠宜擇大臣總制四方流民多聚荊襄宜早區畫京軍操練無法功次陞賞不當信與白圭同官而不相能數稱疾其上疏也語多侵圭圭奏寢之　潘榮偕同官上言近雨雪愆期災異迭見陛下降詔自責

躬行祈禱詔大臣盡言宜上天感格而今乃風霾晝晦沴氣赤而復黑豈非應天之道有未盡歟夫人君敬天不在齋戒祈禱而已政令乖宜下民失所崇尚珍玩費用不經後宮無序恩澤不均爵濫施於賤工賞妄及於非分皆非敬天之道願陛下日御便殿召大臣極陳缺失而釐革之庶災變可弭時萬妃專寵羣小夤緣進寶玩官爵冗濫故榮等懇言之帝不能用　編修陳音言講究莫先於好問陛下雖間御經筵然勢分嚴絕上有疑未嘗問下有見不敢陳願引儒臣賜坐便殿從容咨論仰發聖聰異端者正道之反法王佛子真人宜一切罷遣章下禮部越數日音又言國家養士百年求其可用不可多得如致仕尚書李秉在籍修撰羅倫編修張元禎新會舉人陳獻章皆當世人望宜還秉等而置獻章臺諫言官多緘默願召還判官王徽評事章懋等以開言路忤旨切責　壬寅詔延綏屯田　阿羅出等萬餘騎分五路入掠延綏王越令許寧等擊退之孛魯乃與阿

魯出合別部乩加思蘭等亦入河套為久居計延綏告急帝命朱永為平虜將軍充總兵官都督劉玉劉聚為左右副總兵大監傅恭顧恆監軍王越參贊軍務備之　夏四月申諸番三歲一貢之例多不過百五十人由四川雅州入國師以下不許貢於是貢使漸稀　畿輔山東河南旱以彭時請免夏稅鹽鈔及太僕寺賠課馬邱寬叔言四方告災部臣拘成例必覈實始免上雖蠲免下鮮實惠請自今遇災撫按官勘實即與蠲除從之　五月丙申振畿內山東河南饑丁酉王越敗阿羅出於延綏東路　襄陽王冲秋請帥子壻擊賊止之冲秋屢急王事以藩禁嚴不用自是宗臣無預兵事者　六月戊申朔日有食之　萬貴妃益驕中官用事者一忤意立見斥逐後宮有娠皆墮之初賀縣土官女紀氏征蠻俘入掖庭警敏通文字授女史使守內藏帝偶行內藏悅幸之遂有身妃聞恚甚令婢鉤治婢謬報曰瘏乃謫居安樂堂秋七月皇子生使門監張敏溺焉敏驚曰上

子嗣未廣奈何棄之稍哺粉餌飴蜜藏之他室廢后吳氏居西內密知其事往來哺養保抱惟謹是爲孝宗皇帝　壬午朱永敗阿羅出於雙山堡劉聚追敵黃草梁遇伏鏖戰傷頰麾下力捍以免頃復與都指揮范瑾等擊敵青草溝敗之　丙戌都御史項忠吏部侍郎葉盛振畿輔饑民都督李杲撫治屯營　定西侯蔣琬鎭甘肅巡按御史鄭己欲按其罪語洩爲琬所劾逮下獄戍宣府琬貴之孫也　分福建龍巖縣地置漳平縣　阿羅出復以萬騎分五道至丙戌朱永王越等與戰於開荒川敵少卻乘勢馳之皆棄輜重走至牛家砦遇都指揮吳瓚兵少敵圍之指揮李鎬滕忠至復力戰劉聚范瑾神英分據南山夾擊敵大敗斬首一百有六獲牛馬數千阿羅出中流矢走時斬獲無多然諸將咸力戰追敵邊人以爲數十年所未有　免南畿四川被災稅糧　八月辛亥振山西饑　癸丑以水旱相仍下詔寬卹　御史楊守隨言郕王受命艱危時削平禍亂功甚大歿乃

謚以戾公論不平此非先帝意權奸逞私憾者爲之也亟宜改易彰
陛下親親之仁尚書李秉劾忠守法一時良臣爲蕭彥莊誣劾致仕
乞即召還律犯公罪者不罷近御史朱賢婁芳等並除名乞復其官
且戒所司毋法外加罪一以律令從事西征之役數萬甲兵討出沒
不常之寇千里轉輸曠日持久恐外患未平內地先敝乞速班師戒
邊城慎封守近例軍官犯罪未結正者遇赦即原致此曹遷延以希
倖免自今衆証明白者即據律定案毋使逃罪雖遇赦免亦不得管
軍在外官俸兵饟有踰年不給者由郡縣蓄積少也請於起運外量
加存留以濟匱乏之時不能從　九月壬午秀王見澍就國汝寧途中
慮擾民令併日行王居險左右請還文廟廣之見澍不聽曰居近學
宮時聞弦誦聲顧不美乎長史劉誠獻千秋日鑒錄朝夕誦之　京
師米貴彭時請發倉儲五十萬石平糶豪猾乘時射利戶部侍郎陳
俊請糶以升斗爲率過一石勿與民賴以濟　冬十月張元吉貪縱

免死杖百充肅州軍毛士廣等固爭不聽士廣在垣中所論列最多帝頗厭苦之嘗曰昨日毛宏今日毛宏所陳或不聽而士廣慷慨論議無所屈宏士廣名也　免畿內河南山東被災稅糧　自圭之平劉通也荆襄間流民屯結如故王信以爲憂言於朝卽命信兼督南陽軍務通黨李原者號李鬍子與小王洪王彪等掠南漳房內鄉渭南諸縣流民附賊者百萬原僞稱太平王署其黨爲總兵先鋒等又立一條蛇坐山虎等號官軍屢衄不利　十一月癸未詔項忠總督河南湖廣軍務會李震兵討之　戶部尚書楊鼎言陝西外患西寇內患流民然寇害止邊塞流民則疾在腹心漢中僻居萬山襟喉川蜀四方流民數萬急之生變置之有後憂請暫假監司一人專領其事其願附籍者聽之不願者資遣兼與守臣練士馬修城池庶可弭他日患從之　析河南內鄉縣地置淅川縣　索羅忽渡河與阿羅出合　溫州知府范奎被論謫官章綸言溫州臣鄉郡奎大得民心解

官之日士民三萬人哭泣攀轅留十八日乃得去請還之以慰民望章下所司報寢　十二月庚戌戶部郎中桂茂芝等十四人分振畿輔　予朱永世侯王越劉聚等進秩有差　是時民漸苦養馬葉盛言向時歲課一駒馬愈削民愈貧而馬卒不可少故復兩年一駒之制然民尚不堪請敕邊鎮隨俗所宜凡可買馬足邊軍民交益者便宜處置馬文升亦極論邊軍償馬之累請令屯田卒田多丁少而不領馬者歲輸銀一錢以助賠償皆報可然民困不能舒也

七年春正月辛巳命京官五品以上及給事中御史各舉堪州縣者一人從都御史李賓請也　陝西數被寇白圭言鎮巡官偷肆宜治王銳房能及鎮守太監秦剛俱獲罪去乃擢浙江布政使余子俊代銳而以許寧代能寧起世冑不十年至大將同列推讓不及父友多隸部下亦不以為驟阿羅出衆大入寧及遊擊孫鉞禦之至波羅堡相持三日夜敵解去亡失多寧以力戰得出卒被賞　分浙江蘭溪

等四縣地置湯溪縣福建清流等四縣地置歸化縣　阿羅出猶據河套衆數萬而官軍堪戰者僅萬人又分散防守勢不敵二月朱永王越條上戰守二策白圭等以糧饋馬乏難於進勦請敕諸將嚴守禦圖萬全　安南國王黎灝索占城犀象寶貨令以事天朝之禮事之占城不從大舉往攻破其城執其王槃羅茶全及家屬五十餘人大肆焚掠遂據其地改爲交南州王弟槃羅茶悅逃山中　阿羅出復以萬餘騎分掠懷遠諸堡朱永與王越許寧等分兵爲五設伏敗之追至山口及滉忽都河寇敗走遊擊孫鉞蔡瑄別破他部於鹿窖山捷聞璽書奬勞永等請班師不許　三月甲申封劉聚寧晉伯聚以內援得封乃爲從父太監永誠請封謚且乞祠額禮部執故事卻之帝特賜額曰褒功命內閣擬封謚彭時等言卽予永誠將來守邊內臣皆援此陳乞是變祖宗法自今日始臣等不敢奉詔或言宋童貫封王時曰貫封王在徽宗末年豈盛世事耶乃寢時以舊臣見倚

重遇事爭執無所避而是時帝怠於政事大臣希得見萬安同在閣結中官戚畹上下壅隔時頗懷憂以舊疾復作乞致仕帝慰留之不得去　韓雍遣參將張壽游擊馮昇等分道討賊忻州八砦蠻及諸山猺獞掠州縣者皆摧破之蠻民素懾雍威寇盜寢息　萬安與禮部侍郎邢讓國子監祭酒陳鑑同年不相能以國子監用會饌錢事搆成其獄讓鑑及司業張業典籍王允等俱得罪坐死太學生楊守阯李錦等抗章白讓非辜復詔廷臣雜治乃贖爲民　夏四月馬文升請修安邊營至鐵鞭城從之文升數條奏便宜修茶政易番馬八十以給士卒振鞏昌臨洮饑民撫安流移績甚著　己巳錄囚　五月辛巳瘞京師暴骸　中書舍人呂憲疏乞鄉試所司執故事不許帝特許之舍人得赴試自憲始憲原之子也　召少詹事柯潛爲祭酒潛方居喪固乞終制許之未幾卒　初王銳撫延綏請沿邊築牆建堡爲久遠計工未興而罷秋七月余子俊言三邊惟延慶地平易

利馳突寇屢入犯獲邊人爲導徑入河套屯牧自是寇顧居內我反屯外急宜於沿邊築牆置堡況今舊界石所在多高山陡厓依山形隨地勢或鏟削或壘築或挑塹綵引相接以成邊牆於計爲便白圭以陝民方困奏緩其役　八月甲辰振山東浙江水災　御史梁昉言臣先任蕭山見致仕尚書魏驥與里人稠處教子孫孝弟力田增隄濬湖捍禦災患所行動應禮法倡理學勖後進雖在林野有補治化生平學行醇篤政術正大諳世事瞭國體里居二十餘年年九十八歲齒德有餘爵在上卿乞下所司議優崇之典帝覽奏嘉歎遣行人存問賜羊酒命有司月給米三石　閏九月浙江海溢漂民居鹽場己未遣工部侍郎李思誠往祭海神修築堤岸　應天巡撫滕昭始令運軍赴江南水次交兌加耗外復石增一斗爲渡江費尋定天下運糧京師歲以四百萬石爲常額　時運河淤淺廷議分沛縣以南德州以北及山東爲三道各委曹郎及監司專理且請簡風力大

臣總理其事冬十月乙亥命王恕以刑部侍郎總督河道總河侍郎之設自恕始　初漕運總兵官楊茂言每歲自張家灣舍舟車運費不貲請修舊通惠河便或又請濬三里河命楊鼎及侍郎喬毅相度鼎等言三里河舊無河源正統間始開以洩城濠之水水道淺窄不宜濬請引西山諸泉水從高粱河分其半由金水河出餘從外濠流轉閘三里河道併流大通橋閘河隨旱澇啓閉從之　巡撫順天都御史楊璿言霸州固安東安大城香河寶坻新安任丘河間肅寧饒陽諸州縣屢被水患請修唐滹沱白溝三河上流堤岸以資捍禦從之　十一月甲寅立皇子祐極爲皇太子大赦太子柏賢妃所生也年三歲矣　項忠至荆襄奏調永順保靖土兵而先分軍列要害多設旗幟鉦鼓遣人入山招諭流民歸者四十餘萬王彪就禽白圭遣錦衣百戸吳綬贊參將王信軍綬欲攘功不利賊瓦解縱流言圭信之止土兵毋調忠疏爭且劾綬罪帝爲召綬還而聽調土兵如忠請

忠合兵二十五萬分八道逼之流民歸者又數萬賊潛伏山砦伺間
出劫忠命副使余洵都指揮李振擊之遇於竹山乘溪漲半渡截擊
禽李原小王洪等賊多溺死忠移軍竹山捕餘孽復招流民五十萬
斬首六百四十俘八百有奇家口三萬餘人戶選一丁戍湖廣邊衛
餘令歸籍給田己未荆襄賊平忠陳善後十事悉允行　十二月甲
戌彗星見天田尋北行犯右攝提掃太微垣上將幸臣太子從官郎
位帝下詔自責敕羣臣修省條時政闕失彭時言政本七事一毋惑
佛事糜金錢二傳旨專委司禮監毋令他人以防詐僞三延見大臣
議政事四近幸賜予太多工匠冒官無紀而重囚死徙者法不蔽罪
宜戒淫刑僭賞五虛懷受諫勿惡切直六戒廷臣毋依違凡政令失
當直言論奏七清理牧馬草地減退勢要莊田　姚夔偕羣臣陳二
十八事大要以絶求請禁採辦卹軍匠減力役撫流民節冗費爲急
帝多採納　諭德王一夔陳五事請正宮闈親大臣開言路慎刑獄

戒妄費語極剴摯被旨切責一夔得仁之子也　廷臣多言君臣否隔宜時召大臣議政彭時商輅力請司禮中官乃約以御殿日召對且曰初見情未洽勿多言姑俟他日己卯彗星長竟天北行犯天槍掃北斗三公太陽壬午入紫微垣犯帝星北斗魁庶子后宮句陳天樞三師天牢中台天皇大帝上衞閣道文昌上台正晝猶見帝避正殿撤樂御奉天門聽政復御文華殿召時等入見將入中官約如初比見時言天變可畏帝曰已知卿等宜盡心時又言昨御史有疏請減京官俸武臣不免觖望乞如舊便帝可之萬安遂頓首呼萬歲欲出時輅不得已皆叩頭退中官戲朝士曰若輩嘗言不召見及見止知呼萬歲耳一時傳笑謂之萬歲閣老帝自是不復召見大臣矣癸未召朱永還王越總督延綏軍務越嘗與永帥千人巡邊寇猝至永欲走越止之列陳自固寇疑未敢前薄暮越令騎皆下馬銜枚魚貫從山後行五十里抵城自帥驍勇爲殿謂永曰我一動寇追擊無

噍類矣示暇以惑之也下馬行無軍聲令寇不覺耳　乙酉彗星南行犯婁天河天陰外屏天囷　辛卯減死罪以下　乩加思蘭入居河套與阿羅出合　毛里孩入安邊營

明紀卷第十八

明紀卷第十九

賜進士出身工部候補主事虞衡司行走陳鶴纂

卹贈知府銜給雲騎尉世職內閣候補中書孫男克家參訂

憲宗紀二（起成化八年壬辰訖成化十五年己亥凡八年）

八年春正月延綏參將錢亮禦之師婆澗敗績士卒死者十三四都指揮柏隆陳英戰死　乩加思蘭犯固原平涼　丙午彗星行奎宿外屏漸微久之始滅　致仕南京吏部尚書魏驥卒賜祭葬如制謚文靖其子完以驥遺言詣闕辭葬乞以其金振饑民帝憮然曰驥臨終遺命猶恐勞民可謂純臣矣　癸亥皇太子薨謚悼恭或曰萬貴妃害之　乩加思蘭諸部久駐河套陝西延綏寧夏數被患白圭議以十萬衆大舉逐之沿邊築城抵東勝徙民耕守帝壯其議二月發帑金二十萬命陳俊赴河南山西陝西會巡撫諸臣畫芻饟而遣葉盛至軍會王越馬文升余子俊及巡撫甘肅都御史徐廷璋詳議

夏四月京師久旱運河水涸癸酉遣使禱於郊社山川淮瀆東海之神　初南京侍郎陳翼請如正統間例遣使錄天下囚部議以諸方多事不行乙酉始令司禮太監王高少監宋文毅會兩京法司錄囚丁亥遣郎中劉秩等十四人分行天下會巡撫御史及三司官錄囚丙申定襄伯郭登卒贈侯謚忠武登儀觀甚偉髯垂過腹爲將兼智勇紀律嚴明料敵制勝動合機宜事毋孝居喪秉禮能詩明世武臣無及之者　葉盛至三邊王越以士卒衣裝盡壞馬死過半請且休兵盛亦以時無良將轉運勞費搜河套復東勝未可輕議乃會越等上疏言守爲長策如必決戰亦宜堅壁清野俟其惰歸擊之令一大創庶可遏將來又或乘彼入掠遣精卒進擣其巢令彼反顧內外夾擊足以有功然必守固而後戰可議也遂還越亦赴京計事白圭主復套與廷臣議言套寇不滅三邊終無寧歲先所調諸軍已逾八萬將權不一迄無成功宜專遣大將調度五月癸丑命趙輔爲平虜

將軍充總兵官節制各邊軍馬同越討癿加思蘭陳俊以陝西三布政司倉庾空竭歲又不登而榆林道險遠轉輸難乃發金於內地市易修西安韓城同官徑道以利飛輓圭又以饟不給預徵明年賦於是內地騷然　以畿輔地廣分居庸關以東設順天永平二府巡撫兼轄薊州邊務駐遵化以西設保定真定河間順德大名廣平六府巡撫兼督紫荆倒馬龍泉等關駐真定從梁璟請也自是遂爲永制

占城遣使告難兵部言安南吞幷與國若不處分非惟失占城歸附之心抑恐啓安南跋扈之志宜遣官齎敕宣諭還其國王及眷屬帝慮安南逆命令自貢使至日賜敕責之尋遣給事中陳峻等封槃羅茶悅爲占城國王　初項忠盡遣荆襄流民還鄉有司一切驅逼不前卽殺之民有自洪武中占籍者亦在遣中戍者舟行多疫死湖廣僉事尙褫以先有詔許流民所在附籍陳牒巡撫吳琛請進止琛以報忠忠怒劾褫廷議以褫意在恤民乃申令流民聽附籍不願乃

遣給事中梁璟因星變求言劾忠妄殺白圭又駮忠所上功次互異
帝皆不聽進忠左都御史廕子諸將錄功有差六月忠上疏言臣先
後招撫流民復業者九十三萬餘人賊黨遁入深山又招諭解散自
歸者五十萬人俘獲百人皆首惡耳今言皆良家子則前此屢奏猖
獗難禦者伊誰也賊黨罪固當死正因不忍濫誅故令丁壯謫發遣
戍其久附籍者或乃占山四十餘里招聚無賴千人爭鬭刼殺若此
者可以久居故不遣乎臣揭榜曉賊謂已殺數千蓋張虛勢怵之非
事實也且圭固嘗身任其事今日之事又圭所遺先時中外議者謂
荆襄之患何日得寧今幸平靖而流言沸騰以臣為口實願賜骸骨
帝溫詔答之　秋七月敕修隆善寺工竣授工匠三十人官尚寶司
少卿任道遜等以書碑皆進秩給事中王詔上疏力諫不省　九月
丙午諭黎灝還占城侵地　余子俊復言今征套士馬屯延綏者八
萬芻茭煩內地若今冬寇不北去又須備來年軍資姑以今年之數

約之米豆需銀九十四萬草六十萬每人運米豆六斗草四束應用四百七萬人約費行資八百二十五萬公私煩擾至此安得不變計臣前請築牆建堡詔事寧舉行請於明年春夏寇馬疲乏時役陝西運糧民五萬給食興工期兩月畢事自圭猶持前議阻之帝是子俊言命速舉　南畿浙江大水姚夔請命廷臣共求安民弭患之術夔每遇災異輒請帝振恤憂形於色　以南直隸江陰縣之馬馱沙置靖江縣　趙輔至榆林敵已深入大掠不能制時毛里孩孛魯乃斡羅出稍衰而滿魯都入河套稱可汗乩加思蘭爲太師方強盛勢未可破輔乃與王越上言欲窮搜河套非調精兵十五萬不可今餽饟煩勞公私困竭重加科斂內釁可虞宜姑事退守散遣士馬量留精銳就糧鄜延沿邊軍民悉令內徙其寇所出沒之所多置烽燧鑿塹築牆以爲保障奏上廷議不決命給事中郭鏜往勘冬十月越等又奏寇知我軍大集移營近河潛謀北渡殆不戰自屈但山陝荒旱芻

糧缺供邊地早寒凍餒相繼以時度之攻取實難請從防守之策臣等亦暫還朝於是部科諸臣交章劾越輔欺謾會趙輔有疾十一月召還以劉聚代鏜還言寇於六月入平涼鞏昌臨洮殺掠人畜迨七月而縱橫慶陽境內輔與越至榆林不進宜治其弛兵玩寇罪帝不納輔還猶督京營言者攻益力詔姑置之侍講倪岳上疏言近歲毛里孩阿羅出孛羅忽乩加思蘭大爲邊患蓋緣河套之中水草甘肥易於屯牧故賊頻據彼地擁衆入掠諸將怯懦率嬰城自守苟或遇敵輒至挫衄旣莫敢折其前鋒又莫能邀其歸路敵進獲重利退無後憂致兵鋒不靖邊患不寧命將徂征四年三舉絕無寸功或高臥而歸或安行以返析圭擔爵優游朝行輦帛輿金充牣私室且軍旅一動輒報捷音賜予濫施官秩輕授甚至妄殺平民謬稱首級敵未敗北輒以奔遁爲辭功賞所加非私家子弟卽權門廝養而什伍之卒轉饟之民則委骨荒城膏血草野天怒人怨禍機日深非細故也

京營素號冗怯留鎮京師猶恐未壯根本顧乃輕於出禦用褻天威臨陣輒奔反隳邊軍之功爲敵人所侮且延綏邊也去京師遠宣府大同亦邊也去京師近彼有門庭之喻此無陛楯之嚴可乎頃兵部建議令宣府出兵五千大同出兵一萬併力以援延綏而不慮其相去既遠往返不逮人心苦於轉移馬力疲於奔軼夫聲東擊西者賊寇之奸態也擣虛披亢者兵家之長策也精銳既盡乎西老弱乃留於北萬一北或有警而西未可離首尾衝決遠近坐困其可爲得計哉至於延綏士馬屯集糧糗不貲乃以山西河南之民任飛芻轉粟之役徒步千里夫運而妻供父輓而子荷道路愁怨井落空虛幸而得至東芻百錢斗粟倍直不幸遇賊身且斃矣他尚何云輸將不足則有輕齎輕齎不足又有預徵水旱不可先知豐歉未能逆卜徵如何其可預也又令民輸芻粟補官而媚權貴私親故者或出空牒以授倉庾無升斗之入至若輸粟給鹽則豪右請託率占虛名鬻之而

商賈費且倍蓰官爵日輕鹽法日沮而邊儲之不充如故也又朝廷出帑藏給邊歲為銀數十萬山西河南輸輕齎於邊者歲亦不下數十萬銀日積而多則銀益賤粟日散而少則粟益貴而不知者遂於養兵之中寓養狙之術或以茶鹽或以銀布名為準折糧價實則侵剋軍需故朝廷有縻粟之虞軍士無果腹之樂至兵馬所經例須應付居平人日米一斗馬日芻一束追逐一日之間或一二堡或三四城豈能俱給哉而典守者巧為竊攘之謀凡所經歷悉有開支罔上行私莫此為甚及訪禦敵之策則又論議紛紜有謂復受降之故險守東勝之舊城使聲援交接犄角易制夫欲復城河北即須塞外屯兵出孤遠之軍涉荒漠之地輜重為累饋饟惟艱彼或抄掠於前躡襲於後曠日持久軍食乏絕進不得城退不得歸一敗而聲威大損矣又有謂統十萬之衆裹半月之糧奮揚威武掃蕩窟穴使河套一空事非不善也然帝王之兵以全取勝孫吳之法以逸待勞今欲鼓

勇前行窮搜遠擊乘危履險覬萬一之倖贏糧遠隨則重不及事提兵深入則孤不可援且其間地方千里無城郭之居委積之守彼或往來還徙疲於馳驅我則情見勢屈爲敵所困既失坐勝之機必踏覆沒之轍其最無策者又欲棄延綏勿守使兵民息肩不知一民尺土皆受之祖宗不可忽也向失東勝故今日之害萃於延綏而關陝震動今棄延綏則他日之害鍾於關陝而京師震動賊愈近而禍愈大矣因陳重將權增城堡廣斥堠募民壯去客兵明賞罰嚴閒諜實屯田復邊漕數事時兵部方主用兵不能盡用也　十二月癸酉振京師饑民　癿加思蘭入花馬池

九年春正月劉聚王越帥副總兵孫鉞遊擊將軍王璽等擊卻之還至高家堡敵復至壬子敗之追奔至漫天嶺伏起夾擊又敗之鉞璽亦破別部於井油山　哈密把塔木兒卒子罕愼請嗣職帝許之而不命主國事國中政令無所出土魯番速檀阿力乘機襲破其城執

故王母努温答失里奪金印以忠順王孫女爲妾留其妹壻牙蘭分兵據守其地而去阿力遣使招赤斤蒙古都督僉事昆藏同叛昆藏不從殺其使以其書來獻帝嘉之遣使賜賚　二月庚午吏部尚書姚夔卒贈少保諡文敏夔才器宏遠表裏洞達朝議未定者一言立決尹旻代夔爲尚書郎中黄孔昭數有爭執旻欲推故人爲巡撫孔昭不應其人入都謁孔昭至屈膝孔昭益鄙之旻謂其人曰黄君不離銓曹汝不能遷也故事選郎率閉門謝客孔昭曰才不預知安能濟用每公退延見賓客訪以人才書之於冊除官日以其才高下配地繁簡由是銓敘平允　三月升福建福寧縣爲州直隸布政司
夏四月辛酉朔日有食之　甲子福餘三衞寇遼東總兵歐信以偏將韓斌等敗之於興中追及麥州　山東大饑戊辰詔盡免稅糧巡撫都御史牟俸請發濟南倉儲減價以糶令臨清關稅收米麥濟振已又以民轉徙益多請敕鄰境撫按隨所在安輯秋成資遣復業又

乞開中淮浙鹽百萬引盡蠲州縣逋課帝悉從所請更命移臨清倉粟十萬石振之　瘞京師暴骸　壬午閱武臣騎射於西苑　秋七月壬辰余子俊敗癿加思蘭於榆林澗初延綏鎮治綏德州屬縣米脂吳堡悉在其外寇以輕騎入掠鎮兵覺而追之輒不及往往得利去榆林澗者本漢五原唐勝州地正統間鎮守都督王禎始築城並建緣邊營堡二十四歲調延安綏德慶陽三衞軍分戍之子俊乃徙治於此增衞益兵拓城置戍攻守器畢具榆林遂爲重鎮　都督同知李文右通政劉文赴甘肅經略哈密　先是命儒臣校勘資治通鑑綱目八月編修謝鐸言綱目一書帝王龜鑑陛下命重加考定必將進講經筵爲致治資也今天下有太平之形無太平之實因仍積習廢實徇名振綱紀而小人無畏忌勵風俗而搢紳棄廉恥飭官司而汙暴益甚恤軍民而罷敝益極減省有制而興作每疲於奔命蠲免有詔而徵斂每困於追呼考察非不舉而倖門日開簡練非不行

而私撓日衆賞竭府庫之財而有功者不勸罰窮讞覆之案而有罪者不懲以至修省祈禱之命屢頒水旱災傷之來不絕禁垣被震城門示災不思竦動旋轉以大答天人之望是則誠可憂也願陛下以古證今兢兢業業然後可長治久安而載籍不爲無用矣帝不能從

四川兵備副使沈琮等敗黑虎寨賊於松溪堡進勦白馬路水土茹兒等寨俱克之參將堯彧請益松潘戍兵巡撫都御史夏壎不可苗獠數爲寇壎立互知會捕法賊爲之戢　九月辛卯鎮守浙江中官李義杖殺寧波衛指揮馬璋詔勿問　滿都魯孛羅忽癿加思蘭留妻子老弱於紅鹽池大舉深入王越策敵盡銳西不備東偏庚子帥許寧及遊擊將軍周玉各將五千騎爲左右哨出榆林踰紅兒山涉白鹹灘兩晝夜行八百里將至暴風起塵翳目一老卒前曰天贊我也去而風使敵不覺還軍遇歸寇處下風乘風擊之蔑不勝矣越遽下馬拜之擢爲千戶分兵千爲十覆而躬帥寧玉張兩翼薄其營

大破之禽斬三百五十獲駝馬器械無算焚其廬帳而還滿都魯至秦州安定會寧諸州縣縱橫數千里劉聚等不能禦馬文升駐兵韋州設伏諸堡待之冬十月敗寇黑水口禽其平章迭烈孫又敗之湯羊嶺斬首二百名其嶺曰得勝坡敵亦飽掠乃退越還與聚並以大捷聞文升亦遣子琇報功紀功員外郎張謹劾聚及總兵官范瑾等六將殺被掠者冒功兵部及給事中御史交章劾詔遣給事中韓文勘實以寇既遁置不問滿魯都等歸則妻子畜產已蕩盡相顧痛哭而去自是不復居河套邊患少弭　牟俸言今救荒者止救其饑不謀其寒縱得食終不免僵死乞貸貧民布帛從之俸又檄發東昌濟寧倉粟十餘萬石爲軍士月糧而以德州臨清寄庫銀易米振濟奏請伏專權罪帝特宥之已復以俸奏免柴夫折價銀移河南輸邊粟濟山東而別給銀爲邊饟山東輸京租二十萬石給本地用　江西盜起以原傑嘗再涖其地得民詔往治捕戮六百餘人餘悉解散

十一月丁酉復閱騎射於西苑　十二月以陝西河州指揮使司爲
河州文縣守禦千戶所爲文縣禮店千戶所爲禮縣　免湖廣畿內
山西南畿陝西被災稅糧振畿內陝西山西饑
十年春正月丁亥朔振京師貧民　廷議總制府固府於固原舉蔣
琬爲總兵官王越提督軍務控制延綏寧夏甘肅三邊總兵巡撫而
下並聽節制癸卯詔不用琬卽以越任之三邊設總制自此始　命
淮徐臨德四倉支運米悉改水次交兌官軍長運遂爲定制　丙午
召劉聚還　二月朵顏三衞掠開原參將周俊擊退之　靖安伯和
勇卒諡武敏勇性廉謹在兩廣時諸將多營私漁利勇獨無所取時
論稱之　柳潯諸蠻復叛參將楊廣等俘斬九百人方更進而賊破
懷集縣兵部劾韓雍奏報不實廣西鎮守中官黃沁素憾雍抑己因
訐雍且言雍貪欲縱酒濫賞妄費帝遣給事中張謙等往勘廣西布
政司何宜副使張斆共附和沁證成雍罪三月命雍致仕雍洞達閫

爽重信義有雄略善斷動中機宜臨戰躬親矢石不目瞬自奉尊嚴三司皆長跪白事軍門設銅鼓數十儀節詳密裨將以下繩柙無所假兩地鎮守宦官素驕恣亦惕息不敢肆疾惡嚴坦中不爲崖岸揮斥財帛不少惜令行禁止民得安堵卒爲中官所齮齕公論皆不平兩廣人念雍功尤惜其去爲立祠祀焉　吏部左侍郎葉盛卒年五十五諡文莊盛清脩積學尚名檢薄嗜好家居出入常徒步生平慕范仲淹堂寢皆設其像志在君民不爲身計有古大臣風　免南畿湖廣被災秋糧　給事中韓文王詔等奏請起致仕尚書王竑李秉而劾都御史王越并及宮闈隱事帝大怒召至文華殿面詰之王詔仰呼曰臣等言雖不當然區區犬馬之誠知爲國而已乃杖而釋之

夏五月戊申申藏妖書之禁　免山西陝西被災秋糧　六月趙輔辭侯乞世伯帝許其世伯侯如故僅減祿二百石言官力爭不聽

閏月給事中章鎰言孫繼宗久司兵柄尸位固寵亟宜罷退以全

終始於是繼宗上疏懇辭帝優詔許解營務仍治後府事　李文等
抵肅州遣錦衣衛千戶馬俊奉勅往土魯番諭阿力阿力抗詞不遜
羈俊月餘一日牙蘭忽至言大兵三萬即日西來阿力乃宴勞俊等
舁努温答失里出見努温懼不敢言夜潛遣人來云爲我奏天子速
發兵救哈密文等以聞遂檄罕慎及赤斤罕東乜克力諸部集兵進
討　滿都魯等既遠徙余子俊一意興役東起清水營紫城砦西抵
花馬池延袤千七百七十里鑿崖築牆掘塹其下連比不絕每二三
里置敵臺崖砦備邊警又於崖砦空處鑿短牆橫一斜二如箕狀以
瞭敵避箭由黃甫川西至定邊營千二百餘里橫截河套之口凡築
城堡十一邊墩十五小墩七十八崖砦八百十九役軍四萬人不三
月而成牆內之地悉分屯墾歲得糧六萬石有奇乙巳具上其事因
以母老乞歸詔慰留不許初榆林始事怨讟叢起子俊曰大臣謀國
當身任利害豈得遠怨市恩爲自全計持之益堅竟以成功爲數世

利　秋七月甲寅朔免江南被災秋糧　王越還自紅鹽池爲張謹等所劾及論功加太子少保增俸一級越自以功大賞薄遂怏怏稱疾還朝　安南王黎灝復攻占城執其王盤羅茶悅立前王孫齋亞麻弗菴爲王以國南地予之初安南貢道出廣西後請改由雲南弗許也雲南鎮守中官錢能貪恣詐言安南捕盜兵入境遣指揮郭景請於帝八月命景齎敕戒約能遂令景以玉帶綵繒犬馬遺灝因取其貨灝素欲窺雲南遂以解送廣西龍州罪人爲詞隨景假道雲南入京　癿加思蘭擾宣府邊辛卯都督同知趙勝爲平虜將軍充總兵官太監劉恆覃平監軍統京兵萬人禦之比至虜已遁召還　林聰爲南京都御史先是掌院多不樂御史言事聰獨獎勵之曰己既不言又禁他人言可乎　九月癸丑朔日有食之　乙卯免南畿水災秋糧　詔侯伯新襲及駙馬都尉年少者入國子監讀書　李文等兵至卜隆吉兒川諜報阿力集衆抗拒且結別部謀掠罕東赤斤

二衛不敢進冬十月令二衛還守本土罕慎及乜克力畏兀兒之衆退居苦峪文等引還肅州帝乃命罕慎權主國事因其請給米布且賜以穀種　戶部㩶遼東開黑山金場彭誼言永樂中太監王彥等開是山督夫六千人三閱月止得金八兩請罷之遂止　十一月丙子免河南被災稅糧　十二月己丑罷寶慶諸府採金　陳峻等至占城不得入而還　甲午李賓言錦衣鎮撫司屢獲妖書圖本皆罔誕不經之言小民無知輒被幻惑乞備其書名目榜示天下使知畏避免陷刑辟報可　兵部尚書白圭卒年五十六贈少傳諡恭敏圭性簡重公退卽閉閣臥請謁皆不得通

十一年春正月祀前御史伍驥都指揮丁泉於上杭縣　二月甲申禁酷刑凡盜賊贓仗未真人命死傷未經勘驗輒加重刑致死獄中者審勘有無故失明白不分軍民職官俱視酷刑事例爲民　王越與李賓同掌都察院事兼督十二團營　彭時自五年以後凡七在

告三月辛未卒年六十贈太師謚文憲時立朝三十年孜孜奉國持正存大體公退未嘗以政語子弟有所論薦不使其人知燕居無惰容服御儉約無聲樂之奉非其義不取有古大臣風　夏四月析河南固始縣地置商城縣汝州地置寶豐縣　乙酉吏部侍郎劉珝禮部侍郎劉吉並翰林學士入閣預機務　壬辰夜乾清宮門災　己亥錄囚　侍讀學士尹直與尹旻相惡直覬禮部侍郎而旻薦他人直以中旨得之次日遇旻於朝舉笏謝旻曰公所謂簡在帝心者自是怨益深　五月命御史胡敬等十一人分道清軍以十分爲率及三分者最不及者殿時以罪謫者逃故亦句其家丁御史江昂謂非罰弗及嗣之義乃禁之　帝自悼恭太子薨後久無嗣中外皆以爲憂丁卯召張敏櫛髮照鏡歎曰老將至而無子敏伏地曰死罪萬歲已有子也帝愕問安在對曰奴言即死萬歲當爲皇子主於是太監懷恩頓首曰敏言是皇子潛養西內今已六歲匿不敢聞耳帝大喜

卽日幸西內遣使召皇子皇子母抱皇子泣曰兒去吾不得生兒見黃袍有鬚者卽兒父也衣以小緋袍乘小輿擁至階下猶未翦胎髮髮披地走投帝懷帝置之膝撫視久之悲喜泣下曰我子也類我使懷恩赴內閣具道其故商輅請敕禮部擬上皇子名羣臣皆大喜明日入賀帝卽命皇子出見頒詔天下皇太后語帝曰以兒付我皇子遂居仁壽宮太后省視萬方移皇子母居永壽宮數召見萬貴妃日夜怨泣曰羣小紿我　癸酉免湖廣被災秋糧　帝御文華殿皇子侍召見諸閣臣商輅頓首曰陛下踐阼十年儲副未立天下引領望久矣當卽立爲皇太子安中外心帝頷之未幾南京參贊尚書崔恭侍郎胡拱辰亦以冊立請　黎灝之假道雲南入京也索夫六百餘且發兵繼其後雲南大擾兵部言雲南非貢道龍州罪人宜解廣西不必赴京乃令守臣檄諭且嚴邊備灝遂侵廣東瓊雷盜珠池廣西之龍州右平雲南之臨安廣南鎮安亦數告警朝廷務姑息屢降敕

諭灝益玩侮無畏忌　六月乙巳皇子生母紀氏暴薨或曰萬貴妃致之或曰自縊也帝輟朝如故事皇太后以下皆致祭謚曰恭恪莊僖淑妃張敏懼亦吞金死　初楊鼎等議濬通惠諸河會以星變罷諸役所司以漕事大乃請用四萬人先濬城濠而西山玉泉及抵張家灣河道以漸及秋八月辛巳命平江伯陳銳副都御史李裕侍郎翁世資王詔督漕卒濬通惠河　丁亥滿都魯卒加思蘭遣使來朝

九月丁未朔日有食之　冬十一月癸丑立子祐樘爲皇太子大赦兩廣總督吳琛卒廷議以甘肅巡撫都御史朱英前在廣東有威信遂以代之英素持清節僅攜一蒼頭之官所賜金幣皆貯於庫兩廣自韓雍大征以來將士喜邀功利俘掠名爲鵰勦英至鎮以寧靜約飭將士毋得張賊聲勢妄請用師招撫猺獞效順者定爲編戶給復三年　十二月廣東僉事陶魯言宋陸秀夫張世傑盡節崖山未有廟祀已特爲興建請賜祠額詔名曰大忠祠　戊子制曰朕叔郕

王踐阼勘難保邦奠安宗社殆將八載彌留之際奸臣貪功妄興讒構請削帝號先帝旋知其枉每用悔恨以次抵諸奸於法不幸上賓未及舉正朕敦念親親用成先志可仍皇帝之號其議謚以聞遂上尊謚敕有司繕陵寢祭享視諸陵　國子監祭酒周洪謨言士風澆浮請復洪武中學規帝嘉納命禮部榜諭崇信伯費淮入監習禮久不至洪謨劾之奪冠帶以儒巾赴監停歲祿之半學政肅然　析廣東高要地置高明縣　丁酉申自宮之禁

十二年春正月辛亥南京地震有聲　二月乙亥朔日有食之　甲午敕羣臣條省　三月壬子減內府供用物　初播州致仕宣慰楊輝言所屬夭壩干灣溪諸寨及重安長官司爲生苗竊據請王師進討詔巡撫四川都御史張瓚諭還侵地不服則征之　初烏羅苗石全州自稱元末明氏子孫僭號明王糾衆作亂李震遣兵往勦禽全州而諸苗與相應者攻掠不已犯武岡靖州湖湘大擾震以聞詔震

及巡撫都御史劉敷設策撫捕震乃與敷等分五道進破六百二十餘砦俘斬八千五百餘人獲賊萬計壬戌靖州苗平　項忠之平荊襄盜也增設營堡巡司弁責成鄰近守巡官禁流民越界入山不數年禁漸弛聚復數十萬朝議以爲憂周洪謨著流民圖說謂當增置府縣聽附籍爲編氓可實襄鄧戶口俾數百年無患李賓以聞帝善之夏五月丁卯命副都御史原傑往荊襄撫治流民　庚申錄囚通惠河成自大通至張家灣渾河口六十餘里濬泉三增閘四漕舟稍通然元時所引昌平東泉俱遏不行獨引一西湖又僅分其半河窄易盈涸不二載澀滯如舊　趙王見濔屢賊殺人又嘗乘醉欲殺其叔父六月事聞奪祿米三之一去冠服戴民巾讀書習禮　秋七月始分貴州宣慰司地置程番府治程番長官司領安撫司一長官司十六太僕寺丞鄧廷瓚爲知府地在萬山中蠻獠雜居廷瓚悉心規畫城郭衢巷學校壇廟廨舍以次興建榜諭諸獠咸受約束　張

瓚以母老乞歸而母已卒會松茂番寇邊詔起復視事初僉事林璧
言松茂曩爲大鎭都御史寇深侍郎羅綺嘗假便宜專制其地故有
功今惟設兩參將以副司居中調度事權輕臨敵稟令制府千里請
戰謀洩機緩未能有獲利者宜別置重臣彈壓或命瓚兼領專其責
成乃命瓚兼督松茂安緜建昌軍務瓚至軍審度形勢改大壩舊設
副使於安緜而令副總兵堯彧軍松潘參將孫暠軍威疊爲夾攻計
乘間修河西舊路作浮梁治月城避偏橋棧道軍獲安行轉饟無阻
　庚戌京師黑眚見民間男女露宿有物金睛修尾狀如犬狸負黑
氣入牖直抵密室至則人昏迷徧城驚擾操刀張燈鳴金鼓逐之不
可得帝常朝奉天門侍衛見之而譁帝欲起懷恩持帝衣頃之乃定
　商輅陳弭災八事曰番僧國師法王毋濫賜印章四時常貢外勿
受玩好許諸臣直言分遣部使慮囚省寃獄停不急營造實三邊軍
儲守沿邊關隘雲南鎭守中官貪恣選大臣有威望者爲巡撫鎭壓

之帝優詔褒納　乙丑躬禱天地於禁中以用度不節工役勞民忠言不聞仁政不施四事自責　戊辰遣使錄天下囚　八月侍郎馬文升程萬里整飭遼東薊州邊備南京戶部侍郎王恕爲左副都御史巡撫雲南並用商輅之言也　蔣琬言太祖肇建南京京城外復築土城以衞居民誠萬世之業今北京但有內城己巳之變敵騎長驅直薄城下可以爲鑒今西北隅故址猶存亟行勸募之令濟以工罰成功不難大同宣府諸塞下腴田無慮數十萬悉爲豪右所占畿內八府良田半屬勢要家細民失業脫使邊關有警內郡何資運道或梗京師安給請遣給事御史按覈塞下田定其科額畿內民田嚴戢豪右毋得侵奪庶兵民足食內外有備章下所司　帝建玉皇閣於宮北命內臣執事禮與郊祀等商輅等諫罷之　馬文升至遼東上邊計十五事遼東巡撫都御史陳鉞貪而狡將士小過輒罰馬馬價騰踊文升請禁之鉞由是嗛文升　土魯番入貢卻之甘州守臣

言使臣謂哈密故王母已死城印俱存俟朝廷往諭卽獻還時大臣
專務姑息復俾入京　妖人李子龍以符術結太監韋舍私入大內
九月事發伏誅帝心惡之銳欲知外事以御馬監太監汪直猺種便
黠令易服將校尉一二人密出伺察人莫知也錦衣衛百戶韋瑛者
以官奴從征延綏冒功得官爲直爪牙都御史王越素以才自喜不
脩小節爲朝議所齮乃因瑛自結於直　初周洪謨言先聖像用冕
旒十二而舞佾豆籩數不稱請備天子制古者鳴球琴瑟爲堂上之
樂笙鏞柷敔爲堂下之樂而干羽則舞於兩階今舞羽居上樂器居
下非古制當改章下禮部爲尙書鄒幹所駮洪謨再疏爭從之　庚
申封李震爲興寧伯時趙輔劉聚皆以功封獨震功最高人無間言
冬十月辛巳京師地震　分廣東海陽縣地置饒平縣　章綸性
戇好直言不爲當事者所喜爲侍郎二十年不得遷是月以老致仕
十一月張瓚督諸軍攻敗灣溪夭壩干諸苗凡破山寨十六斬四

百九十六級撫男婦九千八百餘口請設安寧宣撫司卽授楊輝庶長子友爲宣撫以鎭之詔可　十二月刑部侍郎林鶚卒鶚事母孝謹對妻子無惰容不妄交與公餘輒危坐讀書沒不能具棺殮友人爲經紀其喪　原傑至南陽引河南按察使何喬新自助初項忠驅流民過當民聞傑至益竄山谷喬新躬往招之附籍者六萬餘戶傑遍歷山谿宣朝廷德意諸流民欣然願附籍乃大會湖廣河南陝西撫按籍之得戶十一萬三千有奇口四十三萬八千有奇其初至無產及平時頑梗者聽還其鄉而附籍者用輕則定田賦民大悅傑相地勢以襄陽所轄鄖縣居竹山房上津商洛諸縣中道路四達去襄陽五百餘里山林阻深將吏鮮至猝有盜賊府難遙制乃拓其城置鄖陽府以縣附之並置湖廣行都司增兵設戍而析竹山置竹谿縣析鄖置鄖西縣析漢中之洵陽置白河縣與竹山上津房三縣咸隸新府析陝西商縣置山陽縣析河南南陽縣置南召縣唐縣置桐柏

縣析汝州地置伊陽縣制既定己丑請於朝因薦鄧州知州吳遠爲鄖陽知府諸縣皆擇鄰境良吏爲之流民得所四境乂安

十三年春正月己巳置西廠汪直提督官校刺事　二月南京鎮守太監覃力朋進貢還以百艘載私鹽騷擾州縣武城縣典史詰之力朋擊典史折其齒射殺一人汪直廉得以聞逮治論斬帝謂直能擿姦益幸直　建寧衛指揮楊曄故少師榮曾孫也與父泰爲仇家所告逃入京匿姊夫禮部主事董璵所璵以錦衣百戶韋瑛爲汪直心腹以曄事屬之使爲之解瑛陽諾而馳報直直即捕曄璵考訊三琶之琶者錦衣酷刑骨節皆寸解絕而復甦曄不勝苦妄言寄金於叔父兵部主事士偉所瑛遂帥邏卒夜入士偉家縛之幷掠其妻子侍講陳音與比鄰乘墉大呼曰爾擅辱朝官不畏國法耶其人曰爾何人不畏西廠音厲聲曰我翰林陳音也直收士偉下獄獄具曄死獄中泰論斬士偉等皆謫官　廣西馬平陽朔蒼梧諸縣蠻悉款附荔

浦賊李公主有衆數萬久負固亦遣子納款朱英乃分荔浦地置永安州以處之俾其子孫世吏目自是歸附日衆凡爲戸四萬三千有奇口十五萬有奇帝甚嘉之　原傑將還朝以鄖陽地界湖廣河南陝西事無統紀薦御史吳道宏自代閏月擢道宏大理少卿撫治鄖陽襄陽荆州南陽西安漢中六府鄖陽設撫治自此始　西廠捕寧晉人王鳳等誣其與瞽者受妖書署僞職遂誣其鄉官知縣薛方通判曹鼎與通謀發卒圍其家榜掠誣伏方鼎家人數聲寃三月下法司驗得實坐官校妄報妖言律斬帝戒以不得戕害無辜而已不能罪也　夏四月南京兵部缺尚書以命原傑傑疏辭不許未幾卒於南陽年六十一鄖襄民爲立祠詔贈太子太保錄其子宗敏爲國子監生　汪直權燄愈肆每出隨從甚衆公卿皆避道兵部尚書項忠不避迫辱之刑部郎中武清勘事廣西還執下西廠獄考訊無所得釋之不以聞禮部郎中樂章太醫院院判蔣宗武行人張廷綱使安

南還浙江布政使劉福服闋至京皆執下獄自諸王府邊鎮及南北河道所在校尉羅列民間鬬詈雞狗瑣事輒置重法五月甲戌執左通政方言下西廠獄丙子商輅帥同官條直十一罪言陛下委聽斷於直直又寄耳目於羣小如韋瑛輩皆自言承密旨得專刑殺擅作威福賊虐善良陛下若謂擿姦禁亂法不得已則前此數年何以帖然無事且曹欽之變由逯杲刺事激成可爲懲鑒自直用事士大夫不安其職商賈不安於途庶民不安於業若不亟去天下安危未可知也帝愠曰用一內豎何遽危天下誰主此奏者命太監懷恩覃吉黄高至內閣傳旨詰責厲甚輅正色曰朝臣無大小有罪皆請旨逮問直擅抄沒三品以上京官大同宣府邊城要害守備俄頃不可缺直一日械數人南京祖宗根本地留守大臣直擅收捕諸近侍在帝左右直輒易置直不去天下安得不危臣等同心一意爲國除害無有先後劉珝慷慨泣下與萬安劉吉俱助輅言恩等屈服恩遂據實

以奏輅顧同列謝曰諸公皆爲國如此輅復何憂會項忠亦合九卿劾直帝不得已罷西廠使懷恩數直罪而宥之令歸御馬監調韋瑛邊衞散諸旗校還錦衣中外大悅而帝眷直不衰直因言內閣疏出司禮監黃賜陳祖生意爲楊曄報復且言輅嘗納曄賄帝即斥賜祖生於南京王越遇吉翔於朝顧謂之曰直行事亦甚公如賜專權納賂非直不能去商萬在事久是非多有所忌憚二公入閣幾日何亦爲此翔曰吾輩所言非爲身謀使直行事皆公朝廷置公卿大夫何爲越不能對　岷州栗林羌爲寇佘子俊潛師設伏擊走之　安南納江西叛人王姓者爲謀主潛遣諜人入臨安又於蒙自市銅鑄兵器將伺間襲雲南王恕請增設副使二員以飭邊備謀遂沮　項忠之劾汪直也疏具令郎中姚璧持詣吏部尚書尹旻請署旻曰疏出兵部即當爲首璧曰公九卿長也旻怫然曰今日亦知有九卿長耶既署即馳報直直由是深恨忠錦衣衞副千戸吳綬性狡險附直以

進辛卯傳旨令綬與鎮撫使同問刑綬挾前憾伺忠益急忠不自安
乞歸治病未行綬嫉偵事者誣忠罪給事中郭鏜御史馮貫等復交
章劾忠事連忠子經太監黃賜與寧伯李震彰武伯楊信等詔法司
會錦衣衞廷鞫忠抗辨不少屈衆知出直意無敢爲白者六月甲辰
罷忠爲民震與綬兄參將經有隙亦逮下獄奪爵降左都督南京閑
住璧降廣西思明同知謝病歸璧夔之子也御史戴縉九年秩滿不
得遷窺帝旨盛稱直功庚戌詔復設西廠以綬爲鎮撫商輅力求去
丁巳詔加少保賜敕馳傳歸輅既去左都御史李賓失直旨褫職一
時九卿劾罷者尚書董方薛遠侍郎滕昭程萬里等數十人萬安代
輅爲首輔與南人相黨附劉珝尹旻王越又以北人爲黨互相傾軋
士大夫益俛首事直無敢與抗者矣　錢能數遣郭景及指揮盧安
蘇本等索寶貨於千崖孟密諸土司初木邦宣慰罕揲法女曩罕弄
嫁孟密部長思外法地有寶井罕揲法卒孫罕落法嗣曩罕弄以尊

屬不樂受節制嗾族人與爭遂叛木邦逐宣慰據公署殺掠鄰境隴川孟養地景逼淫其女孫許爲奏授宣撫王恕盡得能等不法狀遣騎執景景懼自殺秋七月恕劾能私通外國罪當死詔遣刑部郎中鍾蕃往勘能又以其間驛進黄鸚鵡恕請禁絶且盡發能貪暴罪言昔交阯以鎮守非人致一方陷没今日之事何惜一能不以安邊徼能大懼急屬貴近召恕還八月詔改恕掌南京都察院參贊守備機務能事立解恕居雲南九閱月威行徼外黔國以下咸惕息奉令疏凡二十上直聲動天下　壬戌錦衣衛官校執掌通政司事工部尚書張文質繫獄帝知而釋之　九月升陝西蘭縣爲蘭州析淳化縣地置三水縣　罕慎居苦峪赤斤罕東數相攻勢窮無援冬十月戊申命甘肅總兵官王璽築苦峪城立衛居之給土田牛種　十一月張瓚攻白草壩西坡禪定數大砦斬獲無算徇茂州疊溪所過降附

項忠之罷王越當還而朝命以余子俊代越彌不平請解營務優

詔不許十二月越自陳紅鹽池功爲故尚書白圭所抑從征將士多
未錄乞移所加官酬之子俊亦言越賞不酬功乃進兵部尚書仍掌
院事　彰武伯楊信卒贈侯謚武毅信在邊三十年鎮以安靜人樂
爲用　是年免浙江山東河南江西福建被災稅糧振山東南畿州
縣饑
十四年春正月兵部尚書余子俊奏申明條例十事　鍾蕃按錢能
事皆實帝宥能而致其黨九人於法指揮姜和李祥不就逮能復上
疏爲二人求宥帝曲從之　二月戊申皇太子出閣就學時有老奄
覃吉者侍太子口授四書章句及古今政典帝賜太子莊田吉勸毋
受曰天下皆太子有也太子偶從內侍讀佛經吉入太子驚曰老伴
來矣急手孝經吉跪曰太子誦佛書乎曰無有孝經耳吉頓首曰甚
善佛書誕不可信也端本正始吉有力焉　三月戊辰免浙江被災
秋糧　清河靉陽失事陳鉞掩殺入貢者十八族以擣巢大捷聞諸

部憤譔汪直方結怨朝士思立邊功自固通事王英說直自行邊直喜請於帝帝令懷恩等七人詣內閣會兵部議恩欲遣大臣往撫意以沮直行馬文升疾應曰善恩入白帝即命文升往直不悅欲令英與俱文升謝絶之　辛巳罷烏撒衛銀場　滿都魯數侵掠三衞三衛頭目皆走避塞下饑困請復馬市再四不許陳鉞復爲之請乃許之丙戌復開遼東馬市　致仕修撰羅倫卒年四十八倫爲人剛正嚴於律己義所在毅然必爲於富貴名利泊如也里居倡行鄉約相率無敢犯衣食粗惡晨炊絶不以爲意以金牛山人跡不至築室讀書其中四方從學者甚衆稱爲一峯先生　福建上杭盜起詔前僉都御史高明爲巡撫督兵往討　丁亥以浙江饑罷採花木　夏四月丁酉免南畿山東被災秋糧　余子俊列上軍功賞格北邊爲上一人斬一級者進一秩至三秩止不願升者賞銀五十兩東北邊及西番苗蠻以次而差至內地反賊六級當北邊之一其俘獲人畜器

械俱給所獲者由是中外有所遵守　五月汪直請設武科鄉會試
悉視文科例從之　馬文升既受命疾馳至遼東宣璽書撫慰無不
聽撫者又請前以也先亂失授官璽書者十餘人皆得襲官事垂定
汪直欲攘其功請於帝六月癸卯挾王英行邊陳鉞郊迎蒲伏左右
皆有賄直馳至開原下令招撫文升乃推功與直直內慚文升又與
直抗禮奴視其左右直益不喜鉞益諂事直得直歡日夜譖文升思
中之　發京營兵作圓通寺張懋諫不聽　析廣東陽江縣置恩平
縣　張瓚進兵抵曲山三砦攻破之再討平白草壩餘寇先後破滅
五十二砦賊魁撒哈等皆殲他一百五砦悉獻馬納款諸番盡平留
兵戍要害增置墩堡乃班師帝嘉瓚功徵拜戶部左侍郎辭歸終制
秋七月趙太妃李氏爲見濟請復冠服如故見濟無悛心　丁丑
遣使振畿南山東饑　八月癸巳以直隸山東災傷詔六部條恤民
事宜南京刑部侍郎金紳巡視江西水災　庚戌免湖廣被災秋糧

初汪直有事南京或譖巡撫蘇松副都御史牟俸直歸未發也俸在山東時陳鉞爲布政使負氣不相下鉞從容短俸於直直信之侍讀學士江朝宗與俸有連除服還朝俸迓之九江聯舟並下所至有司供帳頗盛直因謂朝宗有所關說俸議事至京甲寅直請執俸幷朝宗下錦衣衛獄詞連僉事吳瑞等十餘人俱被逮繫半載謫俸戍湖廣朝宗等皆貶官俸竟卒於戍所　初楊繼宗爲嘉興知府以一僕自隨署齋蕭然性剛廉孤峭人莫敢犯而時時集父老問疾苦爲祛除之大興社學民間子弟八歲不就學者罰其父兄遇學官以賓禮師儒競勸文教大興御史孔儒清軍里老多撻死繼宗榜曰御史杖人至死者詣府報名儒怒繼宗入見曰爲治有體公但剔奸弊勸懲官吏若比戶稽核則有司事非憲體也儒不能難而心甚銜之瀕行突入府署發篋視之敝衣數襲而已儒慙而去中官過者繼宗遺以菱芡曆書中官索錢繼宗發牒取庫金曰金具在與我印券中官

咋舌不敢受入覲汪直欲見之不可帝問直朝覲官孰廉直對曰天下不愛錢者惟楊繼宗一人耳及是九載秩滿九月超擢浙江按察使　河決開封壞護城堤五十丈巡撫河南都御史李衍言河南累有河患皆下流壅塞所致宜疏開封西南新城地下抵梁家淺舊河口七里壅塞以洩杏花營上流又自八角河口直抵南頓分導散漫以免祥符鄢陵睢陳歸德之災乃敕衍酌行之　故事兩廣總督坐次居總兵左平鄉伯陳政爲總兵欲以爵抑朱英居右英不可奏乞裁定冬十一月命解英總督止爲巡撫居政下政懷之孫也余子俊言英招徠功多當增秩褒賞乃反削其事權恐無以鎭諸蠻帝是之十二月擢英右都御史仍總督位次如故　甲午免畿內被災秋糧

高明至福建禽諸首惡餘皆減死遣戍以上杭地接江西廣東盜易嘯聚請析置永定縣移疾徑歸詔許之致仕　遼東巡按御史王崇之發陳鉞啓釁召敵務爲欺蔽罪鉞大恐誣逮崇之下詔獄輸贖

調延安推官　王恕還南京數月遷兵部尚書參贊如故考選官屬
嚴拒請託同事者咸不悅帝亦銜恕數直言
十五年春正月壬申命兼右副都御史巡撫應天諸府　遷河南滎
澤縣治以避水開封堤不久亦塞　庚辰封錢承宗安昌伯睿皇后
弟鍾之孫也初英宗憫后族單微數欲封之后輒遜謝故后家獨不
獲封帝已封周氏乃有是命　辛巳振山東饑免秋糧　二月免湖
廣被災秋糧　賜毛吉謚忠襄　甲寅南京禮部言常遇春李文忠
鄧愈湯和馮國用吳復俞通海康茂才趙德勝丁德興張德勝胡大
海吳楨吳良諸勳臣墳墓俱在南京城外文忠曾孫萼等以歲久頹
壞爲言請命工脩治帝可其奏且令無子孫者復墓旁一人守護之
初南昌人李孜省以布政司吏待選京職贓事發匿不歸知帝好
方術乃學五雷法厚結中官梁芳錢義以符籙進夏四月特旨授太
常寺丞楊守隨及給事中李俊等劾孜省贓吏不宜玷清班奉宗廟

百神祀乃改上林苑監副曰寵幸賜金冠法劍及印章二許密封奏
請益獻淫邪方術與芳等表裏爲奸漸干預政事　丙午免南畿被
災稅糧　壬子下駙馬都尉馬誠於錦衣衛獄　先是遼東屢失事
詔遣汪直蔣琬及刑部尚書林聰等按之直庇陳鉞歸罪於總兵官
歐信等聰不能爭遂下信獄鐫一官閑住信飲恨而卒會余子俊劾
鉞掩殺貢夷罪鉞疑出馬文升意傾之益急直諷御史侶鍾劾文升
鍾不可直遂自奏文升行事乖方禁邊人市農器致怨叛五月壬戌
下文升錦衣衛獄謫戍重慶衛　癸酉以馬文升牟俸事杖給事中
李俊御史王濬五十六人於闕下　初乩加思蘭以女妻滿都魯立
爲可汗久之殺孛羅忽并其衆益專恣滿都魯與脫羅干亦思馬因
謀殺乩加思蘭亦思馬因爲太師未幾滿都魯亦死諸強酋相繼略
盡　貴州西堡獅子孔洞等苗作亂總兵官吳經調沅州清浪諸軍
討之水西安觀與其子宣慰使貴榮統部衆二萬攻白石崖家自餽

鑲四旬而克禽斬賊首阿屯堅婁等以捷聞　己卯免湖廣被災稅糧　吳綬本附汪直以進旣知公議不容凡文臣非罪下獄者不復加箠楚忤直意調南京是時惟衞使朱驥持法平治妖人獄無寃者詔獄下所司獨用小杖嘗命中使詰責不爲改世以是稱之　秋七月癸酉詔汪直巡大同宣府邊直帥飛騎日馳數百里御史主事等官迎拜馬首箠撻守令各邊都御史畏直服櫜鞬迎謁供帳百里外河南副使陳選獨長揖直問何官選曰提學副使曰大於都御史耶曰提學何可比都御史但忝人師不敢自屈辱選詞氣嚴正諸生亦羣集署外直氣慴好語遣之　灣溪旣立安寧宣撫爛土諸番惡其逼九月引齎果等攻陷天漂靖南城堡圍安寧播州宣慰楊愛弗能支求援於川貴二鎭詔起其父輝再統兵往勦令川貴兵助之未幾貴州巡撫都御史陳儼言苗賊齎果轉橫乞調湖廣廣西四川兵五萬五千剋期會貴州聽儼節制余子俊言賊作於四川而貴州守臣

自欲節制諸軍恐有邀功之人主之且興師五萬以半年計須軍儲十三萬五千石山路險峻輸運之夫須二十七萬衆瘴癘可虞事遂寢　冬十月緬甸酋卜剌浪欲奪思洪發貢章地設詞請於朝余子俊言不宜許諭止之　汪直年少喜兵陳鉞希直意言遼東伏當加將擾邊丁亥朱永爲靖虜將軍充總兵官直監軍東伐又命朝鮮國王李娎出兵夾擊　給事御史劾戶部尚書楊鼎非經國才鼎再疏求去賜敕馳驛歸命有司月給米二石歲給役四人終其身大臣致仕有給賜自此始　陳鉞參東征軍務　閏月王恕言大明律後有會定見行律百有八條不知所起如兵律多支廩給刑律罵制使及罵本管長官條皆輕重失倫流傳四方有誤官守乞追板焚燬命即焚之有依此律出入人罪者以故論　十一月給事中王瑞請天下進表官各陳地方利病帝惡其紛擾杖之　十二月御史許進言各布政司鄉試考官有司徇私聘取或非其人監臨官又往往侵奪其

職掌請視兩京例特命翰林主考帝諭禮部嚴飭私弊而不從進請
白玀玀羿子與都掌大壩蠻相攻禮部侍郎周洪謨言戎珙筠高
諸縣在前代皆土官國朝始代以流言語性情不相習用激變洪永
宣正四朝四命將徂征隨服隨叛景泰初益滋蔓臣向嘗言仍立土
官治之爲久遠計及今順蠻人之情擇衆所推服者爲大寨主俾世
襲庶可相安白玀玀者相傳爲廣西流蠻有衆數千無統屬其所居
崖險箐深旣難翦滅亦宜立長官司治之地近芒部宜卽隸之羿子
者永寧宣撫所轄而永寧地六七百里以一柔婦人制數萬強梁之
衆故每肆劫掠臣以爲南境蠻寨近赤水畢節要路者宜立二長官
司仍隸永寧宣撫從之　辛未錄建州功進朱永爵保國公陳鉞右
都御史汪直加歲祿陞賞者二千六百餘人　先是言官論工部尚
書王復衰老復乞休不許汪直諷言官更劾復及禮部尚書鄒幹南
京兵部尚書薛遠乃傳旨並令致仕復好古嗜學守廉約與人無城

府當官識大體居工部十二年謹守法度聲名逾兵部時　免四川
江西被災稅糧　安南國王黎灝遣兵八百餘人越雲南蒙自界聲
言捕盜結營築室以居守臣力止之乃退　王越急功名汪直東征
越望督師爲陳鉞所沮鉞驟遷至戶部尚書越心益豔之

明紀卷第十九

明紀卷第二十

賜進士出身工部候補主事虞衡司行走陳鶴纂

䘏贈知府銜給雲騎尉世職內閣候補中書孫男克家參訂

憲宗紀三（起成化十六年庚子訖成化二十三年丁未凡八年）

十六年春正月延綏守臣奏亦思馬因潛渡河入靖虜越乃說直出師丁酉朱永爲平虜將軍充總兵官越提督軍務直監軍西征戶部侍郎閻本督饟給事中孫博從軍紀功發邊兵三萬往延綏聽調二月國子監生虎臣言天下士大夫過先聖廟宜下輿馬從之　朝鮮遣陪臣來獻捷　癸酉免湖廣被災稅糧　王越說汪直令朱永帥大軍由南路已與直將輕騎循塞垣而西俱會榆林至大同聞敵帳在威寧海子乃盡選宣大兩鎮兵二萬出孤店潛行至貓兒莊分數道值大風雨雪晦冥戊寅進至威寧敵猶不覺掩擊大破之斬首四百三十餘級獲馬駞牛羊六千師不至榆林而還永出榆林不見

敵道迴遠費兵食巨萬馬死者五千餘匹　三月戊子以歲歉減光祿寺供用物　朱英性淳厚然持法無所假借與市舶中官韋眷忤眷摭奏英專權玩賊潯州知府史芳以事見責亦訐英奸貪欺罔按皆無驗乃鐫芳二級諭眷協和共事　封王越威寧伯世襲汪直再加祿米越受封不當復領都察院而越不欲就西班許進等頌越功引王驥楊善例請仍命越領院事提督團營從之　田州土目黃明烝其知府岑溥祖母欲殺溥溥出走思恩明因肆屠戮朱英將進討檄溥族人恩城知州欽令殺明雪恥夏五月欽遂誅明并其族屬傳首軍門　汪直陳越等師還清河靉陽復失事中官韋朗總兵官緱謙等匿不以聞六月巡按遼東御史強珍上疏請正越罪余子俊等奏鉞累犯重辟不當貸許進亦帥同官論之帝皆弗從珍又發指揮王全等誘殺朵顏衞人狀全等皆獲罪直方自矜有大功聞珍疏怒適巡邊還鉞郊迎五十里訴珍誣己直益怒奏珍所劾皆妄詔遣錦

衣衞千戶蕭聚往勘　錦衣衞使王源皇后弟也家奴怙勢多侵靜海縣民田給事中王垣等言永樂宣德閒許畿輔八郡民盡力墾荒永免其稅所以培國本重王畿也外戚王源賜田初止二十七頃乃令其家奴別立四至占奪民產至二千二百餘頃及貧民赴告御史劉喬徇情曲奏致源無忌憚家奴益橫今戶部郎中張楨叔等再按得實乞自原額外悉還民幷治喬罪帝不悅切責之癸丑禁外戚勢家侵占民田源悉歸所占於民人多其能補過　秋八月安南攻老撾議者恐其內寇詔問朱英處置之宜英對言彼不過爭甌脫耳諭之自當悔懼帝從其言時汪直欲用兵言於帝索永樂閒討安南故牘兵部郎中劉大夏匿弗予密告余子俊曰兵釁一開西南立糜爛矣子俊悟事得寢　丁酉申存䘏孤老之令　蕭聚械強珍赴京比至汪直先榜掠然後奏聞坐奏事不實當輸贖詔特謫戍遼東兵部及給事中御史先嘗劾陳鉞者俱奪俸而論者猶未已冬十月南京

給事中章元應御史徐完等劾鉞斬罪三忤旨停俸鉞復多方構余
子俊於直會子俊以母憂歸得免　山西巡撫都御史秦紘奏鎮國
將軍奇瀾等罪奇㵎父慶成王鍾鎰爲奏辨且誣紘帝重違鎰意逮
紘下法司治事皆無驗而內官尙亨籍紘家以所得敝衣數事奏帝
歎曰紘貧一至此耶賜鈔萬貫旌之十一月奪奇㵎等三人爵王亦
削祿三之一而改紘撫河南　潯梧高廉賊起朱英偕陳政等分道
擊之再戰俘斬甚衆　十二月庚申亦思馬因犯大同丙寅朱永汪
直王越帥京軍禦之　免兩畿湖廣河南山東雲南被災稅糧
十七年春二月壬戌覈天下庫藏出納之數　王越等帥師出大同
適寇入掠追擊至黑石崖禽斬二百餘人獲馬七百匹自滿都魯等
死邊人稍得息肩而汪直徼功啓釁越等從而附和之於是亦思馬
因等益糾衆盜邊延及遼塞無寧歲矣三月敘功再加直祿米至三
百石朱永賜襲世公越改掌前軍都督府總五軍營兵督團營如故

夏四月庚申以久旱風霾敕羣臣修省　戊辰諭法司慎刑獄命懷恩同錄囚遂定制每五年命司禮太監一人會同三法司堂上官於大理寺審錄謂之大審南京則命內守備行之各布政司則遣部寺官會同巡按御史謂之卹刑所矜疑放遣甚衆　癸酉亦思馬因犯宣府　五月山西巡撫何喬新言邊地軍民每出塞伐木捕獸此輩苟遇敵必輸情求生皆賊導也宜毋聽闌出犯者罪守將詔可宣府參將吳儼少監崖榮追敵出塞至赤把都爲所遮兵分爲三皆被圍儼榮起據北山困甚守備張澄帥兵進力戰解二圍抵北山下儼榮已夜遁澄拔其衆而還死者過半澄所部七百人亦多戰死詔錄澄功治儼等罪總兵官周玉先以葛谷堡赤城頻受掠凡三被論至是復以節制不嚴見劾帝不問　己亥汪直監督軍務王越爲平胡將軍充總兵官帥京軍萬人禦亦思馬因比至寇已去因留屯其地　安南國王黎灝親督兵九萬開山爲三道攻破哀牢進侵老撾

復大破之殺宣慰刀板雅及其子二人其季子怕雅賽走八百以免灝復積糧練兵頒僞敕於車里徵其兵合攻八百將士暴死者數千傳言爲雷所震八百因遣兵扼其歸路襲殺萬餘人灝始引還六月黔國公沐琮以聞帝下廷議請令廣西布政司檄灝斂兵雲南兩廣守臣戒邊備從之　秋七月甲戌朔免南畿被災秋糧　甲午命所在鎮守總兵巡撫聽汪直王越節制　八月擢李孜省右通政仍掌上林監事通政王㬎輕孜省不加禮孜省譖之左遷太僕寺少卿故事寄俸官不得與郊壇分獻帝特以命孜省廷臣懲㬎事無敢執奏者是時鄧常恩趙玉芝淩中顧玒僧繼曉輩並以方術左道淫祀由中官梁芳陳喜高諒以進常恩玉芝中玒並至太常寺卿繼曉通元翼教廣善國師皆顯赫僭侈與孜省相倚爲奸然權寵皆出孜省下

真定縣教諭俞正己上改曆議詔禮部欽天監參考周洪謨等言正己據皇極經世書及歷代天文曆志推算氣朔又以意創爲八十

七年約法每月大小相間輕率狂妄宜正其罪從之　九月析四川銅梁遂寧二縣地置安居縣　占城古來遣使朝貢請封并言臣國所有土地本四府一州二十二縣三千五百餘里乞特諭交人盡還本國章下廷議張懋等請特遣近臣有威望者往使帝不許以安南貢使方歸賜敕詰責黎灝令速還地毋抗朝命會滿剌加亦訴安南侵偪詔并責之　暹羅貢使還至中途竊買子女且多載私鹽命遣官戒諭諸番　遼東通事劉海姚安肆侵牟朶顏諸部懷怨擾廣寧不復以馬來市冬十月兵部尚書陳鉞請令參將布政司官各一員監之毋有所侵剋遂治海安罪尋令以互市之稅充撫賞　壬戌振河南饑　初東廠太監尚銘獲賊得厚賞汪直忌之且怒其不告銘懼小中官阿丑工俳優一日於帝前爲醉者謾罵狀旁一人言駕至謾如故又言汪太監至則避走曰今人但知汪太監也又爲直狀操兩鉞趨帝前曰吾將兵仗此兩鉞耳問何鉞曰王越陳鉞帝听然而

笑稍稍悟直久駐宣府銘廉得其所洩禁中祕語奏之盡發越交通不法事十一月直與越再請班師不許鉞代直請帝切責之　戊子取太倉銀三分之一入內庫　十二月徙王越鎮大同汪直總鎮大同宣府悉召京營將士還　湖廣總兵官王信言湖廣諸蠻雖腹心蠹實無能為久不靖者由我將士利其竊發以邀功也選精銳慎隄防其患自息荊襄流逋本避徭役濫誅恐傷天和南畝之氓咸無蓄積收穫未竟餱糧已空機杼方停布縷何在乞選公正仁惠守令加意撫綏濫授冗員無慮千百無一矢之勞冒崇階之賞乞察勘削奪又薦都指揮劉斌張全智勇且云英雄之士處心剛正安肯俯首求媚若不加意延訪則志士沈淪朝廷安得而用之哉

十八年春正月庚寅劉吉遭父喪詔奔喪復任吉三疏懇辭而陰屬指揮使萬喜為之地遂不允南京太常寺卿陳音貽書勸吉固辭吉不悅喜通之兄也　三月己巳朔振南畿以南京御史李珊等請振

疏有訛字令錦衣衞詰南京午門前人杖二十守備太監監之　汪直鎭大同久寵日衰給事中御史交章奏其苛擾請仍罷西廠帝不許萬安言文皇帝建北京命錦衣官校緝訪猶恐外官徇情故設東廠令內官提督行五六十年事有定規往者妖狐夜出人心驚惶感勞聖慮添設西廠特命直督緝用戒不虞所以權一時之宜慰安人心也今直鎭大同京城衆口一辭皆以革去西廠爲便伏望特旨革罷官校悉回原衞從之壬申罷西廠　都督馬儀劾陳鉞撫遼時欺罔貪黷冒功怙勢諸罪乙酉勒鉞致仕儀亦調南京閒住　王璽遣諜者閒牙蘭得其所羈掠九十餘人以歸具悉虛實遂召集赤斤罕東將士犒以牛酒令助罕愼夏四月癸丑罕愼合二衞兵夜襲哈密及剌木等八城遂還居故土巡撫陝西都御史王朝遠請封罕愼爲王廷議不許　甲子免山西被災夏稅　五月甲申分四川夾江縣地置洪雅縣　免山東南畿被災稅糧　四川盜殺石砫宣撫使馬

澄命責有司捕賊巡撫都御史孫仁言石砫歲辦鉛課鄰境軍民假以徵課乘機竊取釀成禍階請除其課閉其洞仍移忠州臨江巡檢於酆都姜池以便防守從之　六月壬寅亦思馬因分數道入掠王越等調兵禦之陽和參將周璽與游擊董昇戰黑石崖宣府游擊劉寧戰塔兒山皆有功何喬新偕參將支玉伏兵灰溝營擊斬甚衆許寧逐寇延綏寇扼於邊牆散漫不得出寧獲級百二十邊人益思余子俊功　中官奉使紛遝廣東鎮守顧恆市舶韋眷珠池黃福皆以進奉爲名所至需求民不勝擾布政使彭韶先後論奏錦衣鎮撫梁德者芳弟也以廣東其故鄉歸採禽鳥花木害尤酷韶抗疏極論語侵芳芳怒構於帝辛酉調韶貴州　曩罕弄兵力日盛自稱天娘子其子思柄自稱宣慰黔國公沐琮奏委三司官往撫曩罕弄驕蹇不服且欲外結交阯偪脅木邦八百諸部兵部尚書張鵬主用兵詔廷臣集議皆以孟密與木邦仇殺並未侵犯邊境止宜撫諭秋七月庚

午起復副都御史程宗馳傳與譯者序班蘇銓往　中官韋助乞往
來高肇瓊廉會守巡官捕寇張鵬執不可帝竟許之　八月癸丑遣
使振畿內山東饑　辛酉免河南被災稅糧　閏月壬申倉副使應
時用請罷饒州燒造御器內臣下獄贖還職　刑部尙書林聰卒年
六十八贈少保諡莊敏　萬安等以王越有智計恐誘汪直復進乃
請調越延綏以離之兩人勢益衰　何喬新劾僉事尙敬劉源遲延
獄詞因言凡二司不決斷詞訟者半年之上悉宜奏請執問帝曰刑
獄重事茍得其情卽宜決斷無罪拘幽往往瘐死是有司殺之也故
律特著淹禁罪囚之條其卽以喬新所奏通行天下　冬十月升湖
廣茶陵縣爲州　十一月免畿內陝西遼東被災秋糧　罕東侵河
清堡都指揮梅琛勒兵追之奪還所掠邊臣請討其罪帝曰罕東方
聽調取哈密未有攜貳形奈何因小故加以兵第遣使責諭　十二
月御製文華大訓成命儒臣於東宮進講是書以進學養德厚倫明

治爲綱分二十四目帝親製序文冠之每講太子必起立閣臣以爲勞議請坐聽侍讀周經與諸講官皆不可乃已初命儒臣編輯事涉宦官者皆不錄侍講學士楊守陳以爲非備列其善惡得失守陳守隨從兄也

十九年春二月授鍾同次子越通政司知事給同妻羅氏月廩　升四川邛縣爲州　三月禁勢家中鹽侵商利未幾中官趙陽等乞兩淮鹽十萬引帝已許之戶部侍郎潘榮等言近禁勢家中鹽詔旨甫頒而陽等輒違犯宜正其罪帝爲切責陽等　天文生張陞上言改曆欽天監謂祖制不可變寢之　析四川巴縣地置璧山縣　丙辰免湖廣被災稅糧　夏四月丁丑免河南被災稅糧　岳州通判沈政以繪事夤緣至太常少卿請斂天下貨財充內府帝怒下獄杖之謫慶遠通判　五月汪直言迤北小王子將大舉請發京兵援張鵬等言大同士馬四萬已足用所請宜勿許且京軍困營造精力銷沮

猝有急何以作威厲氣請悉停其役詔可　六月巡撫大同都御史郭鏜言汪直與總兵官許寧不和恐誤邊事乙丑調直南京御馬監　桂林平樂猺攻城殺將丁丑朱英陳政分兵十二道擊破之　秋七月辛丑小王子犯大同連營五十里殺掠人畜數萬許寧知敵勢盛欲持重伺隙乃斂兵守而別遣參將劉寧與董昇營西山副總兵周璽守懷仁相掎角寇焚代王別堡王趣戰使衆哭於轅門寧憤癸卯與郭鏜等營城外寇以十餘人爲誘太監蔡新部騎馳擊寧將士爭赴之遇伏大敗死者千餘人寧奔夏米莊鏜新馳入城劉寧等被圍數重幾陷亟發巨礮擊敵敵多死圍解璽聞寧失利急還兵援夜遇敵乘勝前銳甚璽厲將士曰今日有進無退大呼陷陳敵少卻久之短兵接璽臂中流矢拔鏃戰益急與子鵬及麾下壯士擊殺數十人會劉寧兵至寧潰卒亦稍集寇乃退寧還陳亡家婦子號呼詬詈擲以瓦礫寧大喪氣　己未朱永爲鎮朔大將軍充總兵官帥京軍

禦寇大同小王子乘勝長驅入順聖川散掠渾源朔諸州以六千騎寇宣府八月甲子周玉將二千人前行巡撫都御史秦紘兵繼進至白腰山擊敗之指揮曹洪邀擊至西陽河都指揮孫成敗寇七馬房山西巡撫都御史邊鏞參將支玉等悉力捍禦寇始退　乙丑戶部侍郎李衍刑部侍郎何喬新巡視邊關　言官復劾汪直及王越等壬申謫直奉御奪越爵除名謫居安陸三子以功廕得官者皆削籍戴縉吳綬並褫逐陳鉞已致仕韋瑛已調萬全衞不問縉由御史不數年至南京工部尚書越鉞頗以材進越尤有功其得罪時議頗謂太過縉無他能工側媚而已直竟良死瑛尋坐他事誅　小王子復入掠秦紘周玉伏兵敗之於興寧口劉寧將兵三千遇敵於聚落站西連戰敗之又敗之白登柳林又追敗之小鶻鴿谷朱永至大同復會玉兵敗敵於鶻鴿谷大同西路參將莊鑑邀敵歸路戰於牛心山敵遂遁許寧掩其敗更以捷聞　初中官王敬挾妖人千戶王臣南

行採藥物珍玩所至騷然長吏多被辱常州知府孫仁方峻不爲禮銜之至蘇州召諸生寫妖書諸生大譁敬奏諸生抗命王恕言當此凶歲宜遣使振濟顧乃橫索玩好昔唐太宗諷梁州獻名鷹明皇令益州織半臂褙子進琵琶捍撥鏤牙合子諸物李大亮蘇頲不奉詔臣雖無似有慕斯人因盡列敬等罪狀敬亦誣奏恕并及仁仁被逮恕抗章救三疏劾敬會尚銘亦發敬奸狀乃下敬等獄九月戊其黨十九人棄臣市傳首南京釋仁還職　朱英薦新會縣舉人陳獻章召至京令就試吏部屢辭疾不赴疏乞終養詔授翰林院檢討許之歸自是屢薦卒不起獻章吳與弼弟子也　汪直既敗項忠馬文升強珍皆復官致仕都御史李裕屠滽乞召用文升等帝不悅奪俸半年　冬十月壬申召朱永還仍督團營或投匿名書言永圖不軌永乞解兵柄不許　西番撒馬兒罕等國共貢獅子奏請大臣往迎職方郎中陸容言此無用之物在郊廟不可爲犧牲在乘輿不可備驂

服宜勿受周洪謨等亦言往迎非體帝卒遣中使往迎之獅日噉生
羊二醋酐蜜酪各二瓶養獅者光祿日給酒饌　孟密思柄遣人入
貢因奏爲木邦所擾乞別設安撫司張鵬言程宗與太監覃平撫馭
已有成緒請命宗巡撫雲南敕平偕詣金齒勸諭之其孟密地或仍
隸木邦或別設安撫區處具奏從之　封左都督趙勝爲昌寧伯勝
屢督大軍無功貪緣得封名大損　時傳奉官愈多淆亂仕路十二
月王瑞等言祖宗設官有定員初無倖進之路近始有納粟冠帶之
制然止榮其身不任以職今倖門大開鬻販如市恩典內降遍及吏
胥武階蔭襲下逮白丁或選期未至超越官資或外任雜流驟遷京
職以至廝養賤夫市井童稚皆得攀援妄竊名器踰濫至此有識寒
心伏覩英廟復辟景泰倖用者率皆罷斥陛下臨御天順冒功者一
切革除乞斷自宸衷悉皆斥汰以存國體御史張稷等亦言比來末
流賤技妄廁公卿屠狗販繒濫居清要文職有未識一丁武階亦未

挾一矢白徒驟貴間歲頻遷或父子並坐一堂或兄弟分踞各署甚有軍匠逃匿易姓進身官吏犯贓隱罪希寵一日而數十人得官一署而數百人寄俸自古以來有如是之政令否也帝得疏意頗動居三日降李孜省本司左參議凌中等三人皆貶秩黃謙錢通等九人奪官人心大快然帝特借以塞中外之望孜省寵未嘗替也

二十年春正月庚寅京師地震永平宣府遼東同日皆震宣府地裂湧沙出水天壽山密雲古北口居庸關城垣墩堡多摧人有壓死者壬辰勅羣臣修省詔減貢獻飭邊備罷營造理冤獄寬銀課工役馬價卹大同士卒　自西廠之廢尙銘專東廠事聞京師有富室輒以事羅織得重賄乃已賣官鬻爵無所不至帝覺之謫充南京淨軍籍其家輦送內府數日不盡陳準代爲東廠素善懷恩既受事誡諸校尉曰有大逆告我非是若勿預也都人安之　王瑞等再劾司禮太監李榮蕭敬等報聞　山東旱饑盜起二月改刑部侍郎盛時望

左副都御史往巡撫時望至露禱大雨沾漑槁禾復蘇舉救荒之政推行九則法於諸府黜暴除苛民甚德之　戶部尚書余子俊總督大同宣府軍務三月己酉太監張善監督軍務蔣琬充總兵官同子俊備大同宣府　處士胡居仁卒年五十一居仁餘干人初從吳與弼講學絕意仕進其學以主忠信為先以求放心為要操而勿失莫大乎敬端莊凝重對妻子如嚴賓手置一冊詳書得失用自程考鶉衣簞食晏如也居喪骨立非杖不能起三年不入寢門與人語終日不及利祿論者以為薛瑄之後粹然一出於正居仁一人而已　夏四月戊午錄囚　立殫忠効義二營練京衛舍人餘丁未幾罷　鄭王祁鍈有子十人妃韓氏生世子見滋諸姬生盟津王見濍東垣王見湏見濍母有寵韓妃不為祁鍈所禮見滋悒悒先卒見濍規奪嫡不得竊世子金冊去祁鍈索之急見濍怨不復朝所為益不法祁鍈言於帝革為庶人　王恕復為南京兵部尚書錢能守備南京語人

曰王公天人也吾敬事而已恕坦懷待之能卒斂戢　五月甲午再錄囚減死罪以下　己亥起馬文升左副都御史巡撫遼東文升凡三至遼軍民聞其來皆鼓舞益禁抑中官總兵使不得朘削衆益大喜　巡按大同御史程春震發許寧敗北狀與郭鏜蔡新並下獄謫降有差　初曩罕弄遣人間道至京獻寶石黃金乞開設治所直隸布政司萬安許之劉珝劉吉皆以孟密原木邦屬夷今曩罕弄叛而請命許之土官誰不解體及程宗之行蘇銓受安風旨私以告宗宗上言曩罕弄與木邦仇殺已久勢難再合已諭諸蠻示以朝廷德意宥其罪開設衙門令還其所侵地皆踴躍奉命木邦亦允服乞遂行之六月設孟密宣撫司以思柄爲使孟密據寶井之利恣行結納木邦兵力積弱不能報屢奏請竟不得直自是諸部擾攘中國用兵且數十年　免南畿陝西被災稅糧秋七月停歲辦物料發帑轉粟開納米事例振山西陝西饑　初唐憲王薨子芝址嗣王承休王芝垠

憲王繼妃焦氏子也妃愛之遇節旦召樂婦入宮芝址詰之語不遜
焦妃持鐵鎚擊宮門芝址閉不敢出芝址與妃弟環誣王詈繼母按
驗不實轉得芝址慢母詈兄狀革爲庶人　九月乙酉朔日有食之
復李震興寧伯　韃靼復入居河套　繼曉日誘帝爲佛事建大
永昌寺於西市偪徙民居數百家費國帑數十萬刑部員外郎林俊
上疏請斬繼曉並罪中貴梁芳以謝天下帝大怒下詔獄考訊後軍
都督府經歷張黻救之並下獄帝欲誅俊懷恩固爭帝怒投之以硯
曰助俊訕我恩免冠伏地號哭帝叱之出恩遣人告鎮撫司曰汝曹
諂芳傾俊俊死汝曹何以生徑歸稱疾不起帝怒解遣醫視恩劉翊
亦於帝前解之冬十月丁巳杖俊及黻各三十謫俊姚州判官黻師
宗知州時言路久塞兩人直聲震都下王恕自南京馳疏言天地止
一壇祖宗止一廟而佛至千餘寺移民居費內帑此舛也俊言當不
宜罪帝得疏不懌　癸酉罷雲南諸府銀阬　丙子封都督同知王

源爲瑞安伯　十一月蔣琬班師余子俊仍留總督尋亦召還　十
二月免山西河南被災夏稅
二十一年春正月甲申朔申刻有火光自中天少西下墮化白氣復
曲折上騰有聲如雷踰時西方有赤星大如椀自中天西行近濁尾
跡化白氣曲折如蛇行良久正西復有聲如雷震　丙戌詔羣臣極
言時政復林俊官改南京　余子俊陳時弊八事帝多采納　右都
御史朱英陳八事請禁邊將節旦獻馬鎮守中官武將不得私立莊
田侵奪官地燒丹符咒左道之人當置重典四方分守監槍內官勿
進貢品物罷撤倉場馬房上林苑增設內侍召還建言得罪諸臣清
內府收白糧積弊治奸民投獻莊田及貴戚受獻者罪權倖皆不便
執政多持之不行英造內閣力爭竟不能盡從也　李俊偕六科諸
臣言今之弊政最大且急者曰近倖干紀也大臣不職也爵賞太濫
也工役過煩也進獻無厭也流亡未復也天變之來率由於此夫內

侍之設國初皆有定制今或一監而叢一二十人或一事而參五六
七輩或分布藩郡享王者之奉或總領邊疆專大將之權或依憑左
右援引憸邪或交通中外投獻奇巧司錢穀則法外取財貢方物則
多端責賂兵民坐困官吏蒙殃殺人者見原僨事者逃罪如梁芳韋
興陳喜輩不可枚舉惟陛下大施剛斷無令干紀奉使於外者悉爲
召還用事於內者嚴加省汰則近倖戢而天意可回矣今之大臣其
未進也非賓緣內臣則不得進其旣進也非依憑內臣則不得安此
以財貿官彼以官鬻財無怪其漁獵四方而轉輸權貴也如尙書殷
謙張鵬李本侍郞艾福杜銘劉俊皆旣老且懦尙書張鎣張瑄侍郞
尹直大理卿田景暘皆清論不愜惟陛下大加黜罰勿爲姑息則大
臣知警而天意可回矣夫爵以待有德賞以待有功也今或無故而
爵一庸流或無功而賞一貴倖祈雨雪者得美官進金寶者射厚利
方士獻煉服之書伶人奏曼延之戲橡史胥徒皆叨官祿俳優僧道

亦玷班資一歲而傳奉或至千人數歲而數千人矣數千人之祿歲以數十萬計是皆國之命脈民之脂膏可以養賢士可以活饑民誠可惜也方士道流如左通政李孜省太常少卿鄧常恩輩尤爲誕妄此招天變之甚者乞盡罷傳奉之官毋令汙玷朝列則爵賞不濫而天意可回矣今都城佛刹迄無寧工京營軍士不復遺力如國師繼曉假術濟私靡耗特甚中外切齒願陛下內惜資財外惜人力不急之役姑賜停罷則工役不煩而天意可回矣近來規利之徒率假進奉以耗國財或錄一方書市一玩器購一畫圖製一簪珥所費不多獲利十倍願陛下洞燭此弊留府庫之財爲軍國之備則進獻息而天意可回矣陝西河南山西赤地千里屍骸枕籍流亡日多萑苻可慮願體天心之仁愛憫生民之困窮追錄貴幸鹽課暫假造寺資財移振饑民俾苟存活則流亡復而天意可回矣夫天下譬之人身人主元首也大臣股肱也諫官耳目也京師腹心也藩郡軀幹也大臣

不職則股肱痿痺諫官緘默則耳目塗塞京師不戢則腹心受病藩郡災荒則軀幹削弱元首豈能宴然而安哉伏望陛下聽言必行事天以實疏斥羣小親近賢臣咨治道之得失究前代之興亡以聖賢之經代方書以文學之臣代方士則必有正誼足以廣聖學讜論足以究天變而手足便利耳目聰明腹心安泰軀幹強健元首於是乎大明矣帝優詔答之降孜省上林丞常恩本寺丞繼曉革國師爲民令巡按御史追其誥敕制下舉朝大悅　御史汪奎等言建言貶謫諸臣効忠於國宜復其職妖僧繼曉結中官梁芳耗竭內藏乞治芳罪斬繼曉都市傳奉官顧賢等皆中官恆從子而冒錦衣李孜省小吏而授通政宜盡斥以清仕路尚書殷謙李本侍郎杜銘尹直皆素乏清譽尚書張鵬張鎣張瑄侍郎杜謙艾福馬顯劉俊大理卿宋欽巡撫都御史魯能馬馴皆老儒無能侍郎談倫奔競無恥巡撫都御史趙文博粗鄙妄爲大理卿田景暘素行不謹宜令致仕鎮守守備

內官視天順間逾數倍作威福淩虐有司浙江張慶四川蔡用得逮治四品以下官尤傷國體宜悉撤還內外坐營監槍內官增置過多皆私役軍士辦納月錢多者至二三百人武將亦皆私役健丁行伍惟存老弱勳戚內官奏乞鹽利滿載而行所至張歛賜黃旗商旅不行邊儲虧損並宜嚴禁陝西山西河南頻年水旱死徙大半山陝之民僅存無幾宜核被災郡縣概與蠲除給事中張善吉先坐罪謫官考績至京昏夜乞憐得授茲職大玷清班宜罷斥山陝河洛饑民多流鄖襄至骨肉相噉請大發帑庾振濟銷弭他變時九卿各條奏數事率有所避無甚激切者惟奎與李俊等言最直而兵部員外郎崔陞主事蘇章言宦官妖僧罪請亟誅竄而尚書王恕今伊傅不宜置南京員外郎彭綱斥李孜省繼曉請誅之以謝天下戶部主事周軫請誅梁芳李孜省幷汰內侍罷方書刑部主事李旦陳十事且言神仙佛老外戚女謁聲色貨利奇技淫巧皆陛下素所惑溺而左右近

習交相誘之言甚切帝以方修省皆不罪而密諭尹旻出旦等且書六十人姓名於屏俟奏遷則貶遠惡地　庚寅赦天下　乙巳李衍何喬新及工部侍郎賈俊振陝西山西河南饑　巡撫順天都御史楊繼宗應詔陳言歷指中官及文武諸臣貪殘狀且請召還中官出鎮者由是益爲權貴所疾　二月己未放免傳奉文武官五百六十餘人初星變求言張鵬偕僚屬言傳奉武職至八百餘人乞悉令閑住非軍功無濫授四方鎮守監槍守備內官非正統間原設者悉宜召還廷臣亦交以請及下部覆覈鵬畏中官不敢堅其議帝遂盡留之議者皆咎鵬　南京吏部尚書陳俊帥九卿陳時弊二十事皆極痛切帝多采納而權倖所不便者終格不行　巡撫應天都御史彭韶言彗星示災見於歲暮遂及正旦歲暮者天道之終正旦者歲事之始此天心仁愛欲陛下善始善終也陛下嗣位之初家禮正防微周儉德昭用人慎乃邇年以來進奉貴妃加於嫡后褒寵其家幾與

先帝后家埒此正家之道未終也監局內臣數以萬計利源兵柄盡以付之犯法縱奸一切容貸此防微之道未終也四方鎮守中官爭獻珍異動稱敕旨科擾小民此持儉之道未終也六卿並加師保監寺兼領崇階及予告而歸廩食輿夫濫加庸鄙爵賞一輕人誰知勸此用人之道未終也惟陛下慎終如始天下幸甚帝得疏不悅　德王見潾請業南旺湖以漕渠故不許　余子俊復出行邊　丁丑免陝西被災稅糧　紀淑妃之薨也議者謂萬貴妃實爲之錢能梁芳等假貢獻科斂民財竭府庫以結妃歡奇技淫巧禱祠宮觀糜費無算久之帝視內帑見累朝金七窖俱盡謂芳及韋興曰糜費帑藏由汝二人興不敢對芳曰建顯靈宮及諸祠廟爲陛下祈萬年福耳帝不懌曰吾不汝瑕後之人將與汝計矣芳大懼遂說妃勸帝廢太子而立其弟懷恩固爭帝不懌斥居鳳陽劉珝又密疏諫會泰安州地屢震泰山動搖有聲占者謂應在東宮帝心懼事乃寢夏四月戊午

遣使赴山東祭告　虎臣言臣鄉比歲災傷人相食由長吏貪殘賦役失均請敕有司審民戶編三等以定科徭從之　壬戌轉漕米四十萬石振陝西饑　免南畿山東被災稅糧　初張鵬爲御史剛直尚氣節有威名後歷中外惟事安靜羣小竊柄萬安劉吉輩專營私鵬循職而已不能有所匡救奸民章瑾獻珍寶得爲錦衣鎮撫理刑缺鵬所上不允知帝意屬瑾卽推用焉臺諫劾大臣不職者多及鵬鵬力求去閏月賜敕給驛以歸　廣東市舶中官韋眷奏乞均徭戶六十人添辦方物五月布政使陳選以詔書減省貢獻上疏爭之帝命與其半眷由是怒選　貶李旦鎮遠府通判工部主事張吉景東府通判給事中盧瑀長沙府通判秦昇廣安州同知童柷興國州同知猶以星變陳言故也汪奎先以糾儀怠緩杖於廷尋出爲夔州府通判奎從子御史舜民扶掖奎帝聞而怒以奏獄情詞不當貶蒙化衞經歷彭綱蘇章以吏盜鬻舊賜外番故敕下獄綱貶永寧知州

章貶姚安通判楊繼宗爲治中陳翼所訐貶雲南副使彭韶方召爲大理卿命仍故官代繼宗巡撫順天永平二府李俊出爲湖廣參議先是諸臣直言闕失掌欽天監太常少卿康永韶獨言星變當有大咎賴陝西民饑死足當之誠國家無疆福帝悅甚中旨擢禮部右侍郎仍掌監事　撒馬兒罕使者由廣東歸國請泛海至滿剌加市狻猊以獻韋眷主之陳選上疏力言不可許恐遺笑外番輕中國乃已

壬戌京師地震　流民集京師者多丙子朱英請人給米月三斗幼者半之報可　六月辛巳令武臣納粟襲職　癸未詔盛暑祁寒廷臣所奏毋得過五事　以陝西寧羌衞地置寧羌州　秋七月右都御史朱英卒贈太子太保英在甘肅積軍儲三十萬兩廣四十餘萬皆不以聞或問之答曰此邊臣常分何足言人服其知大體　八月己卯朔日有食之　劉珝性疏直自以宮寮舊臣遇事無所回護素薄萬安嘗斥安負國無恥安積忿日夜思中珝西廠之罷也安邀

珝同奏珝辭不與帝頗訝珝無名安陰使人訐珝與直有連帝惑之珝子鎡邀妓狎飲里人趙賓戲爲劉公子曲或增飾穢語雜教坊院本奏之帝大怒決意去珝遣中官覃昌召安及劉吉赴西角門出帝手封書一函示之安吉陽驚救九月甲子珝具疏乞休去時內閣三人安貪狡吉陰刻珝稍優顧喜譚論人目爲狂躁珝既倉卒引退而彭華尹直相繼入內閣安吉之黨乃益固　冬十月封都督同知周或爲長寧伯　免山東山西河南陝西四川被災稅糧　復李孜省左通政　廣東副使陶魯治兵久賊剽兩粵大者會勦小者專征所向奏捷賊讐之次骨劫其鬱林故居焚誥命發先塋戕其族黨魯聞大慟詔徙籍廣東補給封誥慰勞有加益奮志討賊十一月以九載課最進湖廣按察使治兵兩廣如故　丙寅京師地震　番禺知縣高瑤沒韋眷通番貲鉅萬陳選以聞　十二月甲申詹事彭華爲吏部左侍郎兼翰林院學士入閣預機務　甲午振南畿饑　初余子

俊巡歷宣大請以延綏邊牆法行之兩鎮因歲歉而止比復出銳欲行之言東起四海治西抵黃河延袤千三百餘里舊有墩百七十應增築四百四十墩高廣皆三丈計役夫八萬六千數月可成詔明年四月即工然是時歲比不登公私耗敝驟興大役上下難之子俊又欲責成於邊臣而己不親其事以周玉不爲力奏與寧夏神英易鎮由是謗議大起是冬疏請還京帝入蜚語命改左都御史巡撫大同中官韋敬遂讒子俊假修邊多侵耗又劾其以私恩怨易將帥兵部侍郎阮勤等爲子俊自帝怒讓勤等給事御史復交章劾中朝多欲傾子俊詔工部侍郎杜謙往勘　小王子犯蘭州莊浪鎮番涼州二十二年春正月乙丑免河南被災秋糧　甘肅遣官往哈密及土魯番道經罕東爲都督把麻奔等所掠死者四百人二月命遣人往諭　庚辰免畿南及湖廣被災稅糧　杜謙還奏余子俊易置將帥如阮勤等言所費亦無私然爲銀百五十萬米菽二百三十萬耗財

煩民不得無罪詔落子俊太子太保致仕調勤南京刑部　初尹直
丁父憂服除歷南京吏禮二部閱八年鬱鬱不得志屬其黨萬安彭
華謀內召尹旻輒持不可諸朝臣亦皆畏直幸其在南及推兵部左
右侍郎吏部列何琮等八人詔用琮而直以安華及李孜省力中旨
召還遂與孜省相比而構旻會兵部郎中鄒襲謫官指揮張旺等奏
留之旻請可其奏東廠發其事夏四月落旻太子太傅授太子少保
侍郎耿裕黎淳郎中鄭宏等皆得罪　乙未清畿內勳戚莊田　五
月東廠發侍講尹龍納賄及諸陰事龍旻之子也給事中張雄等劾
龍并及旻帝宥旻下龍錦衣衛獄令法司會鞫午門詞連通判王範
郎中劉紳等數人獄上奪旻太子少保以尚書致仕龍除名範等降
謫有差耿裕黎淳再停俸　六月免南畿陝西被災稅糧　乙亥敕
羣臣修舉職業　甲子諭法司慎刑　秋七月小王子犯甘州指揮
姚英等戰死　謫侍講學士焦芳桂陽州同知坐與尹龍相比故也

芳知出萬安彭華指銜次骨　江西南贑諸府多盜率強宗家僕巡撫都御史閔珪請獲盜連坐其主法司議從之尹直輩謀之李孜省取中旨責珪不能弭盜八月左遷廣西按察使　陜西巡撫都御史鄭時言五事曰盡誠敬以回天意明義理以杜妖妄減供奉以蘇民困重名器以待有功罷傳奉以抑僥倖梁芳等惡之謫貴州參政時撫陜四年振濟饑民全活甚衆比去哭送者遮道帝聞頗悔斥傳奉官十人繫六人獄詔自後傳旨授官者俱覆奏然不罪芳也　御史呂璋等誣劾侍郎侶鍾秦紘洗馬羅璟御史張鼐等爲尹旻黨先後貶謫者十餘人　貴州鎮巡官奏苗反請發兵廷議將從之尹直言起釁邀功不可信命官往勘果無警　南京兵部尚書王恕好直言侃侃論列無少避先後應詔陳言者二十一建白者三十九皆力阻權倖天下傾心慕之遇朝事有不可必曰王公胡不言也則又曰公疏且至矣已恕疏果至時爲謠曰兩京十二部獨有一王恕於是貴

近皆側目帝亦頗厭苦之會起用傳奉官恕諫尤切帝愈不悅九月
南京兵部侍郎馬顯乞罷附批落恕太子少保致仕朝野大駭恕歸
名益高臺省推薦無虛月工部主事王純比恕汲黯予杖謫思南府
推官　先是韋眷誣奏陳選高瑤朋比爲貪墨詔遣刑部員外郎李
行會巡按御史徐同愛訊之選有所黜吏張褧眷意其怨選引令誣
證褧堅不從拷掠無異辭行同愛畏眷竟坐選如眷奏與瑤俱被徵
士民數萬號泣遮留使者辟除乃得出至南昌病作行阻其醫藥竟
卒年五十八張元禎爲治棺殮之瑤竟謫戍永州釋還卒褧聞選死
哀悼乃上書曰臣聞口能鑠金毀足銷骨竊見故布政使選抱孤忠
子處羣邪之中獨立衆憎之地太監眷通番敗露知縣瑤按法持之
選移文獎厲以激貪懦固賢監司事也都御史宋旻及同愛怯勢養
奸致眷橫行胸臆殲衊清流勘官行頤指鍛鍊竟無左證臣本小吏
詿誤觸法被選黜罷實臣自取眷意臣憾選厚賂啗臣臣雖胥役敢

昧素心眷知臣不可誘唆行等逮臣致理拷掠彌月臣忍死籲天終無異口行等乃依傍眷語文致其詞劾選勘災不實擅便發倉曲庇屬官意圖報謝必如所云是毀共姜爲夏姬詬伯夷爲莊蹻也頃年嶺外地震水溢漂民廬舍屬郡交牒報災老弱引領待哺而撫按諸臣若罔聞知選獨抱憂食不下咽謂展轉行勘則民命垂絕所以便宜議振志在救民非有他也選故剛正不堪屈辱憤懣旬日嬰疾而殂行幸其殞身阻其醫療訖命之日密走報眷小人佞毒一至於此臣擯黜罪人秉耒田野百無所圖誠痛忠良銜屈而爲聖朝累也不報　免河南廣東被災稅糧　安寧宣撫使楊友欲奪嫡弟播州宣慰使愛爵誣愛有異謀命何喬新往勘　丁卯兵部侍郎尹直爲戶部侍郎兼翰林院學士入閣預機務　尹旻之罷也耿裕代之以持正故不爲萬安所喜而李孜省方貴幸用事欲私其同鄉李裕相與謀傾裕坐以事調黎淳南京而奪裕俸言官復交劾帝宥之裕入

謝既出帝怒曰吾再寬裕罪宜再謝今一謝以奪俸故意觖觖耶孜省等因而構之冬十月調南京禮部而以李裕代裕九疇子也李裕本廉介負時望以孜省故名頗損初孜省假扶鸞術言江西人赤心報國於是尹直李裕禮部侍郎王一夔致仕副都御史劉敷禮部郎中黄景皆因之以進間採時望若學士楊守陳倪岳少詹事劉健都御史余子俊李敏悉密封推薦搢紳進退多出其口萬安劉吉彭華從而和之通政邊鏞爲僉都御史李和爲南京戶部侍郎皆其力也又譖馬文升調之南京出順天府丞楊守隨爲南寧知府朝野側目

十一月癸丑占城爲安南所侵王子古來來奔　吏部奏通政使闕卽以命李孜省而右通政陳政以下遞進一官時張文質方以尚書掌司事通政故未嘗缺使也已復擢孜省禮部侍郎掌通政如故

十二月免江西廣西被災稅糧　貶新選橫州知州敖毓元爲雲南臨西縣丞坐前上疏切直故也　四川舉人鄧智過三原謁王恕

慨然曰治天下在進君子退小人方今小人在位毒痡四海而公顧屏棄田里智此行非爲科名欲上書天子別白賢奸拯斯民於塗炭耳恕奇其言笑而不答

二十三年春正月免陝西湖廣被災稅糧　故事考察目有四曰老疾曰罷軟曰貪酷曰不謹李裕言人材質不同偏執類酷遲鈍類軟乞立才力不及一途以寓愛惜人才之意帝善之著爲令　廷議欲遣古來還國尹直曰彼窮來歸我若驅使還國是殺之也宜遣大臣即詢量宜處置詔從之命南京右都御史屠滽往　督漕都御史李敏爲戶部尚書先是敏巡撫大同見山東河南轉饟至者道遠耗費乃會計歲支外悉令輸銀民輕齎易達而將士得以其贏治軍裝交便之至是并請畿輔山西陝西州縣歲輸糧各邊者每糧一石徵銀一兩以十九輸邊依時值折軍饟有餘則召糴以備軍興帝從之自是北方二稅皆折銀由敏始也　兵部缺尚書帝悟余子俊無罪復

召之　二月乙酉副都御史邊鏞通政司參議田景賢巡視大同諸
邊　彭華刻深多計數善陰伺人短與萬安李孜省比而逐尹旻羅
璟人皆畏而惡之已得風疾三月丁未致仕去　何喬新與四川巡
撫都御史劉璋共白楊愛誣言楊輝溺愛友欲令承襲長官張淵阿
順之安撫宋韜執不可輝不得已立愛淵爲友謀與夭壩干之役長
官韓瑄諫杖殺之納賂於張瓚設安寧宣撫輝沒淵及其弟深與友
謀潛刺愛不遂故爲此奏帝命斬淵深奪友官羈管保寧播州遂安
癸亥免山東被災稅糧　夏四月乙亥免浙江被災秋糧　五月
乙卯旱遣使分禱天下山川丙辰敕羣臣修省　庶吉士鄒智上疏
曰陛下於輔臣遇事必咨殊恩異數必及亦云任矣然或進退一人
處分一事往往降中旨使一二小人陰執其柄是既任之而又疑之
也陛下豈不欲推誠待物哉由其進身之初多出私門先有以致陛
下之厭薄及與議事又唯諾惟謹伈伈俔俔若有所不敢反不如一

二俗吏足以任事此陛下所爲疑也臣竊以爲過矣昔宋仁宗知夏竦懷詐則黜之知呂夷簡能改過則容之知杜衍韓琦范仲淹富弼可任則不次擢之故能北拒契丹西臣元昊未聞一任一疑可以成天下事也願陛下察孰爲竦孰爲夷簡而黜之容之孰爲衍琦仲淹弼而擢之日與講論治道不使小人得參其間則天工亮矣臣又聞天下事惟輔臣得議惟諫官得言諫官雖卑與輔臣等乃今之諫官以軀體魁梧爲美以應對捷給爲賢以簿書刑獄爲職業不畏天變不卹人窮或以忠義激之則曰吾非不欲言言出則禍隨其誰吾聽嗚呼旣不能盡言效職而復引過以歸於上有人心者固如是乎臣願罷黜浮冗廣求風節之臣令仗下糾彈入閤參議或請對或輪對或非時召對霽色接之温言導之使得畢誠盡藴則天聽開矣臣又聞汲黯在朝淮南寢謀君子之有益人國也大矣以陛下之聰明寧不知君子可任而故屈抑之哉乃小人巧讒間以中傷之耳今碩德

如王恕忠鯁如強珍亮直剛方如章懋林俊張吉皆一時人望不宜貶錮負上天生才之意陛下誠召此數人置要近之地使各盡其平生則天心協矣臣又聞高皇帝制閹寺惟給埽除不及以政近者舊章日壞邪徑日開人主大權盡出其手內倚之爲相外倚之爲將藩方倚之爲鎭撫伶人賤工倚之以作奇技淫巧法王佛子倚之以恣出入宮禁此豈高皇帝所許哉願陛下以將相爲股肱以諫官爲耳目以正人君子爲腹心深思極慮定宗社久長之計則大綱正矣然其本則在陛下明理何如耳竊聞侍臣進講無反覆論辨之功陛下聽講亦無從容沃心之益如此而欲明理以應事臣不信也願陛下念義理之難窮惜日月之易邁考之經史驗之身心使終歲無間則聖學明而萬事畢治豈特四事之舉措得其當已耶疏入不報

刑部郎袁清者萬安私人又幸於內侍郭閏勘事浙江輘轢諸大吏李裕惡之比還卽除紹興知府清懼累章求改裕極論其罪下詔獄

安置以屬尹直爲言於李孜省取中旨赦之改知鄖陽　鬱林陸川賊黃公定胡公明等爲亂陶魯與參將歐磐分五路進討大破之毀賊巢一百三十　韃靼別部那孩擁衆三萬入大寧金山涉老河攻殺三衛頭目伯顏等掠去人畜以萬計三衛乃相帥攜老弱走匿遼東巡撫都御史劉潺以聞詔駐牧近邊給米布　六月免陝西南畿被災秋糧　工部侍郎賈俊爲本部尚書時專重進士舉人無至六卿者俊獨以重望得之　秋七月戊申封皇子祐杬爲興王祐棆岐王祐檳益王祐楎衡王祐橒雍王　章綸妻張氏上綸奏稿且乞恩帝嘉歎贈綸南京禮部尚書謚恭毅官一子鴻臚寺典簿並賜鍾同謚恭愍　八月庚辰帝不豫　甲申皇太子攝事於文華殿　己丑帝崩年四十有一帝事太后至孝五日一朝燕饗必親太后意所欲惟恐不歡至孝莊皇后合葬太后殊難之帝委曲寬譬竟得請　九月壬寅太子卽位大赦　丁未斥諸佞倖侍郎李孜省太常寺卿鄧

常恩趙玉芝顧玒玒子少卿經寺丞淩中戍甘州衛謫梁芳居南京斥韋興奪都督同知萬喜喜弟指揮同知達官貴妃及喜父貴弟通皆先死初貴每受賜輒憂形於色曰吾起掾史編尺伍蒙天子恩備戚屬子姓皆得官福過災生未知所終矣見諸子屑越賜物輒戒曰官所賜皆著籍他日復宣索汝曹將重得罪諸子笑以爲迂及是盡追封誥及內帑賜物如貴言　魚臺縣丞徐頊追論紀淑妃薨狀廷臣議逮鞫萬氏戚屬曾出入宮掖者萬安驚懼不知所爲曰我久不與萬家往來劉吉先與萬氏姻亦自危與尹直共擬旨寢之帝亦以重違先帝意遂寢不問　進士李文祥上封事略曰祖宗設內閣六部贊萬幾理庶務職至重也頃者在位多匪人權移內侍賞罰任其喜怒禍福聽其轉移讐視言官公行賄賂阿之則交引驟遷忤之則巧讒遠竄朝野寒心道路側目望陛下密察渠魁明彰國憲擇謹厚者供使令更博選大臣諮諏治理推心委任不復嫌疑然後體統正

而近習不得肆也祖宗定律輕重適宜頃法司專徇己私不卹國典
豪強者雖重必寬貧弱者雖輕必罪惠及奸宄養成頹俗兼之風尙
奢麗禮制蕩然豪民僭王者之居富室擬公侯之服奇技淫巧上下
同流望陛下申明舊章俾法曹遵律令臣民各守等威然後禮法明
而人心不敢玩也然國無其人誰與共理致仕尙書王恕王竑孤忠
自許齒力未衰南京主事林俊思南通判王純剛方植躬才品兼茂
望陛下起列朝端資其議論必有裨益可翊明時且賢才難得自古
爲然習俗移人豪杰不免惟玆臣庶不盡庸愚能知自愧即屬名流
樂其危蓄乃爲猥品願陛下明察羣倫罷其罔上營私違天蠹物者
餘則勉以自新既開改過之路必多遷善之人臣見登極詔書不許
風聞言事古聖王懸鼓設木自求誹謗言之縱非其情聞者亦足爲
戒何害於國遽欲罪之昔李林甫持此以禍唐王安石持此以禍宋
遠近驟聞莫不驚駭願陛下再頒明詔廣求直言庶不墮奸謀足彰

聖德大率君子之言決非小人之利諮問儻及必肆中傷如有所疑
請試面對疏奏宦官及萬安劉吉尹直等咸惡之數日不下忽召詰
左順門以疏內有中興再造語傳旨詰責文祥從容辨析而出謫授
陝西咸寧縣丞南京主事夏崇文論救不納　冬十月丁卯朔汰傳
奉官罷右通政任傑侍郎蒯鋼等千餘人論罪戍斥革法王佛子國
師真人封號　乙亥尊皇太后周氏爲太皇太后皇后王氏爲皇太
后帝念廢后吳氏恩命服膳皆如母后禮官其姪錦衣百戶　丙子
立妃張氏爲皇后　屠滽至廣東傳檄安南宣示禍福募健卒二千
人駕海舟二十艘送古來還國安南以滽大臣奉特遣不敢抗古來
乃得入　初萬安草登極詔書禁言官假風聞挾私中外譁然御史
湯鼐詣內閣安從容言曰此裏面意也鼐卽以其語奏聞劾安抑塞
言路罔上誤國歸過於君無人臣禮明日宣至左順門中官森列令
跪鼐曰令鼐跪者旨耶抑太監意耶曰有旨鼐始跪及宣旨言疏已

留中鼒大言臣所言國家大事奈何留中鄒智因星變上疏曰伏讀明詔云天下利弊所當興革所在官員人等條具以聞此殆陛下知前日登極詔書爲奸臣所誤故復下此條自解耳夫不曰朕躬有過朝政有闕而曰利弊當興革不曰許諸人直言無隱而曰官員人等條具以聞陛下所以求言者已不廣矣今欲興天下之利革天下之弊當求利弊之本原而興且革之不當毛舉細故以爲利弊在是也本原何在閣臣是已少師安持祿怙寵少師吉附下罔上太子少保直挾詐懷奸世之小人也陛下留之則君德必不就朝政必不修此弊所當革者也致仕尚書王恕忠亮可任大事尚書王竑剛毅可寢大奸都御史彭韶方正可決大疑世之君子也陛下用之則君德開明朝政清肅此利所當興也然君子所以不進小人所以不退大抵由宦官權重而已漢元帝嘗任蕭望之周堪矣卒制於弘恭石顯宋孝宗嘗任陳俊卿劉珙矣卒間於陳源甘昇李林甫牛仙客與高力

士相附和而唐政不綱賈似道丁大全與董宋臣相表裏而宋室不振君子小人進退之機未嘗不繫此曹之盛衰願陛下鑒既往謹將來攬天綱張英斷凡所以待宦官者一以高皇帝爲法則君子可進小人可退而天下之治出於一矣以陛下聰明冠世豈不知刑臣不可委信然而不免誤用者殆正心之學未講也心登於天理則耳目聰明言動中節何宦官之能惑發於人欲則一身無主萬事失綱投間抵隙蒙蔽得施雖有神武之資亦將日改月化而寖失其初欲進君子退小人與天下之利革天下之弊豈可得哉帝得疏領之御史姜洪陳時政八事歷詆太監蕭敬及安吉直侍郎黃景劉宣都御史劉敷尚書李裕李敏杜銘大理寺丞宋經而薦恕竑及致仕尚書李秉去任侍講謝鐸編修張元禎檢討陳獻章僉事章懋評事黃仲昭御史強珍徐鏞于大節給事中王徽蕭顯賀欽員外郎林俊主事王純又薦彭韶及尚書余子俊馬文升侍郎張悅詹事楊守陳又言指

揮許寧內官懷恩並拔出曹輩足副任使他所陳多斥近倖疏詞幾萬言御史文貴亦列安罪狀初倪進賢者粗知書無行諂事安日與講房中術安暱之因令就試得進士援爲庶吉士除御史帝一日於宮中得疏一小篋皆論房中術者末署曰臣安進命懷恩持至閣曰此大臣所爲耶安愧汗伏地不能出聲及諸臣彈章入復令懷恩就安讀之安數跪起求哀無去意懷恩直前摘其牙牌曰可出矣始惶遽索馬歸第丁亥乞休去時年已七十餘尚於道上望三台星冀復用安在政府二十餘年每遇試必令其門生爲考官子孫甥壻多登第者安罷居一年死子南京禮部侍郎翼孫編修宏璧相繼死安竟無後　壬辰追謚母淑妃爲孝穆皇太后　癸巳吏部左侍郎兼翰林學士徐溥入閣預機務　湯鼐出畿輔印馬馳疏言陛下視朝之餘宜御便殿擇侍臣端方謹厚若劉健謝遷程敏政吳寬者日與講學論道以爲出治之本至如尹直李裕劉敷黃景奸邪無耻或夤緣

中官進用或依附佞幸行私不早驅斥必累聖明司禮中官李榮蕭
敬曩爲言官劾罷尋夤緣復入遂撫言官過貶竄殆盡致士氣委靡
宜亟正典刑勿爲姑息諸傳奉得官者請悉編置瘴鄉示天下戒且
召王恕王竑彭韶章懋等而還建言得罪諸臣以厲風節報聞　十
一月析浙江安吉縣地置孝豐縣　御史繆樗陳時政八事劾尹直
等給事中宋琮及御史許斌言直自初爲侍郎以至入閣夤緣攀附
皆取中旨帝於是薄其爲人癸丑令致仕直明敏博學練習朝章而
躁於進取性矜忌不自檢飭以至於敗　乙卯詹事劉健爲禮部侍
郎兼翰林學士入閣預機務　侍郎掌國子監事邱濬以真德秀大
學衍義於治國平天下條目未具乃博採羣書補之表上其書帝稱
善命所司刊行　李孜省等會赦當免中官蔣琮言不當赦戊午逮
孜省鄧常恩趙玉芝等及梁芳並下錦衣衞獄坐孜省等交結近侍
律斬妻子流二千里詔免死仍戍邊孜省不勝榜掠瘐死　召王恕

爲吏部尚書十二月恕至鄒智往謁曰後世人臣不獲時見天子故事多苟且願公且勿受官先請朝見取時政不善者歷陳之力請除革而後拜命庶其有濟恕不能用先是中外薦恕者必劾劉吉吉大恚凡恕所推舉皆陰撓之恕調禮部主事喬宇於文選蔡清於稽勳薦南京兵部主事孫交爲員外郎恕重清恆訪以時事清上二札一請振紀綱一薦劉大夏等三十餘人恕皆納用　時大行未葬帝麻衣衰絰如故進士潘府上疏請行三年喪略言子爲父臣爲君皆斬衰三年仁之至義之盡也漢文帝遺詔短喪止欲便天下臣民景帝遂自行之使千古綱常一墜不振晉武帝欲行而不能魏孝文行之而不盡宋孝宗銳志復古易月之外猶執通喪然不能推之於下未足爲聖王達孝也先帝奄棄四海臣庶銜哀陛下惻怛由衷麻衣視朝百日未改望排羣議斷自聖心執喪三年一如三代舊制詔禮官參考載籍使喪不廢禮朝不廢政勤爲彝典傳之子孫豈不偉哉疏

下輔臣會禮官詳議並持成制寢不行　大行將升祔九廟已備議者咸謂德懿僖仁四廟宜以次奉祧禮臣謂德祖視周后稷不可祧當祧懿祖於太廟寢殿後別建祧殿如古夾室之制歲暮則奉祧主合享如古祫祭之禮吏部侍郎楊守陳言禮天子七廟祖功而宗德德祖可比商報乙周亞圉非稷契比議者習見宋儒嘗取王安石說遂使七廟既有始祖又有太祖太祖既配天又不得正位南向非禮之正今請并祧德懿熙三祖自仁祖下爲七廟異時祧盡則太祖擬契稷祧主藏於後寢祫禮行於前殿時享尊太祖祫祭尊德祖則功德並崇恩義亦備帝從禮官議辛未建祧殿於寢殿後奉遷懿祖神主　御史曹璘言梓宮發引陛下宜衰絰杖履送至大明門外拜哭而別帥宮中行三年喪貴妃萬氏有罪宜告於先帝削其諡遷葬它所帝納其奏而戒勿言貴妃事　壬午葬純皇帝於茂陵廟曰憲宗孝穆皇太后祔葬別建奉慈殿以祀　曹璘又請進用王恕等諸大

臣復先朝言事于大節等諸臣官放遣宮中怨女罷撤監督京營及鎮守四方太監又言梁芳以指揮袁輅獻地建寺請令襲廣平侯爵以數畝地得侯勛臣誰不解體宜亟爲革罷疏奏帝頗采焉輅容之孫也　免江西廣西被災稅糧　帝將建棱棚萬歲山備登眺虎臣抗疏切諫祭酒費誾懼禍及鋃鐺繫臣堂樹下俄官校宣臣至左順門傳旨慰諭曰若言是棱棚已毀矣誾大慚臣名遂聞都下頃之命授七品官遂以爲雲南𡹸嘉知縣

明紀卷第二十

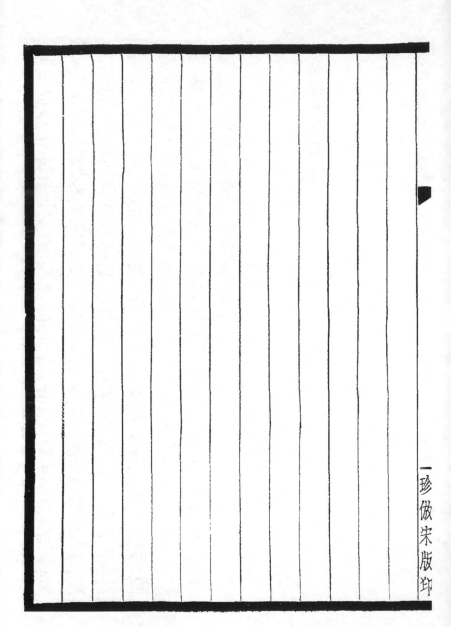

明紀卷第二十一

賜進士出身工部候補主事虞衡司行走陳鶴纂

卹贈知府銜給雲騎尉世職內閣候補中書孫男克家參訂

孝宗紀一 起弘治元年戊申訖弘治六年癸丑凡六年

孝宗達天明道純誠中正聖文神武至仁大德敬皇帝弘治元年春正月己亥享太廟　丙午大祀天地於南郊　湯鼐言劉吉與萬安尹直姦貪等耳安直斥而吉獨進官不以為恥請大申黜陟明示勸懲又劾李榮蕭敬而薦謫降進士李文祥為臺諫　己未始考察鎮守武臣　初萬安忌何喬新剛正出為南京刑部尚書懷恩不平一日以事詣內閣正色曰新君踐阼當用正人胡為出何公安等默然既而刑部尚書杜銘罷羣望屬喬新而劉吉代安為首輔終忌喬新刑部闕久不補王恕薦喬新乃召用之　左都御史馬文升言憲宗朝岳鎮海瀆諸廟用方士言置石函周以符篆貯金書道經金銀錢

寶石及五穀爲厭勝具宜毀從之　閏月楊守陳上疏曰孟子言我非堯舜之道不敢陳於王前夫堯舜之道何道書曰人心惟危道心惟微惟精惟一允執厥中此堯舜之得於內者深而爲出治之本也詢四岳闢四門明四目達四聰此堯舜之資於外者博而爲致治之綱也臣昔忝宮僚伏覩陛下朗讀經書未嘗勤睿問以究聖賢奧旨儒臣略陳訓詁未嘗進詳說以極帝王要道是陛下得於內者未深也今視朝所接見者大臣之丰采而已君子小人之情狀小臣遠臣之才行何由識退朝所披閱者百官之章奏而已諸司之典則羣吏之情弊何由見宮中所聽信者內臣之語言而已百官之正議萬姓之繁言何由聞恐陛下資於外者未博也願遵祖宗舊制開大小經筵日再御朝大經筵及早朝但如舊儀若小經筵必擇端方博雅之臣更番進講凡所未明輒賜清問凡聖賢經旨帝王大道以及人臣賢否政事得失民情休戚必講之明而無疑乃可行之篤而無弊若

夫前朝經籍祖宗典訓百官奏章皆當貯文華殿後陛下退朝披覽日令內閣一人講官二人居前殿右廂有疑則詢必洞悉而後已一日之間居文華殿之時多處乾清宮之時少則欲寡心清臨政不惑得於內者深而出治之本立矣午朝則御文華門大臣臺諫更番侍直事已具疏者用揭帖略節口奏陛下詳問而裁決之在外文武官來覲俾條列地方事口陳大要付諸司評議其陛辭赴任者隨其職任而戒諭之有大政則御文華殿使大臣各盡其謀勿相推避不當則許言官駁正其他具疏進者召閣臣面議可否然後批答而於奏事辭朝諸臣必降詞色詳詢博訪務竭下情使賢才常接於目前視聽不偏於左右合天下之耳目以爲聰明則資於外者博而致治之綱舉矣若如經筵常朝祇循故事凡百章奏皆付內臣調旨批答臣恐積弊未除後患滋深且今積弊不可勝數官鮮廉恥之風士多浮競之習教化淩夷刑禁弛懈俗侈而財滋乏民困而盜日繁列衛之

城池不修諸郡之倉庫鮮積甲兵朽鈍行伍空虛將驕惰而不知兵士疲弱而不習戰一或有警何以禦之此臣所以朝夕憂思至或廢寢忘食者也帝深嘉納　言官劾兩廣總督宋旻漕運總督邱鼐等三十七人宜降黜中多素有時望者劉吉取中旨允之章不下吏部王恕以不得其職拜疏乞去不許陝西缺巡撫恕推河南布政使蕭禎詔別推恕執奏曰陛下不以臣不肖任臣銓部儻所舉不效臣罪也今陛下安知禎不才而拒之是必左右近臣意有所屬臣不能承望風旨以固祿位且陛下旣以禎爲不可用是臣不可用也願乞骸骨帝乃卒用禎時言官多稱恕賢且老不當任劇職宜置內閣參大政二月南京御史吳泰等復言之帝曰朕用蹇義王直故事官恕吏部有謀議未嘗不聽何必內閣也　戊戌祭社稷　丁未耕耤田教坊司以雜劇承應間出狎語馬文升厲色曰新天子當使知稼穡艱難此何爲者卽斥去　封哈密衛左都督罕愼爲忠順王土魯番阿

黑麻嗣爲速檀阿之怒曰罕愼非忠順族安得立僞與結婚誘而殺之仍令牙蘭據其地　丙辰禁廷臣請託公事　中官郭鏞請豫選妃嬪備六宮左庶子謝遷言山陵未畢禮當有待祥禫之期歲亦不遠陛下富於春秋請俟諒陰既終徐議未晚從之三月乙丑朔疏文武大臣及中外四品以上官姓名揭文華殿壁　癸酉釋奠於先師孔子　南京吏部主事儲巏疏薦前直諫貶謫者主事張吉王純中書舍人丁璣進士敖毓元李文祥等　乙亥小王子寇蘭州都指揮廖斌擊敗之　丙子御經筵丁丑命儒臣日講　初大理設左右二寺兩京五部六府刑名屬左寺餘屬右寺左寺置評事四人右寺倍之是時天下罪囚類不解審右寺顧簡於左寺遂裁減右寺評事四人與左寺等　壽州知州劉槩言刑賞予奪人主大柄後世乃有爲女子小人強臣外戚所攘竊者由此輩心險術巧人主稍加親信輒墮計中愛者乘君之喜而游言以揚之惡者乘君之怒而微言以中

之使賢人君子卒受曖昧而去卿相缺人則還延餌引待有交通請屬輭美易制之人然後薦用其剛正不阿者輒媒孽而放棄之俟其氣衰慮易不至大立異同乃更收錄巧計既行刑賞予奪雖名人主獨操實一出於其所簸弄迨黨立勢成復恐一旦敗露則又極意以排諫諍之士務使其君孤立於上耳無聞目無見以圖便其私不至其身與國俱敗不止故夫刑賞予奪必由大臣奏請臺諫集議而後可行或有矯誣窮治不輕貸則讒佞莫能間而權不下移矣　夏四月禮科給事中張九功請正祀典疏下禮部周洪謨等言釋迦牟尼文佛生西方中天竺國宗其教者以本性爲法身德業爲報身幷真身爲三既已誕妄道家以老子爲師又設玉清元始天尊上清天上道君二像而老子自爲上清太上老君蓋倣釋氏而又失之者也自今宜罷齋醮祭告北極中天星主紫微大帝乃北極五星設像祭告雷聲普化天尊道家以六月二十四日爲示現之日遣官詣顯靈宮

致祭夫南郊有星辰壇風雲雷雨山川壇亦有秋報則此祭當罷祖師三天扶教輔元大法師真君漢張道陵非祀典大小青龍神者記云有僧名盧寓西山有二童子來侍時久旱童子入潭化二青龍遂得雨後賜盧號感應禪師宣德中建寺加二龍封號然近日祈禱無驗皆宜罷梓潼帝君姓張名亞子道家謂掌文昌府事及人間祿籍景泰中因京師舊廟闢而新之歲以二月三日生辰遣祭天下學校亦有祠祀之者夫梓潼顯靈於蜀廟食爲宜文昌六星與之無涉宜勅罷免其祠在天下學校者俱令拆毀北極佑聖真君乃元武七宿圖志以爲淨樂王太子修煉武當山功成飛昇此道家附會之說宜遵洪武間例三九月用素羞致祭餘皆停免崇恩真君隆恩真君者道家以崇恩姓薩名堅從林靈素輩學法有驗隆恩則玉樞火府天將王靈官又從薩傳符法每年換袍服費不貲宜罷免金闕上帝玉闕上帝者閩縣靈濟宮祀徐温子知證知諤文皇帝嘗弗豫禱神輒

應立廟京師加封真君後累加爲上帝朔望令節遣官祀及時薦新
四時換袍服神父聖帝神母元君及金玉闕元君卽二徐父母及其
配皆宜削號罷祀東嶽泰山之神廟在泰安州又南郊及山川壇有
合祭今朝陽門外有廟祭實爲煩瀆京師都城隍之神以五月十一
日爲誕辰夫城隍非人鬼安有誕辰祀之非宜皆當罷免議上命修
建齋醮遣官祭告幷東嶽真武城隍廟靈濟宮祭祀俱仍舊二徐真
君及其父母妻革去帝號仍舊封餘如所議行之　工部主事林沂
疏雪陳選冤詔復官禮葬　天壽山震雷風雹樓殿瓦獸多毀周洪
謨力勸修省帝深納之　甲寅以天暑錄囚嗣後歲以爲常　五月
嘉興百戸陳輔緣盜販爲亂陷府城大掠遁入太湖詔刑部侍郎彭
韶巡視　小王子奉書求貢自稱大元大可汗朝廷方務優容許之
遂遣使千五百餘人款關巡撫大同都御史許進以便宜納之請於
朝詔許五百人至京師自是與伯顏猛可王等屢入貢漸往來套中

出沒爲寇進被劾不問　六月癸巳朔日有食之　先是王恕侍經
筵見帝困熱暑請依故事大寒暑暫停仍進講義於宮中湯鼐及進
士董傑給事中韓重等交章論駁恕待罪請解職優詔不許恕上言
臣蒙國厚恩日夕思報人見陛下任臣過重遂望臣太深欲臣盡取
朝政更張之如宋司馬光故事無論臣才遠不及光卽今亦豈元祐
時且六卿分職各有攸司臣豈敢越而謀之但傑等責臣亰是臣無
所逃罪惟乞放還帝復優詔勉留之恕方以疾在告聞帝頗擢用宦
官至有賜蟒衣給莊田者具疏切諫中官黄順請起復匠官潘俊供
役恕言不可以小臣壞重典再執奏竟報許　劉吉慮言者攻不已
乃建議超遷科道官處以不次之位詔起廢滯給事中賀欽御史強
珍輩十人已次第擬擢吉復上疏薦之部曹預薦者惟林俊一人冀
以此籠絡言路而言者猶未息御史歐陽旦南京給事中方向周紘
御史陳嵩張曷等先後劾吉曷楷之孫也庶子張昇因天變上疏言

陛下即位言者率以萬安劉吉尹直爲言安直去而吉獨存吉乃傾身阿佞取悅言官昏暮款門祈免糾劾由是諫官緘口姦計始遂貴戚萬喜依憑宮壼凶燄熾張吉與締姻及喜下獄猶爲營捄父存則異居各爨父沒則奪情起官談笑對客無復戚容因歷數其納賄縱子等十罪吉憤甚風科道劾昇誣詆調南京工部員外郎　馬文升提督十二團營　起賀欽爲陝西參議會母喪懇辭且陳四事一今日要務莫先經筵當博訪真儒以資啓沃二檢討陳獻章學術醇正世之大賢宜以非常之禮處之或俾參大政或任經筵以養君德三內官職掌載在祖訓不過備灑掃司啓閉而已近如王振曹吉祥汪直等或參預機宜干政令招權納寵邀功啓釁或引左道進淫巧以蕩上心誤國殃民莫此爲甚宜慎飭將來內不使干預政事外不使鎮守地方掌握兵權四陛下紹基之初舉行朱子喪葬之禮而頹敗之俗因仍不改乞申明正禮革去教坊俗樂以廣治化疏凡數萬言

奏入報聞　巡按浙江御史暢亨請罷溫處銀課而寘鎮守中官張慶於法章下所司并責慶陳狀秋七月戊辰減浙江銀課汰管理銀場官慶訐亨考察不公停亨俸三月亨又劾僉事鄒滂滂亦訐亨慶等構之逮亨謫涇陽知縣給事中龐泮上疏爭不聽　曹璘言近日星隕地震金木二星晝見雷擊禁門皇陵雨雹南京內園災狂夫叫閽景寧白氣飛騰而陛下不深求致咎之由以盡弭災之實經筵雖御徒爲具文方舉輒休暫行遽罷所謂一日暴之十日寒之者也願日御講殿與儒臣論議罷斥大學士劉吉等以消天變臣昨冬嘗請陛下墨衰視政今每遇節序輒漸御黃衮從官朱緋三年之間爲日有幾宜但御淺服且陛下方諒陰少監郭鏞乃請選妃嬪雖拒勿納鏞猶任用何以解臣民疑祖宗嚴自宮之禁今此曹干進紛紜當論罪朝廷特設書堂令翰林官教習內使本非高皇帝制詞臣多夤緣以干進而內官亦且假儒術以文姦宜速罷之諸邊有警輒命京軍

北征此輩驕惰久不足用乞自今勿遣而以出師之費賞邊軍帝得
疏不喜降旨譙讓　先朝章疏留中者悉付史館　贊善張元禎言
人君不以行王道爲心非大有爲之主也陛下毓德青宮已負大有
爲之望邇者頗崇異端嬖近習以蠹此心殖貨利耽玩好以荒此心
開倖門塞言路以昧此心則不能大有爲矣願定聖志一聖學廣聖
智疏反覆累萬言帝頗納之　張昺等言邇臺諫交章論事矣而扈
蹕糾儀者不免錦衣捶楚之辱是言路將塞之漸也經筵既舉矣而
封章累進卒不能囘寒暑暫免之說是聖學將怠之漸也內倖雖斥
梁芳而賜祭仍及便辟是復啓寵倖之漸也外戚既罷萬喜而莊田
又賜皇親是驕縱姻婭之漸也左道雖斥而符書尚揭於宮禁番僧
旋復於京師是異端復興之漸也傳奉雖革而千戶復除張質通政
不去張苗是傳奉復啓之漸也織造停矣仍聞有蟒衣斗牛之織淫
巧其漸作乎寶石廢矣又聞有戚里不時之賜珍玩其漸崇乎詩云

靡不有初鮮克有終願陛下以爲戒帝嘉納之　鹽法壞戶部尚書李敏請簡風憲大臣清理乃以兩浙命彭韶而命侍郎李嗣於兩淮俱兼都御史賜敕遣之　八月乙巳小王子犯山丹永昌辛巳犯獨石馬營　減雲南銀課　給事中陳壽以久次擢大理寺丞劉吉憾王恕九月諷御史劾壽不習刑名冀以罪恕竟調壽南京光祿寺少卿　陝西總兵官周璽討平扶風諸縣附籍回回　帝悲念孝穆皇太后特遣太監蔡用求太后家得紀父貴紀祖旺以聞帝大喜詔改父貴爲貴授錦衣衞指揮同知祖旺爲旺授僉事賜田宅奴婢追贈太后父中軍都督府左都督母爲夫人曾祖祖父亦如之遣修太后先塋之在賀者置守墳戶復其家　刑部尚書何喬新言舊制遣官勘事及逮捕必齎精微批文赴所在官司驗視乃行此祖宗防微杜漸深意也近止用駕帖不合符設有矯詐何以拒之請給批文如故報可　冬十月南京御史余濬劾中官陳祖生違制墾後湖田湖爲

之淤奏下南京主事盧錦勘報　乙卯振湖廣四川饑　代王獻海青劉吉等言登極詔書已卻四方貢獻乞勿受從之　周洪謨矜莊寡合而與萬安同鄉相善言官屢劾之致仕　土魯番遣使入貢稱與罕慎結姻乞蟒服膝襴諸物至甘州會哈密都指揮阿木郎來奔求救廷臣請令土魯番使還諭阿黑麻令復歸侵地并敕赤斤罕東共圖興復　周紘張昺奉命閱軍軍多缺伍紘昺欲劾守備中官蔣琮琮先事劾紘昺章下內閣劉吉修隙擬黜之外王恕抗章曰不治失伍之罪而罪執法之臣何以服天下再疏爭言官亦論救十一月調紘南京光祿寺署丞昺南京通政司經歷　給事中林廷玉請治妖僧繼曉罪法司以犯在赦前免死給事中陳璚言繼曉罪大不當宥甲申棄市　乙酉免河南被災秋糧　十二月致仕兵部尚書王竑卒　戶部員外郎周時從疏請置先朝遺姦汪直錢能蔡用輩於重典而察核兩京及四方鎮守中官時宦官勢積重忤之者必結黨

排陷不勝不止擿時從疏中宗社字不越格命法司逮治已而得釋

王恕薦李文祥召爲兵部主事監司以下饋贐悉拒之

二年春正月丁卯收已故內臣賜田給百姓　升山東臨清縣爲州

四川歲大祲流民趨就食巡撫都御史謝士元振卹有方全活者數萬二月癸巳發湖廣歲漕米二十萬遣戶部郎中江漢往振之土番大小娃者將煽亂士元託行邊馳詰其地賊恐羅拜道左徐慰遣之　析廣東番禺增城二縣地置從化縣　中書舍人吉人言江漢不勝任宜遣四使分道振且擇才能御史爲巡按庶荒政有裨因薦陳璚宋琮曹璘劉槪及給事中韓鼎郎中王沂洪鍾員外郎東思誠評事王寅理刑知縣韓福可使而巡按則湯鼐足任之初鄒智慷慨負奇人鼐及李文祥並負意氣與智善相與品覈公卿裁量人物鼐銳意言事所抨擊閣及海內人望劉吉深惡之使人啗御史魏璋曰君能去鼐行僉院事矣璋欣然日夜伺鼐短及人疏上璋遂草一疏

僞署御史陳景隆等名言人抵抗成命私立朋黨帝怒下入錦衣衛獄令自引其黨人以鼐璘思誠概福對璋又嗾御史陳璧等言璘福思誠非其黨其黨則鼐概文祥智及知州董傑是也概常饋鼐白金貽之書謂夜夢一人騎牛幾墮鼐手挽之得不仆又見鼐手執五色石引牛就道因解之曰人騎牛乃國姓意者國將傾賴鼐扶之而引君當道也鼐概等自相標榜詆毀時政請並文祥智傑逮治疏上吉從中主之悉下獄　初南京沿江蘆場隸三廠成化時江浦縣田多沈於江而瀕江生沙洲六民得耕之以補沈江田額洲與蘆場近又瓦屑壩廢地及石城門外湖地故不隸三廠守備太監黃賜受姦民獻俱指爲蘆場收其利而歲課租額仍責償之民帝初立縣民相帥愬於朝下南京御史姜綰等覆按會蔣琮代爲守備始至移御史使斷歸三廠綰等言琮以守備內臣與小民爭利假公事以飾私情用揭帖而抗詔旨揚言陰中脅以必從其他變亂成法厥罪有十以內

官侵言官職罪一妒害大臣妄論都御史秦紘罪二怒河閘官失迎候欲奏罷之罪三受民詞不由通政罪四分遣腹心侵漁國課罪五按季收班匠工銀罪六擅收用罷閑都事罪七官僚忤意輒肆中傷罪八妄奏主事周琦罪欺罔朝廷罪九保舉罷斥內臣竊天子威柄罪十事下南京三法司　兵部尚書余子俊疾亟手削奏稾陳救荒弭盜之策甫得請而卒年六十一贈太保諡肅敏子俊沈毅寡言有偉略奏疏公移必自屬草每夜分方寢居母憂令子寘毋會試曰雖無律令吾心不忍也　帝令儒臣撰文禱雨劉吉等言邇者姦徒襲李孜省鄧常恩故術見月宿在畢天將陰雨遂奏請祈禱冀一驗以希進用倖門一開爭言祈禱要寵召禍實基於此祝文不敢奉詔帝意悟遂已之　馬文升爲兵部尚書時承平久兵政廢弛西北部落時伺塞下文升嚴覈諸將校黜貪懦者三十餘人姦人大怨夜持弓矢伺其門或作謗書射入東長安門內帝聞詔錦衣緝捕給衞士十

二衛文升出入文升乞休優詔不許　三月己未朔免陝西被災秋糧三分之二　劉吉欲盡置鄒智等死智身覩三木僅屬喘息慷慨對簿曰智見經筵以寒暑輟講午朝以細事塞責紀綱廢弛風俗浮薄生民憔悴邊備空虛私竊以爲憂與鼒等往來論議誠有之不知其他何喬新持其獄外議亦洶洶不平乃坐劉槩妖言律斬湯鼒受賄戍肅州吉人欺罔削籍謫智廣東石城所吏目李文祥貴州興隆衞經歷董傑四川行都司知事槩爲知州三年毀境內淫祠幾盡教化大行考績赴都遂遇禍王恕言律重妖言謂造作符讖類耳槩書詞雖妄戾以鼒數言事不避利害因推詡之今當以妖言設有如造亡秦讖者更何以加帝得疏意動命姑繫獄既而熱審喬新等言槩本不應妖言律且槩五歲而孤母孫氏守節三十年曾被旌老病且貧槩死母必不全祈聖恩矜卹乃減死戍海州鼒既戍無援之者久之始釋歸槩竟卒於戍所魏璋擢大理寺丞坐事下獄出爲九江同

知悒悒死　姜洪出按湖廣與督漕都御史秦紘爭文移被劾所司白洪無罪劉吉欲中之再下禮部會議貶洪夏縣知縣　戊寅閉會川衞銀礦　夏四月林沂請復用李文祥湯鼐且召陳獻章謝鐸等劉吉激帝怒嚴旨切責　劉吉合諸私人共排王恕恕知志不得行連章求去帝輒慰留以其老特免午朝遇大風雨雪早朝亦免　致仕吏部尚書李秉卒　五月庚申河決封邱縣金龍等口入張秋運河又決埽頭五所入沁諸府縣多被害開封尤甚議者欲遷藩府三司於許州以避其患布政司徐恪持不可乃止命所司役五萬人治之　秋七月癸亥以京師霪雨南京大風雷修省求直言　憲宗之末中官佞倖多賜莊田既得罪率辭而歸之官罪重者奪之帝從李敏請以賦民畝科銀三分然他莊田如故也會京師大水敏乃極陳其害言今畿輔皇莊五爲地萬二千八百餘頃勳戚中官莊三百三十有二爲地三萬三千一百餘頃官校招無賴爲莊頭豪奪畜產戕

殺人汚婦女民心痛傷災異所由生皇莊始正統閒諸王未封相閑地立莊王之藩地仍歸官其後乃沿襲普天之下莫非王土何必皇莊請盡革莊戶賦民耕畝概徵銀三分充各宮用度無皇莊之名而有足用之效至權要莊田亦請擇佃戶領之有司收其課聽諸家領取悅民心感和氣無切於此者時不能用　何喬新慮刑獄失平條上律文當更議者數事爲劉吉所格悉不行　戊寅振畿內水災免稅糧給貧民麥種　彭韶以浙江商苦抑配爲定折價額蠲宿負憫竈戶煎辦徵賠折閱之困八月繪八圖以獻條利病六事悉允行

丁酉復四川流民復業者雜役三年　己酉憲宗神主祔太廟　九月雲南守臣奏曩罕弄先後占奪木邦地二十七處又誘其頭目放卓孟等叛其勢必盡吞而後已乞降敕曉諭從之并降敕詰責前鎮巡官所以受賂召侮啓釁者　劉吉數爲言路所攻或目之爲劉棉花吉疑其言出下第舉子因請舉人三試不第者不得復會試會舉

子已羣集都下禮部爲請詔明年姑許入試後如令已而吉罷令亦不行　南京兵部侍郎白昻爲戸部侍郎修治河道賜以特敕令會山東河南北直隸三巡撫自上源決口至運河相機修築　冬十月總督兩廣右都御史秦紘言中官武將總鎭兩廣者率縱私人擾商賈高居私家擅理公事賊殺不辜交通土官爲姦利而天下鎭守官皆得擅執軍職受民訟非制請嚴禁絕總鎭府故有賞功所歲儲金錢數萬費出無經宜從都御史句稽廣潮南韶多盜當設社學編保甲以絕盜源因劾總兵官柳景貪暴帝悉從其請逮景下獄景溥之孫也　占城國王古來遣弟卜古良赴廣東言安南仍肆侵陵乞如永樂時遣將督兵守護兵部言永樂間出師乃正黎賊弑逆之罪非以鄰境交惡之故宜諭古來修政卹民保固疆圉仍與安南敦睦修好朝廷無發兵渡海代守之理從之　罕愼之遘難也其弟奄克孛剌帥部衆逃之邊方阿黑麻去哈密止留六十人佐牙蘭阿木郎覘

其單弱請邊臣調赤斤罕東兵夜襲破其城牙蘭遁去斬獲甚衆時阿黑麻桀傲甚貢使至中朝仍善待之益輕中國以爲易與會復遣使來貢禮官議拘留使臣卻其貢物敕責令悔罪阿黑麻稍懼　初南京給事中方向嘗帥同官繆樗等劾陳祖生及文武大臣不職狀又因雷震孝陵柏劾劉吉等十一人而詆祖生益力祖生銜向次骨盧錦亦素與祖生有隙向錦方監後湖黃冊祖生遂揭向錦實侵湖田事下南京法司郭鏞奉使兩廣過南京往後湖游觀御史孫紘等劾鏞擅游禁地鏞怒歸愬於帝言府尹楊守隨勘錦向失出御史不劾奏獨繩内臣蔣琮亦條辨姜綰疏而泛及御史劉愷方岳等及南京諸司違法事帝乃遣太監何穆大理寺少卿楊謐再勘後湖田并核綰琮訐奏事　罷浦城廢阬銀冶　十一月戊午順天饑發粟平糶　撒馬兒罕由廣東貢獅子鸚鵡等物禮部尚書耿裕等言南海非西域貢道請卻勿受禮科給事中韓鼎等亦言狰獰之獸狎玩非

宜且騷擾道路供費不貲不可受從之　十二月甲申朔日有食之

辛卯贈于謙特進光祿大夫柱國太傅謚肅愍建祠於其墓有司

歲時致祭賜祠額曰旌功從給事中孫需之請也需原貞之孫也

三年春正月何穆等奏上後湖事如陳祖生言又言蔣琮不當受獻

地私囑勘官所訐事皆誣姜綰等劾琮亦多不實劉吉從中主之乃

削盧錦籍謫楊守隨廣西右參政方向雲南多羅驛丞逮姜綰孫紘

余濬繆樗及御史劉遜金章紀傑曹玉譚肅徐禮赴京論鞫陳璠及

御史伊宏言不宜以一內臣而置科道十人於獄不聽尋謫綰等皆

州判官置琮不問王恕李敏給事中趙紘御史張賓先後言琮綰同

罪異罰失平亦不納琮由是益無忌　白昂言臣自淮河相度水勢

抵河南中牟等縣見上源決口水入南岸者十三入北岸者十七南

決者自中牟陽橋至祥符界析爲二支一經尉氏等縣合潁水下塗

山入於淮一經通許等縣入渦河下荆山入於淮又一支自歸德州

通亳縣亦合渦河入於淮北決者自原武經陽武祥符封邱蘭陽儀封考城其一支決入金龍等口至山東曹州衝入張秋漕河去冬水消沙積決口已淤因併爲一大支由祥符翟家口合沁河出丁家道口下徐州此河流南北分行大勢也合穎渦二水入淮者各有灘磧水脈頗微宜疏濬以殺河勢合沁水入徐者則以河道淺隘不能受方有漂沒之虞況上流金龍諸口雖暫淤久將復決宜於北流所經七縣築爲堤岸以衞張秋許之昂舉郎中婁性協治役夫二十五萬築陽武長堤引中牟決河出滎澤陽橋以達淮濬宿州古汴河以入泗濬睢河自歸德飲馬池經符離橋至宿遷以會漕河上築長堤下修減水壩又疏月河十餘塞決口三十六使河流入汴汴入睢睢入泗泗入淮水患稍寧　二月壬辰免河南被災秋糧　甲午戶部請免南畿湖廣稅糧上曰凶歲義當損上益下如必欲取盈如民病何悉從之　三月丙辰命天下預備倉積粟以里數多寡爲凖州縣十

里以下積萬五千石二十里積二萬石衞千戶所萬五千石百戶所三百石考滿之日稽其多寡以爲殿最不及五萬以下奪俸六分以上降調　巡撫四川都御史邱鼐請設官專領灌縣都江堰從之
甲戌兵部侍郎張海通政使元守直閱邊　劉吉等言陛下聖質清羸與先帝不同凡宴樂游觀一切嗜好之事宜悉減省左右近臣有請如先帝故事者當以太祖太宗典故斥退之祖宗令節宴遊皆有時陛下法祖宗可也　土魯番又偕撒馬兒罕貢獅子及哈剌虎剌諸獸因請獻還哈密城及金印以贖使臣巡按甘肅御史陳瑤論其縻費煩擾請勿納禮部議如瑤言帝命姑納之　中官乞鷹房牧馬場千頃李敏執不可事得寢　夏五月復置湖廣興山縣　恩城知州岑欽攻逐田州知府岑溥與泗城知州岑應分據其地秦紘入田州逐走欽留官軍戍之　甘肅總兵官周玉督邊牆工峻急部卒張伏興等以瓦石投之兵部言悍卒漸不可長六月戮伏興戍其黨

小王子以數萬騎牧大同塞下勢洶洶馬文升以疾在告帝使中官挾醫視因就問計文升謂彼方敗於他部無能爲請密爲備而揚聲偪之必徙去乃命許進等整軍以待新寧伯譚祐督京軍聽征敵果遁祐忠之孫也　初孝穆皇太后在宮中自言家賀縣幼不能知親族也太監陸愷亦廣西人故姓李蠻中紀李同音因妄稱太后兄令人訪其族人詣京師其姊夫韋父成冒之有司待以戚畹名所居曰迎恩里紀貴紀旺曰韋猶冒李況我實李氏因詐爲宗系上有司有司莫辨也貴旺既驟貴父成亦詣闕爭帝命郭鏞按之鏞逐父成會修太后先塋蠻中李姓者數輩皆稱太后家自言於使者使者還奏貴旺不實帝遣給事中孫珪御史滕祐間行連賀間微服入猺獞中訪之盡得其狀歸奏帝謫罰鏞等有差戍貴旺邊衛耿裕言粤西當大征之後兵燹饑荒人民奔竄歲月悠遠蹤跡難明昔孝慈高皇后與高皇帝同起艱難化家爲國徐王親高皇后父當后之身尋求家

族尚不克獲然後立廟宿州春秋祭祀今紀太后幼離粵西入侍先帝連賀非徐宿中原之地嬪宮無母后正位之年陛下訪尋雖切安從得其實哉臣愚謂可倣徐王故事定擬太后父母封號立祠致祭帝曰孝穆皇太后早棄朕躬每一思念惄焉如割初謂宗親尚可旁求寧受百欺冀獲一是卿等謂歲久無從物色請加封立廟以慰聖母之靈皇祖既有故事朕心雖不忍又奚敢違秋八月封太后父推誠宣力武臣特進光祿大夫柱國慶元伯謚端僖太后母伯夫人立廟桂林府有司歲時致祭初尹直撰太后哀冊云覩漢家堯母之門增宋室仁宗之慟帝燕閒念誦輒欷歔流涕也　巡撫宣府都御史強珍言故總兵官緱謙才力可用給事中言謙數失機珍不應奏保遂改珍南京右通政　九月庚戌朔禁內府加派供御物料　復設直隸東明縣廢雲南邑市縣入路南州　閏月癸巳禁宗室勳戚奏請田土及受人投獻　盧溝橋成中官李興乞進文思院副潘俊等

官王恕言營造常職安得錄功成化季年始有此事陛下初政幸已革汰奈何復行且山陵大工未聞陞職援例奏乞將何詞拒之帝納其言已修京城河橋帝復從興請授四人官許五人冠帶恕執奏不從再疏爭曰臣職掌銓選義當盡言而再疏莫回天聽以爲業已許之不可易夫事求其當設未當雖十易何害不然流獘有不可救者報聞　修齋於大興隆寺理刑知縣王嶽騎過之中使捽辱嶽使跪於寺前御史任儀劾中使罪而姓名皆誤遂下儀吏出爲中部知縣

冬十月土魯番使還命內官張芾護行劉吉等言阿黑麻負天恩殺罕愼宜遣大將直擣巢穴滅其種類始足雪中國之憤卽不然亦當如古帝王封玉門關絕其貢使猶不失大體今寵其使臣厚加優待又遣中使伴送非所以折其悖逆之心也夫使臣滿剌土兒卽罕愼外舅忘主事讎逆天無道而阿黑麻聚集人馬謀犯肅州名雖奉貢意實叵測兵部議羈其使臣正合事宜遣使護送斷乎不可疏入

帝止芾行而問閣臣與師絕貢二事吉等以時勢未能但請薄其賜賚因言獅子諸獸日飼二羊役校尉五十人守視皆繁費宜絕諸獸食聽自斃不許　十一月戊戌彗星見天津南尾指東北犯人星劉吉等言邇者妖星出天津歷杵臼迫營室其占為兵為饑為水旱今兩畿河南山西陝西旱蝗四川湖廣歲不登儻明年復然恐盜賊竊發禍亂將作願陛下節用度罷宴遊屏讒言斥異教留懷經史講求治道沙河修橋江西造瓷器南海子繕垣牆俱非急務宜悉停止帝嘉納之甲辰停工役罷內官燒造瓷器　四川盜野王剛流劫竹山平利撫治鄖陽都御史戴珊合四川及陝西兵檄副使朱漢等討擒其魁餘皆以脅從論全活甚衆　十二月辛亥以星變敕羣臣修省陳軍民利病　吏部侍郎彭韶言宦官太盛不可不亟裁損因請午朝面議大政毋祗具文已又言濫授官太多乞嚴杜倖門痛為釐正帝是其言然竟不能用　己未京師地再震　壬戌減供御品物罷

明年上元燈火

四年春正月癸未以修省罷上元節假　己丑大祀天地於南郊停慶成宴　小王子又乞通貢許進再爲請帝許之是時大同士馬盛強邊防修整貢使至率下馬脫弓矢入館俛首聽命無敢譁者會進與分守中官石巖相訐巖徵還進亦謫兗州知府　南京國子監祭酒謝鐸言六事曰擇師儒愼科貢正祀典廣載籍復會饌均撥歷因請罷吳澄從祀而進宋儒楊時　馬文升遭繼母憂詔起復再疏辭不許　戶部尙書李敏得疾乞休帝爲遣醫視療已復力請乃以侍郎葉淇代詔敏乘傳歸未抵家卒贈太子少保諡恭靖敏篤行誼所得祿賜悉以分昆弟故人里居時築室紫雲山麓聚書數千卷與學者講習及巡撫大同疏籍之於官詔賜名紫雲書院　初帝踐阼斥番僧還本土止留乳奴班丹等十五人其後多潛匿京師轉相招引齋醮復興給事御史以爲言耿裕等因力請驅斥二月詔留一百八

十二人餘悉逐之　己未封皇后父張巒爲壽寧伯巒請勳號誥券王恕言錢王兩太后正位中宮數十年錢承宗王源始邀封爵今皇后立甫三年巒已封伯遽有此請累聖德不可許不聽　己巳敕三法司曰曩因天道示異敕天下諸司審錄重囚發遣數十百人朕以爲與其寬之於終孰若謹之於始嗣後兩京三法司及天下問刑官務存心仁恕持法公平詳審其情罪所當庶不背於古聖人欽卹之訓　致仕禮部尚書周洪謨卒年七十二謚文安洪謨好建白將沒猶上安中國定四裔十事嘗言士人出仕或去鄉數千里既昧土俗亦拂人情不若就近選除王府官終身不遷乖祖制當稍變更聞者韙之　夏四月禮部公廨火耿裕及侍郎倪岳周經等被劾下獄已釋之停其俸　五月贈吳雲刑部尚書謚忠節與王禕並祀改祠額曰二忠從雲南巡撫都御史王詔請也　六月陶魯破德慶猺賊秋八月庚戌蘇松浙江水停本年織造　巡撫河南都御史徐恪言

秦項梁唐龐勛元方國珍輩往往起東南今東南民力已竭加水旱洊臻去冬彗掃天津直吳越地乞召還織造內臣敕撫按諸臣加意拊循以弭異變帝不從　大理丞闕御史鄒魯覬遷而何喬新爲郎中魏紳會喬新外家與鄉人訟魯即誣喬新受賕曲庇劉吉取中旨下其外家獄喬新乃拜疏乞歸而其事窮治無驗乃停魯俸許喬新致仕　乙卯南京地震　柳景既就逮反訐秦紘勘無左證法司當景死景連姻周太后家有奧援訐紘不已詔并逮紘紘方議討復山賊治軍事畢從容就道儀衛騶從不貶損既踰嶺始囚服就繫謂官校曰兩廣蠻夷雜處統制體尊遽就拘執損國威今既踰嶺真囚矣紘至京廷鞫無罪詔宥景死奪爵追贓紘亦罷歸王恕等請留紘不納廷臣復連章論紘可大用居數月起南京戶部尚書　己未封皇弟祐樘爲壽王祐棆汝王祐橓涇王祐樞榮王祐楷申王　冬十月丙辰以皇長子生詔天下　戊午河溢振河南被災者　乙丑禮部

尚書邱濬兼文淵閣大學士預機務尚書入內閣者自濬始濬以衍義補所載皆可見之行事請摘其要者奏聞下內閣議行之報可鄒智之至廣東也秦紘檄召修書乃居廣州聞陳獻章講道新會往從受業是月得疾卒年二十有六順德知縣吳廷舉殮而歸其喪十一月庚辰振南畿災　十二月甲子土魯番以哈密地及金印來歸還其所拘使臣馬文升言番人重種類且素服蒙古哈密故有回回畏兀兒哈剌灰三種北山又有小列禿乜克力相侵偪非得蒙古後裔鎭之不可今安定王族人陝巴乃故忠順王脫脫近屬從孫可主哈密帝以爲然而諸番亦共奏陝巴當立　柳景贓數千兩徵僅十一以其母訴免刑部尚書彭韶執奏曰昔唐宣宗元舅鄭光官租不入京兆尹韋澳械其莊吏宣宗欲寬之澳不奉詔景無元舅之親贓非負租之比獨蒙宥除是臣等守法媿於澳也不從　松滋王府諸宗人恩鏀等闌入荊州府支歲祿遼王恩鑙禁之已而儀賓袁鏞

復誘恩鏞等招羣小奪軍民商賈利恩鏳發其事恩鏞等咸怨謀殺

王

五年春二月朝廷遣官按實幽恩鏞等鳳陽謫戍其黨恩鏳陰使送者刑梏之斃八十餘人不數日世子暴卒　增設禮部主客司主事一人提督會同館　丙寅立陝巴爲忠順王賜印誥冠服守城戎器擢阿木郎都督僉事與都督同知奄克孛剌共輔之　庚午減陝西織造絨毼之半　田州之亂秦紘請合貴州湖廣兵勦岑欽欽勢蹙走岑應所借兵總鎮檄應捕欽欽殺應父子收其兵以拒官軍已而應弟接陽以兵送欽至田州亦殺其父子以報遂廢恩城州許接承襲還岑溥於田州　三月戊寅立皇子厚照爲皇太子大赦　詔曰

太廟配享諸功臣其贈王者皆佐皇祖平定天下有大功而子孫或不沾寸祿淪於氓隸朕甚不忍所司可求其世嫡量授一官以奉先

祀　初桂林古田獞種甚繁最強者曰韋曰閉曰白而皆弁於韋賊

首韋朝威據古田縣官竄會城遣典史入縣撫諭賊烹食之總督兩廣軍務都御史閔珪總兵官毛銳合兵討之副總兵馬俊參議馬鉉千戶王珊等自臨桂深入辛卯遇伏敗死軍遂退詔珪等停俸討賊

馬湖土知府安鼇性殘忍虐民計口賦錢歲入銀萬計士民有婦女多淫之用妖僧百足魘魅殺人又令人殺平夷長官王大慶大慶聞而逃乃殺其弟士民怨之刺骨有司利其金置不問遷延二十年四川僉事曲銳請巡按御史張鸞按治按察使洪鍾贊決捕鼇送京師寘極刑

進壽寧伯張巒爲侯通政司經歷高祿巒妹壻也中官傳旨擢本司參議王恕方在告吏部侍郞周經言非面承旨又無御札不敢奉詔復與恕上疏曰天下之官以待天下之士勿私貴戚妨公議不納

夏四月陝西巡按御史李興坐酷刑徵下獄

五月邱濬請求遺書從之

六月丁未免南畿去年被災稅糧

巡視光祿御史彭程言臣適見光祿造皇壇器皇壇者先帝修齋行法之所陛

下卽位此類廢斥盡何復有皇壇煩製器光祿金錢悉民膏血用得其當猶恐病民況投之無用地頃李孜省繼曉輩倡邪說而先帝篤信之者意在遠希福壽也今二人已伏重辟則禍患之來二人尚不能自免豈能福壽他人儻陛下果有此舉宜遏之將萌如無請治所司逢迎罪帝得奏以爲暴揚先帝過大怒立下錦衣衞獄帝初無皇壇造器之命特光祿姑爲備給事中叢蘭亦巡視光祿繼上疏論帝宥蘭奪光祿寺卿胡恭等俸付程刑部定罪彭韶等擬贖杖還職帝欲置之死命繫之韶等復疏救程子尚三上章乞代父死終不聽

復改廣西永安長官司爲州　秋七月鴻臚寺少卿李鐩請刪定問刑條例時去定律時已百年用法者曰弛乃命彭韶等裁定之　甲午振南畿山東浙江饑時振卹災民所司多俟勘覆給事中吳世忠極言其弊因條上興水利復常平二事多施行　南京給事中楊廉上六事一經筵停罷時宜日令史官更直待問二召用言事遷謫官

不當限臺諫及登極以後三治兩浙三吳水患停額外織造四召林下恬退諸臣五删法司條例六災異策免大臣末言遇大政宜召大臣面議給事御史隨入駁正帝頗納之　劉吉有智數善附會自緣飾在成化時與萬安劉珝同相於事無所匡正時有紙糊三閣老泥塑六尚書之謠及帝仁明同列徐溥劉健皆正人而吉於閣臣居首溥健有論建吉亦署名時時爲正論竊美名以自蓋然數興大獄與中官比逐鄒智方向姜洪姜綰等權勢烜赫銳於營私帝初傾心聽信後眷頗衰會將封皇后弟伯爵命吉撰誥券吉言必盡封二太后家子弟方可帝不悅遣中官至其家諷令引退八月癸卯致仕去

河決張秋戴家廟諸處掣漕河與汶水合而北行遣工部侍郎陳政督治政請濬滎澤孫家渡口及歸德州飲馬池舊河分水入淮以殺上流之勢塞堂邑至濟寧諸決口以防下流之患從之　乙丑停蘇松浙江額外織造召督造官還　初荆靖王薨世子見瀟嗣都梁王

見溥其母弟也見潚怨母暱見溥錮母奪其衣食竟死出柩於竇鍾
殺見溥於後園紿其妃何氏入宮偪淫之從弟都昌王見譚妃茆氏
美求通焉見潭母馬氏防之嚴見潚髠馬氏鞭之囊土壓見潭死械
繫茆妃入宮嘗集惡少年輕騎微服涉漢水掠人妻女靖王幼子樊
山王見澋懼及九月密聞於帝乃遣使召見潚　西域火剌札國回
回怕魯灣等由海道貢玻瓈瑪瑙諸物帝不納賜道里費遣還　冬
十月法司上李興及彭程罪狀詔與斬程及家屬戍隆慶文武大臣
張懋等合疏言興所斃多罪犯不宜當以死程用諫爲職坐此戍邊
則作姦枉法者何以處之王恕又特疏救乃減興死杖之百偕妻子
戍賓州程竟無所減程母李氏年老無他子叩闕乞留侍養南京給
事中毛珵等言昔劉禹錫當竄遠方裴度以其母老爲請陛下聖德
非唐中主可比程罪亦異禹錫祈少矜憐全其母子不許踰年帝念
程母老放還　貴州都勻黑苗乜富架作亂自稱都順王梗雲南四

川往來道壬戌湖廣總兵鎮遠侯顧溥帥兵八萬人貴州巡撫都御史鄧廷瓚提督軍務太監江悳監諸軍往征之溥興祖之孫也　初各邊開中商人招民墾種築臺堡自相保聚邊方菽粟無甚貴之時會商人困守支戶部尙書葉淇請召商納銀運司類解太倉分給各邊每引輸銀三四錢有差視國初中米直加倍而商無守支之苦一時太倉銀累至百餘萬赴邊開中之法始廢商屯撤業菽粟翔貴邊儲日虛　葉淇又言蘇松諸府連歲荒歉民買漕米每石銀二兩而北直隸山東河南歲供宣大二邊糧料每石亦銀一兩去歲蘇州兌運已折五十萬石每石銀一兩今請推行於諸府而稍差其直災重者石七錢稍輕者石仍一兩俱解部轉發各邊抵北直隸三處歲供之數而收三處本色以輸京倉則費省而事易集從之　十一月丙申閉溫處銀阬　荆王見瀟至京帝御文華門命廷臣會鞫見瀟引伏十二月丁巳廢爲庶人錮西內　邱濬性褊隘嘗與劉健議事不

合至投冠於地言官建白不當意輒面折之與王恕同爲太子太保
恕長六卿位濬上濬以禮部尚書入閣恕以故事弗讓也濬不悅與
恕不交一言
六年春正月考察天下庶官恕所奏罷二千五百三十五人濬請未
及三載者復任非貪暴有顯跡者勿斥留九十人恕以府州縣官貪
鄙殃民者雖年淺不可不黜帝不聽恕因力求罷亦不許　二月甲
寅授常復李璿鄧炳湯紹宗南京錦衣衛指揮使世襲復繼祖之孫
璿景隆之孫炳鎮之曾孫紹宗和之五世孫也　陳政卒帝深以河
患爲憂詔博選才臣往治王恕等薦浙江布政使劉大夏丁巳擢右
副都御史賜敕以往　吳世忠請卹建文朝殉難諸臣賜爵謚崇廟
食錄其子孫復其族屬爲忠義勸章下禮部寢不行　是月內宴邱
濬居王恕上其後由侍郎詹事入閣者班皆列六部上自此始　陝
巴之立也安定王千奔求立其弟綽爾加且邀厚賞帝不許諸番索

陝巴犒賜不得而怨陝巴與野乜克力酋結婚阿木郎引其人掠土魯番牛馬阿黑麻怒潛兵夜襲哈密殺其人百餘逃及降者各半陝巴與阿木郎據大土剌以守大土剌者華言大土臺也圍三日不下阿木郎急調乜克力瓦剌二部兵來援俱敗去千奔擁兵不救阿黑麻執陝巴禽阿木郎支解之復使牙蘭據守其地移書邊臣自稱可汗夏四月己亥事聞邱濬謂馬文升曰西陲事重須公一行文升曰國家有事臣子義不辭難然番人嗜利不善騎射自古未有西域能爲中國患者徐當靖之濬復以爲言文升請行廷臣僉言北寇強本兵未可遠出己酉命張海及都督同知緱謙往經略二人皆庸才但遣土魯番人歸諭其主令獻還侵地駐甘州待之　帝數召土魯番貢使入見耿裕等言朝廷馭外番宜惜大體番使自去年入都久不宣召今三月以來宣召至再且賜幣帛羊酒正當謾書投入之時小人何知將謂朝廷恩禮視昔有加乃畏我而然事干國體不可不慎

帝卽遣其使還　析雲南趙州及太和雲南二縣地置賓川州　辛
酉久旱敕修省求直言　吏部侍郎張悅言遵舊章卹小民崇儉素
裁冗食禁濫罰數事　周經言外戚家無功求遷無勞乞賞兼齋醮
游宴濫費無紀致帑藏殫虛宜大爲撙節近例預備倉積粟多者守
令賜誥敕不次遷官遂致剝下干進請如洪武間例悉出官帑平糴
毋奪民財考績毋專以積粟爲能至清軍之弊洪熙以前在旗校宣
德以後在里胥弊在旗校者版籍猶存若里胥則並版籍而淆亂之
宜考故冊洗姦弊災傷民乞省卹惜薪司薪炭約支數年災荒郡縣
宜盡與停免四方顏料雜辦亦然此救民急務也帝多采納之　劉
大夏行視決河河流湍悍決口闊九十餘丈曰是下流未可治當治
上流乃卽決口西岸鑿越河三里許以通漕　五月丙寅小王子犯
寧夏殺指揮趙璽　太醫院判劉文泰求還官爲王恕所沮銜之上
疏劾恕變亂選法且言恕里居日屬人作傳鏤版以行於奏疏留中

者概云不報以彰先帝拒諫無人臣禮文泰故往來邱濬家言者譁然謂疏稿出濬手恕亦疑文泰受濬指抗言臣傳作於成化二十年致仕在二十二年非有望於先帝也且傳中所載皆足昭先帝納諫之美何名彰過此必有老於文學多陰謀者主之帝下文泰錦衣衛獄讞上言文泰奏草實除名都御史吳禎爲潤色濬亦從慂之疏首所云沽直謗君則濬筆也因請逮濬等對簿帝心不悅恕乃貶文泰御醫責恕沽名焚所鏤板置濬不問恕再疏請辨理不從乃連章求去　閏月乙未免南京被災秋糧　太常寺少卿李東陽條摘孟子七篇大義附以時政得失累數千言上之中言五刑最輕者笞杖然杖有分寸數有多寡今在外諸司笞杖之罪往往致死縱令事覺不過以因公還職以極輕之刑置之不可復生之地多者數十甚者數百積骸滿獄流血塗地可爲傷心律故勘平人者抵命刑具非法者除名偶不出此便謂之公一以公名雖多無害此則情重而律輕者

不可以不議也請凡考訊輕罪卽時致死累二十人或三十人以上本律外仍擬行降調或病死不實者并治其醫帝善之下所司議處　吏部尙書王恕致仕不賜敕月廩歲隸亦頗減恕歷中外五十餘年剛正清嚴始終一節所引薦耿裕彭韶何喬新周經李敏張悅倪岳劉大夏戴珊章懋等皆一時名臣他賢才久廢草澤者拔擢之恐後終帝之世衆正盈朝職業修理號爲極盛者恕力也毛珵及御史宋惪周津等交章劾邱濬不可居相位楊廉亦請斥讒邪無爲所惑帝不問　六月耿裕爲吏部尙書裕知南京考功郎中儲巏賢謂之北部考注臧否一出至公嘗覈實一官裕欲改其評巏正色曰公所執何異王介甫羣僚咸在側裕大慚徐曰郎中言是然非我莫能容也　庚午捕蝗　閔珪復會諸軍討古田叛獞壬申破其七寨他賊悉就撫　先是給事中涂旦以累科不選庶吉士請循祖制行之徐溥言自古帝王儲才館閣以教養之本朝止有庶吉士一途而或

選或否且有才者未必皆選所選者未必皆才又或限年歲或拘地方是已成之才又多棄而不用也請定制一次開科一次選用令新進士錄平日所作論策詩賦序記等文字限十五篇以上呈之禮部送翰林院考訂少年有新作五篇亦許投試擇其詞藻文理可取者禮部以糊名卷偕閣臣考試於東閣試卷與所投之文相稱卽收預選每科所選不過二十人每選所留不過三五輩將來成就必有可觀帝從之命內閣同吏禮二部考選以爲常　彭韶涖刑部三年昌言正色秉節無私與王恕何喬新稱三大老遂爲貴戚近習所疾徐溥亦不之善志不能盡行秋七月致仕　初木邦宣慰使罕空法迎婦孟乃寨孟密土舍思揲乘虛襲之誘降其頭目高答落等聚兵阻罕空法歸路罕空法依孟乃寨者三年雲南巡撫都御史張誥巡按御史張泰等遣官撫諭不服復遣參政方守等督帥隴川南甸干崖三宣撫司積糧開道與漢土官舍耀兵以威之思揲懼罷兵罕空法

乃得歸八月誥等以聞因請兵討孟密兵部議孟密初隸布政司今改隸木邦以致爭殺請如初隸便從之　甲戌免順天被災夏稅
九月丁酉免陝西被災夏稅　雲南都指揮使言孟璉長官司土官舍人刀派羅妻招囊猛守節狀帝曰朕以天下爲家方思勵名教以變夷俗招囊猛貞節可嘉其即令有司顯其門閭無俟覈報　見濂從西內撫奏樊山王見澋與楚府永安王謀不軌帝遣使往按問不實見澋更奏見濂嘗私造弓弩與子祐柄有異謀驗之實賜見濂死廢祐柄以都梁王祐櫚襲封荊王見溥之子也　冬十月丙戌以災傷罷明年上元燈火　敕撫民參政朱瑄濬河南伊洛彰德高平萬金懷慶廣濟南陽召公等渠築汝寧桃坡等堰　詔召國師領占竹於四川禮部尚書倪岳諫不聽給事中夏昂御史張禎等相繼力爭已之　庚寅停甘肅織造絨毼　十一月庚申振京師流民　十二月己卯敕天下鎮巡官修省　先是詔天下舉才德之士隱於山林

者順天府尹唐恂以潘辰應詔吏部以辰生長京師寢之恂復以爲言夏昂及其同官王綸亦交章薦丁亥授辰翰林院待詔自天順後漸拘資格布衣無得預館閣者辰獨以才望得之一時詫爲異數

巡按河南御史涂昇言黃河爲患南決病河南北決病山東昔漢決酸棗復決瓠子宋決館陶復決澶州元決汴梁復決蒲口然漢都關中宋都大梁河決爲患不過瀕河數郡而已今京師專藉會通河歲漕粟數百萬石河決而北則大爲漕憂臣博采輿論治河之策有四一宜疏濬滎鄭之東五河之西飲馬白露等河復黃河由渦入淮之故道使下流無奔潰之害北岸無衝決之患二黃陵岡上下舊堤缺壞當度下流形勢去水遠近補築無遺排障百川悉歸東南由淮入海使張秋無患漕河可保三薦河南僉事張鼐四請專信劉大夏久任而責成之於歸德或東昌建公廨令居中裁決帝是之

明紀卷第二十一

明紀卷第二十二

賜進士出身工部候補主事虞衡司行走陳鶴纂

卹贈知府銜給雲騎尉世職內閣候補中書孫男克家參訂

孝宗紀二 起弘治七年甲寅訖弘治十二年己未凡六年

七年春正月辛亥改作肅州嘉峪關額曰鎮西　二月甲子以去年冬孝陵風雷之變遣使祭告修省求直言命內外慎刑獄決輕繫馬文升以太子年及四齡當早諭教請擇醇謹老成知書史如衛聖楊夫人者保抱扶持凡言語動止悉導之以正若內庭曲宴鐘鼓司承應元宵鼇山端午競渡諸戲皆勿令見佛老之教尤宜屏絕恐眩惑心志帝深納之　工部尚書賈俊致仕俊廉慎居工部八年中官奏修沙河橋請發京軍二萬五千人及長陵五衛軍助役內府寶鈔司乞增工匠浙江及蘇松諸府方罹水災而織造錦綺至數萬匹皆執奏得寢工部政務與內府監局相表裏而內官監專董工役職尤

相關傍不爲所撓工役大省南京禮部尚書劉璋代爲工部亦數有
爭執名亞於傍　王越屢疏訟冤詔復左都御史致仕　顧溥鄧廷
瓚等分五路刻期並進副使吳倬遣熟苗詐降誘乜富架入寇伏兵
禽其父子官軍乘勝直擣其巢連破一百一十餘寨生縶長腳以歸
羣蠻震慴癸巳廷瓚言都勻清平舊設二衞九長官司其人皆世祿
自用其法恣虐激變苗民亂四十餘年今元凶就除非大更張不可
請改爲府縣設流官與土官兼治庶可久安因上善後十一事帝悉
從之　戊申兩畿捕蝗　夏五月甲辰陳銳及太監李興同劉大夏
治張秋決河　設貴州都勻府於都勻衞城升麻哈長官司爲麻哈
州九名九姓獨山州長官司爲獨山州改清平長官司爲清平縣並
屬府兼領都勻等長官司　初白昂請開高郵裏河六月工成賜名
康濟　秋七月乙巳京師地震　丙午工部侍郎徐貫巡撫副都御
史何鑑經理南畿水利　阿黑麻遣使叩關求貢詭言願還陝巴及

哈密乞朝廷亦還其使者張海等以聞請再降敕宣諭廷議言先已降敕今若再降有傷國體宜令海等自遣人往諭不從命則仍留前使盡驅新使出關永不許貢仍檄罕東赤斤諸部相機進討又言陝巴被虜孱弱可知即使復還勢難復立宜革其王爵居之甘州令都督奄克孛剌總理哈密事與回回都督寫亦虎仙哈剌灰都督拜迭力迷失等分領三種番人且修濬苦峪城塹凡番人散處甘涼者令悉還其地給以牛具口糧若陝巴未還不必索取從之　馬文升謂復哈密非許進不可乃薦爲右僉都御史巡撫甘肅　南京太常寺卿陳音卒音負經術於世故瓌屑事多不解方爲翰林時論者以學問該博稱程敏政文章古雅稱李東陽性行眞純稱音各爲一時冠
徐溥等以詔敕繁請如先朝王直故事設官專領八月擢李東陽禮部右侍郎兼侍讀學士入內閣專典誥敕　九月丁亥以水災停蘇松諸府所辦物料留關鈔戶鹽備振　蔣琮與南京兵部郎中婁

性廣洋衛指揮石文通相訐連數百人文通奏琮僭侈殺人掘聚寶山傷皇陵氣及毆殺商人諸罪遣官按不服再遣司禮太監趙忠大理寺少卿馬中錫往一訊得實應天府尹樊瑩初若不爲異者琮覘知大喜及奏上入其傷山脈事性除名琮下獄免死充孝陵淨軍興王祐杬之國安陸馬文升言今民田日稅四五其輸邊塞者糧一石費銀一兩以上豐年用糧八九石方易一兩若絲綿布帛之輸京師者交納之費過於所輸南方轉漕通州至有三四石致一石者中州歲役五六萬人治河山東河南修塞決口夫不下二十萬蘇松治水亦如之湖廣建吉興岐雍四王府江西益壽二府山東衡府通計役夫不下百萬諸王之國役夫供應亦四十萬加以湖廣征蠻山陜防邊供饋饟給軍旅者又不知凡幾賦重役繁未有甚於此時者也宜嚴敕內外諸司省繁費寬力役毋擅有科率王府之工宜速竣庶令困憊少蘇更乞崇正學抑邪術以清聖心節財用省工作以培邦

本詔下所司詳議是時倪岳亦言諸王府規制宏麗踰永樂宣德之舊請頒成式諸役費動以數十萬計水旱相仍乞少停止南京禮部尚書童軒復陳工役之苦帝皆納其言然不能盡從也湖廣按察使林俊言德安安陸建王府及增修吉府工役浩繁財費鉅萬民不堪命乞循寧襄德府故事一切省儉勿用琉璃及白石雕欄請著為例不從　李興至山東肆威虐縶辱按察使冬十月副使楊茂元言治河之役官多而責不專有司供億日費百金諸臣初祭河天色陰晦帛不能然所焚之餘宛然人面具耳目口鼻觀者駭異鬼神示怪夫豈偶然乞召還興及陳銳專委劉大夏功必可成且水者陰象今后戚家威權太盛假名姓肆貪暴者不可勝數請加禁防以消變異晝工藝士宜悉放還山東既有內臣鎮守復令李全鎮臨清宜撤還疏入下山東撫按勘茂元守陳之子也　改鎮遠金容金達長官司為鎮遠州設流官　十一月壬子京師地震時南京地亦震御史宗彝

等請召用彭韶何喬新強珍謝鐸陳獻章章懋彭程不報　劉大夏濬儀封黃陵岡南賈魯舊河四十餘里由曹出徐以殺水勢又濬孫家渡口別鑿新河七十餘里導使南行由中牟潁川東入淮又濬祥符四府營淤河由陳留至歸德分爲二一由宿遷小河口一由亳渦河俱會於淮然後沿張秋兩岸東西築臺立表貫索聯巨艦穴而窒之實以土至決口去窒沈艦壓以大埽且合且決隨決隨築連晝夜不息決既塞築長堤起胙城歷東明長垣抵徐州亙三百六十里又築金龍等口新堤起于家店歷銅瓦厢東橋抵小宋集凡百六十里水大治十二月庚午帝遣行人齎羊酒往勞改張秋爲安平鎮甲戌大夏等言決口已塞河下流北入東昌臨清至天津入海運道已通然必築黃陵岡河口導河上流南下徐淮庶可爲運道久安之計廷議如其言　張海緱謙見敕書將棄陝巴甚喜卽逐土魯番貢使羈其前使百七十二人於邊閉嘉峪關繕修苦峪城令流寓番人歸其

地拜疏還朝言官交章劾海謙經略無功下獄貶秩　己卯振甘涼
被兵軍民給牛種　免北京河南湖廣陝西山西被災稅糧　太監
李廣以符籙禱祀蠱帝因爲奸弊矯旨授傳奉官如成化間故事耿
裕言先有詔文官不由臣部推舉而傳乞除授者參送法司按治今
御用監匠人李綸等以內降除用不信前詔不可給事中呂獻等皆
論奏裕亦再疏爭不聽廣復導帝遊西苑侍講學士王鏊講文王不
敢盤於遊田反覆規切帝爲動容講罷謂廣曰講官指若曹耳少詹
事王華講大學衍義至唐李輔國與張后表裏用事指陳甚切帝命
中官賜食勞焉
八年春正月乙未大祀天地於南郊以太皇太后不豫免慶成宴
致仕刑部尚書彭韶卒贈太子少保謚惠安韶嗜學公暇手不釋卷
小王子犯涼州壬子甘肅總兵官劉寧與戰抹山墩禽斬五十餘
相持至暮收輜重南行寇復來襲禽其長一人明日參將顏玉來援

副將陶楨兵亦至寇乃遁俘其穉弱獲馬駝牛羊二千　許進涖鎮告諸將曰小醜陸梁謂我不能深入耳堂堂天朝不能發一鏃塞外何以慰遠人諸將難之乃獨與劉寧謀厚結小列禿使以四千騎往殺數百人小列禿中流矢卒　二月乙卯朔日有食之　戊午邱濬卒年七十六贈太傅諡文莊劉文泰往弔濬妻顧氏叱之出曰以若故使相公齮王公負不義名何弔為濬廉介所居邸第極湫隘四十年不易性嗜學既老右目失明猶披覽不輟然議論矯激聞者駭愕

徐恪素剛正所至抑豪右祛奸弊以所部多王府持法尤嚴宗人多不悅平樂義寧二王訐恪減祿米改校尉諸事勘無驗詔與湖廣巡撫都御史韓文易任吏民罷市泣送數十里不絕屬吏以羨金贐揮之去至湖廣值岐王之國中使攜鹽數百艘抑賣於民為恪所持阻不行其黨密構於帝　乙丑禮部侍郎李東陽少詹事謝遷入閣預機務遷方居憂力辭服除始拜命　劉大夏築塞黃陵岡及金龍

等口七處旬有五日而畢河上流復歸蘭陽考城分流南入於淮潰決之患少息運河上下無大患者二十餘年　三月壬辰免湖廣被災稅糧　己亥寧夏地震十二水聲如雷壞邊牆墪臺房屋壓傷人
帝之爲太子也太皇太后育之宮中省視萬方及是太后病殤始愈詔諭羣臣曰自英皇厭代予正位長樂憲宗皇帝以天下養二十四年猶一日茲予偶患殤皇帝夜籲天爲予請命春郊罷宴問視惟勤俾老年疾體獲底康寧以昔視今父子兩世孝同一揆予甚嘉焉
徐貫初奉命以主事祝萃自隨萃乘小舟究悉源委貫乃令蘇州通判張旻濬吳江長橋導太湖散入澱山陽城昆承等湖復開吳淞江並大石趙屯等浦洩澱山湖水由吳淞江以達於海開白茆港白魚洪鮎魚口洩昆承湖水由白茆港以注於江開斜堰七鋪鹽鐵等塘洩陽城湖水由七了港以達於海乃開湖州之漊涇洩西湖天目安吉諸山之水自西南入於太湖開常州之百瀆洩溧陽鎮江練湖

之水自西北入於太湖又開諸陡門洩漕河之水由江陰以入於大江又令浙江參政周季麟修嘉興舊堤三十餘里易之以石增繕湖州長興堤岸七十餘里夏四月甲寅工成凡修濬河港涇瀆湖塘陡門堤岸百十五道役夫二十餘萬萃之功爲多　壬戌諭吏部都察院人材進退考察務得實跡不可偏聽枉人　乙丑封都督同知張延齡爲建昌伯鶴齡之弟也　山東撫按言楊茂元所奏供億之費多過其實李興陳銳亦連章劾茂元妄詔遣錦衣衛百戶胡節逮之父老遮道愬節乞還楊副使至下獄節遍叩中官備言父老愬寃狀中官多感動言者交論救部擬贖杖還職詔謫長沙府同知謝病歸

始設巡撫南贛汀韶等處地方副都御史以布政使金澤爲之

五月己丑免南畿被災秋糧　進陶魯湖廣右布政使魯言身居兩廣而官以湖廣爲名於事體非便乃改湖廣左布政使兼廣東按察副使領嶺西道事人稱之爲三廣公　國子監祭酒林瀚言監生在

監者少不敷撥歷請開科貢倪岳言科舉已有定額不可再增請增歲貢人數而定諸司歷事須日月滿方與更替使諸生坐監稍久選人亦無壅滯從之　六月西北別部野乜克力其長曰亦剌思王曰滿哥王曰亦剌因王各遣使款肅州塞乞貢且互市許進劉寧爲請馬文升言互市可許入貢不可許乃卻之　秋七月丁亥封宋儒楊時將樂伯從祀孔子廟廷　府江永安諸獞亂閔珪調兵十萬分四哨往討戊子副總兵歐磐自象州修仁直擣陸峒所向摧破已偕諸軍連破山砦百八十斬首六千有奇　馬文升以阿黑麻桀驁欲大創之以指揮楊翥熟番情召詢以方略翥備陳罕東至哈密道路請調罕東兵三千爲前鋒漢兵三千繼之持數日糧間道兼程進可得志請於帝敕發罕東赤斤哈密兵令副總兵彭清將之隸許進往討

太皇太后春秋高思一見崇王見澤帝特敕召之倪岳言數年來三王之國道路供億民力殫竭今召王復來往返勞費兼水溢旱蝗

舟車所經恐有他虞親王入朝雖有故事自宣德來已鮮舉行英宗
復辟襄王奉詔來朝雖篤敦敍之恩實塞疑讒之隙非故事也徐溥
亦以爲言帝重違太后意不允既而言官交章及之乃請於太后事
得已　八月癸亥以四方災異數見勅羣臣修省　改馬湖府爲流
官知府安氏自唐以來世有馬湖至是一方始靖　冬十月占城奏
安南侵擾帝欲遣大臣往解徐溥等言外國相侵有司檄諭之足矣
無勞遣使萬一抗令則虧損國體問罪興師後患滋大從之　倪岳
以四方所報災異禮部於歲終類奏率爲具文十一月詳次其日月
博引經史徵應勸帝勤講學開言路寬賦役慎刑罰黜奸貪進忠直
汰冗員停齋醮省營造止濫賞帝頗采納　己酉免直隸被災秋糧
　許進厚結小列禿之子卜六阿歹使斷土魯番道無令東援牙蘭
重犒赤斤罕東及哈密遺種之居苦峪者令出兵助討丙午彭清以
精騎千五百前行劉寧與中官陸誾統二千五百騎繼發十二月甲

寅諸軍俱會羽集乜川薄暮大風揚沙軍士寒栗僵臥進出帳外勞軍有異鳥悲鳴將士多雨泣進慷慨曰男兒報國死沙場幸耳何泣爲將士皆感奮夜半風止大雨雪衆以罕東兵未至欲待之進曰潛師遠襲利在捷速兵已足用不須待也乙卯冒雪倍道進辛酉奄至哈密城下初馬文升授方略命進從間道往而進仍由故道牙蘭遂遁去餘賊拒守官軍四面並進拔其城獲陜巴妻女賊退保土剌者八百人問之皆哈密種或欲殲之進不可令勿攻遣使撫諭之遂下分兵守諸要害而還　詔撰三清樂章徐溥等言三清乃道家妄說耳一天之上安得有三大帝且以周柱下史李耳當其一矯誣甚矣郊祀樂章皆太祖親製豈可雜以時俗詞曲臣等不敢奉詔且國家設文淵閣命學士居之誠欲其謀謨政事講論經史培養本源匡弼闕失非欲其阿諛順旨惟言莫違也今經筵早休日講久曠異端乘間而入此皆臣等無狀不足以啓聖心保初政憂愧之至無以自容

數月以來奉中旨處分未當者封還執奏至再至三願陛下曲賜聽從俾臣等竭駑鈍少有裨益非但樂章一事而已帝嘉納之　初榆林僅小堡屯兵備冬自移鎮後城險弗能容巡撫延綏都御史熊繡請增築千二百丈從之繡練兵積粟邊政修舉　韃靼數入遼東諸處殺掠甚衆亦卜剌因王等入套駐牧小王子及脫羅干之子火篩相倚日強爲東西諸邊患

九年春正月戊戌吏部尚書耿裕卒年六十七贈太保謚文恪裕坦夷諒直諳習朝章在秉銓無愛憎亦不徇毀譽自奉澹泊兩世貴盛而家業蕭然父子並以名德稱　中旨改徐恪南京工部右侍郎恪上疏曰大臣進用宜出廷推未聞有傳奉得者臣生平不敢由他途進請賜罷黜帝慰留之　二月庚午免河南被災稅糧　辛未右通政使張璞大理寺少卿馬中錫閱邊　四川巡撫都御史馬俊請追卹宋濂下禮部議復其官春秋祭葬所　三月韃靼入宣府大同黃

花鎮　哈密屢破遺民入居者旦暮虞寇閏月阿黑麻復來攻固守不下始散去諸人自以窮窘難守盡焚室廬走肅州求濟邊臣以聞請給廩食處之內地葉淇不可曰是自貽禍也詔賜牛具穀種并發流寓三種番人及哈密之寄居赤斤者赴苦峪及瓜沙州耕牧以圖興復　王越結李廣以中旨召掌都察院事給事中季源御史王一言等交章論命仍致仕　夏四月戶部尚書葉淇致仕淇直亮有執能爲國家惜財用每廷議用兵輒持不可　周經代淇爲戶部尚書時帝寬仁而戶部尤奸蠹所萃挾勢行私者不可勝紀少不如意讒毀隨之經悉按祖宗成憲無所顧寬逋緩征裁節冗濫四方告災必覆奏蠲除每委官監稅課入多者與下考苛切之風爲之少衰　岷王膺鈺不檢下武岡州知州劉遜裁抑之又欲損其歲祿膺鈺怒奏於朝戊子命遣錦衣官逮遜給事中龐泮御史劉紳等言錦衣天子親軍非不軌及妖言重情不可輕遣遜所坐微而王奏牽左證百人

勢難盡逮宜敕撫按官體勘疏入忤旨下泮等四十二人紳等二十人錦衣衛獄六科署空吏部尚書屠滽請令中書代收部院封事侍講學士楊守阯貽書極詆滽失守阯守陳弟也御史張淳方奉使還恥獨不與抗疏論之儲巏及編修羅玘兵部主事何孟春進士劉麟陸崑相繼爭滽亦帥九卿論救帝乃釋泮等皆停俸三月遜逮至下獄貶四川都司斷事　禮部左侍郎徐瓊與皇后家有連南京吏部缺尚書廷推瓊詔加倪岳太子少保往任之而以瓊代岳　都御史張敷華巡撫陝西製婚娶喪祭之式納民於禮妖僧據終南山爲逆廷議用兵馬文升曰張都御史能辦此敷華果以計縛僧歸　六月尹直表賀萬壽弁以太子年當出閣上承華箴一篇引先朝少保黃淮事冀召對帝卻之　庚子免江西被災稅糧　甲辰朱暉襲封保國公永之子也給事中王廷言永功不當公朝議止予襲一世後皆侯詔可　秋八月壬寅免湖廣被災秋糧　時外戚競營私利周彧

與張鶴齡至聚衆相鬭都下震駭九月己酉屠滽偕九卿言憲宗皇帝詔勛戚之家不得占據關津陂澤設肆開廛侵奪民利違者許所在官司執治以聞陛下踐極亦惟先帝之法是訓是遵而勛戚諸臣不能恪守先詔縱家人列肆通衢邀截商貨都城內外所在有之觀永樂閒榜例王公僕從二十人一品不過十二人今勛戚多者以百數大乖舊制其閒多市井無賴冒名罔利利歸羣小怨叢一身非計之得邇者長寧伯周彧壽寧侯張鶴齡以瑣事忿爭喧傳都邑失戚里之觀瞻損朝廷之威重伏望綸音戒諭俾各修舊好凡有店肆悉皆停止更敕都察院揭榜禁戒擾商賈奪民利者聽巡城巡按御史及所在有司執治仍考永樂閒例裁定勛戚家人不得濫收帝從之禁勢家侵奪民利　冬十月升亳縣爲州　初廣西宜山縣蠻民弗靖劃其地屬思恩府土人不服數倡亂總督都御史鄧廷瓚奏置永順永安二長官司俾土人領之忻城縣有流土二知縣權不相統廷

瓚復奏革流官土人韋保爲內官陰主之遂獨任土官自是宜山東
南棄一百八十四村西南棄一百二十四村忻城亦棄之蠻議者以
爲失策廷瓚又請復鎮安府之歸順峒爲州設土知州州治之從之
十二月給事中楊廉請頒薛瑄讀書錄於國子監從之并賜瑄祠名
曰正學　祀毛忠於甘州城東賜祠名曰武勇　初千戶吳能以女
滿倉兒付媒者鬻於樂婦張紿曰周皇親家也後轉鬻樂工袁璘所
能沒妻聶訪得之女怨母鬻己詭言非己母聶與子劫女歸璘訟於
刑部郎中丁哲員外郎王爵訊得情璘語不遜哲笞璘數日死御史
陳玉主事孔琦驗屍瘞之東廠中官楊鵬從子嘗與女淫教璘妻訴
冤於鵬而令張指女爲妹媒者遂言聶女前鬻周皇親家矣奏下鎮
撫司坐哲爵等罪復下法司錦衣衛讞索女周或家無有復命府部
大臣及給事御史廷訊張與女始吐實都察院奏哲因公杖人死罪
當徒爵玉琦及聶母女當杖刑部典吏徐珪抗疏言聶女之獄哲斷

之審矣鵬拷聶使誣伏鎭撫司共相蔽欺陛下令法司錦衣會問懼東廠莫敢明至鞫之朝堂乃不能隱夫女誣毋僅擬杖哲等無罪反加以徒輕重倒置如此皆東廠威劫所致也臣在刑部三年見鞫問盜賊多東廠鎭撫司緝獲有稱校尉誣陷者有稱校尉爲人報讐者有稱校尉受首惡贓而以爲從令旁人抵罪者刑官洞見其情無敢擅更一字上干天和災異迭見臣願陛下革去東廠戮鵬叔姪及此女於市謫鎭撫司官戍極邊進哲爵琦玉各一階以洗其冤則天意可回太平可致如不罷東廠亦當推選謹厚中官如陳寬韋泰者居之仍簡一大臣與共理鎭撫司理刑亦不宜專用錦衣官乞推選在京各衞一二人及刑部主事一人共涖其事或三年六年一更則巡捕官校當無有作奸擅刑誣及無辜者矣臣一介微軀左右前後皆東廠鎭撫司之人與其死於此輩孰若死於朝廷願斬臣頭以行臣言雖死不恨帝怒下都察院考訊都御史閔珪等抵以奏事不實贖

徒還役帝責具狀皆上疏引罪奪俸有差珪贖徒畢發爲民既而寵泮等言哲等獄詞覆奏已餘三月繫獄者凡三十八人乞早爲省釋乃杖滿倉兒送浣衣局哲爲民爵及琦玉俱贖杖還職十年春正月奉御趙璮獻雄縣地爲東宮莊周經等劾璮違制下詔獄已而帝從鎮撫司言遣官勘實經等復爭之曰太祖太宗定制閑田任民開墾若因奸人言而籍之官是土田予奪盡出奸人口小民無以爲生矣既而勘者及巡撫都御史高銓言閑田止七十頃悉與民田錯於是從經言仍賦之民治璮罪敕諸王輔導官毋導王奏請置太倉州於太倉衛城析崑山常熟嘉定三縣地益之　帝自八年後視朝漸宴李廣以燒煉齋醮寵二月徐溥等上疏極論曰舊制內殿日再進奏事重者不時上聞又常面召儒臣咨訪政事今奏事日止一次朝參之外不得一望天顏章奏批答不時斷決或稽留數月或竟不施行事多壅滯有妨政體經筵進講每歲不過數日正士

踈遠邪說得行近聞有以齋醮修煉之說進者宋徽宗崇道教科儀符籙最甚卒至乘輿播遷金石之藥性多酷烈唐憲宗信柳泌以殞身其禍可鑒今龍虎山上清宮神樂觀祖師殿及內府番經廠皆焚燬無餘彼如有靈何不自保天厭其穢亦已明甚陛下若親近儒臣明正道行仁政福祥善慶不召自至何假妖妄之說哉自古奸人蠱惑君心者必以太平無事為言唐臣李絳有云憂先於事可以無憂事至而憂無益於事今承平日久溺於晏安目前視之雖若無事然工役繁興科斂百出士馬罷敝閭閻困窮愁歎之聲上干和氣致熒惑失度太陽無光天鳴地震草木興妖四方奏報殆無虛月將來之患灼然可憂陛下高居九重言官皆畏罪緘默臣等若復不言誰肯為陛下言者帝頗感動　大計京官楊守阯方掌翰林院事疏言臣與掌詹事府學士王鏊俱當聽部考察但臣等各有屬員進與吏部會考所屬則坐堂上退而聽考又當侯階下我朝優假學士慶成侍

宴班四品上車駕臨雍坐彝倫堂內視三品此故事也今四品不與考察則學士亦不應與詔可學士不與考察自此始　三月辛亥以旱霾修省求直言　觀政進士孫磐言近諫官以言爲諱而排寵倖觸權奸者乃在胥吏臣竊羞之請定建言者爲四等最上不避患害抗彈權貴者其次揚清激濁能補闕拾遺又其次建白時政有裨軍國皆分別擢敘而粉飾文具循默不言者則罷黜之庶言官知警不至曠瘝時不能用　戶部主事胡爟言中官李廣楊鵬引左道劉艮輔鞏惑亂聖聰濫設齋醮耗蠹國儲而不肖士大夫方昏暮乞憐於其門交通請託陰盛陽微災何由弭因極陳戚畹方士傳奉冗員之害疏留中　甲子帝御文華殿召見徐溥劉健李東陽謝遷授以諸司題奏曰與先生輩議溥等擬旨上帝應手改定事端多者健請出外詳閱帝曰盍就此面議既畢賜茶而退自憲宗召對彭時商輅後至此始再見然終溥在位亦止此一召而已　先是有詔以下旬御

經筵楊廉言故事經筵一月三舉苟以月終起以月初罷則進講有
幾且經筵起而後日講繼之今遲一日之經筵卽輟一旬之日講也
報聞　張鶴齡兄弟出入宮禁嘗侍內庭宴帝如廁鶴齡倚酒戴帝
冠他日復窺御帷長隨何鼎持大瓜欲擊之奏言二張大不敬無人
臣禮皇后激帝怒下鼎錦衣衞獄問主使曰有問爲誰曰孔子孟子
也龐泮言鼎狂直宜容楊鵬戴禮得罪先朝乃賄緣入司禮監害非
小會御史黃山張泰等亦以爲言帝怒詰外廷何由知內廷事令對
狀停泮等俸半歲周經及主事李昆進士吳宗周復疏救帝以后故
俱不納后竟使李廣杖殺鼎　夏四月給事中葉紳陳八事劾尚書
徐瓊童軒侯瓚侍郎鄭紀王宗彝巡撫都御史劉瓛張誥張岫等二
十人乞賜罷斥又劾李廣八大罪誑陛下以燒鍊而進不經之藥罪
一爲太子立寄壇而興煖疏之說罪二撥置皇親希求恩寵罪三盜
引玉泉經繞私第罪四開倖門大肆奸貪罪五太常崔志端真人王

應綺輩稱廣爲教主真人廣卽代求善官乞賜玉帶罪六假果戶爲名侵奪畿民土地幾至激變罪七四方輸納上供威取勢逼致民破產罪八內而皇親駙馬事之如父外而總兵鎮守稱之爲公陛下奈何養此大奸於肘腋而不思驅斥哉御史張縉等亦以爲言不聽時廷臣所上封事經月不報而言官論救何鼎待罪者久徐溥等以爲言乃悉下諸章而罷諸言官弗問　五月徐溥以年滿七十求退不許詔風雨寒暑免朝參　戊辰小王子犯潮河川指揮劉欽等二十七人戰死己巳犯大同鎮兵禦之亦敗績時京師民訛言寇近邊兵部請榜諭給事中屈伸言若榜示人心愈驚昔漢建始中都人訛言大水至議令吏民上城避之王商不從頃之果定今當以爲法事遂寢　六月己卯戶部侍郎劉大夏兵部侍郎李介並兼左僉都御史督理宣府大同軍饟周經謂大夏曰塞上勢家子以市糴爲私利公毋以剛賈禍大夏曰處天下事以理不以勢俟至彼圖之初塞上

糴買必粟千石芻萬束乃得告納以故中官武臣家得操利權大夏令有芻粟者自百束十石以上皆許勢家欲牟利無所得不兩月儲積充羨介至大同寇已退乃大修戎備察核官田牛具錢還之軍俾償所逋馬價邊人亦感悅　秋七月癸丑都督楊玉帥京營軍備永平　封王清爲崇善伯源之弟也　火篩犯甘肅廷議復設總制官先後會舉七人不稱旨屠滽以王越名上冬十月詔起原官加太子太保總制甘涼邊務兼巡撫越言甘鎮兵弱非藉延寧兩鎮兵難以克敵請兼制兩鎮解巡撫事從之　諸番以朝廷閉關絕貢不得入咸怨阿黑麻阿黑麻悔十一月庚子歸陝巴及哈密之衆乞通貢如故廷議謂無番文不可驟許必令具文乃從其請陝巴前議廢今使暫居甘州俟衆頭目俱歸心然後修復哈密城塹令復舊業從之時令王越兼經理哈密　初黔國公沐琮無子撫從孫崑爲後琮卒崑當嗣西平侯雲南守臣言雲南人知黔國公不知西平侯侯之恐爲

所輕帝以爲然令嗣公佩印如故自是遂爲故事　工部主事戚應期轄濟寧諸牐李廣家人市私鹽至濟寧畏應期投鹽水中去會南京進貢內官誣應期阻薦新船廣從中構之逮應期及主事范璋下錦衣衛獄璋筦衛河亦忤中貴者也獄具並降邊方驛丞　析湖廣房縣之潭頭坪置保康縣　免南畿山西陝西被災稅糧振山東四川水災

十一年春二月己巳小王子遣使求貢　布政使陶魯卒魯善撫士多智計謀定後戰鑿池公署後爲亭其中不置橋夜則召部下計事以板度一人語畢令退如是凡數人乃擇其長而參用之賊善偵終不得要領歷官四十五年始終不離兵事大小數十戰斬馘二萬有奇奪還被掠及撫安復業者十三萬有奇兩廣人倚之如長城嘗言治寇賊化之爲先不得已始殺之耳每平賊率置縣建學以興教化

三月己亥皇太子出閣就學大臣請選正人爲宮僚乃以王鏊兼

諭德改侍讀楊廷和爲中允侍講梁儲爲洗馬編修蔣冕兼校書修撰毛紀等同侍講讀謝遷上疏勸太子親賢遠佞勤學問戒逸豫東宮宦豎不欲太子近儒臣數移事間講讀掌詹事吏部侍郎吳寬等言東宮講學寒暑風雨則止朔望令節則止一年不過數月一月不過數日一日不過數刻是進講之時少輟講之日多豈容復以他事妨誦讀古人八歲就傅卽居宿於外欲離近習親正人耳庶民且然況太子天下本哉帝嘉納之　夏五月戊申甘肅參將楊翥敗小王子於黑山　秋七月己酉王越分兵三路襲小王子於賀蘭山後敗之斬四十三級獲馬駝百餘　河決歸德管河員外郎謝緝請亟塞決口遏黃水入徐以濟漕挑沁水之淤使入徐以濟徐呂二洪從之

癸亥徐溥致仕　八月虜入遼東都指揮王臣戰死　析廣東新會縣地置新寧縣　癸未振祥符民被河患者　九月王越言哈密不可棄陝巴亦不可廢宜仍其舊封令還哈密量給修城築室之費

犒賜三種番人及赤斤罕東小列禿乜克力諸部以獎前勞且責後
效報可　先是倉場監督內官依成化末年例裁減及是帝復增用
少監莫英等三人周經上疏力爭帝以已遣不聽　冬十月丙寅命
工作不得役團營軍士　先是李廣勸帝建毓秀亭於萬歲山又詔
修乾清宮西室役軍九千人計費百餘萬何孟春抗疏極諫不聽及
毓秀亭成幼公主殤甲戌夜清寧宮災日者言廣建亭犯歲忌太皇
太后移居仁壽宮恚曰今日李廣明日李廣果然禍及矣廣懼飲酖
死劉健李東陽謝遷疏言古帝王未有不遇災而懼者向來奸邪熒
惑聖聽賄賂公行賞罰失當災異之積正此之由今幸元惡殄喪聖
心開悟而餘慝未除宿弊未革伏願奮發勵精進賢黜姦明示賞罰
凡所當行斷在不疑毋更因循以貽後悔司設監爲廣請祭葬祠額
健等力諫乃罷葬費祠額弗給　丁亥敕羣臣修省求直言罷明年
上元燈火　御史胡獻言屠滽爲吏部尚書王越李蕙爲都御史皆

交通李廣得之廣得售奸由陛下議政不任大臣而任廣輩也祖宗時恆御內閣商決章奏經筵日講悉陳時政得失又不時接見儒臣願陛下追復舊制京通二倉總督監督內臣每收米萬石勒白金十兩以歲運四百萬石計之人四千兩又各占斗級二三百人使納月錢夫監督倉儲自有戶部焉用中官願賜罷遣京操軍士自數千里至而總兵坐營等官各使分屬辦納月錢乞嚴革以蘇其困陛下遇災修省去春求言諫官及郎中王雲鳳主事胡爟皆有論奏留中不報雲鳳尋得罪如此則與不修省何異願斷自聖心凡利弊當興革者即見施行東廠校尉本以緝奸邇者但爲內戚中官泄憤報怨如御史武衢忤壽寧侯張鶴齡及太監楊鵬主事毛廣忤太監韋泰皆爲校尉推求細事誣以罪名舉朝皆知其枉無敢言者臣亦知今日言之異日必爲所陷然臣弗懼也　檢討劉瑞請罷醮壇時召內閣講官延訪治道又言李廣門下內臣宜悉治罪前太監汪直先帝罪

人今來覬用當斥遠之副使楊茂元郎中王雲鳳以直言獲罪宜召
復其官京師之萬春宮興濟真武廟壽寧侯第在外之興岐衡雍汝
涇諸府土木繁興宜悉罷不急者都勻之捷鄧廷瓚冒其功賀蘭之
征王越啓其釁請追正欺妄之罪報聞　給事中叢蘭言六事極論
中官梁芳陳喜汪直韋興先以罪擯斥復夤緣還京其罪不可赦吏
部遵詔書請擢用建言詿誤諸臣而明旨不盡從非所以示信失儀
被糾請免送詔獄畿內征徭繁重富民規免他戸代之宜釐正章下
所司　帝疑李廣有異書使使即其家索之得賂籍以進多文武大
臣名饋黃白米各千百石帝驚曰廣食幾何乃受米如許左右曰隱
語耳黃者金白者銀也帝怒下法司究治且命言官指名劾奏諸交
結者走張鶴齡求解羅玘言大臣表正百僚今若此固宜置重典然
天下及四裔皆仰望之一旦指名暴其惡啓遠人慢朝廷心言官未
見籍記憑臆而論安辨玉石一經攻摘且玷終身臣請降敕密諭使

引疾退或斥以他事庶不爲朝廷羞而仕路亦清南京給事中楊廉御史洪遠等交章劾玘妄言亂聽且言尚書屠滽白昻必不可不去帝竟從玘言　十一月壬子免陝西織造羊絨　閏月壬戌朔日有食之　雍王祐樞乞衡州稅課司及衡陽縣河泊所周經言不可許帝納之命自今四方稅課王府不得請　胡獻之上書也張鶴齡及韋泰各疏辨會給事中胡易劾監庫中官賀彬貪贖八罪彬亦訐易帝遂下獻易錦衣衞獄南京守備魏國公徐俌上書救不聽謫獻藍山縣丞久之釋易俌欽之孫也　初大同總兵官神英副總兵趙昶等因馬市令家人以違禁綵繒易馬番人因闌入私易鐵器既出塞復潛兵掠蔚州陷馬營轉剽中東二路英等擁兵不救巡撫劉瓛鎮守中官孫振又不以實聞已而事發吳世忠往勘上疏備陳大同邊備廢弛士卒困苦之狀因極言英瓛等貪利畏敵蕩無法度英落職瓛振召還昶及游擊劉淮參將李璵等俱逮問　乙酉罷福建織造

綵布　言官劾李廣黨皆及王越越聞憂恨十二月卒於甘州贈太傅謚襄敏越姿表奇偉久歷邊陲知敵情僞將士勇怯出奇制勝動有成算獎拔士類籠罩豪俊其膽智過絕於人睦族敦舊振窮卹貧如恐不及越在時人多咎其貪功及其死而將餒卒惰冒功糜饟滋甚邊臣竟未有如越者　庚子禁中外奢靡踰制　巡撫順天都御史洪鍾建議增築塞垣自山海關西北至密雲古北口黃花鎮直抵居庸延亘千餘里繕復城堡二百七十所悉城緣邊諸縣因奏減防秋兵六千人歲省輓輸犒賚費數萬計鍾又以所部潮河川去京師二百里居兩山間廣百餘丈水漲成巨浸水退則坦然平陸寇得長驅直入上言關以東三里許其山外高內庳約餘二丈可鑿爲兩渠分殺水勢而於口外斜築石堰以束水置關堰內守以百人使寇不得馳突可免京師北顧憂且得屯種河壖地馬文升等覆奏行之

壬子以清寧宮災詔赦天下　虜寇遼東都指揮劉剛戰死　免山

西陝西南畿廣東廣西被災稅糧　中官織造者請增給兩浙鹽課二萬引周經等言鹽筴佐邊不宜濫給且祖宗朝織染諸局供御有常數若曰取用有加則江南兩浙已例外增造若曰工匠不足則仰食公家不下千餘人所爲何事是知供用未必缺而徒導陛下以勞民傷財之事也帝不從經恐歲以爲常再疏請斷其後乃命歲予五千引

十二年春正月辛未大祀天地於南郊免慶成宴　先是南北言官指陳時政頻有所論劾一切皆不問國子監生江瑢劾劉健李東陽杜抑言路帝慰留健東陽而下瑢於獄健東陽力救得釋　二月壬辰免山東被災夏稅　戊申嚴左道惑衆之禁　李東陽與典誥敕侍郎程敏政主會試舉人徐經唐寅預作文與試題合給事中華昶劾敏政鬻題詔展放榜期敏政毋再閱卷其所錄者東陽及同考官覆校經寅卷皆不在選中東陽以聞言者猶不已林廷玉攻敏政可

疑者六事㬎經寅及敏政先後下獄坐經嘗贄見敏政賄其家僮得
試題寅嘗從敏政乞文並黜爲吏敏政勒致仕㬎言事不實調南京
太僕寺主簿廷玉謫海州判官敏政出獄憤恚發癰卒或言傅瀚欲
奪敏政位令㬎奏之事祕莫能明也初㬎等下法司白昂閔珪據舊
章令六科共鞫東廠言給事中胡易等皆㬎同僚不當與訊得旨下
錦衣衛獄比㬎獄成胡易等猶被繫大臣以爲言始令復職寅江南
才士舉鄉試第一既黜歸益放浪寧王宸濠厚幣聘之寅察其有異
志陽狂使酒露其醜穢宸濠不能堪放還年五十四而卒　初王驥
平麓川與之約誓非總兵官符檄不得渡金沙江及張誥等討孟密
調孟養思陸兵戮力思陸遂遣大陶孟倫索帥蠻兵象馬過江已襲
據騰衝之蠻莫又合木邦兵攻孟密鎮守金騰太監吉慶貪暴爲請
朝貢三月雲南巡按御史謝朝宣言蠻莫乃水陸會通之地蠻方器
用咸自此出江西雲南大理逋逃之民多赴之宜裁金騰添設太監

嚴鎭夷關守備驅思陸令歸江外移騰衝司於蠻莫弁木邦孟密不得窺伺乃爲萬全之策詔下鎭巡官議之　夏四月癸巳敕宣大延綏備邊　田州土知府岑溥爲子猇所弒猇亦自殺次子猛方四歲溥母岑氏及頭目黃驥護之赴制府告襲歸至南寧頭目李蠻來迎驥慮蠻奪己權殺其使蠻帥兵至舊田州驥懼誣蠻將爲變乃調思恩岑濬以兵納猛濬受驥賄納其女挾猛約分其六甲地北至田州蠻拒不納驥以猛奔思恩幽之鄧廷瓚檄副總兵歐磐撝濬久乃出猛置於會城得奏命猛襲知府驥濬要泗城岑接東蘭韋祖鋐各起兵攻蠻接祖鋐入田州殺掠八百餘人驅之溺水死者無算濬攻舊田州據之殺掠五千餘人蠻逃去磐及參政武清詣田州勘治督兵送猛還府　前禮部主事楊循吉應詔馳疏請復建文帝尊號下禮部議格不行　免湖廣江西被災稅糧　五月戊寅免南畿被災秋糧　六月甲辰闕里先聖廟災衍聖公孔以和方在朝故衍聖公以

敬帥子弟奔救素服哭廟蔬食百日以和還亦齋哭如居喪詔遣侍讀學士李傑慰祭　秋八月免河南南畿被災夏稅　遼東總兵官李景與巡撫都御史張玉鎮守中官任良掩殺三衞冒功三衞訴於朝命副都御史顧佐往勘　國子監缺祭酒部議起謝鐸帝素重鐸擢禮部右侍郎管祭酒事鐸屢辭不許　初普安州土判官隆暢妻死娶霑益州土知州安民女米魯爲後妻已而出之暢老子禮襲與暢不相能米魯居父家與營長阿保通因令阿保諷禮迎己禮遂與阿保同烝米魯暢聞怒立殺禮爨阿保寨阿保挾米魯與其子阿鮓等攻暢暢走雲南貴州總兵官東寧伯焦俊巡撫都御史錢鉞和解之米魯於道中毒暢死九月壬午與阿保據寨反暢妾適烏與二子別居安南築寨圍之又別築三寨於普安令阿鮓等防守名所居寨曰承天自號無敵天王出入建黃纛官兵不能制俊禮之孫也　致仕大學士徐溥卒贈太師謚文靖溥凝重有度在內閣十二年從容

輔導人有過輒爲掩覆曰天生才甚難不忍以微瑕棄也屢遇大獄及逮繫言官委曲調劑帝仁厚多納溥等所言天下陰受其福　石城王宸浮與母弟宸浦庶兄弟宸潤宸瀟互訐奏得其淫縱殺人事宸浮宸浦並革爲庶人宸瀟宸潤奪祿　甲申重建清寧宮成太皇太后命灌頂國師設壇慶讚劉健等諫不聽冬十一月太皇太后還居清寧宮　帝孝事兩宮太后甚謹而兩宮皆好佛老嘗遣中官齎真武像建醮武當山使使詣泰山進神袍或白晝散燈市上劉健等皆力諫帝重違兩宮意不聽長寧伯或有賜田侵及官地有司請釐正之帝不許太皇太后曰奈何以我故軋皇帝法使歸地於官　岑濬之攻田州也以間劫龍州奪其印納故知府趙源妻岑氏又匿黃驥於家濬嘗築石城於丹良莊屯兵千餘人截江道以括商利帥府令毀之不聽歐磐自田州還乘便毀其城濬帥兵來拒殺官軍二十餘人官軍敗之俘其目兵九人卒夷其城鎮巡官檄濬受撫并令反

侵地罪首惡納龍州印并官私財物不聽於是鄧廷瓚言濬罪惡宜調官土兵分哨逐捕按問其田州岑猛亦宜乘此區畫降府爲州毋基異日尾大之患從之　給事中張時行陳初政漸不克終八事初汰傳奉官殆盡近匠官張廣寧等一傳至百二十餘人少卿李綸指揮張玘等再傳至百八十餘人異初政者一初追戮繼曉逐番僧佛子近齋醮不息異初政者二初去萬安李裕輩朝彈夕斥近被劾數十疏如尚書徐瓊者猶居位異初政者三初聖諭有大政召大臣面議近上下否隔異初政者四初撤增設內官近已還者復去已革者復增異初政者五初愼重詔旨左右不敢妄干近陳情乞恩率俞允異初政者六初令兵部由舊章有妄乞陞武職者奏治近乞陞無違拒異初政者七初節光祿供億近冗食日繁移太倉銀賒市廛物異初政者八帝下所司　十二月建陽縣書坊火

明紀卷第二十三

賜進士出身工部候補主事虞衡司行走陳鶴纂

卹贈知府銜給雲騎尉世職內閣候補中書孫男克家參訂

孝宗紀三 起弘治十三年庚申訖弘治十八年乙丑凡六年

十三年春正月給事中許天錫言去歲闕里孔廟災今茲建安又火古今書版蕩爲灰燼闕里道所從出書林文章所萃聚也春秋書宣榭火說者曰榭所以藏樂器也天意若曰不能行正令何以禮樂爲禮樂不行天故火其藏以戒也頃師儒失職正教不修上之所尙者浮華下之所習者枝葉災變之作似欲一掃積習宜因此遣官臨視刊定經史有益之書其餘晚宋陳言如論範論學策略策海文衡文髓主意講章之類悉行禁刻其於培養人才實非淺鮮所司議從其言就令提學官校勘報可　二月戊子免山西被災稅糧　刑官上言洪武末定大明律後又申明大誥有罪減等累朝遵用其法外遺

姦列聖因時推廣於是乎有例例以輔律非以破律也乃中外巧法吏或借便己私律浸格不用宜及時詳定庚寅白昂等會九卿議增歷年問刑條例經久可行者二百九十七條帝摘其中六事令再議九卿執奏乃不果改自是律例並行網亦少密　初帝以肅寧諸縣地四百餘頃賜張鶴齡其家人因侵民地三倍且毆民至死下巡撫都御史高銓勘報銓言可耕者無幾請仍賦民不許王府勳戚莊田例畝徵銀三分鶴齡奏加徵二分且槪加之沙鹻地周經抗章執奏命戶部侍郎許進太監朱秀覆勘經言地已再勘今復遣使徒滋煩擾昔太祖以劉基故減青田賦畝徵米五合欲使基鄉里子孫世世頌基今興濟篤生皇后正宜䘏民減賦俾世世戴德何乃使小民銜怨無已也頃之進等還言此地乃憲廟皇親柏權及民恆產不可奪帝竟予鶴齡如其請加稅而命償權直除民租額經等復諫曰東宮親王莊田徵稅自有例鶴齡不宜獨優權先帝妃家亦戚畹也名雖

償直實乃奪之天下將謂陛下惟厚椒房親不念先朝外戚帝終不納　乙未嚴旌舉連坐之法　獞賊劫平樂府魏橋殺推官吳景暉

夏四月勒任良回京李杲張玉致仕　甲午彗星見　火篩自大青山數道入威遠衛游擊將軍王杲登城望之見敵止二十餘曰失此不擊令他人分吾功都指揮鄧洪固止之不聽敵誘杲入伏中騎七千餘譟而出橫突官軍陳離爲五亡軍士千餘裨將死者五十二人參將秦恭副總兵馬昇列營甚近逗遛不敢進杲遂大敗乙巳陳銳爲靖虜將軍充總兵官太監金輔監軍許進提督軍務禦之杲等皆論死巡撫都御史洪漢總兵官王璽奪官謫戍有差　五月甲寅朔日有食之　京師戒嚴兵部請甄別京營諸將丙辰召劉健等至平臺面議去留乃去遂安伯陳韶等三人而召顧溥督團營時帝視朝頗晏健等以爲言帝領之韶墳之弟也　火篩復以五萬餘騎入大同左衛陳銳無將略與副總兵劉寧不協止諸將毋戰敵大掠八

日癸亥游擊將軍張俊遣兵三百邀其前復分兵三百爲策應而親禦之荆東莊依河結營力戰敵始卻帝聞大喜立擢俊都督僉事代王璽爲總兵官　吳世忠言國初設七十二衛軍士不下百萬近軍政日壞精卒不能得一二萬人此兵足憂也太倉之儲本以備軍近支費日廣移用日多倘興師十萬犒賜無所取給此食足憂也正統己巳之變尚有石亨楊洪邇所用李杲阮興趙景劉淮之屬先後皆敗今王璽馬昇又以失事告此將帥足憂也國家多事大臣有以鎮之邇者忠正多斥貪庸獲存既鮮匡濟之才又昧去就之節安能懾強敵壯國勢乎此任人足憂也政多舛乖民日怨咨京軍敝力役京民苦催科畿甸覬恩尤切顧使不樂其生至此臨難誰與死守此民心足憂也天變屢徵火患頻發雲南地震壓萬餘家大同馬災踣二千四此天意足憂也願順好惡以收人心肅念慮以回天意遣文武重臣經略宣大以飭邊防策免諸臣不肖者而起素有才望如何喬

新劉大夏倪岳戴珊張敷華林俊諸人以任國事則賊將望風遠遁而邊境可無憂矣帝以多言詆毀切責之　工部尚書徐貫刑部尚書白昂戶部尚書周經禮部尚書徐瓊吏部尚書屠滽並致仕編修吳一鵬上疏請留經不聽廷推馬文升代滽御史魏英等言兵部非文升不可帝亦以爲然六月召倪岳爲吏部尚書而加文升少傅甲申免江西被災秋糧停山陝采辦物料　給事中御史劾陳銳金輔玩寇庚子召還朱暉及太監扶安往代益兵禦寇　侍郎史琳爲右都御史經略紫荊關　秋七月起劉大夏右都御史總制兩廣軍務敕使及門攜二童行廣人故思大夏鼓舞稱慶　己巳京師地震　鄠縣民得玉璽陝西巡撫都御史熊翀獻之朝禮部尚書傅瀚等言秦璽完毀具載簡冊今所進璽形色篆紐皆不類蓋後人倣爲之且太祖製六璽列聖相承百三十餘載天休滋至受命之符不在秦璽請姑藏內府帝是其言薄賞得璽者　初周世子安潢與弟平樂

王安泛義寧王安涘爭漁利置囹圄刑具集無賴爲私人其父惠王同鑣戒之不從惠王薨羣小交構安瀻奏安泛壞社稷壇營私第安泛亦誣奏安瀻諸陰事頃之安瀻卒子睦橎幼安泛侵世子妃安涘亦訐妃出不正其子不可嗣命太監魏忠刑部侍郎何鑑按治安泛懼益誣世子毒殺惠王世子妃淫亂鑑等奏其妄八月廢安泛爲庶人幽鳳陽安涘亦革爵　辛卯振江西水災　九月復置陝西靈州於河口靈州所城直隸布政司　行人王雄上疏極言朱暉不足任且請罷中官監督以重將權中官謂雄阻軍下錦衣衞獄謫泿穹縣丞　冬十月戊申兩京及鳳陽府地震　小王子諸部寇大同　十二月辛丑火篩寇大同南掠百餘里張俊不能禦命戴珊尋移俊鎮宣府　馬文升以鑲饋不足請加南方兩稅折銀謝遷曰先朝以南方賦重故折銀以寬之若復議加恐民不堪命且足國在節用用度無節雖加賦奚益倪岳亦爭之議遂寢　小王子部入居河套犯延

綏神木堡鎮巡官俱得罪

十四年春正月庚戌朔陝西延安慶陽二府同華諸州咸陽長安諸縣潼關諸衞地震連日有聲如雷河南陝州永寧盧氏二縣平陽府安邑榮河二縣俱震有聲蒲州連震至九日朝邑縣至十七日城垣民舍多摧壓死人畜甚衆縣東地坼水溢成河　吏部侍郎王鏊言昨火篩入寇大同陛下宵旰不寧而緣邊諸將皆嬰城守無一人敢當其鋒者此臣所不解也臣竊謂今日火篩小王子不足畏而嬖倖亂政功罪不明委任不專法令不行邊圉空虛深可畏也比年邊將失律往往令戴罪殺賊副總兵姚信擁兵不進亦得逃罪此人心所以日懈士氣所以不振也望陛下大奮乾綱時召大臣咨詢邊將勇怯有罪必罰有功必賞專主將之權起致仕尙書秦紘爲總制節制諸邊提督右都御史史琳坐鎮京營遙爲聲援厚卹沿邊死事之家召募邊方驍勇之士用間以攜其部曲分兵掩擊出奇制勝寇必不

敢長驅深入從之　馬文升言陝西地震此外寇侵凌之兆今火篩方跳梁而海內民困財竭將懦兵弱宜行仁政以養民講武備以固圉節財用停齋醮止傳奉冗員禁奏乞閑地日視二朝以勤庶政撤陝西織造內臣振䘏被災者家帝納其言內臣立召還　南京右僉都御史林俊上疏述古宮闈外戚內侍柄臣之禍乞罷齋醮減織造清占役汰冗員止工作省供應節賞賜戒逸欲遠佞幸親賢人又請豫教皇儲因薦侍郎謝鐸少卿儲巏楊廉致仕副使曹時中處士劉閔堪輔導報聞　二月己亥罷陝西織造中官　初御史何舜賓謫戍廣西慶遠衞遇赦還所居蕭山好持吏短長蕭山知縣鄒魯者亦以御史謫官貪暴狡悍舜賓求其陰事訐之兩人互相猜邑有富人奏舜賓以戍卒潛逃擅自冠帶章下所司覈治魯隱其文牒捕舜賓徑解慶遠又令爪牙吏屏其衣服至餘干昌國寺夜以溼衣閉其口壓殺之復捕其妻子舜賓妻朱氏子競逃之常熟已而魯遷山西僉

事將行競乃潛歸與族人謀合親黨數十人各持械伏道旁伺魯過奮擊之矐兩目鬚髮盡拔競欲殺魯衆勸止乃與魯連鎖赴按察司而預令族父澤走闕下訴冤詔遣刑部郎中李時等雜治擬魯故屏人衣食至死競部民毆知縣篤疾律俱絞朱氏復撾登聞鼓訴冤乃命大理寺正曹廉會巡按御史陳銓覆治衆辭伏改擬魯造意謀殺人斬競毆傷五品以上官徒三年法司改議競聚衆持凶器傷人遣戍魯如廉等議從之競後遇赦得歸又九年卒自喪父衰服終其身

南京鴻臚寺卿陳壽爲僉都御史巡撫延綏蒐軍實廣間諜分布士馬爲十道使互相應援軍聲始振夏四月火篩連小王子諸部大入延綏寧夏先以百餘騎來誘諸將請擊之壽不可自出帳擁數十騎據胡牀指揮飲食寇望見疑之引去諸道襲擊斬獲甚多　史琳請濟師庚辰工部侍郎李鐩督延綏邊鑲戊子朱暉佩大將軍印統都督李俊李澄楊玉馬儀劉寧五將往而以太監苗逵監其軍與琳

分道進師延綏　謝鐸言考官皆御史方面所辟召職分既卑聽其
指使以外簾官預定去取名爲防閑實則關節乞勅兩京大臣各舉
部屬等官素有文望者每省差二員主考庶前弊可革時未能從
內使劉雄怒儀真知縣徐淮廚傳不飭愬之南京守備中官以聞逮
淮繫詔獄許天錫及御史馮允中論救卒調淮邊縣　戊戌免陝西
山西物料　五月庚戌振大同被兵軍民免稅糧　辛酉免陝西被
災稅糧　戊辰重建闕里先師廟　命各布政使上地里圖　思陸
與思揲搆怨不已巡撫雲南都御史陳金奉詔發緬甸干崖隴川南
甸諸部兵聚糧十二萬爲征討計而遣副使曹玉參議郭緒往撫之
參將盧和先統軍距所據地二程而舍遣官往諭皆留不報和懼還
軍至干崖遇玉戒勿進玉從之緒不可單騎從數人行旬日至南甸
峻險不可騎斬棘徒步引繩以登又旬日至一大澤土官以象輿來
緒乘之行毒霧中又旬日至孟賴去金沙江僅二舍手自爲檄諭以

朝廷招徠意譬曉禍福甚備思陸得檄聞使者纔數人與其下相顧驚愕乃遣酋長來聽令且致饋緒卻之出敕諭宣示思陸繼至緒先敘其勞次白其寃狀然後責其叛諸酋咸俯伏呼萬歲乃盡出所留使人還所據蠻莫等地十三處撤象馬蠻兵渡金沙江而歸　章懋家居二十餘年中外交薦以親老堅不起帝登用羣賢衆議兩京國子監當用名儒乃起謝鐸爲祭酒六月南京祭酒缺以懋補之懋方遭父憂不就　秋七月丁未朔泰寧衛賊犯遼東掠長勝諸屯堡部議令守臣遺書稱朝廷寬大不究已往若還所掠則予重賞屈伸等言在我示怯弱之形在彼無創艾之意非王者威攘之道犯邊不以爲罪歸俘反以爲功誨以爲盜之利啓無賴心又非王者懷柔之道帝悟書不果遣時遼東屢失事巡撫都御史陳瑤等以捷聞伸及御史耿明等交章劾其欺罔乃遣使按治　初潮河川興工鑿山山石崩壓死者數百人御史弋福給事中馬予聰等劾洪鍾巡撫張烜等

請罷役不聽及是工成侍郎張達偕司禮中官往視還言石洞僅洩小水地近邊垣多沙石不利耕種屈伸等劾鍾欺妄三罪諸給事中御史及兵部皆請逮鍾帝以鍾爲國繕邊不當罪停俸三月　焦俊錢鉞發十衛及諸土兵萬三千人分道討米魯責安民殺賊自贖民乃攻斬阿保父子於查剌寨米魯亡走俊等責民獻米魯民陰資米魯兵五百襲殺適烏及其二子據別寨殺掠又自請襲爲女土官貴州副使劉福陰索賂於米魯故緩師賊益熾會俊卒鉞及總兵官曹凱鎮守中官楊友再發兵進討大敗於阿馬坡都指揮吳遠被擄普安幾陷癸亥命南京戶部尚書王軾兼左副都御史提督軍務往討

朱暉等至寧夏寇已飽掠去苗逵見陳壽奏捷豔之欲乘勝擣巢戰馬三萬匹日費芻菽不訾壽請出牧近塞就水草衆有難色壽跨馬先行衆皆從之省費數十萬逵檄大同宣府卒爲探騎張俊持不遣逵遂劾俊部議俊所守當帝宥俊而命發卒如逵言丁卯暉逵史

琳以五路之師夜襲小王子於河套寇已徙帳暉等斬首三級獲馬駝牛羊千五百而還　庚午分遣給事中御史清理屯田　小王子以十萬騎分道而入閏月乙酉都指揮王泰禦之於鹽池敗死　南京吏部尚書林瀚言在外司府以下官俱三年一考察兩京及在外武職官亦五年一考選惟兩京五品以下官十年始一考察法太闊略章下所司　初宣府參將王傑有罪巡撫都御史雍泰劾之下泰勘問泰又請按千戶八人帝以泰屢抑武臣方詔都察院行勘而參將李稽坐事畏泰重劾乞受杖泰取大杖決之稽乃奏泰淩虐帝遣給事中徐仁偕錦衣千戶往按傑復使人走登聞鼓下訟泰妄逮將校至八十六人并及其壻納賂事法司覈上褫爲民　戊戌振兩畿江西山東河南水災　八月己酉免河南被災稅糧　火篩諸部犯固原大掠韋州環縣萌城靈州副將魯麟不能擊遣都指揮楊琳邀之孔壩溝琳大敗麟不救敵遂轉掠平涼慶陽戕殺慘酷關中震動

己巳減光祿寺供應如元年制　火篩諸部犯寧夏東路是時兩鎮將嬰城不敢戰朱暉等亦畏怯不急赴比至斬首十二級還所掠生口四千遂以捷聞　九月丙子朔日有食之　丁亥大理寺丞劉憲太僕寺少卿王質分道募兵於延綏寧夏甘肅涼州　言者謂秦紘有威名雖老可用甲辰詔起紘戶部尚書兼右副都御史總制三邊軍務召史琳還紘馳至固原按行敗所躬祭陣亡將士掩其骼奏錄死事指揮朱鼎等五人卹軍士戰沒者家劾治敗將楊琳等四人罪更易守將練壯士興屯田申明號令軍聲大振　帝以軍興缺饟屢下廷議劉健等言天下之財其生有限今光祿歲供增數十倍諸方織作務爲新巧齋醮日費鉅萬太倉所儲不足饟戰士而內府取入動四五十萬宗藩貴戚之求土田奪鹽利者亦數千萬計土木日興科斂不已傳奉冗官之俸薪內府工匠之餼廩歲增月積無有窮期財安得不匱今陝西遼東邊患方殷湖廣貴州軍旅繼動不知何

以應之望陛下絶無益之費躬行節儉爲中外倡而令羣臣得畢獻其誠講求革弊之策天下幸甚　冬十月甲寅吏部尚書倪岳卒年五十八贈少保諡文毅岳爲吏部年餘嚴絶請託不徇名譽尤善斷大事每盈廷聚議決以片言前後陳請百餘事軍國弊政剔抉無遺疏出人多傳錄之　楊友等遣人招米魯米魯揚言欲降益擁衆攻圍普安安南衛城斷盤江道勢愈熾遂乘閒劫執友右布政使閻鉦按察使劉福都指揮李宗武郭仁史韜李雄吳達等死焉　岐王祐棆薨無子封除　延綏之役師行紆迴無紀律邊民死者徧野諸郡困轉輸廷臣連章劾苗逵朱暉史琳罪帝不問十一月逵等上擣巢有功將士萬餘人劉健及吏部尚書馬文升持之帝先入逵等言竟錄二百十人署職一級餘皆被賚　癸巳刑部侍郎何鑑大理寺丞吳一貫振卹南畿山東河南饑民　十二月戊辰遼東大饑振之巡按浙江御史陳銓言致仕南京工部尚書胡拱辰退休十餘年生

平清操如一日乞加禮異以勵臣節詔有司月給廩二石歲隸四人
寇出河套　免湖廣江西山西山東陝西河南畿內被災稅糧
十五年春正月丙子朱暉帥師還帝猶遣中官齎羊酒迎勞屈伸等
極論曰暉等西討無功班師命甫下將士已入國門不知奉何詔書
且此一役也靡京帑及邊儲共一百六十餘萬兩而首功止三級是
以五十餘萬金易一無名之首也乃所上有功將士至萬餘人假使
馘一渠魁如火篩或斬級至千百將竭天下財不足供費而報功者
不知幾萬萬也朱暉苗逵及都御史史琳監軍御史王用宜悉置重
典帝不聽以暉總督團營領三千營右府如故　二月癸丑免河南
被災稅糧　三月癸未罷饒州督造瓷器中官　夏四月壬寅朔卹
京城貧民　復設南京國子監司業以羅欽順爲之虛祭酒位以待
章懋　小王子入遼東清河堡至密雲五月西掠偏頭關　初寇未
入河套平涼固原皆內地無患自孛來住牧後固原當兵衝爲平慶

臨鞏門戶而城隘民貧兵力單弱商販不至秦紘乃拓治城郭招徠商賈建改爲州身留節制之奏言固原主客兵止萬八千人散守城堡二十四勢分力弱宜益兵舊臨鞏秦州諸軍歲赴甘涼備禦及他方有警又調兵甘涼或發京軍征討夫京師天下本邊將手握重兵而一遇有事輒請京軍非強幹弱枝之道請自今京兵毋輕發臨鞏甘涼諸軍亦宜各還本鎮但選知兵宿將一二人各守其地人以戍爲家軍以將爲命自樂趨役而有戰心討之得者也紘以意作戰車名全勝車詔頒其式於諸邊　劉健請蚤朝辰未二時奏事從之吳世忠請大同增置臺堡以閑田給軍耕墾不徵其稅下所司議行　庚子免湖廣被災稅糧　馬文升改吏部帝召劉大夏爲兵部尚書大夏屢辭六月始拜命既召見帝曰朕數用卿數引疾何也大夏頓首言臣老且病竊見天下民窮財盡脫有不虞責在兵部自度力不辦故辭耳帝默然　詔劉健等擬釋迦啞塔像讚健等辭許之

鎮遠侯顧溥卒諡襄恪溥清慎守法卒之日囊無餘貲張懋出布帛以斂　升陝西開城縣為固原州　給事中吳仕偉言誠意伯乃功臣其子孫不當為博士秋七月己卯以劉瑜為處州衛指揮使世襲祿之孫也　王軾至貴州以便宜調廣西湖廣雲南四川官軍土兵八萬人合貴州兵分八道進使致仕都督王通將一軍參將趙晟破六墜砦賊遁過盤江都指揮張泰等渡江追擊指揮劉懷等進解安南衛圍通及曹愷都指揮李政亦各破賊砦賊還攻平夷衛及大河扼勒諸堡陳金以雲南兵連破之賊遁歸馬尾籠寨官軍聚攻益急土官鳳英等格殺米魯餘黨遂平凡用兵五月破賊砦千餘斬首四千八百有奇俘獲一千二百己丑捷聞帝大喜嘉勞召軾還　辛卯命各邊衛設養濟院漏澤園　八月遼東巡撫韓重劾鎮守中官廖玘給事中鄒文盛郎中楊茂仁勘實其罪謫長陵司香朵顏三衛屢擾邊文盛還奏制馭六策劉大夏深善之下之邊吏茂仁茂元之弟

也　庚戌以南京鳳陽霪雨大風江溢爲災遣使祭告敕兩京羣臣修省　劉健陳勤朝講節財用罷齋醮公賞罰數事馬文升請帝減膳撤樂修德省愆御經筵絕遊宴停不急務止額外織造振饑民捕盜賊帝皆褒納劉大夏請凡事非祖宗舊而害軍民者悉條上釐革不果行　御史車梁條列時政中言東廠錦衣衛所獲盜先嚴刑具成案然後送法司法司不敢平反請自今逕送法司毋先刑訊章下未報主東廠者言梁從父郎中霆先以罪爲東廠所發挾私妄言遂下錦衣衛獄給事中御史交章論救得釋　致仕尚書項忠卒家居二十六年年八十二贈太子太保諡襄毅忠倜儻多大略練戎務彊直不阿敏於政事故所在著稱　九月庚午朔日有食之　光祿寺卿王珩列上內外官役酒飯及所畜禽獸料食之數戊子命乾明門虎南海子猫西華門鷹犬御馬監山猴西安門大鴿等放減有差存者減其食料　火篩諸部復以五千騎犯遼東長安堡副總兵劉祥

禦之斬首五十一級敵乃退　冬十月癸卯太監李興請辦明年元
夕煙火有詔減省工部尙書曾鑑請盡罷之從之　戶部尙書侶鍾
上天下會計之數言常入之賦以蠲免漸減常出之資以請乞漸增
入不足當出正統以前軍國費省小民輸正賦而已自景泰至今用
度日廣額外科率河南山東邊饟浙江雲南廣東雜辦皆昔所無民
已重困無可復增往時四方豐登邊境無調發州縣無流移今太倉
無儲內帑殫絀而冗食冗費日加於前願陛下惕然省憂力加損節
且敕廷臣共求所以足用之術帝命下羣臣議　十一月壬申瓊州
黎賊符南蛇作亂　甲午罷廣東采珠　十二月己酉大明會典成
辛亥帝有疾不視朝　初太祖以西番饒馬而仰給中國茶飲以
去疾著令以蜀茶易馬資軍中用久而寖弛奸人多挾私茶闌出爲
利番馬不時至帝用劉大夏薦擢南京太常寺卿楊一清爲副都御
史往陝西督理之　致仕尙書何喬新卒　免南畿被災秋糧

十六年春正月癸酉遣官代享太廟　思陸遣陶孟招剛等入貢雲南鎮巡官言蠻莫等地今始平定既不可復與木邦孟密又不可割畀隴川干崖南甸宜暫於騰衝歲檄官軍四百分番守之思陸前有助平思擽功今悔禍納款請賜以名目冠帶部議蠻莫等處本木邦分地宜仍還之思陸名目冠帶不宜輕畀時思陸覬得宣慰司印部執不予於是仍數出兵與木邦孟密仇殺無寧歲　二月辛丑帝視朝　戊申大祀天地於南郊賜劉健李東陽謝遷蟒衣閣臣賜蟒自健等始　秦紘見固原迤北延袤千里閑田數十萬頃曠野近邊無城堡可依議於花馬池迤西至小鹽池二百里每二十里築一堡堡周四十八丈役軍五百人固原迤北諸處亦各築屯堡募人屯種每頃歲賦米五石可得五十萬石規畫已定而寧夏巡撫劉憲爲梗紘乃奏曰竊見三邊情形延綏甘涼地雖廣而士馬精強寧夏怯弱矣然河山險阻惟花馬池至固原軍既怯弱又墩臺疏遠敵騎得長驅

深入故當增築墩堡韋州豫望城諸處亦然今固原迤南修築將畢惟花馬池迤北二百里當築十堡而憲危言阻衆且廢垂成之功乞令憲制三邊而改臣撫寧夏俾得終邊防於事爲便帝下詔責憲憲引罪卒行紘策築諸邊城堡一萬四千餘所垣塹六千四百餘里固原屹爲重鎮　江西民王武爲盜巡撫都御史韓邦問不能靖命林俊巡視俊身入武巢武請自効悉禽賊黨詔以俊代邦問俊力辭不允乃更定要約庶務一新　僉都御史張鼐巡撫遼東時軍政久弛又許餘丁納貲助驛遞給冠帶復其身邊人競援例避役鼐言不可因條上定馬制核屯糧清隱占稽客戶減軍伴數事悉允行尋劾分守中官劉恭貪虐罪三月請築邊牆自山海關迄開原靉陽堡凡千餘里　夏四月辛亥敕宣大嚴邊備　章懋服闋復固辭不允始治任六館士人人自以爲得師監生尤樾母病倒不得歸省晝夜泣懋遣之歸曰吾寧以違制獲罪　夏五月衍聖公孔以和卒以敬子聞

詔襲以和生七月而孤奉母孝與以敬友愛無閒言　初雲南景東衛言雲霧黑暗晝夜不別者凡七日宜良地震如雷曲靖大火數發貴州亦多災異陳金等先後以聞戊子勅羣臣修省南京刑部侍郎樊瑩巡視察官吏問民疾苦　詔劉健等編通鑑纂要　帝納諸大臣言召還織造中官六月中官鄧璿以請帝又許之曾鑑等極言乃命減三之一　符南蛇衆至數萬總兵討之不下總督兩廣都御史潘蕃令副使胡富調狼土兵繼進戶部主事馮容言黎人之亂乃知府張桓余濬貪殘苛斂所致請購已革土官子孫俾召集舊卒以夷攻夷有功則復舊職不數月可奏績劉大夏奏行其策秋七月南蛇圍儋州富與參議劉信往覘賊突至信被殺富手斬劇賊一人賊乃退富還益兵討平之　申王祐楷未就藩薨無子封除　升江西寧縣為州　初廷臣議佀鍾疏條上罷傳奉冗官汰內府濫收軍匠清騰驤四衛勇士停寺觀齋醮省內侍畫工番僧供應禁王府及織造

濫乞鹽引令有司徵莊田租凡十二事多權倖所不便者疏留數月不下鍾復以爲請乃報可而事關權倖者終格不行　九月丁丑振兩畿浙江山東河南湖廣被災軍民時南畿米價翔踴參贊尚書韓文請預發軍饟三月戶部難之文曰救荒如救焚有罪吾自當之乃發廩十萬六石米價爲平　進建昌伯張延齡爲侯　冬十一月甲戌曾鑑言諸省方用兵且水旱多盜賊乞罷諸營造器物及明年上元煙火龍虎山上清宮工作從之　免南畿被災秋糧　十二月丙午免淮揚浙江物料　宣府妖人李道明聚衆燒香千戶黃珍言其將引北寇攻宣府巡撫都御史劉聰信之株連數十家及逮訊無驗刑部尚書閔珪奏止坐道明一人誅之餘悉得釋珍抵罪聰亦下獄貶官　山東巡撫都御史徐源請毀濟寧堌城石堰而築堌城迤西春城口子決岸疏洸口至濟寧壅塞帝命李鐩往勘言堌城石堰一可遏淤沙不爲南旺河之害一可殺水勢不慮戴村壩之衝不宜毀

近堰積沙宜濬其洸口不可疏宜疏柳泉至濟寧汶泗諸水會流處二十餘里春城口外障汶水內防民田堤卑岸薄宜與戴村壩修築從之

十七年春正月辛未南京工部侍郎高銓振應天饑　御史陳茂烈以母老乞終養許之　壬午嚴誣告之禁　初江西王府徵歲祿率倍取於民以林俊言大減省寧王宸濠貪暴俊屢裁抑之王請易琉璃瓦費二萬俊言宜如舊毋涉叔段京鄙之求吳王几杖之賜宸濠怒伺俊過無所得會俊以聖節按部遂劾奏之停俸三月尋以母憂歸　初廣東歸善縣開鐵冶有司課外索賂唐大鬢古三仔等因作亂二月潘蕃調兵討平之　楊一清言我朝以陝右宜牧設苑監跨二千餘里今諸監皆廢牧地止數百里然以供西邊尚無不足開城安定水泉便利宜爲上苑牧萬馬廣寧萬安爲中苑黑水草場逼窄清平地狹土瘠爲下苑萬安可五千廣寧四千清平二千黑水千五

百足供三邊用惟宜多蓄種馬增滿萬匹請支太僕馬價銀買補又養馬恩隊軍不足請編流亡民及問遣回籍者及發邊衛充軍者增爲三千人又請相地勢築城通商種植榆柳春夏放牧秋冬還廄馬既得安敵來亦可收保帝皆從之　甲寅減供用物料　己未嚴讖緯妖書之禁　庚申免浙江被災稅糧　劉大夏又申前請帝命事當興革者所司具實以聞乃會廷臣條上十六事皆權倖所不便者相與力尼之帝不能決下再議大夏等言事屬外廷悉蒙允行稍涉權貴復令察覈臣等至愚莫知所以久之乃得旨傳奉官疏名以請劾匠廚役減月米三斗增設中官司禮監覈奏四衛勇士御馬監具疏以聞餘悉如議制下舉朝歡悅　詔建延壽塔朝陽門外除道士杜永祺等五人爲真人劉健等力諫得寢　三月壬戌太皇太后周氏崩　樊瑩至雲南劾鎮巡官罪黜文武不職者千七百人廉知景東之變乃指揮吳勇侵官帑圖脫罪因雲霧晦冥張其事劾罪之而

還　小王子上書請貢許之竟不至　帝御便殿出裕陵圖示劉健
等曰陵有二隧若者窒若者可通往來皆內臣所爲此未合禮昨見
成化間彭時姚夔等章奏先朝大臣爲國如此先帝亦不得已耳欽
天監言通隧上干先帝陵堂恐動地脈朕已面折之窒則天地閉塞
通則風氣流行因問祔廟禮健等言祔二后自唐始也祔三后自宋
始也漢以前一帝一后曩者定議合祔孝莊太后居左今太皇太后
居右且引唐宋故事爲證臣等以此不敢復論帝曰二后已非況三
后謝遷曰宋祔三后一繼立一生母也帝曰事須師古太皇太后鞠
育朕躬朕豈敢忘顧私情耳祖宗來一帝一后今並祔壞禮自朕始
且孝穆皇太后朕生母也別祀奉慈殿今仁壽宮前殿稍寬朕欲奉
太皇太后於此他日奉孝穆皇太后於後歲時祭享如太廟其會羣
臣詳議以聞癸未禮官集議與誥敕尚書吳寬言魯頌閟宮春秋考
仲子之宮皆別廟衆然之於是張懋馬文升等上議曰宗廟之禮乃

天下公議非子孫所得私伏覩憲宗敕諭有曰朕心終不自安竊窺先帝至情以重違慈意勉從並配之議羣臣欲權以濟事不得已而爲此議也據禮區處上副先帝在天遺志端有待於今日帝復召健等至素幄袖出奉先殿圖指西一區曰此奉慈殿也又指東一區曰此神廚也欲於此地別建廟奉遷孝穆皇太后神主併祭於此健等皆對曰最當制遂定　夏四月戶部員外郎席書言災異係朝廷不係雲南如人元氣內損然後傷痕發四肢朝廷元氣也雲南四肢也豈可舍致毒之源專治四肢之末今內府供應數倍往年冗食官數千投充校尉數萬齋醮寺觀無停日織造頻煩賞賚踰度皇親奪民田宦官增遣不已大獄據招詞不敢辯刑官亦不敢伸大臣賢者未起用小臣言事謫者未復文武官傳陞名器太濫災異之警偶泄雲南古人有言豺狼當道安問狐狸今樊瑩職巡察不能劾戚畹大臣獨考黜雲南官吏舍本而治末此何理也乞陛下以臣所言弊政一

切釐革他大害當袪大政當舉者悉令羣臣條奏興革章下所司
岑濬掠上林武緣諸縣死者不可勝計又攻陷田州岑猛僅以身免
掠其家屬五十人潘蕃諭濬罷兵不從乃請調三廣兵討之鄒文盛
方覈兩廣軍儲上言田州廣西之藩蔽李蠻田州之干城參政武清
受濬重賂以計殺蠻釀成禍亂制敕房供事參議岑業濬之從弟爲
彌縫於中漏我機事請先誅二人而後行討業遂乞養去清壽以考
察罷　己酉葬孝肅皇太后於裕陵　閏月辛酉朔闕里先師廟成
遣李東陽祭告　庚午免山東被災稅糧　乙亥以四方災荒敕羣
臣修省　庚辰命諸司詳議害民弊政劉大夏復上數事　五月壬
辰罷南京蘇州杭州織造中官　陞廣西河池縣爲州析湖廣武岡
州地置城步縣析綏寧縣地益之　李東陽言臣奉使遄行適遇亢
旱天津一路夏麥已枯秋禾未種輓舟者無完衣荷鋤者有菜色盜
賊縱橫青州尤甚南來人言江南浙東流亡載道戶口消耗軍伍空

虛庫無旬日之儲官缺累歲之俸東南財賦所出一歲之饑已至於此北地皆窳素無積聚今秋再歉何以堪之事變之生恐不可測臣自非經過其地則雖久處官曹日理章疏猶不得其詳況陛下高居九重之上耶臣訪之道路皆言冗食太衆國用無經差役頻煩科派重疊京城土木繁興軍士供役財力交殫每遇班操寧死不赴勢家鉅族田連郡縣猶請乞不已親王之藩供億至二三十萬游手之徒託名皇親僕從每於關津都會大張市肆網羅商稅國家建都於北仰給東南商賈驚散大非細故更有織造內官縱羣小掊擊閘河官吏莫不奔駭鬻販窮民所在騷然此又臣所目擊者夫閭閻之情郡縣不得而知也郡縣之情廟堂不得而知也廟堂之情九重不得而知也始於容隱成於蒙蔽容隱之端甚小蒙蔽之禍甚深臣在山東伏聞陛下以災異屢見敕羣臣盡言無諱然詔旨頻降章疏畢陳而事關內廷貴戚者動爲掣肘累經歲時俱見遏罷誠恐今日所言又

爲虛文乞取從前內外條奏詳加采擇斷在必行帝嘉歎悉付所司
東廠偵事者發佀鍾子瑞受金事鍾屢疏乞休命馳驛歸召秦紘代之
許天錫言外官三年考察又有撫按監臨科道糾劾其法已無可加惟兩京堂上官例不考覈而五品以下雖有十年考察之條居官率限九載或年勞轉遷或服除改補不能及期今請以六年爲期通行考察其大僚曾經彈劾者悉令自陳而簡去之用儆有位古者災異策免三公陰霖輒避位今大臣不引咎陛下又不行策免宜且革公孤銜俟天心既回徐還厥職祖宗御內官恩不泛施法不輕貸內府二十四監局及在外管事者並有常員近年諸監局掌印僉事多至三十四人他管事無數留都亦然憑陵奢暴蠹蝕民膏膏粱厭於輿臺文繡被乎狗馬凡若此類皆足召變乞敕司禮監會內閣嚴行考察永爲定制帝善之六月乙亥命兩京五品以下官六年一考察四品以上自陳聽命著爲令惟大臣削公孤及內官考察事格

不行　劉大夏再陳兵政十害且乞歸帝不許令弊端宜革者更詳具以聞於是大夏舉南北軍番上之苦及邊軍困敝邊將侵剋之狀極言之帝召見大夏於便殿問曰卿前言天下民窮財盡祖宗以來徵斂有常何今日至此對曰正謂不盡有常耳如廣西歲取鐸木廣東取香藥費固以萬計他可知矣又問軍對曰窮與民等帝曰居有月糧出有行糧何故窮對曰其帥侵剋過半安得不窮帝歎息曰朕臨御久乃不知天下軍民困何以爲人主遂下詔嚴禁　帝聞韃靼諸部謀犯大同辛巳召劉健李東陽於暖閣議邊務健請簡京營大帥因言京軍怯不任戰請自今罷其役作以養銳氣帝然之健等退條上防邊事宜悉報允　癸未火篩入大同殺墩軍指揮鄭瑞力戰死別部犯宣府及莊浪守將衛勇白玉等禦卻之　帝惑苗逵言銳欲出師秋七月壬辰再召劉健李東陽謝遷議健等皆力諫帝召劉大夏問曰卿在廣知苗逵延綏擣巢功乎對曰臣聞之所俘婦稚十

數耳賴朝廷威德全師以歸不然未可知也帝默然良久曰太宗頻出塞今何不可對曰陛下神武固不後太宗而將領士馬遠不逮且淇國公小違節制舉數十萬衆委沙漠奈何易言之度今上策惟守耳都御史戴珊亦從旁贊決帝遽曰微卿曹朕幾誤乃不出師癸巳李鐩大理寺少卿吳一貫通政司參議叢蘭分道經略邊塞甲午左副都御史閻仲宇通政司參議熊偉分理邊餉　禮部尚書典誥敕吳寬卒贈太子太保謚文定寬行履高潔不爲矯激而自守以正於書無不讀詩文有典則兼工書法有田數頃嘗以周親故之貧者

帝在位久益明習政事數召見大臣欲以次革煩苛除宿弊李東陽極言鹽政弊壞由陳乞者衆因而私販數倍劉健進曰太祖時茶法始行駙馬都尉歐陽倫以私販坐死如倫事孰敢爲陛下言者帝曰非不敢言不肯言耳遂詔戶部覈利弊具議以聞謝遷嘗言內府諸庫及倉場馬坊中官作奸犯法不可究詰御馬監騰驤四衞勇士自

以禁軍不隸兵部率空名支饟其弊尤甚帝令擬旨禁約還曰虛言設禁無益宜令曹司搜剔弊端明白奏聞然後嚴立條約有犯必誅庶積蠹可去帝俞允之是時健等同心輔政竭誠盡慮知無不言初或有從有不從既乃益見信所奏請無不納時人爲之語曰李公謀劉公斷謝公尤侃侃每進見帝輒屏左右呼爲先生而不名左右間從屏間竊聽但聞帝數數稱善而已帝察知劉大夏方嚴且練事尤親信數召見決事嘗問天下何時太平對曰求治亦難太急但用人行政悉與大臣面議當而後行久之天下自治因乘閒言四方鎮守中官之害帝問狀對曰臣在兩廣見諸文武大吏供億不能敵一鎮守其煩費可知帝曰然祖宗來設此久安能遽革第自今必廉如鄧原麥秀而後用不然則已之大夏頓首稱善帝嘗曰臨事輒思召卿慮越職而止後有當行罷者具揭帖以進大夏謝曰事之可否外付府部內咨閣臣可矣揭帖滋弊不可爲後世法帝稱善一日早朝大

夏固在班帝偶未見明日諭曰卿昨失朝耶恐御史糾不果召卿其受眷深如此戴珊亦被帝知造膝宴見尤數珊老疾數求退輒優詔勉留遣醫賜食大夏爲言珊實病帝曰主人留客堅客則強留珊獨不能爲朕留耶且朕以天下事付卿輩猶家人父子今太平未兆何忍言去大夏出以告珊珊泣曰臣死是官矣　大同巡撫都御史劉宇私市善馬賂權要劉大夏因召見語及之帝密遣錦衣百戶邵琪往察宇厚賂琪爲之抵諱後大夏再召對帝曰健薦宇才堪大用以朕觀之此小人豈可用哉由是知內閣亦未可盡信也宇聞以大夏不爲己地深憾之　掌國子監侍郎謝鐸致仕鐸兩爲國子師嚴課程杜請謁增號舍置公廨三十餘居其屬諸生貧者周卹之死者請定制官爲之斂　初有命考察給事中吳蕣王蓋連疏詆馬文升戴珊且言珊縱妻子納賄御史馮允中言文升珊歷事累朝清德素著不可因浮詞廢計典乃下蕣蓋錦衣衞獄命文升珊卽舉察事珊等

言兩人逆計當黜故先劾臣等今黜之彼必曰是挾私也苟避不黜則負委任而使詐諼者得志帝命上兩人事蹟八月黜蕣爲民蓋閑住劉健等因召對力言蓋罪輕宜調用帝不納　戊辰命天下撫按三司官奏軍民利病士民建言可采者所司以聞　甲申免南畿被災夏稅　丁亥召馬文升戴珊史琳至暖閣諭以明年考察務訪實跡秉公黜陟以求至當以文升年老重聽再呼告之命左右掖之下階　帝欲宿兵近地爲左右輔劉大夏言保定設都司統五衛祖宗意亦當如此請遣還操軍萬人爲西衛納京東兵密雲薊州爲東衛帝報可中官監京營者恚失兵揭飛語宮門帝以示大夏曰宮門豈外人能至必此曹不利失兵耳由是閒不得行　九月庚寅諭法司不得任情偏執致淹獄囚　甲寅太常寺少卿孫交經略宣大黃花鎮諸邊增垣塹廣樹藝制敵騎馳突　丁巳御暖閣諭劉健等諸邊首功巡按御史察勘動淹歲年非所以示勸自今奏報以遠近立限

違者詰治論講官進講直言毋諱　太僕寺少卿儲巏言古者左右史記注言動典至鉅也臣見陛下宣召羣臣多帷幄造膝之言近臣不得與聞史官莫由紀錄恐歲月縣遠傳聞各異乞敕廷臣曾蒙召問者備錄呈覽宣付史館報可　秦紘以年老連章乞致仕冬十月許之歸月廩歲隸如制紘在事三年四鎮晏然前後經略西陲者莫及　冬十一月戊子罷雲南銀場　初遼東都指揮僉事張斌以罪廢斌孫天祥入粟得祖官有泰寧衞部十餘騎射傷海西貢使天祥出毛喇關掩殺他衞三十八人以歸指爲射貢使者張鼐等遂奏捷巡按御史王獻臣疑之移牒駁勘斌婦弟指揮楊茂及子欽與天祥有隙詐爲前屯衞文書呈獻臣具言劫營事未報而獻臣以他故爲東廠緝事者所發徵下獄帝命吳一貫及錦衣衞指揮楊玉會巡按御史余濂勘之盡得其實斌等皆論死天祥斃於獄天祥叔父洪屢訟冤帝密令東廠廉其事還奏所勘皆誣帝信之欲盡反前獄召劉

健等出東廠揭帖示之令逮諸人會訊健等言東廠揭帖不可行於外既退復爭之帝再召見責健等健對曰獄經法司讞皆公卿士大夫言足信帝曰法司斷獄不當身且不保言足信乎謝遷曰事當從衆若一二人言安可信健等又言衆證遠不可悉逮帝曰此大獄逮千人何卹苟功罪不明邊臣孰肯効力者健等再四爭執見帝聲色厲終不敢深言東廠非一貫等既至帝御午門親鞫之曰彼賊也殺之何罪而當以死玉委罪一貫帝問一貫對曰臣固嘗疑之帝曰罪疑則當從輕何以從重一貫語塞帝欲抵一貫死閔珪進曰一貫推案不實罪當徒帝不允珪執如初帝怒戴珊從旁解之帝乃霽威令更擬珪終以原擬上帝不悅召語劉大夏對曰刑官執法乃其職未可深罪帝曰且道自古君臣曾有此事否對曰臣幼讀孟子見瞽瞍殺人皐陶執之之語則珪所爲無足異也帝默然久之曰朕亦知珪老成不易得但此事太執耳乃謫一貫嵩明州同知獻臣廣東驛丞

濂雲南布政司照磨茂欽論死斌以下並宥之仍紀天祥等功帝勵精圖治委任大臣中官勢稍絀惟天祥及滿倉兒事發自東廠廷議猶爲所撓　十二月庚午申閉糴之禁　甲申免湖廣被災秋糧

陝巴嗜酒掊克失衆心部下阿孛剌等咸怨阿黑麻幼子真帖木兒年十三其母卽罕慎女也阿孛剌等迎之使主哈密陝巴懼挈家走苦峪奄克孛剌與寫亦虎仙在肅州邊臣以二人爲番衆所服令還輔陝巴百戶董傑與偕行傑有膽略旣抵哈密阿孛剌與其黨五人約夜以兵來劫傑知之與奄克孛剌等謀召阿孛剌等計事立斬之其下不敢動乃令陝巴還哈密真帖木兒還土魯番會阿黑麻死子滿速兒嗣爲速檀與諸弟相仇殺真帖木兒懼不敢歸願倚奄克孛剌曰吾外祖也邊臣慮與陝巴隙居之甘州

十八年春正月己丑小王子諸部三萬騎圍靈州入花馬池遂掠韋州環縣命楊一清巡撫陝西仍督馬政戶部侍郎顧佐理陝西軍饟

甲辰小王子陷寧夏清水營指揮仇鉞總兵李祥擊走之　江西賊攻瑞金縣知縣萬琛帥民兵數十人迎戰殺賊二十餘人力屈被執罵不絕口而死賊至廣昌知縣王祐亦戰死　二月兵部左侍郎熊繡清釐騰驤四衛勇士尋令內臣所進勇士必由兵部驗送乃給廩五年籍其人數著爲令　崇明縣賊施天泰降宥死幷家屬遣戍

帝覽天下戶籍視國初反減咎有司溺職戊辰御奉天門諭戶兵工三部曰方今生齒漸繁而戶口軍伍日就耗損此皆官司撫卹無方因循苟且所致其悉議弊政以聞　掌詹事府學士張元楨請講筵增講太極圖說通書西銘諸書帝亟取觀之喜曰天生斯人以開朕也元楨清癯長不踰中人嘗充講官帝特設低几聽之　戶部郎中李夢陽應詔上書陳二病曰元氣之病謂士氣日衰曰腹心之病謂中官日橫三害曰兵害民害莊場饑民之害六漸曰匱之漸盜之漸壞名器之漸弛法令之漸方術蠱惑之漸貴戚驕恣之漸凡五千

餘言極論得失未言壽寧侯張鶴齡招納無賴罔利賊民勢如翼虎鶴齡奏辯摘疏中陛下厚張氏語誣夢陽訕母后罪當斬時皇后有寵后母金夫人泣愬帝遂下夢陽錦衣衛獄指揮使牟斌傅輕比得不死羅玘言壽寧侯託肺腑當保全夢陽夢陽不保爲侯累帝深納焉未幾宥夢陽奪其俸金夫人愬不已帝弗聽會帝游南宮鶴齡兄弟入侍酒半皇后皇太子及金夫人起更衣因出游覽帝獨召鶴齡語左右莫得聞遙見鶴齡免冠首觸地左右知帝護夢陽請毋重罪而予杖以洩金夫人憤帝弗許謂劉大夏曰若輩欲以杖斃夢陽耳吾寧殺直臣快左右心乎　奸人徐俊等造謠言帝遣官齎駕帖至南京有所捕治已而知其妄三月南京御史李熙等言陛下於此事威與明少損矣倘奸人效尤妄以蜚語中善類害何可勝言事下法司亦力言駕帖之害帝納之　夏四月戊寅刑部侍郎何鑑兼僉都御史往河南湖廣陝西閱實戶口撫輯流民　甲申帝不豫五月庚

寅大漸召劉健李東陽謝遷入乾清宮帝力疾起坐自敘卽位始末甚詳令近侍書之已執健手曰先生輩輔導良苦東宮聰明但年尚幼好逸樂先生輩常勸之讀書輔爲賢主健等欷歔頓首受命而出辛卯帝崩於乾清宮年三十有六帝方釐諸弊政凡所欲興罷者健等悉以遺詔行之　下中官張瑜太醫劉文泰高廷和獄給事中邊貢劾其用藥之謬故也　壬寅太子卽位大赦天下除弘治十六年以前逋賦　小王子乘喪大入宣府連營二十餘里張俊遣諸將李稽白玉張雄王鎮穆榮各帥三千人分扼要害寇由新開口毀垣入稽遽迎敵玉等各帥所部拒於虞臺嶺俊急帥三千人赴援道傷足以兵屬都指揮曹泰泰至鹿角山被圍俊力疾益調兵五千人持三日糧馳解泰圍復援出鎮又分兵救稽玉稽玉亦潰圍出獨雄榮阻山澗援絕死諸軍已大困收兵還寇追之行且戰僅得入萬金右衛城士馬死亡無算戊申敗聞俊及中官劉清巡撫李進皆徵還御史

郭東山言俊扶病馳援勸懲不宜偏廢乃許贖罪　庚戌苗逵監督軍務朱暉爲征虜將軍充總兵官史琳提督軍務帥京軍往宣府禦寇　禮部尚書張昇言大行皇帝初崩真人陳應循西番灌頂大國師那卜堅參等以祓除帥其徒入乾清宮請置之法詔奪真人國師高士等三十餘人名號逐之　工部言大行皇帝遺詔惓惓以節用愛民爲本乞敕內府諸司凡葬儀冥器山陵殿宇務從減省帝是其言　劉瑞疏陳端治本九事請召祭酒章懋侍郎王鏊都御史林俊雍泰而超擢參政王綸副使王雲鳳僉事胡獻知府楊茂元照磨佘濂等　潘蕃與鎮守太監韋經總兵官伏羌伯毛銳調集兩廣湖廣官軍土兵十萬八千餘人令參政王璘副使姜綰副總兵毛倫湖廣都指揮官纓等分六哨進討岑濬賊分兵阻險拒敵官軍奮勇援崖而進濬勢蹙遁入舊城諸軍圍攻之六月濬死城中人獻其首前後斬級四千七百盡平其地自進兵及班師僅踰月蕃還討南海豐湖

賊禢元祖指揮使張祐先登遂平之銳忠之孫也　楊一清選卒練兵創平虜紅古二城以援固原築垣瀕湖以捍靖虜劾罷貪庸總兵武安侯鄭英裁鎮守中官冗費軍紀肅然英宏之子也　延綏副總兵曹雄參將王戟游擊將軍姜漢分道援大同宣府　寇入蔚州廣昌　初薊州民田多爲牧馬草場所侵又侵御馬監及神機營草場皇莊貧民失業草場亦虧故額屢遣給事中周旋侍郎顧佐熊翀等往勘皆不能決復命大理寺少卿張泰偕錦衣官會巡撫都御史周季麟再勘泰窮求得永樂間舊籍參互稽考田當歸民者九百三十餘頃而京營及御馬監牧地咸不失故額奏入駁議者再戶部尚書韓文力持之會大喪留中未下及是再請始出泰奏流亡者咸得復業　占城國王古來卒子沙古卜洛遣使入貢不告父喪但乞命大臣往封別具奏言安南侵奪狀徵及父卒事給事中任良弼等極言遣使宜慎禮部亦以古來存亡未明請令廣東守臣移文勘報從之

孝肅太皇太后之崩將建新廟而欽天監奏年方有礙廷議請暫祀孝肅於奉慈殿正中徙孝穆皇太后居左從之　初建皇莊七所後增至三百餘處諸王外戚求請及奪民田者無算　秋七月給事中葛嵩清覈營弊十二營銳卒僅六萬五百餘人嵩力抗權倖剔抉無所徇得各監局占役者七千五百餘人有旨送營備操既而中官魏興蕭壽等撓之格不行　小王子轉掠大同參將陳雄擊斬八十餘級還所掠人口二千七百有奇朱暉等奏捷　八月甲寅尊皇太后爲太皇太后皇后爲皇太后　潘蕃言思恩宜設流官岑猛擁兵失地宜降同知俾還守舊土兵部議猛世濟凶惡宜降爲千戶從之福建而遴選有才望者假以方面職銜分守二府仍賜敕以重其權乃擢雲南知府張鳳爲廣西右參政掌思恩府事平樂知府謝湖以右參政掌田州府事　錄康茂才五世孫江爲世襲千戶　馬文升承遺詔請汰傳奉官七百六十三人命留太僕寺少卿李綸等十七

人餘盡汰之　劉大夏請撤四方鎮守中官非額設者帝止撤均州齊元大夏復議上應撤者二十四人又奏減皇城京城守視中官皆不納大夏又列上傳奉武臣當汰者六百八十三人報可未幾大漢將軍薛福敬等四十八人故不入侍以激帝怒帝責兵部對狀欲加罪中官甯瑾頓首曰此先帝遺命陛下列之登極詔書不宜罪帝意乃解而復福敬等官如故舊制監局倉庫內官不過二三人後漸添注或一倉十餘人上林苑林衡署至三十二人韓文力請裁汰亦報寢文以即位賞賚山陵大婚諸費需銀百八十萬兩有奇部帑不給請先發承運庫不許文言帑藏虛請敕承運庫內官核所積金銀著之籍且盡罷諸不急務帝不欲發內帑命文以漸經畫　丙子召朱暉等還　京師淫雨自六月至於是月　劉健等言陛下登極詔出中外歡呼想望太平今兩月餘矣未聞汰冗員幾何省冗費幾何詔書所載徒爲空文此陰陽所以失調雨暘所以不若也如監局倉庫

城門及四方守備內臣增置數倍朝廷養軍匠費鉅萬計僅足供其役使寧可不汰文武臣曠職僨事虛縻廩祿者寧可不黜畫史工匠濫授官職者多至數百人寧可不罷內承運庫累歲支銀數百餘萬初無文簿司鑰庫貯錢數百萬未知有無寧可不句校至如縱內苑珍禽奇獸放遣先朝宮人皆新政所當先而陛下悉牽制不行何以慰四海之望帝溫詔答之時東宮舊豎劉瑾與馬永成谷大用魏彬張永邱聚高鳳羅祥等八人俱用事謂之八黨又號八虎而瑾尤狡狠嘗慕王振之爲人日進鷹犬歌舞角觝之戲帝大歡樂之漸信用瑾進內官監總督團營大行遺詔罷中官監槍及各城監局瑾皆格不行　給事中劉蒞言先帝大漸召閣臣劉健李東陽謝遷於榻前託以陛下今梓宮未葬德音猶存而政事多乖號令不信張瑜劉文泰方藥弗慎致先帝升遐不即加誅容其奏辨中官劉瑯貽害河南宜按治僅調之薊州戶部奏汰冗員兵部奏革傳奉疏皆報罷夫先

帝留健等輔陛下乃近日批答章奏以恩侵法以私掩公是閣臣不得與聞而左右近習陰有干預矣願遵遺命信老成政無大小悉咨內閣庶事無壅蔽權不假竊報聞　九月甲午南畿地震　振陝西饑　致仕尚書秦紘卒年八十贈少保謚襄毅紘廉介絶俗妻孥菜羹麥飯常不飽性剛果勇於除害不自顧慮士大夫識與不識稱爲偉人　冬十月丙辰小王子犯甘肅入鎮夷守禦所指揮劉經死之　忠順王陝巴卒其子拜牙即自稱速檀命封爲忠順王　庚午葬敬皇帝於泰陵廟曰孝宗　劉健等以山陵既畢請開經筵帝勉應之十一月甲申御文華殿日講已而數以朝謁兩宮停講或云擇日乘馬健等陳諫甚切不聽　熊繡既受命未竟而孝宗崩朝政漸變繡力持不顧得詭冒者萬四千人甯瑾等疏請復舊給事御史交章劾瑾劉大夏亦力爭帝不得已從之而宥瑾等不問　羣奄復薦韋興司香太和山兼分守湖廣行都司地方鎮均州劉大夏及給事中

周璽御史曹來旬力爭不聽興遂復用而粱芳卒廢死　初孝宗深悉內臣出鎮之害所遣皆慎選十二月劉瑾勸帝令鎮守者各貢萬金乃盡召先所遣者而易以其黨劉瑾言用新人不若用舊人猶養飢虎不若養飽虎不聽瑾尋奏置皇莊漸增至三百餘所畿內大擾

左都御史戴珊以新君嗣位不忍言去力疾視事十二月疾作遂卒贈太子太保諡恭簡　復設河南真陽縣　小王子數萬騎寇固原總兵曹雄軍隔絕不相聞楊一清帥輕騎自平涼晝夜行抵雄軍爲之節度多張疑兵脅寇

明紀卷第二十三

明紀卷第二十四

賜進士出身工部候補主事虞衡司行走陳鶴纂
卹贈知府銜給雲騎尉世職內閣候補中書孫男克家參訂

武宗紀一 起正德元年丙寅訖正德四年己巳凡四年

武宗承天達道英肅睿哲昭德顯功弘文思孝毅皇帝正德元年春正月寇移犯隆德一清夜發火礮響應山谷閒寇疑大兵至甲申遁出塞一清以延綏寧夏甘肅有警不相援患無所統攝請遣大臣兼領之劉大夏請卽命一清總制三邊軍務從之　乙酉享太廟　己丑大祀天地於南郊　榮王祐樞乞霸州信安鎮田故牧地也韓文言永樂中設立草場蕃育馬匹以資武備成化時近倖始陳乞爲莊後岐壽二府相沿莫之改正孝宗皇帝留神戎務清理還屯不以私廢公也今榮王就國有期所請宜勿與從之　給致仕侍郎潘禮月米三石　二月壬子御經筵　帝從太監夏綬請於眞定諸府歲加

葦場稅又從少監傅琢請履畝覈靜海永清隆平諸縣田又從太監張峻請稅寧晉小河往來客貨又以莊田故遣緹騎逮民魯堂等二百餘人畿南騷動巡撫保定都御史王璟抗疏切諫因請革皇莊廷議從之帝命再議韓文請命巡撫官召民佃畝徵銀三分輸內庫而盡撤中官管莊者乃命每莊留中官一人校尉十人餘如文議劉健等言皇莊既以進奉兩宮自宜悉委有司不當仍主以私人反失朝廷尊親之意因備言內臣管莊撓民不省　乙丑耕耤田　初外戚慶雲壽寧侯家人及商人譚景清等奏請買補殘鹽至百八十萬引韓文條鹽政夙弊七事論殘鹽尤切孝宗嘉納未及行而崩即入登極詔中罷之已侯家復奏乞文等再三執奏弗從內閣及言官復論之詔下廷議文言鹽法之設專以備邊今山陝饑寇方大入度支匱絀飛輓甚難奈何壞祖宗法忽邊防之重會景清復陳乞文等劾其桀悍請付法司帝不得已始寢前命　初吏戶兵三部及都察院各

有疏爭職掌為近習所撓劉健等擬旨上不從令再擬健等力諫謂奸商譚景清之阻壞鹽政北征將士之無功授官武臣神英之負罪玩法御用監書篆之濫收考較皆以一二人私恩壞百年定制況今政令維新而地震天鳴白虹貫日恒星晝見太陽無光內賊縱橫外寇猖獗財匱民窮怨謗交作而中外臣僕方且乘機作奸排忠直猶仇讐保姦回如骨肉日復一日愈甚於前禍變之來恐當不遠臣等受知先帝叨任腹心邇者旨從中下略不與聞有所擬議竟從改易似此之類不可悉舉若復顧惜身家共為阿順則罔上誤國死有餘辜所擬四疏不敢更易謹以原擬封進不報居數日又言臣等遭逢先帝臨終顧命惓惓以陛下為託痛心刻骨誓以死報即位詔書天下延頸而朝令夕改迄無寧日百官庶府倣傚成風非惟廢格不行抑且變易殆盡建言者以為多言幹事者以為生事累章執奏謂之瀆擾釐剔弊政謂之紛更憂在於民生國計則若罔聞知事涉於近

幸貴戚則牢不可破臣等心知不可義當盡言比爲鹽法賞功諸事
極陳利害拱俟數日未蒙批答若以臣等言是宜賜施行所言如非
即當斥責乃留中不報視之若無政出多門咎歸臣等宋儒朱熹有
言一日立乎其位則一日業乎其官一日不得乎其官則不敢一日
立乎其位若冒顧命之名而不盡輔導之實既負先帝又負陛下天
下後世其謂臣等何伏乞聖明矜察特賜退休帝優旨慰留之疏仍
不下越五日健等復上疏歷數政令十失指斥貴戚近倖尤切因再
申前請帝不得已始下前疏令所司詳議健知志終不行首上章乞
骸骨李東陽謝遷繼之帝皆不許既而所司議上一如健等指帝勉
從之由是諸失利者咸切齒　三月甲申釋奠於先師孔子　何鑑
得戶二十三萬五千有奇口七十三萬九千有奇因疏善後十事及
軍民利病以聞帝悉採納之　夏四月掌大理寺尚書楊守隨言每
歲熱審行於京師而不行於南京五歲一審錄詳於在京而略於在

外皆非是請更定其制報可　是時朝政已移於中官吏部尚書馬文升年八十日懷去志御用監中官王瑞請用新汰傳奉官七人文升不奉詔給事中安奎劾瑞納賄瑞恚劾文升抗旨吏下廷議皆是文升帝終不聽文升因乞歸不許兩廣缺總督文升推熊繡繡怏怏不欲出御史何天衢劾文升徇私欺罔文升復連疏求去許之賜璽書乘傳月廩歲隸有加文升既家居非事未嘗入州城語及時事輒顰蹙不答　初焦芳既謫久之復遷太常少卿兼侍講學士歷吏部左侍郎劉健謝遷皆惡之芳日於衆中謾罵健言及餘姚江西人以遷及彭華故肆口詬詈陰結言官使抨擊素所不快及在己上者又言禦邊四事以希進用帝卽位閹宦日用事芳益深自結會戶部言會計不足廷議謂理財無奇術唯勸上節儉芳知左右有竊聽者大言曰庶民家尚須用度況縣官耶今天下逋租匿稅何限不是檢索而但云損上何也帝聞大喜馬文升去遂擢芳吏部尚書　帝始微

行　先是劉大夏言鎭守中官如江西董讓薊州劉瑯陝西劉雲山東朱雲貪殘尤甚乞按治帝不悅大夏以言不見用數上章乞骸骨

五月詔加太子太保賜敕馳驛歸給事中王翊張禬請留之不報

丙申減蘇杭織造歲幣　馬文升之去也廷議推補御史王時中以閔珪劉大夏不宜在推舉之列劉蒞恐耆德益疎上疏極論其謬章下所司是蒞言詔爲飭言官毋挾私妄奏　先是衢州知府沈杰言宋建炎中衍聖公孔端友扈蹕南渡因家衢州高宗命以州學爲聖廟賜田五頃以奉祭祀五傳至洙元至元間讓爵於居曲阜之族弟治自是之後衣冠禮儀猥同氓庶今訪得洙之六世孫彥繩請授以官俾主祀事仍減祭田之稅以供祀費帝可之六月授彥繩翰林院五經博士子孫世襲世以孔氏在曲阜者爲北宗在西安者爲南宗

辛酉禁吏民奢靡　免陝西被災稅糧　大風雨壞郊壇獸瓦

庚午劉健等言近日以來免朝太多奏事漸晚游戲漸廣經筵日講

直命停止臣等愚昧不知陛下宮中復有何事急於此者夫濫賞妄費非所以崇儉德彈射釣獵非所以養仁心鷹犬狐兔田野之物不可育於朝廷弓矢甲冑戰鬭之象不可施於宮禁今聖學久曠正人不親直言不聞下情不達而此數者雜交於前臣等不勝憂懼帝曰朕聞帝王不能無過貴改過卿等言是朕當行之健等乃錄廷臣所陳時政切要者請置座隅朝夕省覽曰無單騎馳驅輕出宮禁曰無頻幸監局泛舟海子曰無事鷹犬彈射曰無納內侍進獻飲膳疏入報聞　諭羣臣修省　南京御史陸崑陳重風紀八事一獎直言古者臣下不匡其刑墨宋制御史入臺踰十旬無言有辱臺之罰今郎署建言如李夢陽楊子器輩當加旌擢而言官考績宜以章疏多寡及當否爲殿最二復面劾舊制御史上殿被劾者趨出待罪即唐人對仗讀彈文遺意近率封章奏聞批答未行彌縫先入乞遵舊典面奏立取睿裁三明淑慝尚書劉大夏王軾以病乞休侍郎張元禎陳

清屢劾不去賢不肖倒置實治亂消長之關宜勉留二人放元禎等還田里四覈命令近者言妨左右頻見留中事涉所私輒收成命乞令諸曹章奏俱具數送閣已行者得考稽未行者易奏請五養銳氣御史與都御史例得互相糾繩行事不宜牽制六均差遣御史與南北爲限顯分重輕自今除巡按面命外其他差遣及遷轉資格宜均擬上請以示一體七專委任河南道有考覈之責請擇人專任八勵庶官郎中田岩姚汀張憲員外郎李承勛胡世寧張禎顧璘等二十人皆宜顯擢章下所司　秋七月己丑有星見紫微西藩外如彈丸色蒼白越數日有微芒見參井間漸長二尺如帚西北至文昌庚子彗星見有光流東南長三尺越三日長五尺許掃下台上星入紫微垣　升昌平縣爲州　兵部尚書許進應詔陳時政八事極言內監役京軍守皇城內侍橫索月錢諸弊多格不行　御史趙佑言太監劉瑾邸聚馬永成輩日獻鷹犬導騎射萬一有銜橛之變豈不爲兩

宮憂鎮守內臣鄧原麥秀頗簡靜而劉璟梁裕擠代之戶部議馬房
草場召民佃種甯瑾竟自奏止李興擅伐陵木已坐大辟乃欲賂左
右祈免南京守備劉雲倉場監督趙忠韋雋段循俱夤緣增設乞置
瑾等於法罷璟裕毋遣而汰革額外冗員自今政事必咨大臣臺諫
不爲近習所搖則災變自弭不納張昇及給事中胡煜楊一瑛張襘
相繼論諫亦不聽給事中陶諧請以瑾等誤國罪告先帝罪之勿赦
瑾摘其譌字令對狀諧伏罪乃已　帝將大婚詔取太倉銀四十萬
兩趙佑言左右以婚禮爲名將肆無厭之欲計臣懼禍而不敢阻閣
臣避怨而不敢爭用如泥沙坐致耗國不幸興師旅遘饑饉將何以
爲計哉韓文亦連疏請命減四之一　八月乙卯太監崔杲王瓚督
南京織造　戊子立皇后夏氏　劉健等以帝既大婚請開講九月
戊寅御經筵命停午講健等以先帝故事日再進講力爭不聽　致
仕南京左副都御史陳璚卒　授劉閔爲儒學訓導　崔杲等乞鹽

萬二千引所司執奏給事中陶諧徐昂御史杜旻邵清楊儀等先後
諫劉健等亦言不可帝召健等至暖閣面議頗有所詰問健等皆以
正對帝不能難最後正色曰天下事豈皆內官所壞朝臣壞事者十
常六七先生輩自知之因命鹽引悉如杲請健等退再上章言不可
帝自愧失言乃俞健等所奏於是中外咸悅以帝庶幾改過　楊一
清建議修邊其略曰陝西各邊延綏據險寧夏甘肅扼河山惟花馬
池至靈州地寬衍城堡復疏寇毀牆入則固原慶陽平涼鞏昌皆受
患成化初寧夏巡撫徐廷璋築邊牆綿亘二百餘里在延綏者余子
俊修之甚固由是寇不入套二十餘年後邊備疏牆塹日夷弘治末
至今寇連歲侵略都御史史琳請於花馬池韋州設營衛尚書秦紘
僅修四五小堡及靖虜至環慶治塹七百里不一二年寇復深入是
紘所修不足捍敵臣久官陝西頗諳形勢寇動稱數萬往來倏忽未
至徵兵多擾費既至召援輒後時欲戰則彼不來持久則我師坐老

臣以爲防邊之策大要有四修濬牆塹以固邊防增設衞所以壯邊兵經理靈夏以安內附整飭韋州以遏外侵今河套卽周朔方漢定襄唐張仁愿築三受降城置烽堠千八百所突厥不敢踰山牧馬古之舉大事者未嘗不勞於先逸於後夫受降據三面險當千里之蔽國初舍受降而衞東勝已失一面之險其後又輟東勝以就延綏則以一面而遮千餘里之衝遂使河套沃壤爲寇巢穴深山大河勢乃在彼而寧夏外險反南備河此邊患所以相尋而不可解也誠宜復守東勝因河爲固東接大同西屬寧夏使河套方千里之地歸我耕牧屯田數百萬畝省內地轉輸策之上也如或不能及今增築防邊敵來有以待之猶愈無策因條具便宜延綏安邊營石澇池至橫城三百里宜設墩臺九百座暖譙九百間守軍四千五百人石澇池至定邊營百六十三里平衍宜牆者百三十一里險崖峻阜可劃削者三十二里宜爲墩臺連接寧夏東路花馬池無險敵至仰客兵宜置

衞興武營守禦所兵不足宜召募自環慶以西至寧州宜增兵備一人橫城以北黃河南岸有墩三十六宜修復帝可其議大發帑金數十萬使一清築牆　陸崑偕十三道御史薄彥徽葛浩貢安甫史艮佐李熙姚學禮張鳴鳳蔣欽曹閔黃昭道王宏蕭乾元言自古奸臣欲擅主權必先蠱其心志如趙高勸二世嚴刑肆志極耳目之娛和士開說武成毋自勤約宜及少壯爲樂仇士良教其黨以奢靡導君勿使親近儒生知前代興亡之故其君惑之卒皆受禍陛下嗣位以來天下欣然望治乃寵幸奄寺顛覆典刑太監馬永誠魏彬劉瑾傅興羅祥谷大用輩共爲蒙蔽日事宴遊上干天和災祲疊告廷臣屢諫未蒙省納若輩必謂宮中行樂何關治亂此正奸人欺君之故術也陛下廣廈細旃豈知小民窮簷蔀屋風雨之不庇錦衣玉食豈知小民祈寒暑雨凍餒之弗堪馳騁宴樂豈知小民疾首蹙頞赴訴之無路昨雷震郊壇彗出紫微夏秋亢旱江南米價騰貴京城盜賊橫

行可恣情縱欲不一顧念乎閣部大臣受顧命之寄宜隨事匡救弘濟艱難言之不聽必伏闕死諫以悟聖意顧乃怠緩悅從巽順退託自爲謀則善矣如先帝付委天下屬望何伏望側身修行亟屏永成輩以絕禍端委任大臣務學親政以還至治　吏部主事孫磐言今日弊政莫甚於內臣典兵夫臣以內稱外事皆不當與矧可使握兵柄哉前代盛時未嘗有此唐宋季世始置監軍而其國遂以不永今九邊鎮守監槍諸內臣恃勢專恣侵剋百端有警則擁精卒自衛克敵則縱部下攘功武弁藉以夤緣憲司莫敢詰問所攜家人頭目率惡少無賴吞噬爭攫勢同狼虎致三軍喪氣百職灰心乞盡撤還京專以邊務責將帥此今日修攘急務也　五官監候楊源言自八月初大角及心宿中星動搖不止大角天王之坐心宿中星天王正位也俱宜安靜今乃動搖其占曰人主不安國有憂意者陛下輕舉逸遊弋獵無度以致然又北斗第二第三第四星明不如常第二曰天

璇后妃之象后妃不得其寵則不明廣營宮室妄鑿山林則不明第三曰天機不愛百姓驟興征徭則不明第四曰天權號令不當則不明伏願陛下祗畏天戒安居深宮絕嬉戲禁遊畋罷騎射停工作申嚴號令毋輕出入抑遠寵幸裁節賜予親元老大臣日事講習克修厥德以弭災變源瑄之子也　冬十月劉健等謀去八黨連章請誅之趙佑與同官朱廷聲交章極論章下閣議健等持其章甚力帝遣司禮太監詣閣曰朕且改矣其爲朕曲赦若曹健等言此皆得罪祖宗非陛下所得赦復上言曰人君之於小人不知而誤用天下尚望其知而去之知而不去則小人愈肆君子愈危且邪正不並立今舉朝欲決去此數人陛下又知其罪而故留之左右非特朝廷疑懼此數人亦不自安上下相猜中外不協禍亂之機始此矣不聽健等以去就爭韓文退朝對僚屬語及泣下李夢陽進曰公大臣義共國休戚徒泣何爲諫官疏劾諸奄執政持甚力公誠及此時帥大臣固爭

去八虎易易耳文毅然改容曰善繼事勿濟吾年足死矣不死不足
報國即屬夢陽草疏丁巳偕諸大臣張懋等伏闕上疏略曰人主辨
奸爲明人臣犯顏爲忠況羣小作朋逼近君側安危治亂胥此焉關
臣等伏覩近歲朝政日非號令失當自入秋來視朝漸晚仰窺聖容
日漸清削皆言太監馬永成谷大用張永羅祥魏彬邱聚劉瑾高鳳
等造作巧僞淫蕩上心擊毬走馬放鷹逐犬俳優雜劇錯乘於前至
導萬乘與外人交易狎暱媟褻無復禮體日遊不足夜以繼之勞耗
精神虧損志德遂使天道失序地氣靡寧雷異星變桃李秋華考厥
占候咸非吉徵此輩細人惟知蠱惑君上以便己私而不思赫赫天
命皇皇帝業在陛下一身今大婚雖畢儲嗣未建萬一遊宴損神起
居失節雖齏粉若輩何補於事高皇帝艱難百戰取有四海列聖相
承以至陛下先帝臨崩顧命之語陛下所聞也奈何姑息羣小置之
左右以累聖德竊觀前古奄宦誤國爲禍尤烈漢十常侍唐甘露之

變其明驗也今承成等罪惡既著若縱不治將來益無忌憚必患在
社稷伏望陛下奮乾剛割私愛上告兩宮下諭百僚明正典刑以回
天地之變泄神人之憤潛削禍亂之階永保靈長之業疏入帝驚泣
不食使司禮太監李榮手疏至左順門召諸大臣入曰有旨問諸先
生諸先生言良是第奴儕事上久不忍卽置理幸少寬之上自處耳
衆相顧未言文乃抗聲數八人罪吏部侍郎王鏊助之曰八人不去
亂本不除榮曰疏備矣上非不知第欲少寬之耳鏊直前曰設上不
處奈何榮曰榮頸有鐵裹耶敢壞國事帝復遣榮及陳寬王岳范亨
徐智等詣閣議一日三至欲安置瑾等南京遷欲遂誅之健推案哭
曰先帝臨崩執大臣手付以大事今陵土未乾使若輩敗壞至此臣
死何面目見先帝聲色俱厲岳素謇直慨然曰閣議是亨智亦以爲
然具以健等語告帝健約文及九卿科道詰朝伏闕面爭兵部尚書
許進曰過激將有變健不從焦芳陰洩其謀於瑾瑾大懼夜帥承成

等伏帝前環泣曰害奴等者王岳岳結閣臣欲制上出入故先去所忌耳且鷹犬何損萬幾若司禮監得人左班官安敢如是帝大怒立命瑾入司禮監收岳等下獄戊午文等復詣闕爭左都御史張敷華言陛下宴樂逸遊日狎憸壬政令與詔旨相背行事與成憲交乖致天變上干人心下拂今給事中劉蒨御史朱廷聲徐鈺等連章論列但付所司英國公懋與臣等列名上請但云朕自處置臣竊歎惑夫國家大事百人爭之不足數人壞之有餘願陛下審察帝皆不聽以瑾掌司禮監聚大用提督東西廠永督十二團營兼神機營彬督三千營各據要地岳亨智充南京淨軍健遷李東陽即日辭位中旨去健遷而留東陽東陽恥之己未再疏乞去不允劉蒨及給事中呂翀抗章乞留健遷翀言二臣有不可去者五一先帝所簡以遺陛下陵土未乾無故罷遣何以慰在天之靈二二臣之去實由言違計沮不得其職陛下聽之在二臣得去就之義在陛下有棄老成之嫌三今

民窮財殫水旱盜賊星象草木之變迭見雜出萬一禍生不測國無老成誰與共事四二臣既去柔順之人必進將一聽陛下所為非國家之福五二臣諳練有素非新進可侔今同日去國新進將益用事不報健遷瀕行東陽祖餞泣下健正色曰何泣為使當日力爭與我輩同去矣東陽嘿然　劉瑾欲引焦芳入閣廷議獨推王鏊壬戌芳兼文淵閣大學士鏊兼翰林學士入閣預機務芳遂導瑾變置成法荼毒縉紳濁亂海內每過瑾言必稱千歲自稱曰門下裁閱章奏一阿瑾意四方賂瑾者先賂芳　帝允司禮中官高鳳請令其姪得林掌錦衣衛事給事中艾洪力爭不聽　巡按京畿御史劉玉馳疏言劉瑾等佞倖小臣巧戲弄投陛下一笑顧讒邪而棄輔政此亂危所自起況今白虹貫日彗見紫微宮星搖天王之位民窮財殫所在空虛陛下不改圖天下將殆乞置瑾等於理仍留劉健謝遷輔政不報玉遂引疾歸　劉瑾每奏事必偵帝為戲弄時帝厭之亟麾去曰吾

用若何事乃溷我自此遂專決不復白瑾不學批答章奏皆持歸私第與妹婿禮部司務孫聰華亭大猾張文冕參決辭率鄙冗焦芳爲潤色之南京太常少卿羅玘貽書李東陽責以大義且請削門生之籍東陽得書頫首長歎而已　戊辰停日講　劉瑾追殺王岳范亨於途箠徐智折臂巡撫山東都御史朱欽言岳亨謫守祖陵罪狀未暴賜死道路不厭人心臣知岳爲劉瑾輩所惡必瑾譖毀以至此望陛下察岳非辜懲瑾讒賊疏至瑾屏不奏　京師霾霧時作楊源言此衆邪之氣陰冒於陽臣欺其君小人擅權下將叛上引譬甚切劉瑾怒矯旨杖源三十　十一月升浙江安吉縣爲州　劉瑾恨韓文甚令人日伺文過會有以僞銀輸內庫者甲辰降文一級令致仕謫郎中陳仁鈞州同知給事中徐昂乞留文原官中旨責其黨護落文職削其子高唐知州士聰刑部主事士奇籍幷徐昂名文出都門乘一籃輿行李一車而已　楊守隨言陛下嗣位以來左右近臣不能

祇承德意盡取先朝良法而更張之盡誣先朝碩輔而剗汰之天下嗷嗷莫措手足致古今罕見之災交集數月以內劉瑾等八人奸險佞巧誣罔恣肆而瑾尤甚方竊攬威權詐傳詔旨放逐大臣刑誅臺諫邀阻封章廣納貨賂傳奉宂員多至千百招募武勇收及孩童附己者進官忤意者褫職內外臣僚但知畏瑾不知畏陛下向也二三大臣受遺夾輔今則有潛交默附漏泄事機者矣向也南北羣僚矢心痛疾今則有畫策主文依附時勢者矣而且數易邊境將帥之臣大更四方鎮守之職志欲何爲夫太阿之柄不可授人今陛下於兵刑財賦之區機務根本之地悉以委之或掌團營或主兩廠或典司禮或督倉場大權在手彼復何憚於是大行殺戮廣肆誅求府藏竭於上財力匱於下武勇疲於邊陛下猶不覺悟方謂委任得人何其舛也伏望大奮乾剛立置此曹重典遠鑒延熹之失毋使臣蹈蕃武已覆之轍疏入帝不省　十二月劉蒞呂翀艾洪諸疏傳至南京守

備武靖伯趙承慶所應天府尹陸珩錄以示諸僚兵部尚書林瀚見之太息於是給事中戴銑李光翰徐蕃牧相任惠徐暹及御史薄彥徽等連章請留劉健謝遷而罪馬永成劉瑾等又言先帝詔錦衣官悉由兵部推舉陛下亦悉罷傳奉乞官今高得林由傳奉不關兵部廢先帝命壞銓舉法虛陛下詔一舉三失由高鳳致之乞治鳳罪而罷得林瑾矯旨逮之兵部主事王守仁御史陳琳江西清軍御史王良臣南京副都御史陳壽先後抗章論救守仁琳並下獄良臣亦被逮承慶輔之子守仁華之子也　丁巳命錦衣衞官點閱給事中

景帝廢后汪氏薨詔議祭葬禮王鏊曰妃廢不以罪宜復故號葬以妃祭以后從之輟朝致祭合葬金山謚曰貞惠安和景皇后　癸酉除曲阜孔氏田賦　吏部左侍郎張元禎卒元禎素有盛譽林居久晚乃復出館閣諸人悉後輩見元禎言論意態以爲迂闊多姍笑之又名位相軋遂騰謗議言官交章劾元禎元禎七疏乞休劉健力保

持之至是卒　甲戌晦掌大理寺尚書楊守隨左都御史張敷華並
傳旨致仕
二年春正月乙亥朔日有食之　衡州地裂壞雍府宮室雍王祐橒
薨無子封除　陶諧當出理邊儲以工科掌印無人請俟行日遣官
代署劉瑾中諧下錦衣衛獄廷杖斥爲民　中官黃準守備鳳陽從
其請賜旗牌會鑑等言大將出征及諸邊守將乃有旗牌內地守備
無故事乃寢　閏月庚戌杖給事中艾洪呂翀劉蒞及南京給事中
戴銑等六人御史薄彥徽等十五人於闕下各三十除名銑創甚卒
黃昭道王宏蕭乾元逮捕未至命即南京闕下杖之南京禁衛久不
行刑選卒習數日乃杖三人幾殆王守仁亦被杖謫貴州龍場驛丞
陳琳揭陽縣丞降林瀚參政陸珩鹽運司同知與陳壽並致仕削趙
承慶半祿閒住龍場萬山叢薄苗獠雜居守仁因俗化導夷人喜相
率伐木爲屋以棲守仁冀元亨蔣信等從受業焉　南京御史蔣欽

既被杖居三日獨具疏曰劉瑾小豎耳陛下親以腹心倚以耳目待
以股肱殊不知瑾悖逆之徒蠹國之賊也忿臣等奏留二輔抑諸權
奸矯旨逮問予杖削職臣思畎畝猶不忘君況待命衽席目擊時弊
烏忍不言昨瑾要索天下三官賄人千金甚有至五千金者不與則
貶斥與之則遷擢通國皆寒心而陛下獨用之於左右是不知左右
有賊而以賊爲腹心也給事中劉蒞指陛下闇於用人昏於行事而
瑾削其秩撻辱之矯旨禁諸言官無得妄生議論不言則失於坐視
言之則虐以非法通國皆寒心而陛下獨用之於前後是不知前後
有賊而以賊爲耳目股肱也一賊弄權萬民失望愁歎之聲動徹天
地陛下顧憒然不問縱之使壞天下事亂祖宗法陛下尚何以自立
乎幸聽臣言急誅瑾以謝天下使朝廷一正萬邪不能入君心一正
萬欲不能侵臣之願也今日之國家乃祖宗之國家也陛下苟重祖
宗之國家則聽臣所奏如其輕之則任瑾所欺疏入再杖三十繫獄

越三日復具疏曰臣與賊瑾勢不兩立賊瑾蓄惡已非一朝乘閒起釁乃其本志陛下日與嬉遊茫不知悟內外臣庶凜如冰淵臣昨再疏受杖血肉淋漓伏枕獄中終難自默願借上方劍斬之朱雲何人再肯少讓陛下試將臣較瑾瑾忠乎臣忠乎忠與不忠天下皆知之陛下亦洞然知之何仇於臣而信任此逆賊臣骨肉都銷涕泗交作七十二歲老父不顧養矣臣死何足惜但陛下覆國喪家之禍起於旦夕是大可惜也陛下誠殺瑾梟之午門使天下知臣欽有敢諫之直陛下有誅賊之明陛下不殺此賊當先殺臣使臣得與龍逄比干同遊地下臣誠不願與此賊俱生疏入復杖三十卒於獄年四十九

牟斌善視獄囚劉瑾惡之矯旨杖闕下降百戶閒住

工部尚書曾鑑禮部尚書張昇刑部尚書閔珪並致仕

劉宇為左都御史劉瑾初通賄望不過數百金宇首以萬金贄瑾大喜曰劉先生何厚我瑾好摧辱臺諫宇緣其意請敕箝制御史有小過輒加笞辱瑾益以

爲賢　劉瑾挪倒罪無輕重皆決杖永戍或枷項發遣枷重至百五十斤乙丑尙寶司卿崔璿副使姚祥工部郎中張瑋以違制乘肩輿從者妄索驛馬枷璿及祥於長安門瑋於張家灣數日幾死王鏊謂瑾曰士可殺不可辱今辱且殺之吾尙何顏居此李東陽亦力救乃釋之遣戍先後枷死者甚衆　南京御史潘鏜嘗劾高鳳高得林黜爲民　二月裁內外添設兵備勸農管糧捕盜水利官一百十八員尋又裁各處通判等官四百四十五員　王艮臣逮至戊戌杖於午門斥爲民　王時中巡按宣大逮繫武職貪汙者百餘人爲東廠所奏捕下獄枷於都察院病甚其妻往省之道遇劉宇哭且詬宇不得已言於劉瑾釋之謫戍鐵嶺衛　兩廣總督軍務都御史熊繡與毛銳討平賀縣獞　楊源上言自正德二年來占得火星入太微垣帝座前或東或西往來不一乞收攬政柄思患預防蓋專指劉瑾也瑾大怒召而叱之曰若何官亦學爲忠臣源厲聲曰官大小異忠一也

又矯旨杖六十謫戍肅州行至河陽驛以創卒其妻斬蘆荻覆之葬驛後楊氏父子以忠諫名天下爲士論重而源小臣抗節尤人所難

三月封都督同知夏儒爲慶陽伯皇后父也性長厚既貴服食如布衣時　朱欽以山東俗淫酗嚴禁市酤令濟南推官張元魁察之犯者罪及鄰比有懼而自縊者其母欲奏訴元魁與知府趙璜賄之乃已劉瑾使偵事校尉發其事俱逮下詔獄勒欽致仕璜除名元魁謫戍　時經筵尚進講詹事楊廷和學士劉忠傅經義規帝闕失指斥近倖尤切帝謂劉瑾曰經筵講書耳浮詞何爲瑾素惡廷和忠因諷吏部尚書許進出之南京南京諸部惟右侍郎一人進請添設吏禮二部左侍郎以廷和忠爲之　劉瑾憾楊一清不附己一清遂引疾歸邊牆成者在要害閒僅四十里　南京祭酒章懋致仕　枷遼東督糧郎中劉繹於戶部　辛未劉瑾矯旨召羣臣跪金水橋南宣示奸黨大學士劉健謝遷尚書韓文楊守隨張敷華林瀚郎中李夢

陽主事王守仁王綸孫磐黃昭檢討劉瑞給事中湯禮敬陳霆徐昂陶諧劉蒞艾洪呂翀任惠李光翰戴銑徐蕃牧相徐暹張良弼葛嵩趙士賢御史陳琳貢安甫史良佐曹閔王宏李熙葛浩陸崑張鳴鳳蕭乾元姚學禮黃昭道蔣欽薄彥徽潘鏜王良臣趙佑何天衢徐鈺楊璋熊卓朱廷聲劉玉等五十三人以戒羣臣　敕各鎮守太監預刑名政事　順天府丞周璽與監丞張淮侍郎張縉都御史張鸞錦衣衞都指揮楊玉勘近縣皇莊玉劉瑾黨淮等三人皆下之璽詞色無所假公移與玉止用牒文夏五月玉奏璽侮慢敕使瑾卽矯旨逮下錦衣衞獄搒掠死　劉瑾怨謝遷未已焦芳亦憾遷嘗舉王鏊吳寬自代不及己乃取中旨勒罷其弟兵部主事迪斥其子編修丕爲民　戊午度僧道四萬人　寧王宸濠圖不軌賂劉瑾求復護衞許之己巳復改南昌左衞爲寧王護衞　六月甲戌孝宗祔太廟　戊寅罷修邊垣輸其費於京師　通鑑纂要成劉瑾令人摘筆畫小疵

除謄錄官數人名欲因以及李東陽東陽大窘屬焦芳張綵爲解秋
七月奪侍郎學士劉機以下俸餘致仕爲民者二十餘人東陽等免
究命文華殿書辦官張駿等改謄超拜官秩駿由光祿寺卿擢禮部
尙書他授京卿者數人裝潢匠悉授官　雲南師宗州賊阿本等作
亂沐崑與巡撫都御史吳文度督參議陳一經等分三道進一出師
宗一出羅雄一出彌勒而別遣兵伏盤江截賊巢遂大破之　初蘇
松浙江運舟由下港口及孟瀆河泝大江以達瓜州遠涉二百八十
餘里往往遭風濤督漕都御史洪鐘言孟瀆對江有夾河可抵白塔
河口舊置四閘徑四十里至宜陵鎭再折而北卽抵揚州運河開濬
爲便從之　錢能死所嬖奴曰寧冒錢姓推恩爲錦衣百戶曲事劉
瑾得幸於帝性𥎞姣善射拓左右弓帝喜賜國姓爲義子傳陞千戶
寧遂自稱皇庶子引樂工臧賢回回人于永及諸番僧以祕戲進八
月丙戌於西華門別搆院籞築宮殿密室句連謂之豹房新寺帝自

是不復入大內常在豹房恣聲伎爲樂醉則枕寧臥百官俟朝至晡莫得帝起居密伺寧寧來則駕出矣　蔡清爲江西提學副使寧王宸濠驕恣遇朔望諸司先朝王次日謁文廟清不可更其期宸濠生日令諸司朝服以賀清又不可去蔽膝而入宸濠積不悅會復護衞清有後言宸濠欲誣以詆毀詔旨清遂乞休宸濠陽輓留且請以女妻其子清力辭九月致仕　劉瑾初用事前侍郎馬中錫都御史張鼐數有執持瑾怨之瑾遣給事中王翊等覈遼東大同諸邊餉還奏芻粟多浥爛者遂以爲守臣罪冬十月甲申逮前後巡撫都御史鼐中錫及鄧璋周南湯全劉憲參政參議冒政方矩華福金獻民劉遜郭緒張翼督糧郎中劉繹王藎孫祿等下詔獄械送各邊責倍輸久之憲竟瘐死遼東總兵官毛倫等具奏諸人苦狀請得折價大同總兵官葉椿等亦爲南請免其倍數瑾勉從之閱三年事始竟皆斥爲民　焦芳既與中人爲一王鏊雖持正不能與抗李東陽乃請召楊

廷和丙戌命以戶部尚書兼文淵閣大學士預機務東陽等差倚以自強　徐傭與無錫民爭田常州推官伍文定勘歸之民劉瑾入傭重賄與大獄巡撫都御史艾璞巡按御史曾大有以下十四人皆被逮文定已遷成都同知亦下獄斥爲民　禮部尚書李傑致仕　十一月衍聖公孔聞韶言尼山洙泗二書院及鄒縣子思子廟各有祀事請以弟聞禮主之帝授聞禮五經博士主子思子祀事世以衍聖公弟爲之兩書院各設學錄一人薦族之賢者充焉　中官韋霦等建議請輸兩廣各司所貯銀於京師總督軍務都御史陳金疏言不可詔留二十餘萬餘如霦議　初岑猛降福建平海衛千戶還延不行謝湖至復陳兵自衛令祖母岑氏奏乞於廣西極邊帥部下立功以便祭養詔總鎮官詳議以聞陳金言猛據舊巢要求府佐湖不即赴任爲猛所拒納饋遺徇要求宜逮問從之　初朝鮮世子李顛天死國王㦕哀慟成疾請以國事付其弟懌其國人復奏請封懌禮部

議命憚權國事俟𢢾卒乃封既陪臣盧公弼等以朝貢至京復請封憚廷議不允十二月𢢾母妃奏憚且長且賢堪付重寄於是禮部奏𢢾以痼疾辭位憚以親弟承託授受既明友愛不失通國臣民舉無異辭宜順其請從之 壬辰開浙江福建四川銀礦從中官秦文等奏也既浙江守臣言礦脈已絕乃令歲進銀二萬兩劉瑾誅乃止廣西馬平洛容獞猖獗陳金毛鋭發兵十三萬征之俘斬七千餘人斷籐峽苗時出剽金念苗嗜魚鹽可以利縻也乃立約束令民與苗市改峽曰永通苗性貪而黠初陽受約既乃不予直殺掠益甚 韃靼入寧夏莊浪及定邊後衛諸境守將皆逮問 翰林學士吳儼家多貲劉瑾遣人求賄啗以美官儼峻拒之瑾怒又聽劉宇讒怒御史楊南金

三年春正月辛亥大計外吏中旨儼致仕南金爲民 劉瑾憾李夢陽不已矯旨謫山西布政司經歷勒致仕復摭他事下之獄將殺之

初瑾以修撰康海同鄉慕其才欲招致之海不肯往及夢陽事急書片紙招海曰對山救我對山者海別號也海乃謁瑾瑾大喜倒屣迎海詭辭說之瑾意解明日釋夢陽瑾又欲以湖廣倉儲浥爛坐張敷華贓罪海過之曰吾秦人愛張公如父母忍相薄耶敷華亦得免

致仕南京尚書胡拱辰卒贈太子少傅諡莊懿　初張綵爲文選郎中議論便利矯飾徼聲譽馬文升愛之劉蒞嘗劾其顛倒選法數事文升悉爲辨析且譽其聰明剛正爲上下所推服詔令辦事如故綵郎五疏移疾去文升固留不得給事中李貫薦綵有將略楊一清舉以自代俱不起焦芳以綵與劉瑾同鄉力薦於瑾瑾欲致之二月己巳朔令京官告假違限及病滿一年者皆斥爲民綵乃就道既見瑾高冠鮮衣貌白皙修偉鬚眉蔚然詞辨泉湧瑾大愛敬執手移時曰子神人也我何以得遇子時文選郎闕次當驗封郎石確疏已入瑾令吏部尚書許進追原疏以綵易之副都御史韓福坐累下獄瑾以

同鄉故出之擢爲戸部侍郎福故強幹吏所在著能聲瑾時召與謀委寄亞於綵　三月給事中趙鐸承劉瑾指請廣陝西河南山東西鄉試額乃增陝西爲百名河南九十五山東西九十瑾敗復故　焦芳子黃中傲很不學廷試必欲得第一李東陽王鏊爲置二甲首芳不悅言於劉瑾徑授檢討劉宇子仁求一甲不得厚賄瑾內批授庶吉士俄俱進編修芳以黃中故時時詈東陽瑾聞之曰黃中昨在吾家試石榴詩甚拙顧恨李耶　初御史涂禎巡鹽長蘆劉瑾縱私人中鹽又命其黨畢真託取海物侵奪商利禎皆據法裁之比還朝遇瑾止長揖瑾怒矯旨下詔獄禎嘗爲江陰知縣有惠政江陰人在都下者謀斂錢賂瑾解之禎不可喟然曰死耳豈以汙父老哉遂杖三十論戍肅州創重卒於獄瑾怒未已取其子樸補伍　夏四月乙亥軍民納銀得授都指揮僉事以下官　己亥致仕吏部尚書王恕卒年九十三訃聞輟朝贈特進左柱國太師諡莊毅　劉瑾又創罰米

法嘗忤瑾者皆摘發之坐楊守隨覆讞失出逮赴京繫獄罰米千石
輸塞上尋又誣楊一清冒破邊費逮下錦衣衛獄王鏊曰一清爲國
修邊安得以功爲罪李東陽亦力救得解先後罰米六百石自馬文
升劉大夏而下數十人悉破家死者繫其妻孥　武會舉取指揮僉
事安國等六十人賜宴於中府劉瑾要賄六十人者咸無貲瑾乃編
之行伍有警聽調禁其擅歸六十人者悉大窘僨於戍卒不聊生而
邊臣憚瑾竟無有收卹之者　哈密寫亦虎仙入貢不與通事偕行
自攜邊臣文牒投進大通事王永怒疏請究治寫亦虎仙亦奏永需
求永供奉豹房恃寵恣橫詔勿究兩戒諭之寫亦虎仙自是益輕朝
廷潛懷異志　劉瑾遣給事中御史清覈各邊糧草所遣人率阿瑾
意專務搏擊給事中安奎潘希曾御史趙時中阮吉張彧劉子厲獨
無重劾五月下奎彧獄枷幾死李東陽力救始釋爲民希曾等亦皆
杖斥　六月丁卯許天錫清覈內庫得劉瑾侵匿數十事知奏上必

罹禍乃夜具登聞鼓狀將以尸諫令家人於身後上之遂自經時妻子無從者一童侍側匿其狀而遁或曰瑾懼天錫發其罪夜令人縊殺之錦衣衞點閱六科給事中劾天錫三日不至訊之死矣聞者哀之　西廠遣邏卒遠出偵事江西民吳登顯等五月五日爲競渡誣以擅造龍舟身死家籍遠州僻壤見鮮衣怒馬作京師語者轉相避匿有司密行賄賂無賴子乘機爲奸天下皆重足屏息　河南鎮守太監廖堂奏保方面數人且擅擬遷調許進等不能難給事中何紹正劾之劉瑾不得已責堂自陳而心銜紹正　致仕左都御史張敷華卒敷華性剛介劉大夏嘗薦之孝宗曰敷華誠佳但爲人太峻耳

壬辰得匿名文書於御道詆劉瑾所行事瑾矯旨召百官跪承天門外瑾立門左詰責日暮收五品以下官三百餘人盡下獄是日酷暑主事何釴順天府推官周臣進士陸伸暍死李榮以冰瓜啗諸跪者太監黃偉憤甚謂諸臣曰書所言皆爲國爲民事挺身自承雖死

不失爲好男子奈何枉累他人瑾怒即日勒榮閑住逐偉南京癸巳
李東陽等力救瑾亦廉知其同類所爲諸臣乃獲宥後數日東陽疏
言寬䘏數事章下所司既而戶部覆奏言糧草虧折自有專司巡撫
官總領大綱宜從輕減瑾大怒矯旨詰責數百言中外駭歎　秋七
月壬子帝諭內鐘鼓司康能等曰慶成大宴華裔臣工所觀瞻宜舉
大樂邇者音樂廢缺無以重朝廷禮部請選三院樂工年壯者肄習
之樂工方得幸言居外者不宜獨逸乃移各省司取藝精者來京供
應河閒等府奉詔送樂工居之新宅教坊所隸益猥雜筋斗百戲之
類盛於禁廷臧賢與佞倖角寵竊權俳優之勢大張　外官朝見畢
必謁劉瑾僉事方良永父喪除赴選鴻臚寺導詣左順門叩頭畢令
東向揖瑾良永竟出或勸詣瑾家又不可比吏部除良永河南撫民
僉事中旨勒致仕中外章奏先具紅揭投瑾號紅本然後上通政司
號白本皆稱劉太監而不名都察院奏讞誤名瑾瑾怒詈都御史屠

潚帥屬跪謝乃已　劉瑾私其同鄉提督操江都御史雍泰獨不與通會擢南京戶部尚書甫四日中旨令致仕　給事中御史各一人察兩淮鹽引八月杖巡鹽御史王潤斥之逮前運使寧舉楊奇等許進以才見用能任人性通敏多委蛇徇劉瑾意而瑾終不悅焦芳以干請不得劉宇亦欲得吏部共擠之會南京刑部郎中闕適無實授員外郎進循故事以署事主事二人上瑾以爲非制令對狀進不引咎三降嚴旨譙責進不得已請罪乃令致仕而以宇代進兵部侍郎曹元代宇亦瑾黨也宇在吏部銓政率由張綵不關白宇卽白宇宇必溫言降接綵抱案立語宇俯僂不敢當宇在兵部時賄賂狼籍及是權歸綵而文吏贈遺又不若武弁悒悒歎曰兵部自佳何必吏部也元爲兵部瑾第書片紙曰某授某官卽奉行不敢復奏邊將失律賂瑾卽不問有反陞擢者　辛巳劉瑾改惜薪司外薪廠爲辦事廠榮府舊倉地爲內辦事廠自領之京師人謂之內行廠雖東西廠

皆在伺察中加酷烈焉中人以危法無得免者又悉逐京師傭客寡婦盡嫁喪不葬者焚之輦下洶洶幾致亂　劉瑾捃摭韓文萬端戶部有故籍遺失以爲文罪逼尚書顧佐上其事佐不可瑾卒逮文及前侍郎張縉下詔獄奪佐俸三月佐再疏乞歸從之已釋文罰米千石輸大同尋復罰米者再佐亦三罰米至千餘石文家業蕩然佐至假貸以償　山東盜起　劉瑾又以用雍泰爲許進及前尚書馬文升罪九月癸卯削泰文升進及前薦泰尚書劉大夏給事中趙士賢御史張津等籍其他罰米輸邊者又五十餘人進二子誥讚在翰林俱輸贖調外任　張綵居文選半載擢左僉都御史與戶部右侍郎韓鼎同廷謝鼎老拜起不如儀爲谷大用張永輩所竊笑劉瑾慙而綵丰采英毅大用等皆稱羨瑾乃喜越二日即罷鼎綵尋進吏部侍郎與錦衣衛使石文義表裏作威福時稱爲瑾左右翼鼎弘治時爲給事中負直聲遷右通政治水安平有勞績以同鄉爲瑾所引遂失

其素望　初隆平侯張祐卒無子從弟祿與族人爭襲訴於南京法司久不決復訴京師劉瑾方擅政遂削前南京尚書樊瑩都御史高銓等與化知府張嶺以郎承勘斥爲民祐祿皆信之曾孫也　陳壽坐延綏倉儲虧損罰米二千三百石布千五百匹貧不能償上章自訴劉瑾廉知壽貧特免之　謝湖之被逮也委罪於潘蕃韋經毛銳經復委罪於劉大夏劉瑾以嚴纍勇士事怨大夏劉宇與焦芳譖曰籍大夏家可當邊費十二遂幷逮四人大夏方鋤菜園中入室攜數百錢跨小驢就道至京繫錦衣衛獄瑾欲坐以激變律死王鏊曰岑猛但遷延不行耳未叛何名激變屠滽亦持不可李東陽復婉解瑾詗大夏家實貧謾罵曰卽不死可無戍耶乃坐大夏以不聽蕃言蕃不能撫猛俱戍極邊初擬廣西芳曰是送大夏歸也辛酉戍大夏蕃於肅州革銳太子太傅幷歲祿之半大夏年已七十三布衣徒步過大明門下叩首而去觀者歎息泣下父老攜筐送食所至爲罷市焚

香祝劉尙書生還比至戍所諸司憚瑾絶饋問儒學生徒傳食之遇
團操輒荷戈就伍所司固辭大夏曰軍固當役也所攜止一僕或問
何不挈子姓曰吾仕宦時不爲子孫乞恩澤今垂老得罪忍令同死
戍所耶尋以廣東應解贓罰諸物多朽敝梧州貯鹽利軍賞銀不以
時解復逮藩下獄大夏及前左布政使沈銳等八百九十九人罰米
輸邊　癸亥振南京饑　湖廣以缺餉告韓福往理之希劉瑾指益
務爲嚴苛覈弘治改元後遇災蠲免民租六百餘萬石指爲積逋劾
所司催科不力自巡撫鄭時以下凡千二百人奏至舉朝駭愕戶部
尙書劉璣等議如福言瑾忽怒福取詔旨報曰湖廣軍民困敝朕甚
憫之福任意苛斂甚不稱朕意其令自劾吏部舉堪代者以聞福引
罪求罷乃召還冬十月辛未南京工部侍郎畢亨振湖廣河南饑
杖何紹正謫海州判官　曹元周經壻也故引爲禮部尙書經固辭
不許強赴召受事數月謝病去　十一月乙未振鳳陽諸府饑　再

以遼東倉庫罰劉大夏及都御史王宗彝等米各千石郎中以下半
之宗彝初名倫文之子也　給事中周鑰勘事淮安將還以劉瑾必
索重賄貸千金於知府趙俊俊許之既而不與鑰計無所出至桃源
自刎死事聞抵俊罪　初吳文度自雲南召爲戶部侍郎劉瑾以雲
南產金寶屢責賄文度無以應會工部尚書李鐩致仕廷推文度及
南京戶部侍郎王珩文度已進南京右都御史遂改南京戶部尚書
與珩俱致仕　前南京尚書樊瑩卒　十二月罷昌平州復爲縣
興安伯絕都督府求應爲後得徐良年五十傭大中橋汲水其從弟
言良祖母故小妻己祖母乃定襄伯郭登女繼妻也良不當襲朝議
郭氏初嘗適人法不得爲正嫡良當襲壬午良遂襲封興安伯詳之
五世孫也
四年春正月憲宗廢后吳氏薨劉瑾欲焚之以滅迹曰不可以成服
王鏊曰服可以不成葬不可以薄也用英宗惠妃禮以葬　籍前都

御史錢鉞家妻子皆謫配劉瑾矯旨言其擅更崇府祿米故也　張綵言於劉瑾曰今天下所饋遺公者非必皆私財往往貸於京師歸則以庫金償或剝小民彼借公名自厚入公者未十一而怨悉歸公何以謝天下瑾大然之會御史胡節巡按山東還厚遺瑾瑾發之捕節下獄少監李宣侍郎張鸞指揮同知趙良按事福建還饋瑾白金二萬瑾疏納金於官而按二人罪其他御史歐陽雲等以故事入賂得禍者甚衆乃遣給事中張襘等十四人分道察核庫藏有司爭厚斂以補帑苞苴之風少衰而掊克益熾天下騷然　二月浙江有司應詔舉懷才抱德之士餘姚周禮徐子元許龍上虞徐文彪至京師劉瑾以四人皆謝遷同鄉而草詔由劉健因欲此爲健遷罪矯旨謂餘姚隱士何多此必徇私援引下禮等錦衣衞獄瑾欲併逮健遷籍其家外議洶洶遷與客圍棊賦詩自若李東陽力爲健遷解焦芳從旁厲聲曰縱貰其罪不當除名耶丙戌旨下削健遷籍禮等並戍邊

劉宇復劾有司訪舉失實自布政使林符而下罰米者十九人遂詔自今餘姚人毋選京官著爲令　三月甲辰振浙江饑　己酉吏部侍郎張綵請不時考察京官從之　江西盜起執南安同知殺官兵夏四月前禮部侍郎黃景下獄幷家屬皆戍邊　劉瑾更舊制令天下巡撫皆入京受敕因而索賄巡撫延綏都御史劉宇不至逮下獄宣府都御史陸完後至命以試職視事已復改南院督江防軍完以都御史試職非故事懼甚賄瑾召爲左僉都御史　時中外大權悉歸劉瑾王鏊初開誠與言間聽納而焦芳專媕阿瑾橫彌甚禍流縉紳鏊不能救力求去疏三上乙亥許致仕鏊既去李東陽勢益孤

孝宗實錄成翰林預纂修者當遷秩所司援會典故事以請五月中旨以劉健等修會典多縻費降李東陽楊廷和俸掌詹事府尚書梁儲庶子毛澄諭德傅珪毛紀侍讀顧清侍講朱希周等皆降官已乃以實錄功復之而加焦芳少師瑾嘗贈諸翰林川扇有入而拜見

者修撰何瑭獨長揖瑾怒不以贈受贈者復拜謝瑭正色曰何僕僕也瑾大怒詰其姓名瑭遂乞致仕去編修崔銑見瑾亦長揖不拜瑾皆以爲傲己清邑子張文冕爲瑾謀主附之者立尊顯清絕不與通瑾欲盡出翰林官於外爲張綵勸沮及是瑾又持前議綵復力沮而芳父子與檢討段炅輩教瑾以擴充政事爲名乃調侍講吳一鵬等二十餘人於南京六部炅堅之子也　六月樂平賊汪澄二作亂執知縣汪和　自劉大夏治河塞北流使仍出清河口弘治末北徙三百里至宿遷小河口去年又北徙三百里至徐州小浮橋及是又北徙一百二十里至沛縣飛雲橋南河故道淤塞水北趨單豐之間河窄水溢決黃陵岡尚家等口曹單田廬多沒豐縣城四面皆水兩岸闊百餘里　劉瑾欲大貴張綵戊子命吏部尙書劉宇兼文淵閣大學士預機務以綵代之宇宴瑾閣中極歡大喜過望明日將入辦事瑾曰爾真欲相耶此地豈可再入宇不得已乃乞省墓去綵一歲中

自郎署長六卿僚友守官如故咸惴惴白事綵厲色無所假借每瑾出休沐公卿往候自晨至晡未得見綵故徐徐來直入瑾小閣歡飲而出始揖衆入衆以是益畏綵見綵如瑾禮綵與朝臣言呼瑾爲老者凡所言瑾無不從變亂舊格賄賂肆行性尤漁色撫州知府劉介娶妾美特擢介太常寺少卿盛服往賀曰何以報我介皇恐謝曰一身外皆公物綵曰命之矣即使人直入內牽其妾輿載而去又聞平陽知府張恕妾美索之不肯令御史張鑰按致其罪擬戍恕獻妾始得論減　秋七月劉瑾患盜賊日甚建議設四鎮捕盜御史寧杲於真定廣平柳尚義順天保定薛鳳鳴江北潘銳江南四人皆無行而杲鳳鳴尤甚瑾所逮捕一家犯鄰里皆坐或瞰河居者以河外居民坐之及爲之囊橐者並令遣戍或自陳獲盜七十人所司欲以新例從事李東陽解之乃免文安人劉六劉七楊虎齊彥名並驍悍善騎射有司召令捕盜頻有功瑾家人梁洪索其賄不得乃誣爲盜杲尙

義繪形捕之破其家六等乃投大盜張茂茂家高樓重屋複壁深窖
素招亡命爲逋逃主宦官張忠與鄰結爲兄弟夤緣馬永成等出入
豹房而爲盜如故河間參將袁彪數敗之忠乃置酒召彪與茂東西
坐酒酣舉觴屬彪字茂曰彥實吾弟也自今毋相厄又舉觴屬茂曰
袁公善爾爾慎毋犯河間彪畏忠唯唯而已　致仕南京尚書張泰
卒　四川賊劉烈等轉掠漢中　八月辛酉遣使覈各邊屯田韓福
往遼東尚寶司卿吳世忠薊州通政叢蘭延綏遼東人聞將括田震
恐福性故刻深所攜同知劉玉等又奉行過當軍士不能堪焚掠將
吏及諸大姓家守臣發帑撫慰之亂始定義州民憤知州貪橫亦聚
衆劫掠獨相戒曰毋驚賀黃門欽聞即諭禍福以身任之衆亦解散
給事中徐仁等極論福罪劉瑾迫公議勒致仕　固原總兵官曹雄
與劉瑾同鄉相親重嘗言故事布按二司及兵備道臣文移達總兵
官者率由都司轉達今邊務亟徵調不時都司遠在會城往返千里

恐誤軍機乞如巡撫大同例徑呈總兵官便曹元希瑾意覆如其言既復受瑾屬奏雄未佩印宜如各邊特賜以重其權乃以延綏總兵官吳江所佩征西將軍印畀之別鑄靖虜將軍印予江　閏九月小王子犯延綏圍吳江於隴州城冬十一月甲子犯花馬池總制尚書才寬禦之沙窩伏發戰死總兵官馬昂與別部亦孛來戰於木瓜山勝之斬三百六十五級曹雄引罪乞解兵柄令子謚齎奏詣京師劉瑾異謚貌妻以從女優詔褒雄令居職如故　劉瑾索金錢於督漕平江伯陳熊熊不應瑾怒會督漕都御史邵寶至京瑾欲使劾熊遣校尉數輩要於左順門危言恐之曰行遣汝張綵曹元自內出語寶曰君第劾平江無後患矣寶曰平江功臣後督漕未久無大過不知所劾綵元默然瑾乃令給事中劾熊併及寶逮熊下錦衣衞獄十二月謫戍海南衞奪誥券勒寶致仕毛銳賄瑾遂起代熊熊陳銳子也劉瑾惡南京禮部尚書孫需追論需撫河南時事罰米輸邊會廷

推需刑部尚書中旨令致仕　給事中李憲顏正請奪劉健謝遷馬文升劉大夏韓文許進等誥命庚戌詔幷追還所賜玉帶服物同時奪誥命者六百七十五人憲諂事劉瑾每帥衆請事盛氣獨前自號六科都給事中時袖白金示同列曰劉公所遺也　兩廣湖廣陝西盜並起　張茂爲寧杲所禽劉六劉七等相率詣京謀自首張忠馬永成爲請於帝且曰必獻萬金乃赦六七不能辦逃去　滿剌加使臣端亞智等入貢其通事亞劉故江西罪人蕭明舉逃入其國者也賂大通事王永序班張字謀往浡泥索寶又賂部吏侯永等僞爲符印擾郵傳還至廣東與端亞智輩爭言遂與同事彭萬春等劫殺之盡取其財物

明紀卷第二十五

賜進士出身工部候補主事虞衡司行走陳鶴纂

卹贈知府銜給雲騎尉世職內閣候補中書孫男克家參訂

武宗紀二 起正德五年庚午訖正德八年癸酉凡四年

五年春正月逮入京明舉淩遲萬春等斬王永減死罰米三百石與張孚侯永並戍邊禮部尚書白鉞等並議罰焦芳署牘尾曰江西士俗故多玩法如彭華尹直徐瓊李孜省黃景等多被物議宜裁減解額五十名通籍者勿選京職著爲令且言王安石禍宋吳澄仕元宜榜其罪使他日毋得濫用江西人楊廷和解之曰以一盜故禍連一方至裁解額矣宋元人物亦欲併案耶乃止芳深惡南人每退一南人輒喜雖論古人亦必詆南而譽北嘗作南人不可爲相圖進劉瑾其總裁孝宗實錄於何喬新彭韶謝遷皆肆誣詆自喜曰今朝廷之上誰如我直 中旨坐楊守隨庇鄉人重獄除名追毀誥命再罰米

二百石從弟江西參政守隅從子廣西參政茂元先後黜歸　中旨
黜南京刑部尚書吳洪禮部尚書張憲戶部侍郎胡富戶部左侍郎
儲巏引疾歸　故尚書秦紘家奴憾紘婦弟楊瑾以紘所遺火礮投
緝事校尉誣瑾畜違禁軍器劉瑾怒歸罪於紘庚辰籍其家無所得
言官張九敘涂敬等復希指劾紘士類嗤之　給事中高澇勘滄州
鹽山牧地劾六十一人及前都御史王璟高銓銓即澇父也詔去職
勿問璟銓並獲免銓先官南京戶部尚書劉瑾勒令致仕復坐事下
獄又坐隆平侯襲爵事除名罰米五百石及是瑾益事操切每遣使
勘核多務苛急承瑾意澇遂并銓在劾中澇後官至光祿少卿以劾
父不齒於人　二月日本使臣宋素卿來貢劉瑾納其黃金千兩賜
飛魚服前所未有也素卿本鄞縣朱縞至蘇州其叔父澄與相見事
覺法當死瑾庇之謂澄已自首並獲免　二月癸巳曹元爲吏部尚
書兼文淵閣大學士預機務元與劉瑾有連自瑾侍東宮即與相結

貪緣躐至卿相然瑣瑣無能在閣中飲酒諧謔而已　廣東副使吳廷舉發總邊中官潘忠二十罪忠亦訐廷舉他事劉瑾矯詔逮廷舉繫錦衣衛獄尋枷之吏部其弟舉人廷弼臥其械下十餘日刑部主事宿進爲奏記張綵乃釋戍雁門　三月甲子大風霾天色晦冥者數日辛未禱雨釋獄囚免正德三年逋賦李東陽等因上詔書所未及者數條帝悉從之而劉瑾峻刑自如刑部尙書劉璟等畏瑾重囚減死者止二人瑾猶以璟無所彈劾詬之璟懼劾其屬王尙賓等三人瑾乃喜　巡按湖廣御史翟唐言四川賊首劉烈僭號設官必將爲大患湖廣陝西壤地相接入竹山可抵荊襄入漢中可抵秦隴今內外壅蔽奬諭戒責率皆虛文宜切圖預備之策劉瑾見壅蔽語惡之兵部尙書王敞希指言今邊滌宿弊唐乃云然宜令指實會瑾怒稍解乃切責而宥之　乙酉江西賊熾右都御史王哲巡視南贛左都御史洪鐘總制川陝河南鄖陽軍務兼振卹湖廣　致仕尙書周

經卒　給事中郗夔出覈延綏戰功劉瑾屬其私人夔念從之則違國典不從則得禍夏四月自經死　大理寺評事羅僑言臣聞人道理則陰陽和政事失則災沴作頃因京師久旱陛下特沛德音釋逋戍之囚弛株連之禁而齋禱經旬雨澤尙滯臣竊以爲天心仁愛未已也陛下視朝或至日昃狎侮羣小號呶達旦其何以承天心基大業乎文網日密誅求峻急盜賊白晝殺人百姓流移載道元氣索然科道知之而不敢言內閣言之而不敢盡此壅蔽之大患也古者進退大臣必有體貌黥劓之罪不上大夫邇來公卿去不以禮先朝忠藎如劉大夏者謫戍窮邊已及三載陛下置之不問非所以待耆舊敬大臣也本朝律例參酌古今足以懲奸而蔽罪近者法司承望風旨巧中善類傳曰賞僭則及淫人刑濫則及善人不幸而過寧僭無濫今之刑罰濫孰甚焉願陛下慎逸游屏玩好放棄小人召還舊德與在廷臣工宵旰圖治并敕法司慎守成律即有律輕情重者亦必

奏請裁決毋擅有輕重庶可上弭天變下收人心時朝士久以言為諱僑疏上自揣必死輿櫬待命劉瑾大怒矯旨詰責數百言令廷臣議罪李東陽力救得改原籍教職　安化王寘鐇性狂誕相者言其當大貴巫王九兒教鸚武妄言禍福寘鐇遂覬望非分寧夏指揮周昂千戶何錦丁廣衞學諸生孫景文孟彬史連輩皆往來寘鐇所會帝遣大理寺少卿周東度寧夏屯田東希劉瑾意以五十畝為一頃又斂銀為瑾賄敲朴慘酷戍將衞卒皆憤怨而巡撫都御史安惟學數杖辱將士妻將士銜刺骨寘鐇知衆怒令景文飲諸武臣酒以言激之諸武臣多願從者又令人結平鹵城戍將等會有邊警參將仇鉞副總兵楊英帥兵出防禦總兵官姜漢簡銳卒六十人為牙兵令昂領之寘鐇遂與錦等定約庚寅設宴邀撫鎮官飲惟學東不至錦昂揮牙兵直入即座上執漢漢奮起怒罵不屈與太監李增鄧廣皆被殺分遣卒殺惟學東於公署漢子奭逃免寧夏中衞都指揮僉

事楊忠李睿罵賊不屈百戶張欽不從逆皆被殺寘鐇遂焚官府釋
囚繫撤黃河渡船於西岸遣人招英鉞皆陽許之英帥衆保王宏堡
衆潰奔靈州鉞引還臥家稱病以所將兵分隸賊營錦等信之時時
就問計寘鐇出金帛犒將士僞署錦大將軍昂廣副將軍魏鎮楊泰
等總兵都護令景文作檄以討劉瑾爲名慶王台浤稽首行君臣禮
給事中段豸劾都督神英老命致仕英素習劉瑾厚賄之因自陳
邊功乞敘錄庚子詔封爲涇陽伯　丙午右都御史楊一清總制寧
夏延綏甘涼軍務神英充總兵官仇鉞副之討寘鐇時方傳鉞降賊
或欲追敕還楊廷和曰鉞必不從賊今知朝廷擢用志當益堅不然
棄良將資敵人耳乃不追辛亥詔赦天下太監張永總督寧夏軍務
叢蘭陳十事中言文武官罰米者鬻產不能償朝臣謫戍刑官妄
引新例鍛鍊成獄沒其家貲校尉偏行邊塞勢焰薰灼人不自保劉
瑾大惡之矯旨嚴責給事中張瓚御史汪賜等遂希指劾蘭瑾方憂

邊事置不問　曹雄聞寘鐇兵起卽統兵壓境上遣都指揮黃正以兵三千入靈州固士卒心檄楊英督靈州兵防黃河都指揮韓斌總兵侯勳參將時源各以兵會英刻期討賊密使蒼頭報仇鉞爲內應令守備史鏞等浮渡河奪船盡泊東岸焚大小二壩積草鉞陰結壯士遣人報官軍旦夕至因紿何錦丁廣宜急出兵守渡口遏東岸兵錦廣果傾營出獨留周昂守城寘鐇以禡牙召鉞鉞稱病亟昂來視鉞方堅臥呻吟伏卒猝起捶殺昂鉞乃披甲橫刀提昂首躍馬大呼壯士皆集徑馳寘鐇第擊殺孫景女史連等十餘人遂禽寘鐇傳其令召錦廣而密諭部曲以反正狀衆遂大潰錦廣單騎走賀蘭山爲西安後衞指揮使周尙文所獲楊泰等先後皆獲擧事凡十有八日而敗鉞迎英衆入械送寘鐇等京師捷聞劉瑾歸功於雄進左都督子謚官千戶鉞竟無殊擢巡按御史閻睿訟其功奪俸三月雄不自安上疏引咎推功諸將降旨慰勞焉　安國等以赦放還叢蘭請收

用劉瑾怒令給事中張瓚等劾諸人皆庸才悉停其加官　五月沔陽賊楊清邱仁等僭稱天王將軍出沒洞庭閒圍岳州陷臨湘官軍屢失利　初焦芳力薦張綵以悅劉瑾覬共爲奸利比綵爲尚書芳父子薦人無虛日綵時有同異遂有隙段炅見瑾暱綵芳勢衰轉附綵盡發芳陰事於瑾瑾大怒數於衆中斥芳父子芳不得已癸未致仕黃中匄閣廕以侍讀隨父歸　六月前吏部尚書馬文升卒年八十五文升有文武才長於應變朝端大議往往待之決尤重氣節厲廉隅直道而行屢起屢仆迄不少貶　帝自稱大慶法王西天覺道圓明自在大定慧佛命所司鑄印以進　丙午劉宇罷　秋七月壬申洪鐘及總兵官毛倫檄都指揮潘勳柴奎布政司陳鎬副使蔣昇擊破楊清邱仁於麻穰灘禽斬七百四十餘人沔陽賊平　楊一清馳至寧夏張永亦至帥五百騎撫定賊黨還次靈州一清與結納相得歡甚知永與劉瑾有隙乘閒扼腕言曰賴公力定反側然此易除

也如國家內患何永曰何謂也一清遂促席畫掌作瑾字永難之曰是家晨夕上前枝附根據耳目廣矣一清慷慨曰公亦上信臣討賊不付他人而付公意可知今功成奏捷請間論軍事因發瑾奸極陳海內愁怨懼變起心腹上英武必聽公誅瑾瑾誅公益柄用悉矯前弊收天下心呂強張承業暨公千載三人耳永曰脫不濟奈何一清曰言出於公必濟萬一不信公頓首據地泣請死上前剖心以明不妄上必爲公動苟得請卽行事毋須臾緩於是永勃然起曰嗟乎老奴何惜餘年不以報主哉　初馬永成谷大用等與劉瑾同爲八虎及瑾專政永成等有所請俱不應皆怨瑾瑾以張永不附己言於帝將黜之南京永知之直趨帝前訴瑾陷己帝召瑾與質方爭辯永輒奮拳毆瑾帝令大用等置酒爲解永出討寘鐇帝戎服送之東華門賜關防金瓜銅斧寵遇甚盛瑾忌之帝方嚮永不能間也瑾好招致術士有俞日明者妄言瑾從孫二漢當大貴兵仗局太監孫和數遺

以甲仗兩廣鎮監潘午蔡昭又爲造弓弩瑾皆藏於家八月瑾兄都
督同知景祥死將以戊戌葬適永捷疏至將以其日獻俘瑾使緩其
期京師藉藉謂瑾將俟百官送葬因作亂事成並禽永永亦慮有變
遂先期入甲午獻俘畢帝置酒勞永瑾等皆侍及夜瑾退永出寘鐇
檄因奏瑾不法十七事帝已被酒俛首曰瑾負我永云此不可緩緩
則奴輩皆虀粉陛下安所歸乎遂執瑾繫於菜廠分遣官校封其內
外私第乙未帝出永奏示內閣降瑾奉御謫居鳳陽乃親籍瑾家得
僞璽一穿宮牌五百及衣甲弓弩衮衣玉帶諸違禁物常所持扇內
藏利七首二帝始大怒曰奴果反趣付獄詔自正德二年後所更政
令悉如舊給事御史交劾大學士焦芳劉宇曹元尚書張綵劉璣王
敞劉璟畢亨張鑾朱恩劉纓李善侍郎柴昇李瀚韓福李遜學陸完
陳震張子麟崔巖夏昂胡諒常麟張志淳都御史楊綸蕭選劉聰魏
訥楊武徐以貞張禴屈直林廷選王彥奇文貴馬炳然大理寺卿張

綸少卿董恬丞蔡中孚張禬通政使司通政吳釴王雲鳳參議張龍
太常寺少卿楊廷儀劉介尚寶司卿吳世忠丞屈銓府尹陳良器府
丞石祿侍讀焦黃中修撰康海編修劉仁檢討段炅吏部郎王九思
王納誨給事中李憲段豸御史薛鳳鳴朱袞秦昂宇文鍾崔哲李紀
周琳等憲慮禍及亦劾瑾六事瑾在獄笑曰李憲亦劾我乎戊戌收
綵等下獄李東陽言臣備員禁近與瑾職掌相關凡調旨撰敕或被
駮再三或徑自改竄或持回私室假手他人或遞出謄黃逼令落藁
真假混淆無從別白臣雖委曲匡持期於少濟而因循隱忍所損亦
多理宜黜罷帝慰留之曹元上疏乞哀己亥許致仕丁未革寧王護
衞時廷訊瑾有問者瑾輒指其人附己廷臣莫敢詰駙馬都尉蔡震
厲聲曰我皇家至戚應不附爾趣獄卒拷掠之瑾乃服罪獄具戊申
磔瑾於市梟其首榜獄詞處決圖示天下族人皆伏誅廷臣黨逆者
綵論死福謫戍元恩震聰訥武恬介黃中海仁憲鳳鳴鍾除名亨昂

閑住善巖諒志淳綸直彥奇良器哲致仕選以貞禴中孚龍祿銓旻
豸袞紀琳九思納誨謫外二漢歎曰吾死固當第吾家所爲皆焦芳
與張綵耳今綵與我處極刑而芳獨晏然豈非寃哉谷大用辭西廠
未幾帝復欲用之李東陽力諫乃止內行廠亦革獨東廠如故己酉
釋謫戍諸臣　削慶王台浤護衛軍革祿三之一戍其承奉長史何
錦等皆伏誅　九月丙辰論平寘鐇功封仇鉞咸寧伯加李東陽特
進左柱國廕一子尚寶司丞進楊廷和少傅子一子中書舍人加戶
部尚書楊一清太子少保死難指揮楊忠李睿百戶張欽贈級致祭
戊午吏部尚書劉忠梁儲並兼文淵閣大學士預機務　己未以
平寘鐇劉瑾功封太監張永兄富泰安伯弟容安定伯　癸未封義
子指揮同知朱德永壽伯太監谷大用兄大寬高平伯馬永成兄山
平涼伯魏彬弟英鎮安伯　廷臣奏劉瑾所變法吏部二十四事戶
部三十餘事兵部十八事工部十三事詔悉釐正如舊制　復平江

伯陳熊爵　起貶謫官尚書孫需等五十三人　劉烈敗而逃諸不逞假其名剽掠巡撫四川都御史林俊繪形捕莫能得會保寧賊藍廷瑞鄢本恕廖惠等繼起勢益張轉寇巴州俊猝遇之華壟單輿抵其營譬曉利害賊羅拜約降淫雨失期復叛去廷瑞自稱順天王本恕自稱刮地王惠自稱埽地王衆十餘萬置四十八總管蔓延陝西湖廣之境廷瑞與惠謀據保寧本恕謀據漢中取鄖陽由荆襄東下俊方議遏通江而惠已至攻陷其城殺參議黃瓚僉事錢朝鳳等遁去適官軍自他郡還賊疑援兵至亦遁俊益發玀狪及石砫土兵助朝鳳進勦參政公勉仁亦會龍灘河漲賊半渡玀狪奮擊之禽斬八百餘人墜崖溺水甚衆俊復遣知府張敏何珊等追敗之門鎮子禽惠廷瑞奔陝西西鄉越漢中三十六盤至大巴山官軍追及復大破之洪鐘乃下令招撫歸者萬餘人　冬十月治河侍郎李堂請起大名三春柳至沛縣飛雲橋築堤三百餘里以障河北徙從之　姚源

賊破安仁縣　復劉健謝遷劉大夏楊守隨林瀚韓文許進艾璞等官仍致仕大夏歸教子孫力田謀食躬扶犂共辛苦稍贏散之故舊宗族預自爲壙志曰無使人飾美俾懷媿地下也　己亥戮張綵尸於市籍其家妻子流海南石文義張文冕等俱誅死曹雄與家屬永戍海南神英亦奪爵以右都督致仕惟錢寧以計免　劉瑾既誅有詔許羣賊自首劉六等乃出詣官兵部奏赦之令捕他盜自效六等憚要束未幾復叛去　南京御史張芹言李東陽謹厚有餘正直不足儒雅足重節義無聞逆瑾亂政東陽爲顧命大臣既不能遏之於始及惡迹既彰又不能力與之抗脂韋順從惟其指使今叛賊底平東陽何力冒功受賞進官廕子何以服人心乞立賜罷斥奪其加恩爲大臣事君不忠者戒帝責其沽名奪俸三月東陽乞休辭廕不許時政事一新而張永魏彬馬永成谷大用猶用事帝嬉遊如故皇子未生多居宿於外又議大興豹房之役建寺觀禁中東陽等憂之前

後上章切諫不報　十一月致仕侍郎謝鐸卒贈禮部尚書謚文肅
重慶人曹弼亡命播州糾衆寇川南謀與藍廷瑞合十二月乙丑
逼江津御史俞緇遁去都指揮龐鳳邀僉事吳景俱走景不可帥典
史張俊迎擊手殺三賊矢被面急收兵入保城已陷大呼寧殺我毋
殺士民賊強之跪不屈遂被殺俊亦死　甲申上太皇太后尊號曰
慈聖康壽皇太后曰慈壽　北部亦卜剌與小王子仇殺亦卜剌竄
西海阿爾禿廝與合逼脅洮西屬番屢入寇巡撫張翼總兵王勛不
能制漸深入邊人苦之　林俊移師擊瀘州賊曹甫且遣人招諭甫
陽聽令使弟瑄劫如故指揮李蔭斬瑄首賊遂移江津分七營將攻
重慶俊發西陽播州土兵助蔭
六年春正月壬子朔掩破其四營賊遁入民家焚之盡斃乘勝擣老
營指揮汪洋等中伏死蔭復進去賊十五里甫以數十騎出遇蔭兵
敗走俊及僉事馬昊等進圍之俘斬及焚死者二千有奇　楊一清

爲吏部尚書一淸於時政最通練而性闊大愛樂賢士大夫凡爲劉
瑾所構陷者率見甄錄朝有所知夕卽登薦大盜躪中原疏請命將
調兵前後凡數上　藍廷瑞收散亡癸酉陷營山僉事王源帥典史
鄧俊禦賊皆被殺賊縱掠蓬劍二州　洪鐘赴四川與林俊議多不
合軍機牽制賊益熾俞緇欲委罪俊遂劾俊累報首功賊終不滅加
鑿井毀寺逐僧徒迫爲賊俊被旨切責　二月丙申賜寘鐇死焚其
屍諸子弟皆死　江西盜益熾撫州則東鄉賊王鈺五徐仰三傅傑
一揭端三等南昌則姚源賊汪澄二王浩八殷勇十洪瑞七等瑞州
則華林賊羅光權陳福一等而贛州大帽山賊何積欽等又起官軍
累年不能克己酉起左都御史陳金總制南畿浙江福建廣東湖廣
軍務許便宜從事都指揮以下不用命者專刑戮　劉六等黨日衆
轉寇山東所至屠城邑殺將吏諸州縣率閉城守或棄城遁或遺之
芻粟弓馬乞毋攻文安諸生趙鐩挈家匿渚中賊將汙其妻女鐩手

格殺二賊賊聚執之遂入其黨爲之魁教賊定部伍無淫掠妄殺檄有司毋走避迎者安堵由是賊勢益橫　楊一清建議遣大臣節制諸道兵三月庚午惠安伯張偉充總兵官右都御史馬中錫提督軍務討直隸河南山東賊偉昇之曾孫也　劉七等至兗州僉事潘珍先設備歸善王當沍帥家衆乘城取護衛弓弩射賊賊引去掠曲阜犯闕里禮拜而去轉入大名真定等處　丙子免被寇州縣稅糧一年　小王子入河套犯沿邊諸堡巡撫延綏都御史黃珂檄副總兵王勛等七將分據要害夾擊敗之督饟侍郎叢蘭言陝西起運糧草數爲大戶侵牟請委官押送每鎭請發內帑銀數萬預買糧草御史張彧清出田畝請蠲免子粒如弘治十八年以前科則靈州鹽課請照例開中召商糴糧軍士折色主者多剋減迄選委鄰近有司散給從之　張永輩用事大臣多與交驩劉忠獨無所顧永遣廖鵬謁忠忠僕隸遇之又卻其餽會忠典會試甫畢帝以試錄文義多舛召李

東陽示之忠知爲中官所掎夏四月癸未乞省墓詔乘傳還抵家再上章乞致仕報許　刑部員外郞宿進疏陳六事言忤逆瑾死者內臣如王岳范亨言官如許天錫周鑰並宜卹贈又附瑾大臣如兵部尙書王敞等及內侍餘黨俱宜斥疏入帝怒將親鞫之命張永召李東陽東陽語永曰後生狂妄且日暮非見君時幸少寛之永入少頃執進至午門杖五十削籍歸　淮安盜起　五月鄢本恕逼劍州判官羅明與子介拒守城陷父子皆罵賊死　馬中賜敗賊於彰德又敗之河間進左都御史時賊勢方熾劉六劉七等自山東犯河南南下湖廣抵山西復自南而北楊虎等由河北入山西縱橫數千里所過若無人諸將率畏懦莫敢當賊鋒或反與之結御史王廷相言大盜四起將帥未能平由將權輕不能禦敵兵機疏不能扼險也盜賊所至鄉民奉牛酒甚者爲效力盜有生殺權而將帥反無之故兵不用命宜假便宜退卻者必斬河南地平曠賊易奔山西地險阻亦縱

深入將帥罪也若陳兵黃河之津使不得西分扼井陘天井使不得東而主將以大軍蹙之則賊進退皆窮可不戰禽矣　王敞不能辦賊罷之刑部尚書何鑑代爲兵部尚書鑑乃選將練兵錄民間材武士令鄉聚悉樹柵浚溝團結相救河南山西兵守黃河斷太行京操班軍留守所在城邑每漕艘運卒一人屯河濱護運道通行旅文武大吏軼賊請敕峻責之而褒縣令能擊賊者　六月山西盜起與楊虎合　賊犯棗強參將宋振禦之不發一矢城遂陷知縣段豸瞋目大呼殺賊而死賊屠其城死者七千人　太監廖堂鎮守河南其弟鵬爲錦衣指揮鵬子鎧冒籍中河南鄉試物議沸騰給事中陳鼎發其事鎧遂除名堂鵬大恨會鼎陳弭盜機宜堂囑權倖摘其語激帝怒下錦衣衛獄掠治謫鼎前籍平江伯貲產附劉瑾增估物價疑有侵盜楊一清救之乃釋爲民鼎迪之四世孫也　山西巡撫都御史王璟製火槍萬餘槍藏箭六皆傅毒藥用以禦寇寇不敢西　楊虎

等自十八盤還破武安掠威曲周武城清河故城景州轉入文安與劉六劉七等合參將桑玉猝遇賊村中六七窘蹙跳民家樓上欲自剄玉素受賊賂故緩之有頃齊彥名持大刀至殺傷數十人大呼抵樓下六七知救至出射殺數人玉大敗僉事許承芳請濟師乃命都督同知張俊充副總兵與參將王琮統京軍千人往討　華林賊陷瑞州通判姜榮方攝府事出走賊執其妻及婢數人問榮所在榮妾竇妙善居別室急取府印投荷池中鮮衣前曰太守統援兵數千出東門捕爾等旦夕授首安得執吾婢賊意其夫人也解先所執數人獨輿妙善出城妙善視隸戚豹在側語以印處曰汝歸語太守自此前行遇井我卽畢命矣至花塢遇井妙善紿賊汲水飲遂跳身入井賊驚救不得而去豹入城告榮取印引至花塢覓井果得妙善屍

洪鐘檄陝西湖廣河南兵分道討藍廷瑞湖廣兵先追及於陝西石泉廷瑞走漢中都指揮金冕圍之陝西巡撫都御史藍章方駐漢中

廷瑞遣其黨何虎詣章乞還川就撫章以廷瑞本川賊急之恐致死陝且受患乃令寃護之出境　復設南贛巡撫以周南爲之　初樂陵知縣許逵之官慨然爲戰守計縣無城督民版築不踰月城成令民屋外築牆牆高過簷啓圭竇才容人家選一壯者執刃伺竇內餘皆入隊伍日視旂爲號違者軍法從事又募死士伏巷中洞開城門秋七月賊至旂舉伏發竇中人皆出賊大驚竄斬獲無遺後數犯數郤之遂相戒不敢近樂陵時盆都知縣牛鸞郯城知縣唐龍汶上知縣左經濬縣知縣陳滯皆能抗賊　馬中錫雖有時望不習兵張偉亦紈袴子見賊強諸將怯度不能破賊乃議招撫謂盜本良民由酷吏貪杲與中官貪黷所激若推誠待之可毋戰降也遂下令賊所在勿捕過勿邀擊饑渴則食飲之降者待以不死賊聞欲就撫相戒毋焚掠猶豫未定趙鐩具疏附奏言今羣奸在朝舞弄神器濁亂海內誅戮諫臣屏棄元老舉動若此未有不亡國者乞陛下睿謀獨斷梟

羣奸之首以謝天下卽梟臣之首以謝羣奸已而復合兵犯文安壬申京師戒嚴癸酉從學士陳霽請詔宣府延綏入援中錫欲戰則兵未集欲撫則賊時向背終不得要領旣建議主撫不能變劉六等聞邊兵且至退屯德州桑園中錫肩輿入其營與酒食開誠慰諭之衆拜且泣送馬爲壽六慷慨請降劉七仰天咨嗟曰騎虎不得下今奄臣柄國人所知也馬都堂能自主乎又偵知朝廷方懸賞格購賊益疑懼徑去焚掠如故獨至故城戒毋犯馬都堂家由是中錫謗大起謂其以家故縱賊言官交劾之下詔切責中錫猶堅持其說以請何鑑謂賊誠解甲則貰死卽不然毋爲所誑旣而六等竟不降　涿州男子王豸嘗刺龍形及人王字於足張永以爲妖人禽之何鑑乞加永封下廷臣議永欲身自封侯引劉永誠鄭和故事風廷臣楊廷和曰永誠從子聚自以戰功封伯耳非永誠身受之也永意沮乃辭免恩澤楊一清言宜聽永讓以成其賢事竟已　置廣西鳳化縣屬思

恩府　八月己卯兵部侍郎陸完兼右僉都御史統京營宣府延綏軍討賊　藍廷瑞既入四川求降洪鐘等令至東鄉聽撫賊意在緩師遷延累月依山結營要求營山縣或臨江市屯其衆遣官爲質鐘令漢中通判羅賢入其營鄢本恕來謁約既定會官軍有殺其樵採者賊復疑懼遂殺賢剽掠如故官軍爲七壘守之賊不得逸其黨漸潰廷瑞以所掠女子詐爲己女結婚於永順土舍彭世麟冀得間逸出世麟密白鐘鐘授方略使圖之及期廷瑞本恕暨其黨王金珠等二十八人咸來會伏發悉就禽惟廖麻子得脫其衆聞變驚潰渡河鐘遣兵追擊俘斬七百餘人加鐘太子太保進林俊右都御史世麟亦被獎賚　甲申劉六犯固安或傳賊且逼京師陸完行及涿州命還軍入衛會副總兵許泰游擊將軍郤永敗楊虎等於霸州賊南走京師始解嚴丙戌召馬中錫及張偉還御史吳堂復劾之皆下獄中錫死獄中偉革爵誅朱振桑玉令完節制諸軍指揮賀勇再敗賊信

安泰追敗之東光半壁店副總兵馮禎以所部千五百人追賊阜城令軍中毋顧首級貪虜獲遂大敗賊逐北數十里俘斬八百六十有奇遂與泰等分兵追擊九月賊東圍滄州前太平知府胡世寧服闋赴京馳入城晝防守計賊攻七晝夜不能拔六七並中流矢乃解而南陷山東縣二十虎亦北殘威縣新河完頻請濟師丙寅再調宣府及遼東兵益其軍　四川賊流入寧羌州沔縣諸處藍章以略陽縣漢中要地無城檄扶風知縣孫壐往城之工未畢賊至縣令嚴順欲去壐拔刀斫坐几曰欲去者視此乃帥寮屬堅守數日城陷壐被執大罵不屈賊臠殺之順逃去誣壐俱逃溺於江以他人屍斂壐子啓視非是訟於朝事得白抵順罪　贛州賊犯新淦執參政趙士賢

冬十月癸未賊陷長山典史李暹戰死甲申圍濟寧焚運舟千二百餘艘轉寇曹州馮禎許泰郤永進擊之禽斬二千餘人獲其魁朱諒

丁酉甘肅副總兵白琮敗小王子於柴溝　致仕尚書閔珪卒年

八十二贈太保諡莊懿　谷大用張忠意賊旦暮平自請督師十一月庚戌詔以大用總督軍務毛銳統總兵官忠監神槍帥京軍討賊

丙辰戶部侍郎叢蘭王瓊振兩畿河南山東　曹甫黨方四亡命恩南復攻南川綦江以窺瀘州林俊益發土兵令副使何珊李鉞等擊之賊敗去初俊與洪鐘議數左中貴子弟欲冒從軍功輒禁止俞緇復構之數被切責比方四敗賊且盡俊辭加秩及賞乞以舊職歸田詔不許辭秩聽其致仕士民號哭追送言官交請留不報　戊午京師地震保定河間二府山東武定州同日皆震霸州連三日十九震辛酉敕修省　以太平倉賜朱德戶部尚書孫交諫不聽　致仕尚書佀鍾卒　乙亥瘞暴骨　楊虎陷宿遷執淮安知府劉祥靈璧知縣陳伯安劉六等縱橫沂莒間道路梗絕　十二月戶部侍郎邵寶以漕運遲滯請復支運法戶部議支運法久廢不可卒復事遂寢

郤永敗賊於濰縣　癸巳禮部尚書費宏兼文淵閣大學士預機

務　甲午清河口至柳舖黃河清三日　楊虎連陷虹永城虞城夏
邑及歸德州永城知縣王鼎夏邑丞安宣死之宣聞賊逼夏邑兼程
抵任甫七日邊兵追賊及之賊退至小黃河渡口百戶夏時設伏蹙
之虎溺死餘賊奔河南推劉惠爲首大敗副總兵白玉軍攻陷沈邱
殺都指揮王保執都指揮潘翀北陷鹿邑有陳翰者與甯龍謀奉惠
爲奉天征討大元帥趙鐩副之翰自爲侍謀軍國重務元帥府長史
與龍立東西二廠治事分其軍爲二十八營以應列宿營各置都督
聚衆至十三萬欲牽制官軍於是惠鐩擾河南劉六及齊彥名等擾
山東黨分爲二上蔡知縣霍恩罵賊支解死妻劉氏自刺死典史梁
逵自經死西平知縣王佐殺賊多亦支解死主簿李銓從死葉縣知
縣唐天恩與父政等七人俱死裕州同知郁采都指揮詹濟里居御
史任賢俱罵賊不屈死賢一家死者十三人固始丞曾基被執使馭
馬不從被殺息縣主簿邢祥已致仕城陷罵賊死睢寧主簿金聲邱

紳義士朱用之迎戰死西華教諭孔環抗駡死萊蕪知縣熊騶主簿韓塘俱不屈死靈壁縣主簿蔣賢戰死賊欲屠鈞州鐩以故尙書馬文升家在城内捨之去攻泌陽燬焦芳家發其先冢求芳父子不得束草若芳像裂之曰吾爲天下誅此賊　四川賊麻六兒等逼川東辛丑副使馮傑追擊於蒼溪俘斬頗衆日晡移營鐵山關賊乘夜衝突傑敗死　陸完擊破賊文安賊南至湯陰完又督諸將追敗之時劉六等衆號數萬而精鋭不過千人餘皆脅從官軍追賊輒驅使前行急則棄之去故捷書屢奏而賊勢不衰　巴喇西國入貢其國絶遠飄流海中歷十年乃得達帝嘉其遠來賜賚有加　谷大用毛鋭帥師駐臨淸劉六等復轉而北謀伺帝省牲南郊乘間犯駕

七年春正月甲寅趨霸州何鑑立奏聞夜設備京師戒嚴令邊兵邀賊召陸完毛鋭谷大用還禦近畿賊知有備西掠保定諸州縣丁巳陷大城知縣張汝舟主簿李銓戰死　己未大祀天地於南郊帝問

何鑑可出否鑑請早出以安人心遂成禮而還　河南巡撫都御史鄧璋請濟師何鑑言山東賊不及萬官軍奚啻十倍緣勢要私人營充頭目撓律攘功失將士心請盡遣若屬還都指揮以下失事即軍前行戮益調邊軍助璋從之　䘏贈霍恩王佐郁采孔環等　何鑑以山東賊劉六劉七齊彥名等責許泰郤永劉暉李鋐以河南賊劉惠趙鐩邢老虎等責馮禎時源神周金輔賊西掠博野攻蠡縣臨城許泰等不敢擊谷大用毛銳與遇於長垣大敗銳傷亡其將印泰救至僅免鑑請召二人還二月丁丑仇鉞爲平賊將軍副都御史彭澤提督軍務太監陸誾監軍討河南賊以畿輔山東賊委陸完禮部尚書傅珪力言誾不宜遣不聽　陸完遣郤永追敗劉六於宋家莊賊南犯滕縣副總兵劉暉大敗之賊奔登萊海套己卯犯萊州指揮僉事蔡顯與三子洪英順力戰死　許逵牛鸞超擢兵備僉事　陳金至江西以屬郡兵不足用奏調廣西狼土兵兵至先討東鄉賊遣參

議徐蕃等分屯要害而令副總兵張勇土官岑墍岑猛統官兵土兵擊賊熟塘進戰南墩追敗之赤岸蔭嶺墍兵縱弩射趫捷若飛禽徐仰三馘王鈺五等克柵二百六十五斬首萬一千六百餘級俘七百五十餘人墍兵要賞千金金靳不與乃縱賊使逸桀黠者多不死尚數千人金急欲成功遂下令招撫　梁山縣主簿時植攝縣事方四等略地拒卻之斬獲數十級三月賊又至城陷大罵不屈妻及九歲女皆自殺　劉惠等駐西平都督僉事馮禎偕副總兵時源參將神周金輔擊敗之賊奔入城官軍塞其門乘夜焚死千餘人斬首稱是餘賊潰而西鄧璋等朝崇王於汝寧宴飲連日賊招散亡勢復振陷鄢陵滎陽汜水鞏圍河南府三日諸軍始集辛未賊屯洛南峴官軍飢疲迎戰右哨金輔不敢渡洛禎及源周方陳而後哨參將姚信所部京軍先馳失利遽遁陳亂賊乘之禎下馬殊死鬬援絕死焉事聞贈禎洛南伯授其子大金都督僉事　江西右參政吳廷舉敗華林

賊於連河　教坊司臧賢請易牙牌製如朝士又請改鑄方印爲傳珪所格不行賢日夜騰謗於諸閹間冀去珪　夏四月番僧乞田百頃爲大慶法王下院中旨下禮部傳珪執奏孰爲大慶法王敢與至尊並書大不敬詔勿問田亦竟止　陸完師次平度檄郤永白玉與游擊温恭三道進攻命副總兵張俊李鋐及許泰劉暉分軍邀其奔逸賊走連戰皆大敗之劉六等三百人變服易馬北走沿途招聚勢復張剽香河寶坻玉田轉攻武清游擊將軍王杲敗歿巡撫都御史甯杲兵亦敗畿輔復震動俊泰永遏之賊由武清西去五月丙午山東賊平先後禽斬二千六百餘人六等轉南至冠縣暉襲敗之指揮張勛又敗之平原賊南奔邳州渡河抵固始　劉惠等聞仇鉞軍將至奔汝州又聞官軍扼要害乃走寶豐復由舞陽遂平轉掠汝州東南敗奔固始抵頴川屯朱臯鎮永順宣慰彭明輔等擊之賊倉猝渡河溺死者二千人餘衆走光山　陳金移師姚源令參政董朴吳廷

舉等分營餘干安仁貴溪鄱陽樂平遏賊甲寅金親統大軍擣賊巢殷勇十重創死張勇督土兵以毒弩射殺洪瑞七成七等俘斬共五千人金喜謂功在旦夕與將吏置酒高會賊覘諸要害無守者乃悉所有賂土兵乘暮遁去時賊絕糧已三日自分必死沿途棄稚弱散婦女及抵貴溪始得一飽遂轉掠衢徽間金知失策亦下令招降賊首王浩八等故僞降以緩官兵攻剽如故　南贛大帽山賊張時旺黃鏞劉隆李四仔等聚衆稱王攻剽城邑延及江西廣東之境數年不靖官軍討之輒敗推官莫仲昭知縣蔣璣指揮楊澤等被執賊勢愈熾周南集諸道兵擊之龍牙禽時旺義民林富別擊斬鏞於鐵阬其他諸砦爲指揮孫堂等所破副使楊璋僉事淩相等亦擊隆四仔禽之先後斬獲五千人仲昭等得逸還　劉六等走湖廣奪舟至夏口丙寅遏副都御史馬炳然於武昌江中殺之復登陸焚漢口爲指揮滿弼等追及六中流矢與子仲淮赴水死劉七齊彥名帥五百人

舟行自黃州順流抵鎮江南京諸司議擇將適都督李昂自貴州罷
官至參贊尙書劉機卽召任之昂以無朝命辭機曰機奉敕有云敕
所不載聽便宜此卽朝命也衆服其膽識機中敷之孫也　河南白
蓮賊趙景隆自稱宋王掠歸德叢蘭遣指揮石堅知州張思齊等擊
斬之　閏月贈孫璽光祿寺少卿　賊楊寡婦以千騎犯濰縣指揮
喬剛禦之賊少卻許逵追敗之高苑令張勛邀之滄州先後俘斬二
百七十餘人未幾賊別部掠德平逵盡殲之　方四陷江津破綦江
薄重慶馬昊夜出百騎舉火擊賊賊驚潰乘之斬獲多遂合玀狪土
兵搏賊賊陳左而伏兵其右昊以正兵當左身帥百騎擣其伏伏潰
趨左左亦潰四奔婺川與曹甫相攻衆遂散四變姓名走爲他將所
獲昊再被獎進副使　彭澤體幹修偉腰帶十二圍大音聲與人語
若叱咤既受命陳便宜十一事厚賞峻罰以激勸將吏比至軍大陳
軍容引見諸將校責以畏縮當死諸將校股栗伏罪良久乃釋遂下

令鼓行薄賊與仇鉞追及劉惠等於光山命諸將神周姚信時源金輔左右夾擊賊大敗斬首千四百有奇湖廣軍亦破其別部賈勉兒於羅田賊沿途潰散自六安陷舒城復還光山至商城官軍追之急賊復南攻六安將陷時源等涉河進敗之七里岡賊趨廬州至定遠西又敗還至六安分其衆爲二惠與趙鐩之弟鐇鎬帥萬餘人北走商城鐩道遇其徒張通及楊虎遺黨數千人勢復振掠鳳陽陷泗宿睢寧定遠彭澤與鉞計使神周追鐩時源金輔追惠姚信追勉兒勉兒鐩復合周信連敗之宿州追奔至應山其衆略盡鐩薙髮懷度牒潛至江夏飯村店軍士趙成執送京師源輔追惠連戰皆捷惠窘走南召指揮王謹追及於土地嶺射中其左目自縊死勉兒數爲都指揮朱忠夏廣所敗獲之項城丁村餘黨邢本道劉資楊寡婦等先後被禽壬辰河南賊平自出師至是凡四月　六月南京告急陸完疾趨而南帝命彭澤仇鉞會完軍進勦賊乘潮上下肆掠操江武靖伯

趙宏澤都御史陳世良遇之敗績死者無算宏澤承慶之子也　磔
流賊趙鐩等於市剝爲魁者六人皮法司奏祖訓有禁不聽尋以皮
製鞍鐙帝每騎乘之鐩臨刑歎曰吾不能手刃焦芳父子以謝天下
死有餘恨　廖麻子及其黨曹甫掠營山蓬州張敏馬昊何珊與總
兵官楊宏等合擊之賊勢蹙洪鐘乃議招撫秋七月敏以單騎詣甫
營甫聽命遂赴軍門受約束歸散其黨麻子忿甫背己殺之幷其衆
轉掠川東連陷銅梁榮昌官軍不敢擊潛躡賊後馘良民爲功土兵
虐尤甚時有謠曰賊如梳軍如篦土兵如鬀　何鑑以羣盜未盡請
留邊將劉暉戍山東時源河南郤永畿輔李鋐淮陽各假總兵之職
俟事寧始罷仇鉞言邊軍久勞風土不習人馬俱病今賊已漸平請
留三之一討賊餘悉遣還廷議二人議俱是請四將各千人鎮壓他
將許泰神周金輔温恭輩俱統所部還邊鎮帝許之命延綏軍徑還
遼東宣府大同軍過闕勞賜帝時好弄兵羣小寵幸者言邊將憨健

過京軍遠甚宜留之京營帝以爲然　給事中王昻論選法之弊指楊一清植私黨帝謫昻一清更申救優旨報聞　江西副使王秩等擊大帽山賊獲何積欽俘斬千七百餘人副使周憲勦平馬腦砦及仙女雞公嶺諸寨先後斬獲千餘人華林賊窘遣諜者詭言饑困狀憲信之移檄會師夾擊他將多觀望憲攻北門三戰賊稍卻癸巳憲與子幹先登逼之賊下木石如雨憲中槍幹前救力戰墮崖死憲創重被執罵不絕口賊支解之軍大潰南昌知府李承勛單騎入其營衆乃復集陳金卽檄承勛討賊賊黨王奇聽撫搜得其衷刃縱使還奇感泣誓死報　丁酉振四川饑　御史周廣陳四事略言三代以前未有佛法況剌麻尤釋教所不齒耳貫銅環身衣赭服殘破禮法肆爲淫邪宜投四裔以禦魑魅奈何令近君側爲羣盜興兵口實哉昔禹戒舜曰毋若丹朱傲惟慢遊是好周公戒成王曰毋若商王紂之迷亂酗於酒德今之伶人助慢遊迷亂者也唐莊宗與伶官戲狎

一夫夜呼倉皇出走臣謂宜遣逐樂工不復籍之禁內乃所以放鄭聲也陛下承祖宗統緒而羣小獻媚熒惑致三宮鎖怨蘭夢無徵雖陛下春秋鼎盛獨不思萬世計乎中人稍有資產猶畜妾媵以圖嗣續未有專養螟蛉不顧祖宗繼嗣者也義子錢寧本宦豎蒼頭濫寵已極乃復攘敓貨賄輕蔑王章甚至投刺於人自稱皇庶子僭踰之罪所不忍言陛下何不慎選宗室之賢者置諸左右以待皇嗣之生諸義兒養子俱奪其名爵乃所以遠佞人也近兩京言官論大臣禦寇不職者陛下率優容即武將失律亦赦不誅故兵氣不揚功成無日川原白骨積如邱山夫出師十萬日費千金今海內困憊已骨見而肉消矣諸統兵大臣如陳金陸完輩可任其優遊玩寇不加切責哉請定期責令成功以贖前罪寧見疏大怒留之不下傳旨謫廣東懷遠驛丞戶部主事曹琥救之吏部擬調琥河南通判寧欲遠竄之乃改尋甸寧怒廣不已使人遮道刺之廣知之易姓名變服潛行四

百餘里乃免兩廣總兵官武定侯郭勛承寧風旨以白金試廣廣拒不受勛伺廣謁御史攝致軍門箠擊幾死御史救之始解勛英之五世孫也　劉七等治舟孟瀆陸完至鎮江留仇鉞防守令温恭以騎駐江北劉暉郤永以舟師趨江陰完帥都指揮孫文傅鎧趨福山港賊懼抵通州颶風大作棄舟走保狼山完命同知羅璋夜導軍登山南壓之八月癸亥齊彥名中槍死七中矢亦赴水死完殲其餘衆而還　以江西臨川縣之孝岡立東鄉縣析金谿進賢餘干安仁四縣地益之又以餘干縣之萬春鄉置萬年縣析鄱陽樂平貴溪三縣地益之以居降人　李承勛令王奇入賊砦說降其黨爲內應而親帥所部登山奇夜拔柵官軍奮而前降者自內出賊遂潰九月乙酉陳金乘勝擊斬羅光權胡雪二華林賊平　四川巡按御史王綸紀功御史汪景芳劾洪鐘縱兵不戢綸復奏鐘樂飲縱游致賊自合州渡江蹈州縣戊子召鐘還以彭澤總制四川軍務　丙申賜義子一百

二十七人國姓御史賀泰諫謫衢州推官　冬十月進仇鉞爵爲侯
陸完左都御史與彭澤並加太子少保蔭一子錦衣衛世百戶又加
楊廷和少師何鑑太子太保鑑言羣盜蕩平民罹兵久乞量免田租
多方振贍黜貪殘長吏停不急工役還民閑故業貸以牛種復其家
三年有訐舊事及怙惡者並置於理悉報可　免河南江西浙江被
災寇者稅糧　十一月壬申時源爲平賊將軍會彭澤討四川賊
初大同游擊將軍江彬赴調過薊州殺一家二十餘人誣爲賊得賞
後與賊戰淮上被三矢其一著面鏃出於耳拔之更戰帝聞而壯之
賊漸平遣邊將還鎮過京師彬與許泰皆留不遣因錢寧得召見帝
見其矢痕呼曰彬健能爾耶彬狡黠強狠貌魁碩有力善騎射談兵
帝前帝大悅擢都指揮僉事出入豹房同臥起嘗與帝弈不遜千戶
周騏叱之彬陷騏搒死左右皆畏彬寧見彬驟進意不平一日帝捕
虎召寧寧縮不前虎迫帝彬趨撲乃解帝戲曰吾自足辦安用爾然

心德彬而嗛寧寧他日短彬帝不應彬知寧不相容顧左右皆寧黨欲籍邊兵自固因盛稱邊軍驍悍勝京軍請互調操練丁亥大同宣府遼東兵畢至帝命留之以京軍往代何鑑力陳不可廷臣集議復極言其害李東陽疏稱十不便帝皆不聽遣中官索草敕坐乾清宮門趣之東陽等終不奉詔帝遂出內降行之尋并調延綏軍入京師號外四家縱橫都市每團練大內間以角觝戲帝戎服臨之與彬聯騎出鎧冑相錯幾不可辨　以金州紫陽堡地置紫陽縣　十二月洪鐘致仕初鐘召還巡撫四川都御史高崇熙恇怯復主撫廖麻子等陽受約崇熙遽罷諸軍令張敏徙開縣臨江市民空其地以處麻子等許給復三年爲請於朝馬昊力爭謂臨江市蜀襟喉上達重敘下連湖湘地土饒衍奈何棄以資賊自遺患崇熙不從昊乃益治兵觀變　丁卯李東陽致仕　免兩畿山東山西陝西被災寇者稅糧陳金累破劇賊而所用土兵貪殘嗜殺剽掠甚於賊有巨族數百

口閭門罹害者所獲婦女率指爲賊屬載數千艘去金方倚其力不爲禁又不能持廉軍資頗私入士民皆深怨之及諸賊盡平而王浩八等終不能得給事中黎奭及兩京言官交章劾金

八年春正月癸酉召金還右副都御史俞諫督江西浙江福建諸軍代討賊李鉞爲都督僉事同提督軍務金遂請終喪去　乙酉命許泰領勇敢營江彬領神威營並賜國姓尋立兩官廳選團營及四衞勇士隷西官廳彬及大監江永等掌之正德元年所選官軍隷東官廳泰等掌之自是兩官廳爲選鋒而十二團營且爲老家矣　宣府送迤北降人脫脫太等至京命充御馬監勇士何鑑等言漢魏徙氐羌於關中郭欽江統皆勸晉武早絶亂階苻堅處鮮卑於漢南苻融亦慮其窺測虛實今使降人出入禁中假寵踰分且生慢侮萬一北寇聞之潛使黠賊僞降以爲間諜寧不爲將來患哉不聽　大同有警癸巳叢蘭及僉都御史陳玉巡視居庸龍泉諸關　二月山東巡

按御史張濬言賊所過州縣有子救父婦衞夫罹賊兵刃者凡百十九人皆宜旌表傅珪言所奏人多費廣宜準山西近例於所在旌善亭側建二石碑分書男婦姓名邑里及孝義貞烈大略以示旌揚有司量給殯殮費厥後他方有奏悉以此令從事從之　丙午以平賊功封谷大用弟大亮永清伯陸誾姪永鎮平伯　三月戊子改太平倉爲鎮國府處宣府官軍　甲午以旱敕羣臣修省　廖麻子等執張敏以叛詔逮高崇熙擢馬昊右僉都御史代之　初湖廣鎮溪千戶所筸子坪長官司與貴州銅仁四川酉陽梅桐諸土司犬牙相錯溪麻龍麻陽與銅仁苗龍童保聚衆攻剽土官李椿等實縱之而筸子百夫長龍真與通謀後遂四出劫掠遠近騷然湖廣巡撫都御史劉丙將討之賊入連山深箐爲拒守計夏四月丙帥師破其數寨賊走據天生崖及六龍山貴州巡撫都御史沈林兵繼至連攻破之前後禽童保等二百人斬首八百九十餘級都指揮潘勛又破鎮筸

諸寨禽麻陽等百六十人斬首級如前餘賊遠遁十餘年逋寇盡平璽書奬勵丙實之孫也　雲南蒙自土舍祿祥爭襲父職鴆殺其嫡兄祿仁安南長官司土舍那代助之以兵遂稱亂守臣討平之革蒙自土官改安南長官司爲新安守禦千戶所　庚申御經筵編修何瑭觸忌諱謫開州同知　廖麻子等圍中江將趨成都彭澤馬昊時源數敗賊乙丑游擊閻勳追禽麻子於劍州斬之餘衆走推其黨喻思俸爲主總兵官陳珣追至富村賊僞降因北渡江襲殺都指揮姚震轉入巴山故巢　亦不剌擁衆入討來川遣使詣張翼乞邊地駐牧修貢翼啗以金帛令遠徙遂西掠烏斯藏據之自是洮岷松潘無寧歲　小王子以五萬騎攻大同趣朔州掠馬邑五月辛巳仇鉞充總兵官帥京營兵禦敵於大同鉞上五事請遣還京操邊軍停京軍出征以省公私之擾時不能用鉞既至值寇犯萬全河沙擊之斬首三級而軍士亡者二十餘人寇亦引去　王浩八等流劫浙江開化

俞諫檄嘉興府同知伍文定參將李隆都指揮江洪僉事儲珊討之軍華埠都指揮白宏湖州知府黃衷別營馬金賊黨劉昌三破執宏官軍大挫浩八突華埠洪文定擊敗之追及於孔埠隆珊亦追至池淮破其巢進攻涇田洪以奇兵深入中賊誘與指揮張琳等皆被執文定等殿後得還賊亦遁歸江西德興以洪宏爲質求撫於按察使王秩秩受之爲傳送姚源　六月戊戌河決黃陵岡治河都御史劉愷束手無策奏言帥衆祭告河神越二日河已南徙工部尚書李鐩和之曹單間被害日甚　曲阜爲賊破闕里林廟在曠野巡撫山東都御史趙璜請移縣就闕里從之　初貴州水東宣慰使宋然貪淫所管陳湖等十二馬頭科害苗民而安貴榮欲并然地誘其衆作亂於是阿朵等聚衆二萬餘署立名號攻陷寨堡然僅以身免會阿朵黨洩貴榮情官軍進討貴榮懼自帥所部爲助賊平貴榮已死坐追奪然坐斬然奏世受爵土負國厚恩但變起於榮而身陷重辟乞分

釋詔許依土俗納粟贖罪都御史請以貴筑平伐七長官司設立府縣流官不果然宋氏遂衰子孫守世官衣租食稅聽徵調而已然欽之四世孫也　先是傳珪言春秋二百四十二年災變六十九事今自去秋來地震天鳴雹降星隕龍虎出見地裂山奔凡四十有二而水旱不與焉災未有若是甚者極陳時弊十事語多斥權倖權倖益深嫉之會戶部尚書孫交亦以守正見忤遂矯旨令二人致仕兩京言官交章請留不聽　王浩八奔據貴溪裴源山餘衆復集連營十里俞諫與副使胡世寧畫策令世寧及王秩吳廷舉列屯要害斷其歸路乙卯躬與李鋐冒雨前進賊憑高發矢石官軍幾不支鋐下馬持刀督將士殊死鬬大破之追奔數十里俘斬數千人遂禽浩八餘衆潰散　秋七月南京吏部侍郎儲巏卒巏體貌清羸若不勝衣淳行清修介然自守工詩文好推引知名士辟遠非類不惡而嚴邵寶嘗曰立身當以柴墟爲法柴墟巏號也　陳茂烈之歸也供母之外

不辨一帷治畦汲水身自操作知府閔其勞進二卒助之三日遣之還吏部以其貧祿以晉江教諭不受又奏給月米茂烈言臣素貧食本儉薄故臣母自安於臣之家而臣亦得以自遑其貧非有及人之廉盡己之孝也古人行傭負米皆以爲親臣之貧尚未至是而臣母鞠育艱苦今年八十有六來日無多臣欲自盡心力尚恐不及上煩官給心竊未安奏上不允　八月王浩八餘黨走玉山俞諫李鉉會周南及江西巡撫任漢擊斬七百餘人禽劉昌三餘賊奔姚源諫督吳廷舉等進勦廷舉以胡浩三黨受撫往諭之爲所執居頃之盡得其要領誘使攜貳浩三遂殺其兄浩二內亂鉉督官兵逼之禽浩三

行人傳轍出使襄府半道聞母病請入京省視再往竣事禮部尚書劉春曰無害於使事而可教孝奏許之　免南畿水災稅糧　拜牙卽昏愚淫暴心怵屬部害己滿速兒又甘言誘之拜牙卽欲偕奄克孛剌往奄克孛剌不從奔肅州拜牙卽遂棄城叛入土魯番滿速

兒遣火者他只丁據哈密　喻思俸出走大安鎮陳珣不敢前陝西兵與戰潰賊遂越寧羌犯略陽珣軍鼓譟賊夜走度廣元爲官軍所遏還趨通江巴州招餘黨諸將帥稱病不擊賊九月詔逮珣且讓馬昊　俞諫懲陳金之失一意用兵而任漢懦追賊緩東鄉降賊隸胡世寧號新兵者剽掠如故萬年賊尤衆吏胥多其黨官府動息必知副使李情治峻急衆欲叛李鋐駐師餘干將擊餘賊之未下者賊畏之不敢發會鋐疽發背卒於軍冬十月新兵遂叛萬年賊王垂七胡念二等亦作亂殺情及饒州通判陳達奏碧指揮邢世臣等焚廨舍諫遣參將桂勇等討東鄉賊丁未禽之又發兵討禽萬年賊亂乃定

贈蔣欽光祿寺少卿周璽涂禎等十人俱復官賜祭　陳金之未去江西也提學副使李夢陽與相抗金惡之監司五日會揖巡按御史夢陽又不往揖且敕諸生毋謁上官即謁長揖毋跪御史江萬實亦惡之淮王祐棨府校與諸生爭夢陽笞校祐棨怒奏其事下御史

按治夢陽恐萬實右王訐萬實詔總督行勘金以屬布政使鄭岳夢陽僞撰萬實劾金疏以激怒金幷構岳子沄通賄事寧王宸濠奪民田億萬計民立砦自保宸濠欲兵之岳持不可宸濠遂助夢陽劾岳萬實亦奏夢陽及僞爲奏草事吳廷舉與夢陽有隙上疏論其侵官因乞休不俟命竟去十一月詔遣大理寺卿燕忠往鞫召夢陽羈廣信獄諸生萬餘爲訟冤不聽劾夢陽陵轢同列挾制上官遂以冠帶閑住去岳褫職沄謫戍廷舉奪俸一年　寧王宸濠謀復護衞兵部尙書何鑑力遏之都督白玉以失事罷厚賄豹房諸倖臣求復鑑執不從諸倖臣嗾詞事者發鑑家僮取將校金錢言官遂交章劾鑑鑑致仕去　言官劾俞諫任漢十二月召漢還命諫兼領巡撫　雲南鎭守中官貪橫巡按御史張璞副使晁必登僉事威應期裁抑之爲所誣逮下錦衣獄璞竟拷死必登應期久之乃復職　南京刑部侍郎鄧璋振江西饑　加誠意伯劉基太師謚文成宋濂謚文憲朱善

宋訥並文恪

明紀卷第二十五

明紀卷第二十六

賜進士出身工部候補主事虞衡司行走陳鶴纂

卹贈知府銜給雲騎尉世職內閣候補中書孫男克家參訂

武宗紀三 起正德九年甲戌訖正德十二年丁丑凡四年

九年春正月庚辰乾清宮災楊廷和請帝避殿下詔罪己求直言因與其僚上疏勸帝早朝晏罷躬九廟祭祀崇兩宮孝養勤日講復面奏開言路達下情還邊兵革宮市罷皇店出西僧省工作減織造凡十餘條皆切至帝不省　給事中潘塤言陛下沿昨九年治效未臻災祥迭見臣願非安宅不居非大道不由非正人不親非儒術不崇非大閱不觀兵非執法不成獄非骨肉之親不干政非汗馬之勞不濫賞臣聞陛下好戲謔矣臣以爲入而內庭琴瑟鼓鐘人倫之樂不必遊離宮以爲讙狎羣小以爲快也出而外庭華裔一統莫非臣妾不必收朝官爲私人集遠人爲勇士也聞陛下好佛矣臣以爲南郊

有天地太廟有祖宗錫祉凝庥佛於何有番僧可逐而度僧可止也聞陛下好勇好貨好土木矣臣以爲誅奸遏亂大勇也不須馳馬試劍以自勞三軍六師大武也不須邊將邊軍以自擁任土作貢皇店奚爲闤闠駢闐內市安用阿房壯麗古以爲金塊珠礫也況養豹乎金碧熒煌古以爲塗膏釁血也況供佛乎是數者之好皆可已而不已者也疏入報聞　編修王思言天下之治賴紀綱紀綱之立係君身而已私恩不偏於近習政柄不移於左右則紀綱立而宰輔得行其志六卿得專其職今者內閣執奏方堅而或撓於傳奉六卿擬議已定而或阻於內批此紀綱所由廢也惟陛下抑私恩端政本用舍不以讒移刑賞不以私拒則體統正而朝廷尊矣祖宗故事正朝之外日奏事左順門又不時召對便殿今每月御朝不過三五日每朝進奏不踰一二事其養德之功求治之實宰輔不得而知也聞見之非嗜好之過宰輔不得而知也天下之大四海之遠生民愁苦之狀

盜賊縱橫之由豈能一一上達伏願陛下悉遵舊典凡遇宴閒少賜召問勿以遇災而懼災過而弛然後可以享天下保天命思直之曾孫也　給事中石天柱言今外列皇店內張酒館寵信番僧從其鬼教招集邊卒襲其衣裝甚者結爲昆弟無復尊卑數離深宮馳驅郊外章疏置之高閣視朝月止再三視老成爲贅疣待義子以心腹時享不親慈闈罕至不思前星未耀儲位久虛既不常御宮中又弗預選宗室何以消禍本計久長哉　御史張士隆言陛下前有逆瑾之變後遭劇盜之亂猶不知警方且興居無度狎暱匪人積戎醜於禁中戲干戈於臥內致民困盜起財盡兵疲禍機潛蓄恐大命難保不報　先是廖堂移鎮陝西貪暴如故巡按御史王廷相裁抑之已而堂奏詔辨食御物於蘭州巡按御史劉天和謂非所部辭不往堂奏天和拒命詔逮之部民哭送者萬人廷相已改督京畿學校亦以堂誣奏并逮錮錦衣衞獄久不釋楊一清疏救法司奏當贖杖還職中

旨謫天和金壇縣丞廷相贛榆縣丞刑部主事孫繼芳抗章救不報
一清以陳壽剛果乃起壽撫陝西　二月庚子江彬導帝微行至教
坊司自是數至焉　丙午禮部尚書靳貴兼文淵閣大學士預機務
彭澤時源馬昊督諸軍圍喻思俸西鄉山中癸丑禽之澤遂移漢
中請班師未報而內江賊駱松祥及榮昌賊復熾澤等又移師討平
之又平成都亂卒之執知州指揮者請班師益力詔暫留保寧鎮撫
南京禮部尚書喬宇帥同列言視朝不勤經筵久輟國本未建義
子猥多番僧處禁寺優伶侍起居立皇店留邊兵土木繁興織造不
息凡十事不省　巡撫蘇松都御史王縝請養宗室子宮中定根本
去南京新增內官召還建言被劾諸臣不報　三月俞諫擊臨川賊
斬其魁　寧王宸濠驕橫盡奪諸附王府民廬責民間子錢強奪田
宅子女養羣盜劫財江湖間有司不敢問術士李自然李日芳妄言
其有異表又謂城東南有天子氣宸濠喜時時詗中朝事聞謗言輒

喜或言帝明聖朝廷治郎怒胡世寧上疏曰江西之盜剿撫二說相
持臣愚以爲無難決也已撫者不誅再叛者無赦初起者亟剿如是
而已顧江西患非盜賊寧府威日張不逞之徒羣聚而導以非法上
下諸司承奉太過數假火災奪民廛地採辦擾旁郡蹂藉徧窮鄉臣
恐良民不安皆起爲盜臣下畏禍多懷二心禮樂刑政漸不自朝廷
出矣請於都御史俞諫任漢中專委一人或別選公忠大臣鎭撫敕
王止治其國毋撓有司以靖亂源銷意外變章下兵部時漢已召還
兵部尚書陸完議令諫計賊情撫剿之宜至所言違制擾民疑出僞
託宜令王約束之報可　陸完嘗爲江西按察使寧王宸濠雅重之
時召與曲宴以金罍爲贈及爲兵部尚書宸濠致書慇陳舊好欲復
護衞及屯田完答書令以祖制爲詞宸濠遂遣人輦金帛鉅萬寓所
善教坊臧賢家徧遺用事貴人屬錢寧爲內主比奏下完遂爲覆請
而以屯田屬戶部請付廷議費宏從弟編修寀與宸濠爲姻婭聞其

有異謀以告宏宏入朝完迎問曰寧王求護衛可復乎宏曰不知當年革之者何故完曰今恐不能不予宏峻卻之及中官持奏至閣宏極言不當予夏四月丁酉諸嬖人乘宏讀廷試卷取中旨行之命下舉朝譁然六科給事中高淓等十三道御史汪賜等力爭章並下部久不覆　復升昌平縣爲州　河南巡按御史江良貴言睢陽諸生孫清幼孤事母孝母歿未葬流賊至守柩不去賊兩經其門皆不入里人多賴以全又徐儀女雪梅嚴清女鋭兒皆不受賊汚憤罵被殺又沭陽諸生沈麟以知府劉祥縣丞程儉爲賊所執挺身詣賊開陳利害願以身代賊義之祥儉獲釋請皆如制旌表事下禮部用傅珪前議行　錢寧數偵費宏事無所得以御史余珊嘗劾寀不當留翰林卽指爲宏罪中旨責陳狀宏乞休五月乙丑命並寀致仕寧遣騎伺宏後抵臨清焚其舟資裝盡燬宏歸杜門謝客宸濠復求與通宏謝絶之宸濠益怒　滿速兒遣火者馬黑木赴甘肅投謾書要索金

幣總制鄧璋甘肅巡撫趙鑑以聞請遣大臣經略楊廷和等共薦彭澤己丑命澤總督軍務經理哈密　南京給事中徐文溥言曩因寧藩不靖英廟革其護衞屯田及逆瑾亂政重賄謀復瑾旣伏誅陛下又革之正欲制以義而安全之耳乃曰驅使乏人夫宴居深邃靡征討之勞安享尊榮無居守之責何所用而乏人且王暴行大彰剝削商民挾制官吏招誘無賴廣行劫掠致舟航斷絕邑里蕭條萬民莫不切齒及今止之猶恐不逮顧可縱之加恣假翼於虎乎貢獻本有定制乃無故馳騁飛騎出入都城伺察動靜今海內多故天變未息意外之虞實未易料宜裁以大義勿徇私情罪其獻謀之人逐彼偵事之使宗社幸甚疏入陸完乃請納諫官言帝責文溥妄言不許

六月俞諫遣李隆擊新淦賊賊踞萬山中僭稱王且八年隆等深入悉就擒俘斬千七百餘人劇賊徐九齡者初嘯聚建昌醴源已出沒江湖間積三十年黃州德安九江安慶池州太平咸被其害諫討斬

之羣盜悉平　工部員外郎韓邦靖言廷臣頃因災變極陳闕失未
見聽納前後以言獲罪者未蒙召用乞開延攬採擇之門以收人心
帝大怒下邦靖錦衣衛獄給事中李鐸等以爲言乃奪職爲民詔自
今言事黜謫者毋復用　乙卯開雲南銀礦　秋七月乙丑小王子
犯宣府大同連營數十別遣萬騎掠懷安總制都御史叢蘭告急張
永提督軍務都督白玉充總兵官帥京營兵協蘭守禦京師戒嚴撫
寧侯朱麒守紫荊關寧晉伯劉岳守古北口崇信伯費柱守居庸關
保定侯梁永福守倒馬關指揮使房寬守黃花鎮指揮同知吳英守
龍泉關　自亦不剌阿爾禿廝駐甘肅塞外時入寇掠陷堡塞五十
有三張翼及鎮守太監朱彬等冒首功千九百有餘以捷奏者十有
一巡按陝西御史成文盡發其奸翼等賄中人傾文會文劾僉事趙
應龍應龍亦訐文細事遂逮文斥爲民　湖廣清軍御史王相言致
仕尚書劉大夏年已八十請復廩隸錄其子孫中官用事者嗛大夏

不許　八月辛卯朔日有食之　辛丑小王子犯白羊口　乙巳京師地震　己未小王子入寧武關掠忻州定襄寧化九月壬戌以五萬騎自萬全右衞趨蔚州大掠又三萬騎入平虜南城叢蘭等預置毒飯於田間如農家饟而設伏以待敵至中毒伏猝發多死者　江彬勸帝製鋪花氈幄百六十二間如離宮之制以備行幸詔廖堂督成之堂贏金數萬將遺權倖陳壽檄所司留備振復戒諭堂勿假貢獻名有所科取堂怒堂爪牙數十輩散府縣漁利壽命捕之皆逃歸堂將傾壽壽四疏乞休不許擢南京兵部侍郎陝人呼號擁輿移日不得行　庚午帝狎虎被傷不視朝王思言孝宗皇帝之子惟陛下一人當爲天下萬世自重近者道路傳言虎逸於柙驚及聖躬臣聞之且駭且懼陛下卽位以來於茲九年朝宁不勤政太廟不親享兩宮曠於問安經筵怠於聽講揆厥所自蓋有二端嗜酒而荒其志好勇而輕其身由是戒懼之心日忘縱恣之欲日進好惡由於喜怒政

令出於多門紀綱積弛國是不立士氣摧折人心危疑上天示警日食地震宗社之憂懍若朝夕夫勇不可好陛下已薄有所懲矣至於荒志廢業惟酒爲甚書曰甘酒嗜音峻宇雕牆有一於此未或不亡陛下露處外宮日湎於酒厮養雜侍禁衞不嚴卽不幸變起倉卒何以備之此臣所大憂也疏入留中者數日忽傳旨降遠方雜職遂謫潮州三河驛丞思年少氣銳每衆中指切人是非已悔之自斂爲質訥及被謫怡然就道夜過瀧水舟飄巨石上緣石坐浩歌家人後至聞歌聲乃檥舟以濟　冬十月工部主事李中言曩逆瑾竊權勢熖薰灼陛下旣悟誅之無赦聖武可謂卓絶矣今大權未收儲位未建義子未革紀綱日弛風俗日壞小人日進君子日退士風日靡言路日閉名器日輕賄賂日行禮樂日廢刑罰日濫民財日殫軍政日弊瑾旣誅矣而善治一無可舉由陛下惑異端故也夫禁掖嚴邃豈異教所得雜居今乃建寺西華門內延止番僧日與聚處異言日沃忠

言日遠用舍顛倒舉措乖方政務廢弛職此之故伏望陛下翻然悔悟毀佛寺出番僧妙選儒臣朝夕勤講攬大權以絕天下之奸建儲位以立天下之本革義子以正天下之名則所謂振紀綱勵風俗進君子退小人諸事可次第舉矣踰日中旨謫廣東通衢驛丞　己酉工部侍郎劉丙採木四川湖廣　歸善王當沍之郤賊也以健武聞數與卒袁質舍人趙巖較射質巖俱家東平武斷爲鄉人所惡吏部主事梁穀亦東平人少不檢倚惡少爲助既貴頗厭苦之又與千戶高乾有怨邑人西鳳竹屈昂誑穀云質巖且爲亂穀心動因並指乾等告變當沍父魯王陽鑄入長史馬魁譖亦上言當沍欲反帝遣司禮太監溫祥等往按問無迹魁懼事敗乃諷所厚陳環及術士李秀佐證之復以書及賄抵鎮守太監畢真使逮二人詰問已而二人以實對書賄事亦爲真所發巡按御史李翰臣劾穀報怨邀功魁惑王妄奏宜即訊近倖方欲邀功貴翰臣爲叛人掩飾逮繫錦衣獄謫廣

德州判官免穀罪不問御史程啓充等言穀魁鼓煽流言死不蔽罪縱首禍而謫言者非國體不報廷臣議當沍罪卒無所坐坐以藏護衛兵器違祖制十一月辛酉廢爲庶人戍賀等肅州魁誣奏論斬中官送當沍之高牆當沍大慟曰寃乎觸牆死聞者傷之　小王子入花馬池參將尹清戰死　廣西蒼梧賊殺指揮李鎭等　十二月甲寅建乾清宮加天下賦壹百萬　致仕尙書雍泰卒　小王子部長卜兒孩以內難復奔據西海出沒寇西北邊　帝崇信西僧常襲其衣服演法內廠有綽吉我些兒者出入豹房封大德法王因乞令其徒二人還烏斯藏給國師誥命如大乘法王例歲時入貢且得齎茶以行劉春等持不可帝命再議春執奏曰烏斯藏遠在西方性極頑獷雖設西王撫化其來貢必有節制使不爲邊患若許其齎茶給之誥敕萬一假上旨以誘羌人妄有請乞從之則非法不從則生釁害不可勝言帝乃罷齎茶卒與誥命春又言西番俗信佛教故祖宗承

前代舊設立烏斯藏諸司及陝西洮岷四川松潘諸寺令化導番人許之朝貢貢期人數皆有定制比緣諸番僻遠莫辨真僞中國逃亡罪人習其語言竄身在內又多創寺請額番貢日增宴賞繁費乞嚴其期限酌定人數每寺給勘合十道緣邊兵備存勘合底簿比對相同方許起送並禁自後不得濫營寺宇報可

十年春正月癸亥享太廟戊辰大祀天地於南郊皆逮暮成禮給事中王良佐言郊廟之祀天子必省牲必誓戒散齋致齋有常期有專所當祭之日夙駕而往行禮之際無貳爾心期昭假也邇者正月五日躬祀太廟薄暮方出行禮十日郊祀七日當誓戒臣等導駕與百官具朝服候至夜漏下忽傳聞免朝竟不知旨從何出九日車駕當臨齋宮百官莫不晨趨以竢乃薄暮方往倉猝至壇行禮甫畢旋即下營臣愚不知陛下此行果事天耶抑遊幸也及次日駕還復至夜分城門失啓閉之常禁闥縱馳騁之樂一切非時與制又凡令節大

朝賀每至昏暮而司晨之官尚報卯時傳之四方所損非細乞自今
祭祀朝賀之期經筵講書之候起居寢興之節務各及時遵制舉行
不報　民間訛言宮中選女御史張翰言旬日以來有女之家未字
者不擇婿而配及笄者不備禮而成甚至藏于姻黨之家致帷薄之
議京師如此傳之天下驚疑益甚上虧聖化下斁彝倫乞敕禮部榜
諭萬民之惑會有無賴子強舁居民女錦衣衛獲之以聞詔悉付獄
仍令都察院禁約之人心始安　三月楊廷和父卒乞奔喪不許三
請乃許使中官護行仍令葬畢供職　寘鐇之敗其孫鼒材逃爲僧
永寧山中已爲土僧所淩詰官言狀傳至京安化宮人左寶瓶在浣
衣局使驗之咤曰此鼒材殿下也帝念其自歸免死安寘鳳陽　時
寵倖日多糜祿多耗戶部主事戴冠言古人理財務去冗食近京師
勢要家子弟僮奴苟竊爵賞錦衣官屬數至萬餘次者係藉勇士投
充監局匠役不可數計皆國家蠹也歲漕四百萬宿有贏餘近紬水

旱所入不及前而歲支反過之此輩耗三之一陛下何忍以赤子膏血養無用之蠹乎兵貴精不貴多邊軍生長邊土習戰陳足以守禦今遇警輒發京軍而宣府調入京操之軍累經臣下論列堅不遣還不知陛下何樂於邊軍而不爲關塞慮也天子藏富天下務鳩聚爲帑藏是匹夫商賈計也逆瑾既敗所籍財產不歸有司而貯之豹房遂創新庫夫供御之物內有監司外有部司此庫何所用之疏入帝大怒貶廣東烏石驛丞　英國公張懋卒年七十五贈寧陽王謚恭靖懋頗豪侈又頗朘削軍士屢爲言者所糾嗣公凡六十六年握兵柄者四十年尊寵爲勳臣冠　夏四月致仕尚書傅珪卒年五十七遺命毋請卹典撫按以爲言詔廕其子中書舍人　寧王宸濠聞胡世寧劾己大怒列其罪徧賂權倖必欲殺之章下都察院都御史石玠等言世寧狂率當治命未下宸濠奏復至指世寧爲妖言乃命錦衣官校逮捕世寧已還福建按察使取道還里宸濠遂誣世寧逃馳

令浙江巡按御史潘鵬執送江西鵬盡繫世寧家人索之急按察使
李承勛保護之世寧乃亡命抵京師自投錦衣衛獄獄中三上書言
宸濠逆狀卒不省御史徐文華言世寧上爲聖朝下爲宗室竭誠發
憤言甫脫口而禍患隨之良可哀也寧王威燄日以張隱患日以甚
失今不戢容有紀極顧又置世寧重法杜天下之口奪忠鯁之氣弱
朝廷之勢啓宗藩之心招意外之變皆自今日始矣亦不納初世寧
子繼在軍中策方略十不失一世寧草疏劾宸濠繼請曰是且得重
禍世寧曰吾已許國遑恤其他及世寧下獄繼念其父病死　閏月
辛酉吏部尚書楊一清兼武英殿大學士預機務　彭澤久在兵間
厭之及聞經略哈密之命以鄉土爲辭且引疾推鄧璋及仇鉞可任
帝優詔慰勉乃行比至甘州土魯番方寇赤斤沙州諸衛聲言予我
金幣萬即歸哈密城印澤以番人可利啗與趙鑑謀遣通事馬驥諭
令還侵地及王當予重賞滿速兒僞許之歸所掠赤斤蒙古衛印澤

卽令寫亦虎仙賂以幣帛二千及白金酒器一具肅州兵備副使陳九疇奮曰彭公受天子命制邊疆不能身當利害何但模棱爲乃練卒伍繕營壘常若臨大敵澤不俟寫亦虎仙報輒奏事平乞骸骨戊寅召還理院事巡按御史馮時雍言城未歸澤不宜遽召不納　致仕南京右都御史熊繡卒巡撫湖廣都御史秦金頌其清節於朝太僕寺少卿何孟春言繡承繼孫幼且貧無以贍朝夕請如主事張鳳翔孔琦例賜月廩且乞予謚遂謚莊簡給其孫米月一石　六月帝微行出西安門經宿始返梁儲等諫不省　朵顏都督花當恃險而驕數請增貢加賞不許其子把兒孫以千騎毀鮎魚關入馬蘭谷大掠參將陳乾戰死復以五百騎入板場谷千騎入神山嶺又千餘騎入水開洞事聞命副總兵桂勇禦之花當退駐紅羅山匿把兒孫使其子打哈等入朝謝罪詔釋不問　秋七月御史高公韶劾兵部尚書王瓊誤邊計言松潘副將吳坤請增設總兵於成都瓊卽以坤任

之花當本我屬衞日憑陵由本兵非人致小醜輕中國瓊怒訐公韶
中旨責公韶陰結外番交通間諜令首實御史蕭鳴鳳言公韶劾瓊
所論者天下之事瓊不當逞忿恣辯以箝諫官口中旨責鳴鳳黨庇
謫公韶富民典史　帝以太素殿初制樸儉改作雕峻用銀至二千
萬役工匠三千餘人又修凝翠昭和崇智光霽諸殿御馬監鐘鼓司
南城豹房火藥庫皆鼎新之粱儲等切諫不報　給事中張原陳汰
冗食愼工作禁貢獻明賞罰廣言路進德學六事中言天下幅員萬
里一舉事而計臣輒告匱民貧故也民何以貧守令之裒斂中臣之
貢獻爲之也比年軍需雜輸十倍前制皆取辦守令守令假以自殖
又十倍於上供民旣困矣而貢獻者復巧立名目爭新競異號曰孝
順取於民者十百進於上者一二朝廷何樂於此而受之人君馭下
惟賞與罰邇者庸才厮養莫不封侯腰玉或足不出門而受賞身不
履陳而奏功禦敵者竟未沾恩覆軍者多至逃罪此士卒所由解體

也工匠養父母妻子尺籍之兵禦外侮京營之軍衞王室今奈何令民無所賴兵不麗伍利歸私門怨叢公室乎疏入權倖惡之傳旨譴新添驛丞　八月丙寅小王子犯固原　冬十月日者曹祖告其子鼎爲張延齡奴與延齡謀不軌帝下之獄將集羣臣廷鞫之祖仰藥死時頗以祖暴死疑延齡而獄無左證遂解延齡屬天文生董杲草奏辭爵不允　初寧王宸濠劫持羣吏惡巡撫王哲不附己毒之得疾踰年死董傑代哲僅八月亦死自是官其地者惴惴以得去爲幸代傑者任漢俞諫皆歲餘罷歸廷臣推河南布政使孫燧才節著治聲擢右副都御史代諫巡撫江西燧聞命歎曰是當死生以之矣遣妻子還鄉獨攜二童以行時宸濠逆狀已大露南昌人洶洶謂其旦暮得天子燧左右皆其耳目燧防察密左右不得窺獨時時爲宸濠陳說大義宸濠不悛　十一月梁儲等請檢內閣並東閣藏書殘闕者令原管主事李繼先等次第修補　帝惑近習言謂烏斯藏有活

佛能知三生欣然欲見之考永樂宣德間鄧誠侯顯入番故事命中
官劉允乘傳往迎梁儲等言西番之教邪妄不經我祖宗朝雖嘗遣
使蓋因天下初定藉以化導愚頑鎮撫荒服非信其教而崇奉之也
承平之後累朝列聖止因其來而賞賚之未嘗輕辱命使遠涉其地
今忽遣近侍往送幡幢朝野聞之莫不駭愕而允奏乞鹽引至數萬
動撥馬船至百艘又許其便宜處置錢物勢必攜帶私鹽騷擾郵傳
爲官民患今蜀中大盜初平瘡痍未起在官已無餘積必至苛斂軍
民鋌而走險盜將復發況自天全六番出境涉數萬之程歷數歲之
久道途絕無郵置人馬安從供頓脫中途遇寇何以禦之虧中國之
體納外番之侮無一可者所齎敕書臣等不敢撰擬禮部尚書毛紀
六科給事中葉相十三道御史周倫等並切諫帝皆不聽御史林有
年又諫下之獄給事中毛玉抗疏救之有年得薄罰劉允行以珠琲
爲幡幢黃金爲供具攜錦衣官百三十衛卒及私僕隸數千犒賜番

僧以鉅萬計芻糧舟車費以百萬計至臨清漕艘爲之阻滯入峽江舟大難進易以艕艫相連二百餘里抵成都日支官廪百石蔬菜銀百兩治入番器物工人雜造夜以繼日　十二月癸丑朔日有食之

初錢寧欲散鈔偏天下先行之山東爲趙璜所格已而以鈔二萬鬻於浙江浙江左布政使方良永言四方盜甫息瘡痍未瘳浙東西雨雹寧廝養賤流假義子名躋公侯之列賜予無算納賄不貲乃敢攫民財戕邦本有司奉行急於詔旨胥吏緣爲奸椎膚剝髓民不堪命臣何敢愛一死不以聞乞陛下下寧詔獄明正典刑並治其黨以謝百姓寧懼留疏不下遣校尉捕假勢鬻鈔者以自飾於帝而請以鈔直還之民陰召還前所遣使散鈔之謀遂寢寧方得志公卿臺諫無敢出一語良永以外僚訟言誅之聞者震悚良永念母老恐中禍乃三疏乞休去　浙江市舶中官崔瑤藉貢物擾民爲寧波知府翟唐所裁抑且杖其黨王臣臣尋病死瑤奏唐阻截貢獻笞殺貢使帝

怒逮唐下錦衣衞獄巡按御史趙春等交章救給事中范洵言唐被逮日軍民遮道涕泣請宥令還任帝不聽謫唐雲南嵩明州知州淮王祐棨游戲無度左右倚勢暴橫境內苦之長史莊典以輔導失職自免詔不許饒州府推官汪文盛數持王府事有顧嵩者病狂挾刃入王府詰之謬言出文盛指使典白之守臣下文盛獄訊治初祐棨有名琴曰天風環珮寧王宸濠求之不得又求湖濱地不與鎮守太監黎安嘗以事至饒從騎入端禮門被撻宸濠遂嗾安奏祐棨過失及文盛被誣事詔下撫按訊安宸濠不待報遽繫典及府中官校鞫之典辭倨宸濠箠之斃獄中祐棨奏安挾仇殺典庇嵩帝遣都御史金獻民太監張欽往按治祐棨畏宸濠不能自明欽等復庇安言佑棨信奸徒爲暴請嚴戒之軍校坐戍者二十餘人文盛得復官而典冤竟不白　己卯免南畿旱災秋糧　亦不剌寇松潘番人磨讓亦少等乘機亂爲之鄉導西土大震馬昊招土番爲間發兵掩擊之

千戶張倫等夜帥熟番攻破賊獲磨讓亦少亦不剌遁去昊以松潘
地險阻番人往往邀擊饋運乃督參將張傑等修築牆柵自三舍堡
至風洞關凡五十里
十一年春正月癸未朔羣臣待漏入賀日晡始成禮及散朝已昏夜
衆奔趨而出顛仆相踐踏將軍趙朗死於禁門御史程啓充具奏其
狀請帝昧爽視朝以圖明作之治不省　潘塤言陛下始者血氣未
定禮度或踰今春秋已盛更弦易轍此其時也昔太甲處仁遷義漢
武下輪臺之詔皆爲令主況過未浮於太甲悔又早於武帝何愆不
可蓋何治不可建乎不報　二月楊廷和三疏乞終喪許之閣臣之
得終父母喪者自廷和始也　織造中官史宣過沛縣索輓夫千人
知縣胡守約給其半宣怒自至縣捕吏管膕主事王鑾助守約與宣
抗宣誣奏於朝逮繫錦衣衛獄以言官論救守約罷官鑾輸贖還職
宣列黃梃二人於騶前號爲賜棍每以抶人有至死者自都御史以

下莫敢問巡按鳳陽御史張士隆劾奏之　江彬薦萬全都指揮李
琮陝西都指揮神周勇略并召侍豹房賜姓爲義兒毀積慶鳴玉二
坊民居造皇店酒肆建義子府潘塤及御史熊相曹雷復切諫不報
帝令彬兼統四鎮軍自領羣閹善射者爲一營號中軍晨夕馳逐甲
光照宮苑呼譟聲達九門帝時臨閱名過錦諸營悉衣黃罩甲許泰
及琮周等冠遮陽帽帽植天鵝翎貴者三翎次二翎王瓊得賜一翎
自喜甚　初延綏總兵官馬昂罷免有女弟善歌能騎射解外國語
嫁指揮畢春有娠矣昂因江彬奪歸進於帝召入豹房大寵傳陞昂
右都督弟炅杲並賜蟒衣大璫皆呼爲舅賜第太平倉帝幸焉召其
妾昂不應帝怒而起昂復結張忠進其妾杜氏遂傳陞炅都指揮杲
儀真守備昂喜過望又進美女四人謝恩徐文華言中人之家不娶
再醮之婦陛下萬乘至尊乃有此舉返之於心則不安宣之於口則
不順傳之天下後世則可醜誰爲陛下進此者罪可族也萬一防閑

闊略不幸有李園呂不韋之徒乘間投隙豈細故哉今昂兄弟子姪出入禁闥陛下降紬等威與之亂服雜坐或同臥起壞祖宗法莫此爲甚馬姬專寵於內昂等弄權於外禍機竊發有不可勝言者乞早誅以絶禍源不報給事中石天柱帥同官合詞抗論未報又上疏曰臣等請出孕婦未蒙進止竊疑陛下之意將遂立爲己子歟秦以呂易嬴而嬴亡晉以牛易馬而馬滅彼二君者特出不知致墮奸計謂陛下亦爲之耶天位至尊神明之胄尚不易負荷而況么麽之子借使以陛下威力成於一時異日諸王宗室肯坐視祖宗基業與他人乎內外大臣肯俯首立於其朝乎望急遣出以淸宮禁消天下疑卒不報　梁儲等以國本未定請擇宗室賢者居京師備儲貳之選不報　夏四月河南大饑巡撫都御史李充嗣請發帑金移粟振之不足則勸貸富室時流民多聚開封賚糜哺之踰月資遣還鄉　徐文溥偕同官言頃因災異禮部奏請修省伏讀聖諭謂事關朕躬者皆

已知之臣惟茲一念之誠足以孚上帝迓休命矣雖然知之非艱行之維艱陛下誠能經筵講學早朝勤政布寬恤以安人心躬獻享以重宗廟孝養慈闈敬事蒼昊舍豹房而居大內遠嬖倖而近儒臣禁中不爲貿易皇店不以罔財還邊兵於故伍斥番僧於外寺毋昵俳優盡屏義子馬氏已醮之女弗留乎後宮馬昂梟獍之族立奪其兵柄停諸路之織造罷不急之土木汰倉局門戶之內官禁水陸舟車之進奉出留中奏牘以達下情省傳奉冗員以慎名器則陛下所謂事關朕躬非徒知之且一一行之而不轉禍爲福者未之有也報聞

安南社堂燒香官陳暠與二子昺昇作亂殺國王黎賙而自立詭言前王陳氏後仍稱大虞皇帝改元應天　五月庚寅土魯番以哈密來歸　追贈陳選光祿寺卿謚忠愍　致仕兵部尚書劉大夏卒年八十一贈太保謚忠宣大夏嘗言居官以正己爲先不獨當戒利亦當遠名又言人生蓋棺論定一日未死即一日憂責未已朝鮮使

者在鴻臚寺館遇大夏邑子張生因問起居曰吾國聞劉東山名久矣安南使者入貢曰聞劉尙書戍邊今安否其爲外國所重如此

甲辰錄自宮男子三千四百餘人充海戶　振陝西饑　六月給事中呂經等劾山西布政使倪天民陳逵參議孫清登州知府張龍並貪殘爲天下四害龍故劉瑾黨結錢寧爲父得起官者也　秋七月始收泰山碧霞元君祠香錢從鎮守太監黎鑑請也石天柱言祀典惟有東嶽神無所謂碧霞元君者淫祀非禮不可許不省　貴州清平苗阿旁阿階阿革稱王巡撫都御史曹祥調永順保靖土兵討之祥被劾罷以鄒文盛代阿旁等據香鑪山興隆偏橋平越新添龍里諸衞咸被其患文盛至檄川湖兵協剿以貴州兵擣礮木砦禽阿革

胡世寧繫歲餘言官程啓充蕭鳴鳳邢寰等交章救楊一清復以危言動錢寧乃謫戍瀋陽　初廖堂鎮河南假進貢名要求百端繼者以爲常李充嗣言近中官進貢有古銅器窰變盆黃鷹角鷹錦鷄

走狗諸物皆借名科斂外又有拜見銀須知銀及侵扣驛傳快手月錢河夫歇役之屬無慮十餘事科派動數十萬其左右用事者又私於境內抑買雜物擅權商賈貨利乞嚴行禁絕詔但禁下人科取而已　小王子以七萬騎分道入乙未犯薊州白羊口張忠監督軍務左都督劉暉充總兵官帥東西官廳軍禦之山西巡撫都御史李鉞度宣大有備敵必窺岢嵐五臺間乃亟畫戰守策敵果分二萬騎掠偏頭關諸處鉞與延綏副將安國游擊杭雄馳敗之岢嵐州斬首八十餘級獲馬千餘匹　致仕大學士李東陽卒年七十贈太師謚文正東陽立朝五十年清節不渝爲文典雅流麗朝廷大著作多出其手獎成後進學士大夫出其門者悉粲然有所成就　丙午工部侍郎趙璜俞琳飭畿內武備　宣府總兵官潘浩迎敵於賈家灣再戰再敗裨將朱春王唐死之張忠遇敵於老營坡被創走居庸敵遂犯宣府攻破城堡二十殺掠人畜數萬廷議以許泰將兵彭澤總制東

西兩邊軍務初兵部缺尚書廷臣共推澤而王瓊得之且陰阻澤由是有隙澤又使洒常淩瓊瓊愈欲傾之澤時時罵錢寧瓊以語寧寧未信瓊乃邀澤飲匿寧所親屏閒挑澤醉罵使聞之寧果大怒及是詔下罷泰不遣又不命澤總制獨令提督兩游擊兵六千人以行意以困澤澤言臣文臣摧鋒陷陳非臣所能獨任瓊乃奏遣成國公朱輔八月丁巳澤輔帥京營兵防邊庚申賜宛平縣被寇者米人二石已而寇遁召澤等還奪浩三官諸將降罰有差輔儀之子也　四川烏蒙芒部二府壤接筠連洪縣園亘千里山箐深阻諸蠻僰人子羿子仲家子猫子猓狢等雜居其中有僰人子普法惡者通漢語曉符籙妄言彌勒出世自稱蠻王煽諸夷作亂流民謝文禮文義應之都指揮杜琮戰敗文義奪其胄　楊一清故善錢寧有搆之者寧遂蓄怨會災異一清極陳時政中有狂言惑聖聽匹夫搖國是禁廷雜介冑之夫京師無籓籬之託語帝弗省寧與江彬輩聞之大怒使優人

於帝前爲蜚語刺譏一清有考察罷官者嗾武學生朱大周訐一清
陰事以寧爲內主給事御史周金陳軾等交章劾大周妄言請究主
使帝不聽一清乃力請骸骨甲子致仕　丁巳禮部尚書蔣冕兼文
淵閣大學士預機務　南贛盜賊蜂起謝志山據橫水左溪桶岡池
仲容據浰頭皆稱王與大庾陳曰能樂昌高快馬柳州龔福全等攻
剽府縣而福建大帽山賊詹師富等又起巡撫都御史文森稱疾求
去王瓊素奇南京鴻臚寺卿王守仁才薦使代之九月志山合樂昌
賊掠大庾攻南康贛州贛縣主簿吳玭戰死　回賊魏景陽作亂華
陰諸縣悉被害陝西巡撫都御史蕭翀檄都指揮僉事姜奭討之獲
景陽　寫亦虎仙素桀黠陰通滿速兒爲之耳目據城奪印皆其謀
彭澤不知而遣之滿速兒以城印來歸留拜牙郎如故寫亦虎仙復
啗使入寇曰肅州可得也滿速兒悅使其壻馬黑木隨入貢以覘虛
實且徵賄澤已還趙鑑亦遷去巡撫都御史李昆慮他變質其使於

甘州而驅寫亦虎仙出關寫亦虎仙懼弗去滿速兒聞之怒復取哈密分兵據沙州自帥萬騎寇嘉峪關游擊將軍芮寧與參將蔣存禮禦之寧以七百人先遇寇沙子壩寇圍之而分兵綴存禮軍寧軍盡沒遂墮城堡縱殺掠尋復遣斬巴思等以駝馬乞和而陰遺書寫亦虎仙及其姻黨阿剌思罕兒失拜烟答等俾內應陳九疇知賊計執阿剌思罕兒及斬巴思付獄又遣使以綵幣遺瓦剌卜六王於把思闊使乘虛襲土魯番通事毛鑑等故與賊通欲縱寫亦虎仙等去衆番皆伺隙為變九疇覺之戮鑑等賊失內應乃拔帳走　冬十月己酉朔享太廟遣使代行禮徐文華條上宗廟禮儀祧廟禘祫時享出主祔食凡五事末言僖懿二祖既祧太廟祔享諸王宜罷祀皆考證經義可施行者先是文華數進直言帝及諸近倖皆銜之禮部尚書李遜學等阿帝意奏文華言非是命下錦衣衛獄黜為民　韓邦奇為浙江僉事寧王宸濠令內豎假飯僧聚千人於杭州天竺寺邦奇

立散遣之寧府儀賓託進貢假道衢州邦奇詰之曰入貢當沿江下溪自假道歸語王韓僉事不可誑也時中官在浙江者四人王堂爲鎮守晁進督織造崔瑤主市舶張玉管營造爪牙四出民不聊生邦奇疏請禁止又數裁抑堂又閔中官採富陽茶魚爲民害作歌哀之堂遂奏邦奇沮格上供作歌怨謗帝怒逮至京下詔獄廷臣論救皆不聽斥爲民邦奇邦靖之兄也　十一月甲申免湖廣被災稅糧

初右都督毛倫以附劉瑾論死削世廕倫嘗有德於錢寧恃爲內援其子求復襲潘塤等力爭寧從中寢塤等奏忽中旨命塤與呂經各進一階外調舉朝大駭給事中邵錫御史王金等交章請留不報遂添註塤開州同知經蒲州同知　巡按直隸御史盧雍追訟馬中錫冤謂賊實聽撫僉事許承芳忌之潛請益兵疑賊心及賊再受約方至軍門而檻車已就道矣朝廷乃復中錫官賜祭予廕　徐文溥言中官崔瑤史宣劉瑯于喜先後誣逮知府翟唐部曹王鑾王瑞之御

史施儒張經等今韓邦奇又以王堂譖下獄朝廷刑威所及乃在奄侍一言旂校絡繹於道途搢紳駢首於狴犴遠近震駭上下屏氣向一瑾亂政於內今數瑾縱橫於外乞幷下堂法司且追治瑤等誣罔罪帝不聽文溥遂引疾去　王守仁至南贛知左右多賊耳目乃呼老黠隸詰之隸戰栗不敢隱因貰其罪令詗賊賊動靜無弗知於是檄福建廣東會兵先討大帽山賊

十二年春正月督副使胡璉等破賊長富村逼之象湖山指揮覃桓縣丞紀鏞戰死守仁親帥銳卒屯上杭陽退師出不意擣之連破四十餘寨俘斬七千有奇指揮王愷等禽詹師富　己丑大祀天地於南郊遂獵於南海子夜中還御奉天殿受朝賀　二月彭澤總制軍務及張永卻永帥師征滿速兒　張忠劉暉之禦寇也恥無功紀功御史劉澄甫攘安國等岢嵐州之功歸之大行遷賞忠等悉增祿予世廕王瓊亦加少保國時以署都督僉事爲寧夏總兵官僅予實授

國意不平乃具疏力辭爲部卒重傷者乞敘錄瓊請再敘國功始進
都督同知杭雄亦進都督僉事統邊兵操於西內　三月戊戌以兩
淮浙江四川河東鹽課充陝西織造　夏四月壬子靳貴致仕　滿
速兒還至瓜州丙辰副總兵鄭廉合奄克孛剌兵擊敗之斬七十九
級賊遁去　馬昊督指揮曹昱進討普法惡敗之賊走保青山砦昊
分據水口絕其汲道闕南方圍待之賊乏水渴五月突南圍官軍遮
擊普法惡中流矢死諸蠻大奔　丙子禮部尚書毛紀兼東閣大學
士預機務　寧王宸濠日與致仕都御史李士實舉人劉養正等謀
不軌典儀閻順內官陳宣劉良間行詣闕上變錢寧臧賢等庇之不
問順等皆遣戍孝陵宸濠疑出承奉周儀殺儀家及典仗查武等數
百人孫燧列其事中道爲所邀不得達　龔福全稱王巡撫湖廣都
御史秦金先後破砦八十餘斬首二千級禽福全及其黨劉福興等
湖廣鎮守太監杜甫請巡歷所部許之給事中汪天啓等據祖制

力爭不聽　瓦剌卜六王破土魯番三城殺擄以萬計滿速兒畏逼
與之和亦移書甘肅求款彭澤等乃罷行澤尋乞骸骨歸　六月乙
巳朔日有食之　彭澤既去王瓊追論嘉峪之敗請窮詰增幣者主
名錢寧從中下其事梁儲等持之乃已初寫亦虎仙與子米兒馬黑
木婿火者馬黑木及失拜烟答俱以內應繫獄失拜烟答被捶死已
而械寫亦虎仙赴京繫刑部獄失拜烟答子米兒馬黑麻入貢在京
知瓊欲傾澤突入長安門訟父冤下錦衣衛獄會兵部法司請行甘
肅訊報瓊欲因此興大獄奏遣科道二人往勘　秋七月司務林華
評事沈光大皆以杖繫校尉爲錢寧所奏逮下錦衣獄黜光大貶華
一級　王守仁疏言權輕無以令將士請給旗牌提督軍務得便宜
從事王瓊奏從其請乃更兵制二十五人爲伍伍有小甲二伍爲隊
隊有總甲四隊爲哨哨有長協哨二佐之二哨爲營營有官參謀二
佐之三營爲陣陣有偏將二陣爲軍軍有副將皆臨事委用不命於

朝副將以下得遞相罰治乃進兵大庾謝志山乘間急攻南安知府季斅擊敗之副使楊璋等亦生禽陳曰能以歸　廣西府江賊王公珣等爲亂總督都御史陳金調兩廣官軍土兵分爲六大哨按察使宗璽布政使吳廷舉副總兵房閏參將牛桓都指揮魯宗貫王英將之水陸並進斬七千五百六十餘級　江彬旣心忌錢寧欲導帝巡幸遠寧因數言宣府樂工多美婦人且可觀邊釁瞬息馳千里何鬱鬱居大內爲廷臣所制帝然之巡關御史張欽聞之上疏諫曰臣聞明主不惡切直之言以納忠烈士不憚死亡之誅以極諫比者人言紛紛謂車駕欲度居庸遠遊邊塞臣度陛下非慢遊蓋欲親征北寇也不知北寇猖獗但可遣將徂征不宜親勞萬乘英宗不聽大臣六師遠駕遂成己巳之變且匹夫猶不自輕陛下奈何以宗廟社稷之身蹈不測之險今內無親王監國又無太子臨朝外之甘肅有吐番之患江右有羣賊之憂淮南有漕運之艱巴蜀有採辦之困京畿諸

郡夏麥少收秋潦爲沴而陛下不虞禍變欲縱轡長驅覲兵絶塞臣竊危之時朝臣亦切諫不納欽復疏言臣愚以爲乘輿不可出者有三人心搖動供億浩繁一也遠涉險阻兩宮懸念二也北寇方張難與之角三也臣職居言路奉詔巡關分當效死不敢愛身以負陛下亦不報八月甲辰朔帝急裝微服從數十騎如昌平傳報出關甚急乙巳梁儲蔣冕毛紀追及於沙河請回蹕不聽欽使指揮孫璽閉關納門鑰藏之分守中官劉嵩欲詣昌平朝謁欽止之曰車駕將出關是我與君死生之會也關不開車駕不得出違天子命當死關開車駕得出天下事不可知萬一有如土木我與君亦死寧坐不開關死死且不朽已而帝召璽璽曰御史在臣不敢擅離乃更召嵩嵩謂欽曰吾主上家奴也敢不赴欽因負敕印手劍坐關門曰敢言開關者斬夜草疏曰臣聞天子將有親征之事必先期下詔廷臣集議其行也六軍翼衛百官扈從而後有車馬之音羽旄之美今寂然一不聞

輒云車駕即日過關此必有假陛下名出邊勾賊者臣請捕其人明正典刑若陛下果欲出關必兩宮用寶臣乃敢開不然萬死不奉詔己酉使者復來欽拔劍叱之曰此詐也使者懼而返爲帝言御史幾殺臣帝大怒顧左右爲我趣捕殺御史會梁儲等再疏請帝歸京師禮部尚書毛澄侍郎王瓚顧清修撰楊愼等皆切諫欽疏亦至帝不得已乃還丙辰至自昌平戊午夜視朝愼廷和之子也　梁儲等以國無儲副而帝盤遊不息中外危疑力申建儲之請不報　癸亥副都御史吳廷舉振湖廣饑　帝自昌平還意怏怏未已會張欽巡白羊口丙寅帝微服夜出德勝門宿羊房民舍先令谷大用代欽守關辛未帝出關幸宣府問御史安在因命大用毋出京朝官欽聞急趨居庸欲再疏諫不及江彬爲帝建鎭國府於宣府悉輦豹房珍玩女御實其中彬從帝數夜入民家索婦女帝大樂之忘歸稱曰家裏許逵爲江西副使寧王宸濠黨暴橫以法痛繩之言於孫燧曰寧王

敢爲暴者恃權臣也權臣左右之者貪重賄也重賄由於盜藪今惟翦盜則賄息賄息則黨孤燧深然之每事與逵密議　九月辛卯河決城武　壬辰帝如陽和自稱總督軍務威武大將軍總兵官庚子輸帑銀壹百萬兩於宣府戶部尚書石玠持不可帝弗從乃進其半浙江孝豐縣奸民湯麻九反據深山拒捕積二十年莫能制王瓊請密敕勦糧都御史許廷光出不意禽之無一脫者　冬十月癸卯朔帝駐蹕順聖川小王子以五萬騎自榆林入寇甲辰犯陽和掠應州圍總兵官王勛等丁未帝親部署督諸將往援殊死戰寇稍卻戊申復來攻自辰至酉戰百餘合帝將親擊寇杭雄叩馬諫曰主人畜犬不使吠盜奚用犬爲願聽臣等效力帝笑而止辛亥寇引而西追至平虜朔州先後斬十六級官軍死者數百人會大風黑霧晝晦帝乃還駐蹕大同命宣捷於朝杭雄氈帷儆甚帝見之曰老杭窮乃爾耶　王守仁令都指揮許清贛州知府邢珣寧都知縣王天與各一

軍會橫水季斆及守備郟文汀州知府唐淳縣丞舒富各一軍會左溪吉安知府伍文定程鄉知縣張戩遏其奔軼守仁自駐南康去橫水三十里先遣四百人伏賊巢左右進軍逼之賊方迎戰兩山舉幟賊大驚謂官軍已盡犂其巢遂潰乘勝克橫水謝志仁及其黨蕭貴模等皆走桶岡左溪亦破守仁以桶岡險固移營近地諭以禍福賊首藍廷鳳等方震恐見使至大喜刻期出降而珣文定已冒雨奪險入賊阻水陳珣直前搏賊文定與戩自右出賊倉卒敗走遇淳兵又敗諸軍破桶岡志山貴模廷鳳面縛降凡破巢八十有四俘斬六千有奇時秦金亦破龔福全其黨千人突至諸將禽斬之守仁乃還贛州　梁儲以楊廷和服闋屢請召之十一月丁亥廷和至復爲首輔

戊子帝還至宣府使使賜楊廷和羊酒銀幣廷和疏謝因請迴鑾不報　費宏族人與邑奸人李鎮等訟寧王宸濠陰令鎮賊宏鎮等遂據險作亂帥衆攻費氏索宏不得執所與訟者支解之發宏先人

冢毀其家劫掠遠近衆至三千人宏馳使愬於朝下孫燧按狀遣兵剿捕　十二月癸亥楊廷和偕蔣冕等馳至居庸關欲赴行在請帝還宮爲谷大用所扼不得出關而還　閏月丁亥迎春於宣府帝所駐蹕稱軍門中外事無大小白江彬乃奏或壅格至二三歲南京給事中孫懋言彬梟桀憸邪挾至尊出居庸無大臣保護獨處沙漠將半載兩宮違養郊廟不親四方災異迭見盜賊蜂起留彬一日爲宗社一日憂乞立寘重典時中外章奏帝率不省視規主闕者往往得無罪一觸權倖禍立至人皆爲懋危而彬方日侍帝娛樂亦不之見也　致仕尚書李傑卒　王守仁之平詹師富也龍川賊盧珂鄭志高陳英咸請降及征橫水浰頭賊將黃金巢亦以五百人降獨池仲容未下橫水破仲容遣弟仲安來歸而嚴爲戰守備詭言珂志高讐也將襲我故爲備守仁陽杖繫珂等陰使珂弟集兵以待遂下令散兵

明紀卷第二十六

明紀卷第二十七

賜進士出身工部候補主事虞衡司行走陳鶴纂

卹贈知府銜給雲騎尉世職內閣候補中書孫男克家參訂

武宗紀四 起正德十三年戊寅訖正德十六年辛巳凡四年

十三年春正月辛丑朔帝在宣府　王守仁以歲首大張燈樂賜池仲容節物誘使入謝仲容信且疑帥九十三人營教場而自以數人入謁守仁呵之曰若皆我民屯於外疑我乎悉引入祥符宮厚飲食之賊大喜過望益自安守仁留仲容觀燈樂癸卯大享伏甲士於門諸賊入以次悉擒戮之自將抵賊巢連破上中下三浰斬馘二千有奇餘賊奔九連山山橫亙數十里陡絕不可攻乃簡壯士七百人衣賊衣奔崖下賊招之上官軍進攻內外合擊擒斬無遺境內大定初朝議賊勢強發廣東湖廣兵合勦守仁上疏止之不及桶岡既平湖廣兵始至及平浰頭廣東尚未承檄守仁所將皆文吏及偏裨小校

平數十年巨寇如拉朽遠近驚爲神　寧王宸濠外務名高貽書守
仁問學守仁使舉人冀元亨往宸濠語挑之陽不喻獨與之論學宸
濠目爲癡他日講西銘反覆君臣義甚悉宸濠亦服厚贈遺之元亨
反其贈於官　帝以郊祀將回鑾既而復止御史袁宗儒飾同官力
諫丙午帝還自宣府至居庸關笑曰前御史阻我我今已歸矣命羣
臣具綵帳羊酒郊迎楊廷和曰此里俗以施之親舊耳天子至尊不
敢瀆獻帝再使使諭意執不從帝又命朝臣迎駕者用曳繖大帽鸞
帶給事中朱鳴陽言曳繖大帽行役所用非見君服毛澄等請用常
服不許丁未罷南郊致齋庚戌大祀天地於南郊遂獵於南海子辛
亥還宮　南京禮部尚書吳儼等言臣等初聞駕幸昌平曾具疏極
論不蒙採納既聞出居庸幸宣大宰輔不及知羣臣不及從三軍之
士不及衛京師內外人心動搖徐淮以南荒饉千里去冬雨雪爲災
民無衣食安保其不爲盜所禦之寇尙遠隔陰山而不虞之禍或猝

發於肘腋臣所大懼也不報　辛酉帝復如宣府　振兩畿山東水災給京師流民米人三斗瘞死者　賜朱英謚恭簡　近畿盜竊發王瓊請於河間設總兵一人大名武定各設兵備副使一人責以平賊而檄順天保定兩巡撫嚴兵要害爲外防集遼東延綏士馬於行在以護車駕中外恃以無恐　佛郎機據滿剌加地逐其王遣使臣加必丹末等貢方物始通也詔給方物之直遣還　二月己卯太皇太后崩　壬午帝至自宣府　初御史薛鳳鳴坐罪削籍詔事諸佞倖尤善錢寧與從弟鳳翔有隙嗾緝事者發其私刑部疑有冤幷捕鞫鳳鳴鳳鳴懼使其妾訴枉自剄長安門外詞連竇坻知縣周在及素所讎者數十人悉逮付法司而鳳鳴得釋御史許完張士隆先後按治復捕鳳鳴對簿釋周在還職寧怒會士隆劾錦衣千戶廖鎧奸利事言鎧父鵬虐河南人召亂鎧又欲亂陝西乞置其父子於法幷召還廖鑾以釋陝人之憤寧見疏益大恨遂令鳳鳴女告士隆完治

獄偏枉并下錦衣獄謫州判官　江西清軍御史范輅劾鎮守太監
畢真貪虐十五事疏留不下　孫燧念寧王宸濠事訟言於朝無益
乃託禦他寇預爲備先城進賢次城南康瑞州患建昌縣多盜割其
地別置安義縣以漸弭之初燧請復饒撫二州兵備不得乃請敕湖
東分巡兼理之九江當湖衝最要害請重兵備道權兼攝南康寧州
武寧瑞昌及湖廣興國通城以便控制廣信横峯青山諸窰地險人
悍請設通判駐弋陽兼督旁五縣兵又恐宸濠刦兵器假討賊盡出
之他所宸濠瞯燧圖己使人賂朝中倖臣請去燧而遺燧棗梨薑芥
以示意燧笑卻之　江彬遣小校米英執人於平谷恃勢横甚巡關
御史董相收而杖之將以聞彬遽譖相械繫錦衣獄謫判徐州　錦
衣千戶王注撻人至死刑部員外郎劉秉鑑持其獄急錢寧匿注於
家而屬東廠發刑部他事尙書張子麟亟造謝寧立釋注乃已廠衞
校卒至部院白事稱子麟輩曰老尊長　帝欲假啓土爲名復出巡

幸兵部主事陸震抗疏曰日者昊天不弔威降大戚車駕在狩羣情惶惶陛下單騎衝雪還宮百官有司莫不感愴以爲陛下前蔽而今明也乃者梓宮在殯遽擬遠遊臣知陛下之心必有感然不安者且陛下卽位十有二年矣十者千之終十有二者支之終當氣運周會正修德更新時顧乃營宣府以爲居縱騎射以爲樂此臣所深懼也古人君車馬遊畋之好雖或有之至若以外爲主以家爲客挈天下大器賞罰大柄付之於人漠然不關意念此古今所絕無者伏望勉終喪制深戒盤遊不報　修撰舒芬言陛下三年之內當深居不出雖釋服之後固儼然煢疚也且自古萬乘之重非奔竄逃匿未有不嚴侍衛者又等威莫大於車服以天子之尊下同庶人舍大輅袞冕而羸車褻服是御非所以辨上下定禮儀不聽時罷沿道兵衛故芬言及之　石天柱念帝盤遊無度廷臣雖諫帝意不回思所以感動之者乃刺血草疏略曰臣竊自念生臣之身者臣之親也成臣之身

者累朝之恩也感成身之恩欲報之於陛下者臣之心也因刺臣血以寫臣心明臣愚忠冀陛下憐察數年以來天變地震大水奇荒災異不可勝數而陛下不悟禍延太皇太后天之意欲陛下居衰經中悔過自新以保大業也倘或不悟天之意或幾乎息矣喪禮大事人子所當自盡陛下於太皇太后未能盡孝則羣臣於陛下必不能盡忠不忠將無所不至猝有變故人心瓦解矣夫大位者奸之窺也昔太康田於洛汭煬帝行幸江都皆以致敗可不鑒哉方今朝廷空城市空倉廩空邊鄙空天下皆知危亡之禍獨陛下不知耳治亂安危在此行止此臣所痛心爲陛下惜復昧死爲陛下言也凡數千言當天柱刺血時恐爲家人所阻避居密室雖妻子不知疏既上即易服待罪聞者皆感愴然帝竟不悟也　黎鑑假進貢苛斂巡按御史王相檄郡縣毋輒行鑑怒誣奏於朝逮繫詔獄謫高郵州判官御史朱裳代爲巡按抗疏直相劾鑑八罪不赦　川湖兵至貴州鄒文盛與

總兵官李昂等分漢土爲五抵香爐山下山壁立惟小徑五賊皆樹柵仰攻不能克乃制戰樓與崖齊乘夜雨附崖登拔柵焚廬舍賊奔後山據絶頂官軍乘閒梯籐木以上遂禽阿旁餘賊猶堅守不下參將洛忠等詭言招撫自山後擊之殲焉移師討平龍頭都黎都蘭都蓬密西大支馬羅諸砦黑苗先後斬降無算　三月給事御史勘甘肅事還報於彭澤無所坐王瓊怒劾澤妄增金幣遺書議和失信啓釁辱國喪師與李昆陳九疇俱宜罪詔廷臣集議瓊威氣以待衆不敢發石天柱與同官王爌力明澤無罪乃罷澤爲民昆九疇皆逮訊瓊還怒天柱爌取中旨出天柱爲臨安府推官爌惠州府推官瓊又嗾土魯番人在會同館者暴澤過惡以顯擢誘禮部主事張漈令署牒且曰澤所爲南宋覆轍也漈力拒曰王公誤矣澤與土魯番檄具在豈宋和戎比昔范仲淹亦嘗致書元昊寧獨澤也　戊辰帝如昌平夏四月己巳朔謁六陵遂幸密雲黃花鎮江彬等掠良家女數十

車載以隨有死者民間婦女爭避匿永平知府毛思義下令言大喪
未舉車駕必不遠出非有文書妄稱駕至擾民者治以法鎮守中官
郭原以聞立逮下錦衣獄繫半歲謫雲南安寧知州典膳李恭疏請
回鑾指斥彬罪未及上彬逮恭下獄死獄中　復改四川高縣爲州
五月己亥朔日有食之　帝駐蹕喜峯口欲招三衛頭目花當把
兒孫等使悉詣闕宴勞巡按御史劉士元陳四不可汪天啓亦抗章
諫不報帝欲出塞薊州總兵官馬永叩馬諫帝注視久之笑而止先
是帝幸河西務指揮黃勳假供奉擾民士元按之勳懼逃行在因嬖
倖譖於帝云士元聞駕至令民間盡嫁其女藏匿婦人帝怒命裸縛
面訊之野次無杖取生柳榦痛笞之四十幾死囚檻車馳入京幷執
知縣曹俊等十餘人同繫詔獄都御史王璟及給事中御史陳霑牛
天麟等交章論救不報謫士元麟山驛丞　戊申帝至自喜峯口
吏部員外郎何景明爲陝西提學副使廖鑾鎮關中橫甚諸參隨遇

三司不下馬景明執而撻之其教諸生專以經術世務遴秀者於正學書院親爲說經不用諸家訓詁士始知有經學　寧王宸濠令諸司以朝服見范輅不可奏言高皇帝定制王府屬僚稱官後乃稱臣其餘文武及京官出使者皆稱官朝使相見以便服今天下王府儀注制未畫一臣以爲尊無二上凡不稱臣者皆不宜具朝服以嚴大防章下禮官議宸濠馳疏爭之廷臣請如輅言輅又劾宸濠伶人秦榮僭侈治其罪未幾畢真摭他事誣輅逮下錦衣獄　六月庚辰太皇太后梓宮發京師帝戎服從甲申葬孝貞純皇后乙酉至自昌平壬辰迎主祔廟自長安門入舒芬言孝貞皇后作配茂陵未聞失德祖宗之制既葬迎主必入正門昨孝貞之主顧從陛下駕由旁門入他日史臣書之曰六月己丑車駕至自山陵迎孝貞純皇后主入長安門將使孝貞有不得正終之嫌其何以解於天下後世昨祔廟之夕疾風迅雷甚雨意者聖祖列宗及孝貞皇后之靈儆告陛下也宜

明詔中外以示改過不報　秦王請關中閑田爲牧地江彬錢寧張
忠等皆爲之請帝排羣議許之命閣臣草制楊廷和蔣冕引疾帝怒
甚梁儲度不可爭乃上制草曰太祖高皇帝著令茲土不畀藩封非
吝也念其土廣饒藩封得之多蓄士馬富而且驕奸人誘爲不軌不
利宗社王今得地宜益謹毋收聚奸人毋多蓄士馬毋聽狂人謀不
軌震及邊地危我社稷是時雖欲保親親不可得已帝駭曰若是其
可虞事遂寢　秋七月己亥錄應州功陞賞者五萬餘人汪天啓言
是役殺邊民無算六軍多傷今君臣欣喜交賀而軍民繫賊庭南向
號哭臣等何忍受賜　帝從江彬言將徧遊塞上傳旨以邊關多警
命總督軍務威武大將軍總兵官朱壽統六師往征令內閣草敕閣
臣不可帝復集百官左順門面諭楊廷和蔣冕在告梁儲毛紀泣諫
衆亦泣帝意不可回已而紀亦引疾儲獨廷爭累日帝竟不聽　蔣
冕疏諫曰陛下自損威重下同臣子儻所過諸王以大將軍禮見陛

下何辭責之曩睿皇帝北征六軍官屬近三十萬猶且陷於土木今宿衞單弱徑行邊徼寧不寒心請治左右引導者罪不報　丙午帝復如宣府江彬爲威武副將軍　鳳陽守備中官邱德及鎮守延綏寧夏大同宣府諸中官皆乞更敕書兼理民事許之梁儲等極言不可弗聽　八月析廣東龍川縣地置和平縣以河源縣地益之治下洌　乙酉帝如大同　追謚韓雍襄毅何喬新文肅　九月庚子次偏頭關癸丑敕曰總督軍務威武大將軍總兵官朱壽親統六師肅清邊境特加封鎮國公歲支祿米五千石吏部如敕奉行甲寅封江彬爲平虜伯許泰爲安邊伯梁儲暨毛紀言公雖貴人臣耳陛下承祖宗業爲天下君柰何謬自貶損既封國公則將授以誥券追封三代祖宗在天之靈亦肯如陛下貶損否況鐵券必有免死之文陛下壽福無疆何甘自菲薄蒙此不祥之辭名既不正言自不順臣等斷不敢阿意苟從取他日戮身亡家之禍也不報　給事中齊之鸞等

言自古天子亦有親臨戰陳戡定禍亂者成功之後不過南面受賀勒之金石播之歌頌已耳未有加爵酬勞如今日之顛倒者不知陛下何所取義爲此不祥之舉以駭天下耳目貽百世譏笑已又言楊廷和蔣冕毛紀三臣居師保之重身係安危邇者先後稱疾今六飛臨邊踰月矣宗廟社稷百官萬姓寄空城中人心危疑幾務叢集復杜門求決去萬一事起倉卒至於僨敗三臣將何辭謝天下乞陛下以社稷爲重亟返宸居與大臣共圖治理御史李潤等亦爭之皆不省之鑾又請召還編修王思給事中張原陳鼎御史周廣高公韶李熙徐文華李穩施儒劉寓生僉事韓邦奇評事羅僑亦不聽　冬十月戊辰帝渡河己卯次榆林十一月庚子調西官廳及四衛營兵赴宣大壬子次綏德州幸總兵官戴欽第納其女巡按陝西御史張文明馳疏極陳災異且言江彬逢惡導非亟宜行誅朝臣匡救無聞亦宜罰治帝不省既而文明朝行在諸權倖扈從者文明裁抑之所需

多不應張忠等譖於帝言諸生毆旗校文明縱勿治帝怒命械赴京
師下錦衣衛獄　十二月戊寅帝渡河幸石州戊子次太原大徵女
樂納晉府樂工楊騰妻劉氏江彬與近幸皆母事之稱曰劉孃孃
毛澄偕廷臣上疏言去歲以來鑾輿數駕不遑寧居今茲之行又已
半歲宗廟社稷享祀之禮並係攝行萬壽正旦冬至朝賀之儀悉從
簡略臘朔省牲闕而不行遂二年矣今歲律將周郊禋已卜六龍遐
騁旋軫無期皇祖之訓曰凡祀天地精誠則感格怠則禍生今去上
辛纔二旬萬一冰雪阻違道塗梗塞元正上日不及躬執玉帛於上
帝前陛下何以自安且邊地荒寒隆冬尤甚臣等處重城食厚祿仰
思聖體勞頓根本空虛遙望清塵憂心如醉伏祈趣駕速還躬親祼
享宗社臣民幸甚不報　先是連推日食起復皆弗合欽天監漏刻
博士朱裕言至元辛巳距今二百三十七年歲久不能無差若不量
加損益恐愈久愈舛乞簡大臣總理其事令本監官生以古法今法

兩相交驗回回科推驗西域九執法仍遣官至各省候土圭以測節氣早晚往復參較庶交食可正七政可齊禮部言裕及監官數學未必皆精今十月望月食中官正周濂等所推算與古法及裕所奏不同請至期考驗既而濂等言日躔歲退之差一分五十秒今正德乙亥距至元辛巳二百三十五年赤道歲差當退天三度五十二分五十秒不經改正推步豈能有合臣參詳較驗得正德丙子歲前天正冬至氣應二十七日四百七十五分命得辛卯日丑初初刻日躔赤道箕宿六度四十七分五十秒黃道箕宿五度九十六分四十三秒爲曆元其氣閏轉交四應併周天黃道赤道諸類立成悉從歲差隨時改正望敕禮臣併監正董其事禮部言古法未可輕變請仍舊法別選精通數學者同濂等以新法參驗更爲奏請從之　僰蠻之平馬昊遽班師不置戍守及改高縣爲州增高珙筠連田租千八百石令指揮魏武度田奪降人業給之軍民珙縣知縣步梁窺昊意誘殺

降人阿尙杜琮以亡冑故怨謝文義潛使人購其頭文義乘羣蠻怨嗾之遂大訌攻高州及慶符縣破其城琮帥兵禦之大敗死傷七百人孫樾暨巡按御史盧雍黎龍先後劾昊謝文禮文義後爲指揮何卿等所誅　江西大水寧王宸濠素所蓄賊淩十一吳十三閔念四等出沒鄱陽湖孫燧與許逵謀捕之賊遁沙井燧令參議黃宏自江外掩捕夜大風雨不克濟賊走匿宸濠祖墓間燧密疏白其狀且言宸濠必反章七上輒爲宸濠遮獲不得達宸濠恚甚因宴毒燧不死燧乞致仕不許逵勸燧先發後聞燧曰奈何予賊以名且需之士大夫多以宸濠且反爲憂宏正色曰國家不幸有此我輩守土有死而已　岑濬之亂龍州也詔下鎮巡官勦賊而立趙源庶兄浦子相爲源後相弟楷謀於源妻岑氏以僕韋隊子璋詭云遺腹當立爲相所篡事下督府勘未決璋賂鎮守太監傅倫舍人詭稱有詔令岑氏兄子猛調兵二萬納璋龍州左江大震相挈印奔況村總督都御史楊

旦命討璋猛殺璋相乃歸相二子長燧次寶相枝拇寶亦枝拇相絕
愛之曰肖我當立猛乃以寶去髡爲奴旦榮之曾孫也
十四年春正月丙申朔帝在太原甲辰改卜郊壬子還至宣府帝東
西遊幸歷數千里乘馬腰弓矢涉險阻冒風雪從者多道病帝無倦
容　二月命江彬提督十二團營　壬申帝至自宣府　丁巳大祀
天地於南郊遂獵於南海子是日京師地震　初朝鮮康獻王李旦
本名成桂與宰相李仁人異族永樂間降祭海岳祝文稱成桂爲仁
人子載之祖訓其子恭定王芳遠嘗奏辨及修大明會典乃列祖訓
於朝鮮國嗣王懌乃上疏備陳世系辨先世無弒逆事乞改正從之
己丑帝自加太師諭禮部曰總督軍務威武大將軍總兵官太師
鎮國公朱壽將巡兩畿山東祀神祈福其具儀以聞時寧王宸濠久
蓄異謀與近倖相結及命下人情惶懼毛澄等言陛下以天地之子
承祖宗之業九州四海但知陛下有皇帝之號今曰大將軍太師國

公臣等莫知所措夫出此旨者陛下也加此號者陛下也不知受此號者何人如以皇儲未建欲徧告名山大川用祈默相則遣使走幣足將敬矣何必躬奉神像獻寶香如佛老所爲哉因歷陳五不可刑部主事汪金亦疏陳九不可且極言酣酒當戒工部主事何遵抗言淫祀無福萬一宗藩中藉口奉迎潛懷不軌則福未降而禍已隨蓋指宸濠也諸權倖見疏遏勿進庶吉士汪應軫言自下詔以來臣民旁皇莫有固志臨清以南率棄業罷市逃竄山谷苟不卽收成命恐變生不測亦不報　三月析江西上猶縣地置崇義縣以大庾南康地益之桶岡左溪橫水皆屬焉　齊之鸞偕同官及御史楊秉中等交章力諫南巡章入二日未報之鸞等不知所出伏闕俟命自辰至申帝令中官傳諭乃退明日託疾免朝　兵部郎中黃鞏員外郎陸震言陛下臨御以來祖宗之綱紀法度一壞於逆瑾再壞於佞倖又再壞於邊帥蓋蕩然無餘矣天下知有權臣不知有天子亂本已成

禍變將起謹陳當今最急者六事一崇正學臣聞聖人主靜君子慎動陛下盤遊無度流連忘返動亦過矣臣願陛下高拱九重凝神定慮屏紛華斥異端遠佞人延故老訪忠良可以涵養氣質薰陶德性則聖學維新聖政自舉二通言路言路者國家之命脈也古者明王導人以言用其言而顯其身今則不然臣僚言及時政者左右匿不以聞或事關權臣則留中不出而中傷以他事使其不以言獲罪而以他事獲罪由是雖有安民長策謀國至計無因自達雖必亂之事不軌之臣陛下亦何由知臣願廣開言路勿罪其出位勿責其沽名使忠言日進聰明日廣則亂臣賊子亦有所畏而不敢肆矣三正名號陛下無故降稱大將軍太師鎮國公遠近傳聞莫不驚歎如此則誰爲天子者天下不以天子事陛下而以將軍事陛下天下皆爲將軍之臣矣今不削去諸名號昭上下之分則體統不正朝廷不尊古之天子亦有號稱獨夫求爲匹夫而不得者竊爲陛下懼焉四戒遊

幸陛下始時遊戲不出大庭馳逐止於南內論者猶謂不可既而幸宣府矣幸大同矣幸太原榆林矣所至費財動衆郡縣騷然至使民間夫婦不相保陛下爲民父母何忍使至此極也近復有南巡之命南方之民爭先挈妻子避去流離奔踣怨讟煩興今江淮大饑父子兄弟相食天時人事如此陛下又重蹙之幾何不流爲盜賊也奸雄窺伺待時而發變生在內則欲歸無路變生在外則望救無及陛下斯時悔之晚矣彼居位大臣用事中官親暱羣小夫豈有豪髮愛陛下之心哉皆欲陛下遠出而後得以擅權自恣乘機爲利也其不然則亦袖手旁觀如秦越人不相休戚也陛下宜翻然悔悟下哀痛罪己之詔罷南巡撤宣府離宮示不復出發內帑以振江淮散邊軍以歸卒伍雪已往之謬舉收既失之人心如是則天下事尚可爲也五去小人自古未有小人用事不亡國喪身者也今之小人簸弄威權貪溺富貴實繁有徒至於首開邊事以兵爲戲使陛下勞天下之力

竭四海之財傷百姓之心者則江彬爲之也彬行伍庸流凶很傲誕無人臣禮但見其有可誅之罪不聞其有可賞之功今乃賜以國姓封以伯爵託以心腹付以京營重寄使其外持兵柄內蓄逆謀以成騎虎之勢此必亂之道也天下切齒怒罵皆欲食彬之肉陛下亦何惜一彬不以謝天下哉六建儲貳陛下春秋漸高前星未耀祖宗社稷之託遙遙無所寄方且遠事觀遊屢犯不測收置義子布滿左右獨不能豫建親賢以承大業臣以爲陛下殆倒置也伏望上告宗廟請命太后旁諏大臣擇宗室親賢者一人養於宮中以繫四海之望他日誕生皇子仍俾出藩實宗社無疆之福也震草疏將諫見羣疏稱歎因毀己稾與羣連署以進、舒芬汪應軫吏部員外郎夏良勝禮部主事萬潮要諸曹連章入諫衆許諾芬應軫及編修崔桐庶吉士江暉王廷陳馬汝驥曹嘉上疏曰古帝王所以巡狩者協律度同量衡訪遺老問疾苦黜陟幽明式序在位是以諸侯畏焉百姓安焉若陛下之出不過如秦皇漢武侈心爲樂而已非能行巡狩之禮也博浪柏谷其禍亦可鑒矣近者西北再巡六師不攝四民告病哀痛之聲上徹蒼昊傳播四方人心震動故一聞南巡詔書皆鳥驚獸散而有司方以迎奉爲名徵發嚴急江淮之間騷然煩費萬一不逞之徒乘勢倡亂爲禍非細且陛下以鎭國公自命苟至親王國境或據勳臣之禮以待陛下將北向朝之乎抑南面受其朝乎假令循名責實深求悖謬之端則左右寵倖無死所矣尙有事堪痛哭不忍言者宗藩蓄劉濞之釁大臣懷馮道之心以祿位爲故物以朝署爲市廛以陛下爲弈棋以革除年間爲故事特左右寵倖知術短淺無能以此言告陛下耳使陛下得聞此言雖禁門之外亦將警蹕而出尙敢輕騎漫游哉疏入陸完迎謂曰上聞有諫者輒恚欲自引決諸君且休勿歸過君上沽直名芬等不應而出有頃艮勝潮過芬扼腕恨完芬因邀太常寺博士陳九川至酌之酒曰匹夫不可奪志君輩可遂

已乎　夏良勝具疏與萬潮陳九川連署以進言方今東南之禍不獨江淮西北之憂近在輦轂廟祀之鬯位不可以久虛聖母之孝養不可以恆曠宮壼之孕祥尚可以早圖機務之繁重未可以盡委鎮國之號傳聞海內恐生覬覦之階邊將之屬納於禁中詎忘肘腋之患巡遊不已臣等將不知死所矣時舒芬黃鞏陸震疏已前入吏部郎中張衍瑞等十四人刑部郎中陸俸等五十三人繼之禮部郎中姜龍等十六人兵部郎中孫鳳等十六人又繼之醫士徐鏊以其術諫略言養身之道猶置燭然室閉之則堅風暴之則淚陛下輕萬乘習嬉娛躍馬操弓捕魚玩獸瀰復不憚遠遊冒寒暑涉關河膳飲不調餚蔌無擇誠非養生道也况南方卑溼尤易致病乞念宗廟社稷之重勿事鞍馬勿過醉飽喜無傷心怒無傷肝慾無傷腎勞無傷脾就密室之安違暴風之禍臣不勝至願諸疏既入帝與諸倖臣皆大怒癸丑下鞏震良勝潮九川鏊錦衣衛獄芬及衍瑞等百有七人罰

跪午門外五日是時天連曀晝晦禁苑南海子水涌四尺餘橋下七鐵柱皆折如斬金吾衞都指揮僉事張英曰此變徵也駕出必不利乃肉袒戟刃於胸囊土數升持諫疏當蹕道跪哭即自刺其胸血流滿地衞士奪其刃縛送錦衣獄問囊土何爲曰恐汙帝廷灑土掩血耳詔杖之八十遂死震獄中日與鞏講易九卦明處憂患之道同繫者率處分後事震獨無一言江彬欲諸人死絕其飲食震季子體仁年十五變服爲他囚親屬職納橐饘焉甲寅楊廷和等疏救不聽石玠復論救羣小激帝怒嚴旨責之　當禮兵二曹之進諫也行人孟陽語諸僚此舉係社稷安危一命之士皆與有憂當效死遂與司副余廷瓚等陳巡遊十不可通政司獨留之數日至是乃上諸諫者既得罪諸奸又以危言恫喝聞者惴惴大理寺評事林公黼夜草疏與寺正周敘等闔署諫何遵復與同官林大輅蔣山卿上疏極言江彬怙權倡亂黃鞏等無罪願特寬宥毋使後世有殺諫官名疏上帝益

怒乙卯下敘十人廷瓚等二十人大軫等三人錦衣獄掠治尤嚴鞏
與公黼語歎曰吾取友徧天下乃近遺質夫古人謂入險不驚殆斯
人乎　戊午杖舒芬等百有七人於闕下人三十刑部主事劉校照
磨劉珏死杖下是日風霾晝晦芬創甚幾斃舁至翰林院掌院者懼
罪命摽出之芬曰吾官此死此耳校事親孝奔父喪痛哭幾絶杖將
死大呼曰校無恨恨不見老母耳子元妻年十一哭於旁校曰爾讀
書不多獨不識事君致身義乎善事祖母及母毋媿而父遂絶詔謫
芬福建市舶司副提舉孫鳳陸俸張衍瑞姜龍府同知吏部員外郎
姚繼巖等百有二人俱奪俸半歲頊之驗封郎中王鑾禮部員外郎
馮涇亦以被創死　令黃鞏等三十九人跪闕下五日褫冠帶加梏
拲焉衆謂天子且出鞏曰天子出吾當牽裾死之至晚仍繫獄晨入
暮出纍纍若重囚道途觀者無不泣下廷臣以石玠被譴莫敢再言
士民憤爭擲瓦礫詬罵之諸大臣入朝不敢待辨色請下詔禁言事

者通政司遂格不受疏　夏四月甲子朔免南畿被災稅糧　戊寅杖黄鞏等三十九人於闕下鞏陸震夏良勝萬潮陳九川周敘余廷瓚林大輅徐鏊各五十餘三十人四十鏊遣戍烏撒衛鞏等五人除名敘等三十三人謫官以創重死者兵部員外郎陸震工部主事何遵大理寺評事林公黼行人司副余廷瓚行人李紹賢孟陽詹軾劉槪李惠被創死稍後者行人王瀚謫者大理寺正金罍寺副孟廷柯張士鎬郝鳳升傅尚文郭五常評事姚如皋蔡時行人陶滋巴思明李錫顧可久鄧顯麒熊榮楊秦王懋黄國用李儼潘銳劉黻張岳方遵草疏時家僮前抱持哭曰主縱不自計獨不念老親幼子乎遵執筆從容曰爲我謝大人兒子勿令廢學足矣震創甚作書與諸子吾雖死汝等當勉爲忠孝吾筆亂神不亂也方諸曹連章迭諫江彬怒甚陰屬典詔獄者重其杖以故諸臣多死哭聲徹禁掖帝亦爲感動竟罷南巡諸臣之力也江彬使人沿途刺鞏有治洪主事知而匿之

閑行得脫既歸潛心著述或米盡日中未爨宴如也嘗歎曰人生至
公卿富貴矣然不過三四十年惟立身行道千載不朽世人顧往往
以此易彼何也惠鉞之子也　戸部尚書石玠致仕　謫范輅龍州
宣撫司經歷未幾謫張文明電白縣典史　五月己亥詔山東山西
陝西河南湖廣流民歸業者官給廩食廬舍牛種復五年　南京禮
部尚書吳儼卒贈太子少保諡文肅　寧王宸濠以帝未有子深結
左右錢寧臧賢等於帝前稱其賢又賄寧求取中旨召其子司香太
廟寧言於帝用異色龍牋加金報賜異色龍牋者故事所賜監國書
牋也宸濠大喜列仗受賀復勒諸生父老奏闕下稱其孝且勤孫燧
與巡按御史林潮冀藉是少緩其謀乃共奏於朝張忠附江彬欲傾
寧賢乘閑爲帝言寧賢盛稱寧王陛下以爲何如帝曰薦文武百執
事可任使也薦藩王何爲者忠曰賢稱寧王孝譏陛下不孝耳稱寧
王勤譏陛下不勤耳帝曰然下詔逐王府人毋留闕下切責燧等宸

濠方日夜與李士實劉養正謀益遣奸人盧孔章等分布水陸孔道萬里傳報浹旬往返蹤跡大露御史蕭淮上疏謂不早制之將來之患有不可勝言者寧等猶庇之詆淮離閒楊廷和請如宣宗處趙府事遣勳戚大臣宣諭令王自新帝乃令駙馬都尉崔元都御史顏頤壽太監賴義持諭往收其護衛令還所奪官民田　安慶知府張文錦度宸濠必反與都指揮楊銳爲禦備討治戰艦日督士肄水戰瑞州知府宋以方築城繕守具募兵三千日夕訓練宸濠忌之迫鎮守劾繫南昌獄　先是馬昊調松潘兵攻小東路番寨茂州核桃溝上下關番蠻懼遂糾白石羅打鼓諸寨生番攻圍城堡參將芮錫等討之兵敗指揮龐昇等皆死昊又遣副總兵張傑副使吳澧擊松潘南北二路番不利亡軍士三千餘人六月事聞詔遣官逮昊行至河南疏稱疾篤留於家　析福建南靖縣地置平和縣以漳浦縣地益之寧王宸濠聞崔元等且至遂決計反妃婁氏諫不聽乙亥以生辰

宴諸守土官丙子皆入謝宸濠伏兵左右大言孝宗爲李廣所誤抱民間子我祖宗不血食者十四年今太后有詔令我起兵討賊衆相顧愕眙都御史孫燧直前曰安得此言請出詔示我宸濠曰毋多言我往南京汝當扈駕燧大怒曰汝速死耳天無二日吾豈從汝爲逆宸濠怒叱燧燧益怒急起不得出宸濠入內殿易戎服出麾兵縛燧副使許逵奮曰汝曹安得辱天子大臣因以身翼燧宸濠素忌逵問許副使何言逵曰副使惟赤心耳宸濠怒曰我不能殺汝耶逵罵曰汝能殺我天子能殺汝汝反賊萬段磔汝悔何及宸濠大怒幷縛之二人且縛且罵不絕口賊擊燧折左臂與逵同曳出逵謂燧曰我勸公先發者知有今日故也遂同遇害惠民門外斫逵頸屹不動賊衆共推抑令跪卒不能燧生有異質兩目爍爍夜有光死之日天忽陰慘烈風驟起凡數日城中民大恐走收燧逵屍屍未變黑雲蔽之蠅蚋無近者宸濠執御史王金主事馬思聰金山參議黃宏許傚廉布

政使胡濂參政陳杲劉棐僉事賴鳳指揮許金白昂等下獄宏憤怒
以手梏向柱擊項死思聰絕粒六日死參政王綸季斆僉事潘鵬師
夔布政使梁宸按察使楊璋副使唐錦皆從逆以李士實劉養正爲
左右丞相王綸爲兵部尚書署閔念四淩十一吳十三爲將軍集兵
號十萬承奉涂欽與念四等將之大索兵器於城中不得賊多持白
梃招窯賊賊畏守吏不敢發宸濠馳檄指斥朝廷戊寅陷南康己卯
陷九江　興王祐杬薨謚曰獻祐杬嗜詩書容受直言絕珍玩不畜
女樂非公宴不設牲醴楚俗尚巫覡而輕醫藥乃選布良方設藥餌
以濟病者　進賢知縣劉源清聞變積薪環室命家人曰事急火吾
家一僕逸手刃以徇縣中諸惡少與賊通者悉杖殺之宸濠妃弟婁
伯歸上饒募兵源清邀戮之賊檄至立斬其使餘干知縣馬津龍津
驛丞孫天祐亦起兵討賊賊七殿下者奪運舟於龍津天祐與戰殺
數人賊黨募兵至追殺之焚其舟婁氏家衆西下亦爲所遏禽七十

餘人賊兵不敢輕湖東以窺兩浙者三人力也　巡撫應天都御史
李充嗣謂參贊尚書喬宇曰都城守禦屬於公畿輔則充嗣任之乃
自將精兵萬人西屯采石遣使入安慶城中令楊銳等堅守傳檄部
內聲言京邊兵十萬旦夕至趣供饟以紿賊宇談笑自若時擕客宴
城外密察地險易置戍守鎮守中官劉瑯與宸濠通爲預伏死士宇
刺得其情詰瑯用事者瑯懼不敢動宇乃大索城中斬所伏壯士三
百人懸首江上　王守仁奉命勘福建叛軍行至豐城知縣顧佖以
變告守仁急趨吉安吉安士民方爭亡匿伍文定斬亡者一人衆乃
定迎守仁入城設孫燧許逵木主於文天祥祠帥吏民哭之守仁與
文定徵調兵食治器械舟楫傳檄暴宸濠罪俾守令各帥吏士勤王
臨江知府戴德孺斬宸濠使者與家人誓死報國卽日戒嚴贛州知
府邢珣袁州知府徐璉先後至里居都御史王懋中編修鄒守益副
使羅循羅欽德郎中曾直御史張鼇山周魯評事羅僑同知郭祥鵬

進士郭持平降謫驛丞王思李中咸來赴義御史謝源伍希儒自廣東還守仁留之紀功因集衆議曰賊若出長江順流東下則南都不可保吾欲以計撓之少遲旬日無患矣乃多遣間諜檄府縣言都督許泰郤永將邊兵都督劉暉桂勇將京兵各四萬水陸並進南贑王守仁湖廣秦金兩廣楊旦各帥所部合十六萬直擣南昌所至有司缺供者以軍法論又爲蠟書遺李士實劉養正敍其歸國之誠令從臾早發兵東下而縱諜洩之宸濠果疑與士實養正謀則皆勸之疾趨南京即大位宸濠益大疑遲留十餘日乃分兵焚彭澤湖口望江己丑奄至安慶城下舟五十餘艘楊銳張文錦與指揮崔文同知林有祿通判何景暘懷寧知縣王誥等禦之江滸已收兵入城被圍銳文軍城西文錦有祿軍城北景暘誥軍東南城西尤要衝銳晝夜拒戰殺傷賊二百餘斬其間諜賊稍郤池州知府何紹正亦登陴固守秋七月壬辰朔宸濠詗知中外兵不至乃留其黨宜春王拱樤內官

萬銳等守城自帥其衆六萬人號十萬蔽江下舳艫相銜六十餘里
出宋以方於獄脅之降不屈械舟中丁酉至安慶張文錦等慮其徑
下南都令軍士登城詬之宸濠乃留攻城以潘鵬家安慶令呼銳及
文錦語諭之降衆心頗搖吏黃洲者以大義責數鵬鵬慚而退旣復
持僞檄至銳家僮遙呼鵬銳腰斬僮以徇將射鵬鵬遯去衆心乃定
賊怒圍益急銳等殊死戰賊雲樓數十瞰城中城中亦造飛樓射賊
夜縋人焚賊樓賊置天梯廣二丈高於城板蔽之前後有門伏兵其
中輪轉以薄城城上束葦沃膏然其端梯稍近即投之須臾盡焚賊
多死時軍衛卒不滿百乘城皆民兵老弱婦女饋饟人運石一二數
日積如山賊攻城城上或投石或沸湯沃之賊輒傷銳等射書賊營
諭令解散有亡去者　致仕侍郎羅玘馳書守臣約討賊事未舉而
卒　李昆陳九疇逮至法司言昆設謀遏強寇功不可掩王瓊不肯
乃以失拜煙笞繫死爲九疇罪除其名謫昆浙江副使　甲辰宸濠

反書聞江彬張忠從臾帝親征王瓊請敕南和伯方壽祥督操江兵防南都王守仁泰金各帥所部趨南昌李充嗣鎮京口淮揚巡撫叢蘭扼儀真奏上三日不下楊廷和趣之竟下親征詔御史陳察請無行而亟下罪己詔忤旨奪俸一年諭羣臣更諫必置極典帝自稱後軍都督府大將軍國公如故以許泰爲威武副將軍左都督劉暉爲平賊將軍前驅鎮守撫按悉聽節制侍郎王憲餉戸兵工三部郎各一人督理軍儲給事中祝續齊之鸞紀功暴宸濠罪告宗廟廢爲庶人時舉朝震懼瓊治兵書自如大言曰諸君勿憂吾用王伯安贛州正爲今日賊旦夕禽耳　丙午宸濠自攻安慶楊鋭等禦卻之已募死士夜劫賊營賊大驚擾比曉稍定宸濠慚憤謂其下曰安慶且不克安望南都斬宋以方以祭江　王守仁聞南昌兵少則大喜趨樟樹鎮戴德孺徐璉邢珣及都指揮余恩通判瑞州胡堯元童琦撫州鄒琥吉安談儲推官王暐徐文英知縣新淦李美泰和李楫萬安王

冤寧都王天與各以兵來會合八萬人號三十萬或請救安慶守仁
曰不然今九江南康已爲賊守我越南昌與相持江上二郡兵絶我
後是腹背受敵也不如直擣南昌賊精鋭悉出守備虚我兵新集氣
鋭攻必破賊聞南昌破必解圍自救逆擊之湖中蔑不勝矣衆曰善
己酉次豐城以伍文定爲前鋒先遣奉新知縣劉守緒襲其墳廠伏
兵庚戌夜半文定兵抵廣潤門守兵駭散辛亥黎明諸軍梯絙登拱
㯳萬鋭等皆就禽宫人多焚死軍士頗殺掠守仁戮犯令者十餘人
宥脅從安士民慰諭宗室人心乃悦癸丑遣文定珣璉德孺等各將
精兵分道進而使堯元等設伏宸濠聞南昌破大恐解安慶之圍崔
文出城襲擊破之乙卯諸軍遇賊於黄家渡賊乘風進薄氣驕甚文
定恩陽北賊趨利前後不相及珣繞出賊背貫其中文定恩還兵乘
之璉德孺張兩翼分賊勢堯元等伏發賊大潰斬溺萬計賊退保八
字腦盡發九江南康兵赴軍前守仁遣知府撫州陳槐饒州林瑊取

九江建昌僉事王疇廣信周朝佐取南康丙辰復戰官軍卻守仁斬先卻者文定身犯矢石火燎鬚不動諸軍殊死鬭賊復大敗擒斬二千餘級賊退保樵舍聯舟爲方陣盡出金寶犒士冕密白守仁以小艇實葦於中擬建昌人語就賊艦丁巳宸濠方晨朝其羣臣官軍奄至乘風縱火焚其副舟妃婁氏以下皆赴水死將士焚溺死者三萬餘人宸濠舟膠淺倉卒易舟遁冕所部兵追執之盡擒其世子郡王儀賓及李士實劉養正涂欽楊璋王綸等諸逋賊走安義皆見獲無脫者南康九江亦下宸濠歎曰昔紂用婦言亡我以不用婦言亡悔何及守仁自起義至平賊凡三十五日　八月命江彬提督東廠錦衣官校辦事　楊銳薦鄭岳胡世寧詔起岳四川布政使世寧湖廣按察使岳丁憂不赴　楊廷和當草大將軍征南敕諭謝弗肯帝心恚會推南京吏部尚書劉春理東閣誥敕以廷和私其鄉人切責之廷和謝罪乞罷不許梁儲等請與俱罷亦不許廷和方引疾不入帝遂傳

旨行之　癸未車駕發京師命楊廷和與毛紀居守梁儲蔣冕扈從
張永江彬提督贊畫機密軍務丁亥次涿州王守仁捷奏至祕不發
儲冕連疏請駕旋不聽九月戊戌至臨清　許泰欲攘王守仁之功
與張忠疾馳赴南昌初守仁上宸濠反書言覬覦者非特一寧王請
黜奸諛以回天下豪傑心諸嬖倖皆恨又懼守仁見帝發其罪競爲
蜚語謂守仁先與通謀慮事不成乃起兵又欲令縱宸濠湖中待帝
自禽守仁乘忠泰未至先俘宸濠發南昌忠泰以威武大將軍檄邀
之廣信守仁不與閒道趨玉山上書請獻俘止帝南征帝不許忠泰
至南昌按察使伍文定出謁縛之文定罵曰吾不卹九族爲國家平
大賊何罪汝天子腹心屈辱忠義爲逆賊報讎法當斬忠益怒推文
定仆地文定求解任不報忠泰窮搜逆黨士民被誣陷者不可勝計
誅求刑戮甚於宸濠之亂齊之鸞獨多所開釋且請蠲田租停力役
寬逋負帝頗採納守仁至錢塘遇張永夜往見之永拒不見守仁叱

門者徑入大呼曰我王守仁也來與公議國家事何拒我永氣懾守仁因頌永賢極言江西荼毒已甚不堪六師擾永大悟乃曰羣小在側永來欲調護聖躬耳非攘功也公大勳永知之但事不可直情因指江上檻車曰此宜歸我守仁曰我何用此即付永而身至京口欲朝行在聞巡撫江西命乃與永偕還南昌　致仕尚書林瀚卒年八十六謚文安　冬十月壬午帝發臨清十一月甲辰至淮安府乙巳漁於清江浦壬子冬至受賀於太監張陽第江彬在途矯旨輒縛長吏通判胡琮懼自縊死　宸濠既反帝心疑錢寧寧懼白帝收盧孔章及臧賢等下獄歸罪賢謫戍邊使校尉殺之途以滅口又致孔章瘐死冀得自全江彬閉寧令留臨清董皇店役乃盡白其通逆狀帝曰黠奴我固疑之命羈之臨清馳收其妻子家屬　十二月辛酉朔帝至揚州諸嬖倖以其地繁華要求無所不至知府蔣瑤不應諸嬖倖皆怒江彬欲奪富民居爲威武副將軍府瑤執不可彬閉瑤空舍

挫辱之脅以所賜銅瓜瑤不爲懾彬遍刷處女寡婦導帝漁獵以劉姬諫稍止會帝漁獲一巨魚戲言直五百金彬即畀瑤責其直瑤懷其妻簪珥袿服以進曰庫無錢臣所有惟此帝笑而遣之府故有瓊花觀詔取瓊花瑤言自宋徽欽北狩此花已絕又傳旨徵異物瑤具對非揚產帝曰苧白布亦非揚產耶瑤不得已獻五百匹　帝議於南京行郊禮梁儲蔣冕計此議行則回鑾益無日極陳不可疏三上始得請　乙酉渡江　丙戌至南京命百官明年正旦戎服朝見喬宇及禮部侍郎楊廉不可乞用常儀廉又請謁見太廟俱報許　張忠許泰縱京軍犯王守仁或呼名嫚罵守仁不爲動撫之愈厚病予藥死予棺遭喪於道必停車慰問良久始去京軍謂王都堂愛我無復犯者忠泰誣守仁與宸濠通詰宸濠言無有詰之不已曰獨嘗遣冀元亨論學忠泰大喜榜元亨加以炮烙之刑不承械繫京師錦衣獄忠泰又言寧府富厚甲天下今所蓄安在守仁曰宸濠異時盡以

輸京師要人約內應籍可按也忠泰故嘗納宸濠賄氣懾不敢言已輕守仁文士強之射徐起三發三中京軍皆歡呼忠泰益沮會冬至守仁命居民巷祭已上冢哭時新喪亂悲號震野京軍離家久聞之無不泣下思歸者張永復促之忠泰不得已乃班師　淮揚饑人相食　致仕太常寺少卿潘辰卒

十五年春正月庚寅朔帝在南京癸巳改卜郊　帝以宸濠械將至問梁儲蔣冕處置之宜儲冕請如宣宗征高煦故事罪人既得即日班師又因郊期改卜請帝速還不省江彬欲導帝幸蘇州下浙江抵湖湘諸臣極諫會其黨亦勸阻乃止彬索城門諸鑰都督府問喬宇宇曰守備者所以謹非常禁門鎖鑰孰敢索亦孰敢予雖天子詔不可得都督府以復彬乃已彬矯旨有所求日數十至宇必廷白之彬稍稍止彬欲譖去宇守備太監王偉者初爲帝伴讀帝信之每從中調護故彬謀不行時從官衞士十餘萬日費金萬計近倖求索倍之

應天府尹齊宗道憂懼卒丞寇天敘攝其事日青衣皁帽坐堂上彬使至好語之曰民窮官帑乏無可結歡丞專待譴耳彬使累至皆然彬亦止他權倖有求則曰俟若奏卽予禁軍攫民物天敘與守謀選拳勇者與博戲禁軍卒受傷慚且畏不敢橫彬縱其黨橫行州縣將抵常州民爭欲亡匿時知府及武進知縣咸入覲推官張曰韜兼綰府縣印召父老約曰彬黨至若等力與格又釋囚徒令與丐者各具瓦石待己彬黨果累騎來父老直遮之境上曰常州比歲災物力大屈無可啗若曹府中惟一張推官一錢不入卽欲具芻秣亦無以辦言已彬黨疑有他變乃稍退馳使告彬曰韜卽上書巡按御史東郊言狀郊立行部至常州謂曰韜曰事迫矣彬將以他事縛君命登己舟先發自以小舟尾之彬黨果大至索曰韜誤截御史舟郊使嚴捕截舟者而陰令緩之其黨恐御史上聞咸散去曰韜遂免彬亦戒其黨毋擾由是常以南諸府得安泗州知州汪應軫帥壯夫百餘人列

水次中使舟至即輓出境有詔命進美婦善歌吹者數十人應軫言州子女荒陋無以應敕旨臣向募有桑婦請納之宮中傳受蠶事事遂寢　執太監畢真劉瑯劉璟都指揮廖鵬等下獄　夏四月己未振淮揚諸府饑　芒部土舍隴壽與庶弟隴政兄妻支祿爭襲仇殺所部蛺蠻阿又磉者啞者鳩等乘機倡亂流劫貴州參政傅習都指揮許詔督永寧宣撫司女土官奢爵討禽首亂四十三人斬一百十九級事乃定　五月江西大水　六月丁巳朔帝幸牛首山諸軍夜驚言江彬欲爲逆久之乃定　土魯番歸先所掠將卒及忠順王家屬求貢廷議許之巡按甘肅御史潘倣言番賊犯順殺戮剽掠慘不可勝言今雖悔罪果足贖前日萬一乎數年以來雖嘗閉關未能問罪今彼以困憊求通方且窺我意向探我虛實緩我後圖誘我重利其番文執難從之詞示敢拒之狀當悔罪求通之日爲侮慢不恭之語其變詐已見若曰來者不拒馭戎之常盡略彼事之非納求和之

使必將叨冒恩禮飽饜賞饋和市私販滿載而歸所欲既足驕志復萌少不慊心動即藉口反復之釁即在目前叛則未嘗加罪而反獲鈔掠之利來則未必見拒而更有賜賚之榮何憚不爲臣謂宜降敕責其犯順仍索歸還未盡之人方許入貢其番文可疑者詳加詰問使彼知中國尊嚴天威難犯庶幾反側不萌歸服可久時王瓊力主款議不納其言　致仕尙書楊守隨卒　秋七月小王子犯大同宣府　八月癸未免江西稅糧　梁儲蔣冕以四方災異邊警乞還乘輿疏八九上帝殊無還意張忠許泰與祝續等讒毀王守仁百端獨齊之鸞力白其誣張永時時左右之忠揚言帝前曰守仁必反試召之必不至忠泰屢矯旨召守仁守仁得永密信不赴及是知出帝意立即馳至忠泰計沮不令見帝守仁乃入九華山日宴坐僧寺帝覘知之曰王守仁學道人聞召即至何謂反遣還鎭會有物若豕首墮帝前色碧又進御婦人室中若懸人首狀宸濠繫江上舟中民間數

訛傳將爲變帝心疑欲歸閏月儲冕手疏跪泣行宮門外歷未至酉帝遣人取疏入諭之起叩頭言未奉俞旨不敢起也喬宇亦伏闕請駕旋帝乃許不日還京癸巳受江西俘令守仁更上捷音丁酉發南京癸卯次鎮江幸楊一清第樂飲兩晝夜賦詩賡和以十數羣小猶欲導帝爲江浙行一清從容諷止又臨故大學士靳貴喪癸丑次揚州九月庚申至寶應中官邱德用鐵組繫蔣瑤從丙寅至清江浦己巳漁於積水池帝舟覆救而免遂不豫戊寅至臨清釋瑤還揚州揚州人見瑤無不感泣冬十月庚戌帝至通州守仁易前奏言奉威武大將軍方略討平叛亂而盡入諸嬖倖名江彬等乃無言　先是張永至南昌搜宸濠籍得陸完平日交通事上之帝大怒十一月庚申治諸交通者罪執完赴行在收其母妻子女封識其家江彬欲勸帝幸宣府矯旨召勳戚大臣議宸濠獄又上言賴鎮國公朱壽指授方略禽宸濠逆黨申宗遠等十五人乞明正其罪乃下詔褒賜鎮國公

歲加彬祿米百石廕一子錦衣千戶毛澄據漢庶人故事請帝還京告郊廟獻俘行戮楊廷和等亦以爲請帝不從十二月己酉賜宸濠死焚其屍時帝體憊甚彬慮帝宴駕己得禍猶力請幸宣府太醫院使吳傑語諸近侍曰疾亟矣僅可還大內儻至宣府有不諱吾輩寧有死所乎諸近侍懼百方勸帝甲午還京師大耀軍容俘諸從逆者及家屬數千人陳輦道東西錢寧陸完等皆裸體反接死者梟其首於竿皆標以白幟揭其姓名列凱旋前部以入帝戎服乘馬立正陽門下閱視良久乃入告捷於郊廟社稷　丁酉大祀天地於南郊初獻帝歐血仆地扶歸齋宮不克成禮　御史鄭本公請慎選宗室親賢正位東宮繫天下望不報　佛郎機之入貢也其人久留不去剽劫行旅至掠小兒爲食已而夤緣鎮守中官許入京帝南巡其使火者亞三因江彬侍帝左右帝時學其語以爲戲其留懷遠驛者益掠買良民築室立寨爲久居計御史邱道隆言滿剌加乃敕封之國而

佛郎機敢併之且啗我以利邀求封貢決不可許御史何鼇言佛郎機最凶狡兵械較諸番獨精前歲駕大舶突入廣東會城礮聲殷地留驛者違制交通入都者桀驁爭長今聽其往來貿易勢必爭鬬殺傷南方之禍殆無紀極祖宗時貢有定期防有常制近因布政吳廷舉謂缺上供香物不問何年來即取貨致番舶不絕禁防益疎佛郎機遂乘機突至乞悉驅在澳番舶及番人潛居者禁私通嚴守備庶一方獲安疏下禮部言道隆先宰順德鼇即順德人故深晰利害宜俟滿剌加使臣至廷詰佛郎機之罪奏請處置其他悉如御史言報可亞三侍帝驕甚居會同館見提督主事梁焯不屈膝焯怒撻之彬大詬曰彼嘗與天子嬉戲肯跪汝小官耶

十六年春正月癸亥改卜郊帝臥病豹房惟江彬等侍給事中顧濟言陛下孤寄於外兩宮隔絕骨肉日踈所恃以爲安者果何人哉漢高帝臥病數日樊噲排闥警以趙高之事今羣臣中豈無憂噲憂者

願陛下愼擇廷臣更番入直起居動息咸使與聞一切淫巧戲劇傷生敗德之事悉行屏絶則保養有道聖躬自安不報　二月己亥巡撫雲南副都御史何孟春巡按御史陳察等討平彌勒州十八寨叛蠻阿勿阿寺等　四川天全六番招討使高文林與蘆山縣民爭田構釁知縣處置失宜文林遂與其子繼恩稱兵爲亂巡撫都御史盛應期討之斬文林禽繼恩擇其宗人承襲天全遂平應期尋以憂歸　三月癸丑朔日有食之　庚申江彬矯旨改西官廳爲威武團練營自提督軍馬令許泰神周李琮等提督教場操練別擇地爲團營教場汪天啓言拓地則擾居民興工則費財力以朝廷自將之軍而彬等概加提督則僭名分不從　辛酉命興世子厚熜襲封　帝臥疾久繼嗣未立司禮太監魏彬等至內閣言國醫力竭矣請捐萬金購之草澤楊廷和不應徵以倫序之說風之彬等唯唯乙丑帝大漸令太監陳敬蘇進諭司禮監曰朕疾不可爲矣其以朕意達皇太后

天下事重與閣臣審處之前事皆由朕誤非汝曹所能預也丙寅帝崩於豹房年三十有一谷大用張永走告內閣以皇太后命移殯大內且議所當立廷和舉皇明祖訓兄終弟及誰能瀆焉興獻王長子憲宗之孫孝宗之猶子大行皇帝之從弟序當立梁儲蔣冕毛紀咸贊之乃令中官入啓太后廷和等候左順門下頃之中官奉遺詔及太后懿旨宣諭羣臣一如廷和等請廷和遂以遺詔令張永郭勛許泰及兵部尚書王憲選各營兵分布皇城四門京城九門及南北要害廠衛御史以其屬扞掫罷威武團練營各邊兵入衞者俱重賚遣歸鎮革京城內外皇店及軍門辦事官校遣哈密土魯番佛郎機諸貢使各還其國豹房番僧少林僧教坊樂人南京快馬船諸非常例者一切罷遣丁卯儲及張鶴齡崔元毛澄定國公徐光祚太監谷大用韋彬張錦迎嗣興王厚熜於安陸戊辰頒遺詔於天下釋南京逮繫囚放遣四方進獻女子停京師不急工役收宣府行宮金

寶歸諸內庫光祚景昌之四世孫也　江彬疑楊廷和等圖己稱疾不出陰布腹心衷甲觀變李琮勸彬乘閒以其家衆反不勝則北走塞外彬猶豫未決令許泰詣內閣探意廷和以温語慰之彬意稍安乃出成服廷和與蔣冕毛紀及司禮中官温祥謀以皇太后旨捕彬等張永伺知其意亦密爲備魏彬故與彬有連廷和以其弱可脅也庚午廷和冕題大行皇帝銘旌魏彬祥及他中官張銳陳嚴咸在廷和爲魏彬祥言彬反狀以危語怵之魏彬心動惟銳力言彬無罪廷和面折之冕曰今日必了此乃臨嚴亦從旁贊決祥乃與魏彬等入白太后是日坤寧宮安獸吻太后命彬及工部尚書李燧禮服入祭家人皆不得從事竟將出永留彬燧飯太后遽下旨收彬彬覺走西華門門閉轉走北安門門者曰有旨留提督彬曰今日安所得旨排門者門者執之拔其鬚且盡收者至縛之有頃琮及神周並縛至罵彬曰奴早聽我豈爲人禽廷和冕良久未得報方自危頃之嚴至則

彬已禽矣彬等並下獄　徐光祚等至安陸將謁見有議用天子禮者毛澄曰今卽如此後何以加豈勸進辭讓之禮當遂廢乎乃不果

夏四月癸未興王發安陸癸卯至京師止於宣武門外禮官具儀請由東安門入居文華殿翼日百官三上箋勸進俟令旨俞允擇日卽位其箋文皆循皇子嗣位故事王顧長史袁宗皐曰遺詔以我嗣皇帝位非皇子也楊廷和等請如禮臣所具儀由東安門入居文華殿擇日登極不允會皇太后趣羣臣上箋勸進乃卽行殿受箋日中入自大明門遣官告宗廟社稷謁大行皇帝几筵朝皇太后出御奉天殿卽位廷和草上登極詔書言奉皇兄遺詔入奉宗祧王遲回久之始報可文書房中官至閣中言欲去詔中不便者數事廷和曰往者事齟齬動稱上意今亦新天子意耶吾儕賀登極後當面奏上問誰欲削詔草者蔣冕毛紀亦相繼發危言其人語塞已而詔下正德中蠹政釐抉殆盡大赦天下卹錄正德中言事罪廢諸臣賜天下明年

田租之半自正德十五年以前逋賦盡免之廷和總朝政凡三十七
日　齊之鸞首上疏言祖宗法制悉紛更於羣小補救之道在先定
聖志次廣言路先朝元凶雖去根據盤互連蔓滋多猶恐巧相營結
或邀定策之賞或假迎扈之勞以取憐固寵天下事豈堪若輩更壞
言者久遏於權奸欲吐忠鯁憤懣之氣必有不顧忌諱至於逆耳者
在嘉納而優容之若稍或抑裁則小人又乘之以讎忠直言路一塞
不可復開大為新政累矣陛下誠舉邇年亂政盡返其初中興之烈
可以立覩帝嘉納之　丙午遣使奉迎母妃蔣氏　遣行人即家起
費宏入輔政加少保　戊申命禮臣集議興獻王主祀稱號　廷臣
交章劾王瓊繫都察院獄瓊力訐楊廷和帝愈不直之下廷臣雜議
坐交結近侍律論死命戍莊浪瓊復訴年老改戍綏德　許泰下獄
論死　給事中夏言言正德以來壅蔽已極今陛下維新庶政請日
視朝後御文華殿閱章疏召閣臣面決或事關大利害則下廷臣集

議不宜謀及褻近徑發中旨聖意所予奪亦必下內閣議而後行絕壅蔽矯詐之弊帝嘉納之　顧濟言陛下踐阼除弊納諫臣民踊躍思見德化之成然立法非難守法爲難聽諫非難樂諫爲難今新政所釐多不便於奸豪權倖臣恐盤據既深玩縱未已非依怙宮闈必請託左右持法不固則此輩將叢聚而壞之此守法之難也唐太宗貞觀初每導羣臣使言及至晚年諫者乃多忤旨陛下首闢言路臣工靡不因事納忠高遠者似涉於迂闊切直者或過於犯顏若怒其犯顏其言必不入視爲迂闊則計必不行此樂諫之難也尋復言內臣張雄張銳等詿誤先帝業已逮治又獲寬假願斷以大義俾無所售奸帝頗嘉納　辛亥祀前都督馬雲葉旺於遼東　五月追贈陸震太常寺少卿何遵劉校尚寶司卿林公輔余廷瓚太常寺丞詹軾劉概孟陽李紹賢李惠御史劉珏刑部主事各賜祭錄一子入國子監王瀚亦贈御史賜祭張英贈官賜祭授其弟雄都指揮僉事舒芬

黃鞏等悉召復故官擢徐鏊御醫　乙卯罷大理府銀礦　總河都
御史龔宏言黃陵岡先築三埽已決去其二恐山陝諸水橫發加以
霖潦復趨張秋故道臣嘗築隄起長垣抵山東楊家口二百餘里今
請距隄十里許再築一隄延袤高廣如之以資捍禦從之　給事中
張九敘等劾梁儲結納權奸持祿固寵儲三疏求去丙辰致仕　戊
午毛澄大會文武羣臣上議曰考漢成帝立定陶王爲皇太子立楚
孝王孫景爲定陶王奉共王祀共王者皇太子本生父也時大司空
師丹以爲恩義備至今陛下入承大統宜如定陶王故事以益王第
二子崇仁王厚炫繼獻王後襲興王主祀事又考宋濮安懿王之子
入繼仁宗後是爲英宗范鎮謂陛下既考仁宗若復以濮王爲考於
義未當程頤之言曰爲人後者謂所後爲父母而謂所生爲伯叔父
母此生人之大倫也然所生之義至尊至大宜別立殊稱曰皇伯叔
父某國大王今興獻王於孝宗皇帝爲弟於陛下爲本生父與濮安

懿王事正相等宜稱孝宗爲皇考改稱興獻王爲皇叔父興獻大王妃爲皇叔母興獻王妃凡祭告興獻王及上箋於妃俱自稱姪皇帝某則正統私親恩義兼盡議上帝怒曰父母可更易若是耶命再議

壬戌吏部侍郎袁宗皐爲禮部尚書兼文淵閣大學士預機務

言官交章白冀元亨之冤詔釋之出獄五日而卒　丙寅御西角門策試正德十五年會試中式舉人張治等賜進士及第出身有差

壬申磔錢寧於市養子傑等十一人皆斬　乙亥毛澄復會廷臣上議曰興獻王子惟陛下一人今已入繼大統奉祀宗廟是以臣等前議欲令崇仁王厚炫主祀至於稱號以宋程頤之說爲據臣等不敢復有所議因錄頤代彭思永議濮王禮疏進覽楊廷和蔣冕毛紀言興獻王祀雖崇仁王主之他日皇嗣繁衍仍可以第二子爲興獻王後而改封崇仁王爲親王帝益不悅命博考前代典禮務求至當廷和等復言三代以前聖莫如舜未聞追崇其所父瞽瞍也三代以後

賢莫如漢光武未聞追崇其所生父南頓君也惟陛下以二君爲法
澄復會廷臣執奏弁錄上魏明帝詔書帝留之不下　追奪張永谷
大用魏彬陸誾馬永成兄弟封爵　咸寧侯仇鉞卒年五十七諡武
襄　張銳張忠于經許泰等獄久不決楊廷和等言不誅此曹則國
法不正公道不明九廟之靈不安萬姓之心不服禍亂之機不息帝
乃籍沒其貲產　六月楊廷和疏請敬天戒法祖訓隆孝道保聖躬
務民義勤學問慎命令明賞罰專委任納諫諍親善人節財用優詔
報可　先是擢胡世寧僉都御史巡撫四川世寧道聞帝即位疏以
司馬光仁明武三言進因薦魏校何瑭邵銳可講官林俊楊一清劉
忠林廷玉可輔弼知府劉蓕徐鈺先爲諫官有直聲宜擢用時韙其
言　治河工部郎中楊最言寶應氾光湖西南高東北下運舟行湖
中三十餘里而東北隄岸不踰三尺雨霪風厲輒衝決阻壞運舟鹽
城通泰興化良田悉遭其害宜如往年白圭修築高郵康濟湖專敕

大臣加修內河培舊隄爲外障可百年無患是爲上策其次於緣河樹栰數重稍障風波而增舊隄毋使庳薄亦足支數年是爲中策若但窒隙補闕苟冀無事一遇霪潦蕩爲巨浸是爲無策也部議用其中策　戊子磔江彬於市子勳杰鰲熙與神周李琮皆斬繪處決圖榜示天下彬幼子然及妻女發功臣家爲奴時京師久旱遂大雨籍其家得黃金七十櫃白金二千二百櫃他珍寶不可勝紀　乙未縱內苑禽獸令天下毋得進獻　丁酉革錦衣衞冒濫軍校三萬餘人戊戌振江西災　壬寅革正德間傳陞官一百二十七員　癸卯振遼東饑　贈孫燧禮部尚書諡忠烈許逵左副都御史諡忠節黃宏太常寺少卿馬思聰光祿寺少卿建旌忠祠於南昌祀之　伍文定上張忠許泰等罪狀因言曩忠泰與劉暉至江西忠自稱天子弟暉稱天子兒泰稱威武副將軍與天子同僚折辱命吏誣害良民需求萬端漁獵盈百萬致餓殍遍野盜賊縱橫雖寸斬三人不足謝江

西百姓今大憝江彬錢寧皆已伏法三人實其黨與乞速正天誅用章國典又請發宸濠貲財還之江西以資經費矜釋忠泰所陷無辜及寧府宗人不預謀者以清冤獄並嘉納之　初追崇議起楊廷和以定陶濮王故事授毛澄曰是足為據有異議者卽奸邪當斬張璁方舉進士與禮部侍郎王瓚言帝入繼大統非為人後瓚微言之廷和恐瓚撓議改瓚官南京及澄等議三上三卻璁在部觀政測知帝意乃以七月庚戌朔上疏言漢哀帝宋英宗皆預立為嗣養之宮中與今日事體不同帝繼統不繼嗣宜尊崇所生立興獻王廟於京師其詞甚辨帝方扼廷議得璁疏大喜曰此論出吾父子獲全矣遣司禮太監持示廷和言此議遵祖訓據古禮宜從廷和曰秀才安知國家事體復持入壬子帝下璁疏令廷臣議廷臣皆大怪駭目為邪說澄等執議如初帝不聽　癸丑命自今親喪不得奪情著為令　自羣小竊柄銓政混濁吏部尚書石瑤剛方謝請託諸犯清議者多見

黜時望大孚而楊廷和有所不悅改瑤掌詹事府典誥敕時頗謂廷和太專　起方良永副都御史撫治鄖陽良永以母老再疏乞終養都御史姚鏌請破格褒寵吏部尚書喬宇戶部尚書孫交言良永家無贏貲宜用侍郎潘禮御史陳茂烈故事賜廩米詔月給米三石時欽天監算術漸差以南京戶科給事中樂頀工部主事華湘通算法特擢光祿寺少卿管監事　丁巳小王子犯莊浪指揮劉爵禦卻之　吏部言前禮部員外郎馮涇諫南巡被杖以創卒家貧不能還喪詔賜米二十斛有司厚卹其家　甲子帝御文華殿召楊廷和授以手敕令尊父母爲帝后廷和退上疏諫封還手詔帝復留其疏不下　劉允至烏斯藏所謂活佛者恐中國誘害之匿不出見將士怒欲脅以威番人夜襲允殺將校數百人盡奪所齎寶貨器械以去允乘善馬疾走僅得返成都戒部下弗言而以空函馳奏會帝卽位乃召允還治其罪　丙子革錦衣衛所及監局寺廠司庫旗校軍士匠

役投充新役者凡十四萬八千餘人　行人鄧繼曾以久雨上疏言明詔雖頒而廢閣大半大獄已定而遲留尚多擬旨間出於中人奸諛漸倖於左右禮有所不遵孝有所偏重納諫如流施行則寡是陛下修己親賢之誠不如始故天降霪雨以示警戒伏願出令必信斷獄不留事惟咨於輔臣寵勿啓於近習割恩以定禮稽古以從孝則一念轉移可以銷天災答天戒矣　寧津盜起轉掠至德平丁丑知縣龔諒帥吏民禦之力屈被殺　八月庚辰朔再命集議與獻王尊稱毛澄等復上議曰先王制禮本乎人情先皇帝既無子嗣又鮮兄弟援立陛下於憲廟諸孫之中蓋以陛下爲同堂之弟考孝宗母慈壽無可疑矣可復顧私親哉疏入帝不懌復留中　給事中邢寰請議憲廟皇妃邵氏徽號澄言宜稱太皇太妃報聞　辛巳御經筵

夏言鄭本公及主事汪文盛覈親軍及京衛冗員汰三千二百人中官義子傳陞乞陞一切恩倖得官者大半皆斥去諸失職者銜楊廷

和次骨廷和入朝有挾白刃伺輿旁者事聞詔給營卒百人衞出入
喬宇自爲選郎有人倫鑒及是銓政一清帝求治銳甚宇與林俊
彭澤孫交皆海內重望帝亦委任之凡爲權倖所黜者皆起列庶位
天下欣欣望治　外戚邵喜乞莊田戶部侍郎秦金述祖制請按治
帝宥喜命都察院禁如制未幾中旨各官仍置皇莊遣官校分督金
言西漢盛時以苑囿賦貧民今奈何剝民以益上乞勘正德間額外
侵占者悉歸其主而盡撤管莊之人帝稱善卽從其議　九月乙卯
袁宗皐卒　王瓊既得罪御史楊秉中請召彭澤卽家起兵部尚書
部事積壞久澤至覈功罪杜干請兵政一新初正德時廷臣建白戎
務奉俞旨者多廢格澤請臚列成書次第修舉又請敕九邊守臣策
防禦方略毋畫境自保鎭巡居中調度毋相牽制諸邊各以農隙築
牆濬濠修墩臺飭屯堡爲經久計內地盜甫息敕守臣練卒伍立保
甲懲匿盜不舉者且撫西南諸苗蠻申海禁汰京軍老弱帝咸嘉納

遼東邊備久弛開原尤甚士馬纔一二牆堡墩臺圮殆盡將士依城塹自守城外數百里悉爲諸部射獵地巡撫都御史李承勛疏請修築會帝發帑銀四十餘萬兩承勛命步將四人各一軍守要害身負畚鍤先士卒凡爲城塹各九萬一千四百餘丈墩堡百八十有一招逋逃三千二百人開屯田千五百頃又城中固鐵嶺斷陰山遼河之交城蒲河撫順扼要衝邊防甚固　松潘所部熟番將吏久不能制率輸貨以假道番殺官軍憚不敢詰官軍殺番輒抵罪胡世寧陳方略請選將益兵立賞罰格嚴隱匿禁修烽堠時巡徼以振軍威通道路詔悉行之又劾罷副總兵張傑中官趙欽彭澤因請盡罷諸鎮守帝不從其後鎮守竟罷　中官黃錦誣劾高唐州判官金坡詔逮之連五百餘人御史馬錄言祖宗內設法司外設撫按百餘年刑清政平先帝時劉瑾錢寧輩蠱惑聖聰動遣錦衣官校致天下洶洶陛下方勤新政不虞復有高唐之命給事中許復禮等亦以爲言獄得

少解　庚午葬毅皇帝於康陵廟曰武宗　御史黎貫請復起居注之制命詞臣編類章奏備纂述從之　帝以母妃將至下禮官議其儀毛澄等請由崇文門入東安門帝不許乃議由正陽門入大明承天端門從王門入宮又不許王門諸王所出入門也敕曰聖母至御太后車服從御道入朝太廟故事后妃無謁廟禮澄等難之母妃至通州聞考孝宗恚曰安得以我子爲他人子止不肯入帝涕泣啓皇太后願避天子位奉母妃歸藩羣臣惶懼張璁聞益自喜乃著大禮或問上之且曰非天子不議禮願奮獨斷帝益嚮之乃下澄等前疏更令博採輿論以聞澄等乃謀於內閣加稱興王爲帝妃爲后以太后懿旨行之疏言臣等一得之愚已盡於前議茲欲仰慰聖心使宜於今而不戾乎情合乎古而無悖乎義則有密勿股肱在臣等有司未之敢任冬十月庚辰慈壽皇太后旨加興獻王爲興獻帝憲宗貴妃邵氏爲皇太后興獻王妃蔣氏爲興獻后宣示中外壬午興獻后

至以太后儀謁奉先奉慈二殿不廟見帝雖勉從廷議意猶慊之
宥張忠許泰死戍廣東　兵部主事霍韜給事中熊浹棗陽王祐楒
先後疏言大禮如張璁指　兵部侍郎吳廷舉上疏詆陸完王瓊梁
儲及少傅蔣冕冕求罷帝不直廷舉調南京工部　十一月庚戌振
江西災　帝深知王守仁功甫卽位趣召入朝受封楊廷和與王瓊
不相能守仁前後平賊率歸功於瓊廷和不喜大臣亦多忌其功或
言國喪未畢不宜舉宴行賞因拜守仁南京兵部尚書守仁不赴請
歸省丁巳論平宸濠功封守仁特進光祿大夫柱國新建伯世襲擢
楊銳都督僉事崔文都指揮使俱廕子加喬宇少保伍文定副都御
史戴德孺雲南右布政使邢珣徐璉各增秩二等守仁抵里四方學
者踵至王畿錢德洪王艮等十餘人最知名於是有致良知之學
追贈羅倫左諭德謚文毅　馬昊逮至京下獄尋削籍歸　甲戌乾
清宮成帝由文華殿入居之鄭本公言事之可思者有六是宮八年

營構一旦告成陛下居安思危當遠羣小節燕遊以防一朝之患重妃配廣繼嗣以為萬世之計慎終如始兢兢業業常若天祖之臨求言益切訪政益勤用防壅蔽之患持聖心遠貨色毋溺於鴆毒重興作惜財力永鑒於先朝帝嘉納之　罷廣西貢香諭各鎮巡守備官凡額外之征悉罷之　十二月己丑帝傳諭興獻帝后加稱皇楊廷和等言漢宣帝繼孝昭後謚史皇孫王夫人曰悼考悼后光武上繼元帝鉅鹿南頓以上立廟章陵皆未嘗追尊今若加皇字與孝廟慈壽並是忘所後而重本生任私恩而棄大義臣等不得辭其責請皆斥罷因封還御批毛澄抗疏力爭又偕九卿喬宇等合諫給事中安磐言興藩國也不可加於帝號之上獻謚法也不可加於生存之母本生所後勢不俱尊大義私恩自有輕重廷臣諍者凡百餘人帝皆不允　孫交請帝日讀祖訓言動悉取準則經筵日講寒暑勿輟給事中裴紹宗言太祖貽謀盡善如重大臣勤視朝親歷田野服浣濯

衣種蔬宫中毁鏤金牀碎水晶漏造觀心亭揭大學衍義之類陛下所當繹思祖述而二三大臣尤宜朝夕納誨以輔養聖德陛下日御便殿親儒臣使耳目不蔽於淫邪左右不惑於險佞則君志素定治功可成帝皆嘉納　詔遣中官楊金鄭斌安川更代鎮守復令張𪟝劉瑶守涼州居庸彭澤持不可罷弗遣　陳暠之弒黎晭也晭臣都力士莫登庸附之已而與黎氏大臣阮宏裕等起兵討暠暠敗奔諒山道據長寧太原清都三府自保登庸等立灝之兄子譓譓封登庸武川伯總水陸諸軍登庸潛蓄異志黎氏臣鄭綏以譓徒擁虚位别立其族子酉榜發兵攻都城譓出走登庸擊破綏兵捕酉榜殺之益恃功專恣遂逼妻譓女迎譓歸自爲太傅仁國公帥兵攻暠暠敗走死

明紀卷第二十八

賜進士出身工部候補主事虞衡司行走陳鶴纂

卹贈知府銜給雲騎尉世職內閣候補中書孫男克家參訂

世宗紀一 起嘉靖元年壬午訖嘉靖三年甲申凡三年

世宗欽天履道英毅神聖宣文廣武洪仁大孝肅皇帝嘉靖元年春正月癸丑享太廟　己未大祀天地於南郊清寧宮後三小宮災毛澄及給事中朱鳴陽等俱言咎在大禮程啓充言災及內寢良由徇情之禮有戾天常僭逼之名深乖典則輔臣執議禮臣建明不能敵經生之邪說佞倖之謏辭動假母后以箝天下之口臣謂不正大禮不黜邪說所謂修省皆具文也況邇者旨由中出而內閣不知奸黨獄成而曲爲庇護諫臣斥逐耳目有壅蔽之虞大臣疎遠股肱有痿痺之患司禮之權重於宰相樞機之地委之宦官邇臣貪濁頻有遷除邊帥僨師不聞譴斥莊田之賞賚過多潛邸之乞恩未已伏望陛

下仰畏天明俯察衆聽親大臣肅庶政以回天變給事中鄧繼曾言去年五月日精門災今月十二日長安榜廊火及今郊祀日內庭小房又災天有五行火實主禮人有五事火實主言名不正則言不順言不順則禮不興今歲未朞而災者三廢禮失言之效也楊廷和言興獻帝后加稱列聖神靈容有未安帝乃降詔稱孝宗爲皇考慈聖皇太后爲聖母興獻帝后爲本生父母不稱皇獻帝園曰陵黃屋監衛如制設祠署安陸歲時享祀用十二籩豆樂用八佾　霍韜言閣臣職參機務今止票擬而裁決歸近習輔臣失參贊之權近習起干政之漸自今章奏請召大臣面決施行講官臺諫班列左右衆議而公駮之帝相得取善之名內臣免招權之謗因言錦衣不當典刑獄東廠不當預朝議撫按兵備官不當以軍功授秩儀興府護衛軍不當盡取入京欒授官職御史謝源伍希儒赴難有功不當罷黜平逆藩功自安慶南昌外不當濫敘帝嘉納之　韜又言科道官褻服受

詔大不敬安磐偕同官言韜先以議禮得罪名教恐言官發其奸故
摭拾細事意在傾排帝置不問　甘肅總兵官李隆與巡撫都御史
許銘不協己巳嗾部卒毆殺銘焚其屍五衞軍大亂詔擢陳九疇右
僉都御史巡撫甘肅　二月己卯耕耤田　河南妖人馬隆等爲亂
參議陳鼎督兵誅之鼎廉介正直不通私謁歷官至應天府尹　安
磐言先朝內外巨奸若張忠劉養韋霦魏彬王瓊甯杲等漏網得全
要領其貨賂可以通神未嘗不覬緣覬復用宜嚴察預防天下事毋
令若輩再壞也帝納其言命錦衣官密訪緝之　三月辛亥弗提衞
獻生豹卻之　甲寅釋奠於先師孔子　丁巳上慈壽皇太后尊號
曰昭聖慈壽皇太后武宗皇后曰莊肅皇后戊午上皇太后邵氏尊
號曰壽安皇太后興獻后曰興國太后　論定策功封楊廷和蔣冕
毛紀伯爵歲祿千石廷和等固辭改廕錦衣衞指揮使復辭帝以賞
太輕加廷和廕四品京職世襲冕紀廕五品文職又辭　夏四月立

報功祠於雲南祀傅友德金朝興梅思祖從何孟春之請也　令公侯伯未經任事年三十以下者送監讀書尋令已任者亦送監　壬辰命各邊軍馬器械巡按御史三年一閱視　改召用工部尚書林俊於刑部俊年已七十在道數引疾不許因請帝親近儒臣正其心以出號令用渾璞爲天下先初詔所革無還就以廢公議又言推尊所生有不容已之情有不可易之禮因輯堯舜至宋理宗事凡十條以上比至京寓止朝房示無久居意數爲帝言親大臣勤聖學辨異端節財用朝有大政必侃侃陳論天下想望其風采　時承武宗後汰之後庫藏殫虛孫交裁宂食定經制宿弊爲清嘗會廷臣議發內帑給軍廩官俸已報可爲中官梁諫等所沮交言宮府異同令出復反非新政所宜中官監督倉場者初止數人正德中增至五十五人以交言罷撤過半其後復漸增帝已罷三十七人交欲盡去之並臨清徐淮諸倉一切勿遣帝令自今毋更加而已守珠池中官詔毋得

預守土事而安川賁緣復故交劾川命如前詔正德中上林苑內臣至九十九人侵奪公私地無算帝即位命留十八人如弘治時已復傳奉至六十二人交乞汰如初且盡歸侵奪地報許又論御馬監內臣宜如祖制毋監收芻豆並令戶部通知馬數杜其侵耗不從　五月己酉封崔元京山侯邵喜昌化伯蔣輪玉田伯喜壽安太后之弟輪興國太后弟也毛澄等言元之奉迎乃臣子之分遽膺封爵無故事帝曰永樂初文皇帝入繼大統駙馬都尉王寧以翊戴功封永春侯何得言無故事給事中底蘊御史高越等連章論其不可不聽詔廕中官張欽義子李賢爲錦衣衞世襲指揮給事中許相卿言于謙子冕止錦衣千戶王守仁子正憲止錦衣百戶賢中官廝養反過之忠勛大臣裔曾不若近倖奴殉國勤事之臣誰不解體部臣彭澤科臣許復禮安磐相繼言悉拒不納毋乃重內侍而輕士大夫哉　御史盧瓊言景皇命經筵輟講林俊舉祖宗勤學故事以諫不聽

帝有撥亂大功而實錄猶稱郕戾王敬皇帝深仁厚澤而實錄成於焦芳手是非顛倒乞詔儒臣改撰報聞　六月致仕南京禮部尚書章懋卒年八十六贈太子少保謚文懿懋為學恪守先儒訓不事著述通籍五十餘年歷俸僅滿三考難進易退世皆高之　秋七月己酉以南畿浙江江西湖廣四川旱詔撫按官講求荒政　御史汪珊疏陳十漸略言陛下初即位天下欣然望治邇來漸不如初初每事獨斷今戚里左右或潛移陰奪初每事咨訪大臣今禮貌雖隆而實意日疎初罷諸不經淫祀今稍稍議復初屏絶玩好今教坊諸司或以新聲巧伎進初日覽章奏今或置不省輒令左右可否初釐革冗食今騰驤勇士不行覈實御馬實數不得稽察初裁革錦衣冒濫今大臣近侍以迎立授世廕舊邸旗校盡補親軍初中官有罪懲以成法今犯者多貸死舉朝爭不得初中官有過不復任用今鎮守守備營求易置倖門復啓初納諫如流今政事不便者言官論奏直曰有

旨詘詘拒人帝頗納其說　溫祥齎冊寶往安陸經濟寧劾主事陳嘉言侮慢逮下獄給事中劉濟疏救不許　中官葛景等奸利事覺爲言官所糾詔下司禮監察訊林俊言內臣犯法法司不得訊是宮府異體也乞下法司公訊以昭平明之治報聞　韃靼犯固原總制三邊侍郎李鉞初至援兵未集乃下令大開諸營門晝夜不閉寇疑有備未敢逼乃徼擊之寇引去鉞以其間增築墩堡謹烽堠廣儲蓄選壯士爲備八月寇復深入平涼邠州鉞令遊擊時陳周尚文等分伏要害遏其歸斬獲多鉞策寇失利必東犯延綏檄諸將設伏待寇果至又敗去已而言官論邠州失事罪請罷總兵官劉淮巡撫王珝等並及鉞詔奪淮職責鉞圖後效鉞自劾乞休不許　壽府校尉橫攖市民德安知府李重抑之壽王祐楮奏逮重安陸民劉鵬隨重詣大理對簿重未之識也訝之鵬曰太守仁爲民受過民皆得效死豈待識乎重卒得白祐楮聞而悔之後以賢聞　九月巡按江西御史

程啓充上宸濠通蕭敬張銳陸完等私書欲亟去孫燧云代者湯沐梁宸可其次王守仁亦可因論敬銳等罪並言守仁黨逆宜追論給事中汪應軫言逆濠私書有詔焚燬啓充輕信被劾知縣章立梅捃摭之辭復有此奏非所以勸有功主事陸澄亦爲守仁奏辨御史向信劾應軫澄黨比帝曰守仁一聞宸濠變仗義興兵戡定大難特加封爵以酬大功其勿問　己巳監生何淵請立世室祀興獻帝章下所司　辛未立皇后陳氏初傳昭聖慈壽皇太后懿旨既復改壽安太后楊廷和等爭之乃止　初蘇松水道盡爲勢家所據李充嗣等建議修之武宗進充嗣工部尚書兼領水利事及帝嗣位復追工部郎中林文霈顏如瓌協理充嗣畫水爲井地示開鑿法戶占一區刻日計工濬川爬用巨筏數百曳木齒隨潮進退擊汰泥沙置小艇百餘尾鐵帚以導之開白茅港疏吳淞江濬故道穿新渠凡六閱月而訖工巨浦支流罔不灌注　冬十月復置雲南永昌軍民府領永

平一縣金齒永昌騰衝三千戶所潞江鎭道楊塘瓦甸四安撫司鳳溪施甸茶山三長官司　辛卯振南畿湖廣江西廣西災免稅糧有差壬辰以災傷敕羣臣修省　南京大理寺丞黃鞏入賀卒於京師行人張岳訟其直節贈少卿予祭葬　時王守仁之學盛行給事中章僑言三代以下正學莫如朱熹近有聰明才智倡異學以號召天下好高務名者靡然宗之取陸九淵之簡便詆朱熹爲支離乞行天下痛爲禁革御史梁世驃亦以爲言從之　王守仁疏辭封爵乞錄同事諸臣功報寢　廣西上思州賊黃鏐糾嵩兵劫州縣十一月總督兩廣都御史張嵿討禽之　陞修撰舒芬等二十人俸各一級從給事中劉世揚請也編修王思疏辭且言陛下欲作敢言之氣以防壅蔽之奸莫若省覽章奏召見大臣勿使邪僻阿徇之說蠱惑聖聽則堯舜之治可成不然縱加恩於先朝譴責之臣抑末矣帝不允命近日遷俸者皆不得辭　庚申壽安皇太后邵氏崩帝欲祔葬茂陵

楊廷和等言祖陵不當數興工作驚動神靈不聽　南京禮部尚書楊廉疏論大禮引程頤朱熹言爲證且言今異議者自謂祖歐陽修然修於考之一字雖欲加之於濮王未忍絶之於仁宗今乃欲絶之於孝廟此又修所不忍言者報聞　青州礦盜王堂等起顏神鎮流劫東昌兗州濟南都指揮楊紀及指揮楊浩等擊之浩死紀僅免詔責山東將吏於是諸臣分道逐賊不得屯聚流劫金鄉魚臺閒突曹州欲渡河不得復掠考城並河西岸至東明長垣河南及保定守臣咸告急汪應軫言弭盜與禦寇不同禦寇驅之境外而已若弭盜而縱使出境是嫁患於鄰省也凡一方有警不行撲滅致延蔓他境者俱宜重論報可　給事中劉最請勤聖學於宮中日誦大學衍義勿令左右近習誘以匪僻報聞　大理寺卿鄭岳言內臣有犯宜聽部院問理毋從中決帝不能從　十二月戊寅振陝西被寇及山東礦賊流劫者　初錦衣千戶張儀以附中官張銳黜革御史楊百之爲

訟冤言儀當宸濠逆謀時首倡大義勸銳卻其餽遺令銳以是免死而儀功不錄無以示報安磐言百之憸邪陽爲儀遊說而陰與銳交關爲銳再起地百之情露乃誣磐因請屬不行挾私行謗喬宇等議黜百之刑部謂情狀未明宜俱逮治帝兩宥之奪百之俸三月磐一月　陝西盜楊錦等剽延綏殺指揮瞿相李鉞討禽之　山東賊王友賢等轉掠祥符封邱南抵徐州廷議以諸道巡撫權位相埒乃命督漕都御史俞諫都督魯綱並提督兩畿山東河南軍務以便宜節制諸道兵討賊　給事中張漢卿等言陛下軫念畿輔莊田之害遣官會勘敕自正德以後投獻及額外侵占者盡以給民王言一布天下孰不頌陛下之仁乃者給事中夏言御史樊繼祖主事張希尹勘上涿州薰皮廠安州鷹房草場詔旨留用所司執奏迄不肯從非所以全大信昭至公也皮廠起於馬永成鷹房創於谷大用皆奪民業爲之今馬俊趙霦恃藩邸舊恩妄求免革是復蹈永成大用故轍也

乞盡還之民而嚴罪俊彩爲欺妄者戒不納　莫登庸自稱安興王謀弑黎譓譓母以告譓與其臣杜温潤間行以免居清華登庸立其庶弟懬遷居海東長慶府　御史史道遷山西僉事劾楊廷和交通宸濠詔附江彬錢寧章下吏部喬宇等言道挾私遂繫錦衣衛獄彭澤復劾道帝諭言官惟大奸及機密事專疏奏餘只具公疏毋挾私中傷善類

二年春正月給事中御史交章劾澤阻言路壞祖宗法帝從吏部言停前諭御史曹嘉復劾廷和宇因言內閣柄太重廷和宇澤及蔣冕毛紀孫交林俊並求去給事中鄭一鵬言文皇帝始立內閣簡解縉等商政事至漏下數十刻始退自陛下卽位大臣宣召有幾張銳魏彬之獄獻帝追崇之議未嘗召廷和等面論所擬旨內多更定未可謂專也御史張袞言廷和當武廟時權奸竊柄既不能積誠意以格君心又不能決去就以明臣節是則可議也至陛下登極以來撥亂

反正足稱救時宰相而道一旦指爲元惡不已甚乎且廷和以論劾故連章乞休同官又以廷和故駢迹求去臣恐政柄潛移隱憂可畏帝乃慰留廷和等謫道南陽府通判　夏言樊繼祖悉奪還民產劾中官趙霦建昌侯張延齡疏凡七上請改後宮負郭莊田爲親蠶廠公桑園一切禁戚里求請及河南山東奸人獻民田王府者俱從之

山東賊流至考城官軍將擊之會河南降賊張進引三百騎馳至中都留守顏愷與俱前方戰進忽三麾其旗先卻賊乘之官軍大潰將士死者八百餘人　丁卯小王子萬餘騎入沙河堡總兵官杭雄戰卻之　二月大計天下官給事御史劾監司不職者二十二人那珣徐璉與焉吏部以軍功未酬請進秩布政使致仕珣璉倡義討賊月餘成大功當事者以王守仁故痛裁抑之二人竟廢其餘同事有功者或賞或否亦不給守仁鐵券不予歲祿頃之守仁再疏辭爵略言宸濠變初起勢焰猖熾人心疑懼退阻當時首從義師自伍文定

邢珣徐璉戴德孺諸人外又有知府陳槐曾璵胡堯元等知縣劉源
清馬津傅南喬李美李楫及楊材王冕顧佖劉守緒王軾等鄉官都
御史王懋中編修鄒守益御史張鼇山伍希儒謝源等或摧鋒陷陳
或遮邀伏擊或贊畫謀議監錄經紀所謂同功一體者也帳下之士
若聽選官雷濟已故義官蕭禹致仕縣丞龍光指揮高睿千戶王佐
等或詐爲兵檄以撓其進止壞其事機或僞書反間以離其心腹散
其黨與今聞紀功文冊改造者多所刪削舉人冀元亨爲臣勸說宸
濠反爲奸人構陷竟死獄中尤傷心慘目負之冥冥之中夫宸濠積
威淩劫雖在數千里外無不震駭失措而況江西諸郡縣切近剝牀
觸目皆賊兵隨處有賊黨非真有捐軀赴難之義戮力報主之忠孰
肯甘齏粉之禍從赤族之誅蹈必死之地以希萬一難冀之功乎今
臣獨崇封爵而此同事諸人者或賞不行而并削其績或賞未及而
罰已先行或虛受陞職之名而因使退閒或冒蒙不忠之號而隨以

廢斥非獨爲已斥諸權奸所誣搆挫辱而已也羣憸衆嫉惟事指揮搜羅以爲快曾未見有鳴其不平伸其屈抑者臣竊痛之奏入卒寢不行　癸未振遼東饑　俞諫魯綱連營進壬辰山東河南賊平葬孝惠皇太后邵氏於茂陵祀奉慈殿　禮部尚書毛澄端亮有學行論事侃侃不撓帝欲推尊所生嘗遣中官諭意至長跪稽首澄駭愕急扶之起其人曰上意也上言人孰無父母奈何使我不獲伸必祈公易議因出囊金畀澄澄奮然曰老臣悖耄不能隳典禮獨有一去不與議已耳抗疏引疾至五六上帝輒慰留不允疾甚復力請乃許之舟至興濟而卒贈少傅諡文簡帝雅敬憚澄故雖數忤旨而恩禮不衰　曹嘉素傾險三月倣宋范仲淹百官圖分廷臣四等加以品題上之安磐言唐王珪之論房元齡等本朝解縉之論黃福等皆承君命而品藻之未有漫然恣其口吻如嘉者也給事中毛玉言嘉背違成法變亂國是乞斥之帝從其言貶嘉於外　乙巳韃靼俺答

寇大同　甲寅武宗神主祔太廟　都御史姚鏌言人臣犯顏進諫自古爲難曩八黨弄權逆瑾亂政廷臣結舌全軀自保而給事中劉蒞評事羅僑殉國忘身發摘時弊幸存餘息遭遇聖朝謂宜顯加獎擢用厲具臣乃僑知台州蒞知長沙使懷忠竭節之士淹於常調臣竊爲朝廷惜之帝納其言擢僑廣東左參政蒞江西副使　佛郎機將别都盧疏世利等駕五舟擊破巴西國遂寇新會之西草灣指揮柯榮百戶王應恩禦之轉戰至稍州向化人潘丁苟先登衆齊進生禽别都盧疏世利等四十二人斬首三十五級獲其二舟餘三舟復接戰應恩陣亡賊亦敗遁官軍得其礮即名爲佛郎機副使汪鋐進之朝　御史許宗魯爲曹嘉訟冤請斥毛玉其同官倫以謀亦助宗魯言給事中張原以庶僚聚訟朝廷爲之多事重損國體乞身先罷斥玉亦上疏求去言宗魯等知朋友私恩不顧朝廷大體臣一身所繫絕微公論所關甚大乞罷臣以謝御史帝皆慰留之　夏四月壬

午朔以災異敕羣臣修省　癸未以宋朱熹裔孫墅爲五經博士主婺源廟祀　給事中張翀等言昔成湯以六事自責曰政不節與民失職與宮壼崇與女謁盛與苞苴行與讒夫昌與今誠以近事較之快船方減而輒允戴保奏添鎭戍方裁而更聽趙榮分守詔核馬房矣隨格於閻洪之一言詔汰軍匠矣尋奪於監門之羣咻是政不可謂節也末作競於奇巧遊手半於閭閻耕桑時廢缺俯仰之資教化未閑成偷薄之習是民不可謂不失職也兩宮營建採運艱辛或一木而役夫萬千或一椽而費財十百死亡枕籍之狀呻吟號歎之聲陛下不得而見聞是宮壼不可謂不崇也奉聖保聖之封先女寵於冊后莊奉肅奉之名聯殊稱於乳母或承恩漸鄰於飛燕或黠慧不下於婉兒內以移主上之性情外以開近習之附和是女謁不可謂不盛也窮奸之銳雄公肆賂遺而逃籍沒之律極惡之鵬鎧密行請託而逋三載之誅錢神靈而王英改問於錦衣關節通而于喜竟漏

於禁網是苞苴不可謂不行也獻廟主祀屈府部之議而用王槐諛佞之謀重臣批答乏之體貌之宜而入羣小慕閒之論或譖發於內陰肆毒螫或譖行於外顯逞擠排上以汩朝廷之是非下以亂人物之邪正是讒夫不可謂不昌也凡此皆成湯之所無而今日之所有是以不避斧鉞之誅用附責難之義望陛下採納報聞　錦衣百戶張瑾帥校尉支俸通倉横取狠籍主事羅洪載欲按之瑾紿請受杖奏洪載擅笞禁衞官帝怒逮下錦衣衞獄安磐與同官張漢卿張逵葛鵷等請付之法司孫交林俊喬宇先後論救皆不聽竟調洪載爲湖州府通判　致仕尚書陳壽卒壽廉歷官四十年無家可歸寓南京所居不蔽風雨比卒尚書李充嗣府尹寇天敘爲之斂又數年親舊賻助始得歸葬新淦　癸巳命兩京三品以上及撫按官舉堪任守令者　帝用中官崔文言建醮乾清坤寧諸宮西天西番漢經諸廠五花宮兩暖閣東次閣莫不有之閏月楊廷和合諸大臣力言不可

引梁武帝宋徽宗爲喻優旨報納　張翀言頃聞紫禁之內禱祀繁
興乾清宮內官十數輩究習經典講誦科儀賞賚踰涯寵倖日密此
由先朝罪人遺黨若太監崔文輩挾邪術爲嘗試冀陛下爲其愚弄
而已得肆其奸欺干撓政事牽引羣邪傷太平之業失四海之望竊
計陛下寧遠君子而不忍斥其徒寧棄讜言而不欲違其教亦謂可
以延年已疾耳側聞頃來嬪御女謁充塞閨幃一二黠慧柔曼者爲
惑尤甚由是怠日講疏召對政令多僻起居愆度小人窺見閒隙遂
以左道蠱惑夫以齋醮爲足恃而恣欲宮壼之閒以荒淫爲無傷而
邀福邪妄之術甚非古帝王求福不回之道也　安磐言曩武宗爲
左右所蠱命番僧瑣南綽吉出入豹房內官劉允迎佛西域十數年
閒糜費大官流謗道路自劉允放而瑣南因供億減小人伏奈何甫
及二年遽襲舊轍不齋則醮月無虛日此豈陛下本意實太監崔文
等爲之文鐘鼓廝役貪緣冒遷既經降革乃營求還職導陛下至此

使貽譏天下後世文可斬也文嘗試陛下欲行香則從之欲登壇則
從之欲拜疏則又從之無已則導以游幸土木導以征伐方且連類
以進伺便以逞臣故曰文可斬也　鄭一鵬言禱祀繁興必魏彬張
銳之餘黨爲之先帝已誤陛下豈容再誤臣巡視光祿見一齋醮蔬
食之費爲錢萬有八千陛下忍斂民怨而不忍傷佞倖之心況今天
災頻降京師道殣相望邊境戍卒日夜荷戈不得飽食而爲僧道縻
費至此此臣所未解報聞　崔文家人李陽鳳索匠師宋鈺賄不獲
嗾文杖之幾死下刑部治未決而中旨移鎮撫司林俊留不遣力爭
劉濟帥六科爭之俱不納明日俊又奏帝怒責陳狀俊言祖宗以刑
獄付法司以緝獲奸盜付鎮撫訊鞫既得猶必付法司擬罪未有奪
取未定之囚反付推問者此途一開恐後有重情即賁緣內降以圖
免實長亂階文先朝漏奸罪不容誅茲復以小事撓法臣不忍朝廷
百五十年紀綱爲此輩壞亂帝憚其言直乃不問　給事中趙漢言

崔文亂政巧逞奸欺不特庇一李陽鳳而已工部尙書趙璜發文家人罪文輒捕其諜者痛杖幾死曰此杖寄與趙尙書其無狀至此望急譴逐毋爲新政累不聽　給事中張逵言陛下臨御之初國事大定今舉動漸乖弊端旋復齋醮繁興爵賞無紀政事不關於宰執者非一刑罰不行於貴近者甚多臺諫會奏而斥爲瀆擾大臣執法而責以回奏至如崔元封侯蔣輪市寵陳萬言乞賜第先朝貴戚未有若是恩倖也廖鵬緩死劉暉得官李隆復遣官勘問先朝罪人未有若是淹縱也願陛下一反目前之所爲報聞　五月御史黎貫言國初夏秋二稅麥四百七十一萬而今損九萬米二千四百七十三萬而今損二百五十萬而宗室之蕃官吏之冗內官之衆軍士之增悉取給其中以賦入則日減以支費則日加請敕所司通稽祖宗以來賦額及今日經費之數列籍上聞知賦入有限則費用不容不節帝嘉納焉　南京禮部尙書秦金等言陛下繼統以來昭德塞違勵精

圖治宜召天和而災眚頻告何也詩曰靡不有初鮮克有終陛下登極一詔百度咸貞天下拭目望至治比來多與詔違百司罔遵萬民失仰此詔令不能如初也卽位之初逐庸回任耆舊比內閣擬旨輒中改疏請徒答溫語此任賢不能如初也卽位之初聽言如流朝請暮報比來事涉戚畹宦寺雖九卿執奏科道交章皆曰業經有旨此聽納不能如初也卽位之初凡先朝傳陞乞陞等官一切釐革比來恩澤過濫封拜頻煩此愼名器不能如初也卽位之初凡奸黨巨惡俱付三法司比來輒下鎭撫此謹國法不能如初也卽位之初首命戶部減馬房糧芻之半且令科道官備覈馬數乃因太監閻洪等言遂寢前詔此恤民瘼不能如初也卽位之初遣斥法王佛子國師禪師比來於禁地設齋醮此崇正道不能如初也卽位之初精神充盛比來聖躬弗豫天顏未復此嗇精神不能如初也夫初政所以清明者政出公朝而左右不預也今政所以淆溷者政在左右而外廷不

知也惟政不可一日不在朝廷惟權不可一日移於左右所謂政在朝廷者非必皆獨運也股肱有託耳目有寄即主威重於九鼎國勢安於泰山自古帝王制御天下操此術而已不則宮府之勢隔而信任有所偏婦寺之情親而聽受有所蔽名曰總攬而太阿之鐏實移於下矣章下禮部　南京禮部右侍郎劉瑞偕同官條上六事且言齋醮無益且妨政織造多費且病民帝多納用之　庚午小王子犯密雲石塘嶺殺指揮使殷隆　御史余鼐劾司禮太監張佐蒙蔽罪

以塞上無警召李鉞還給事中劉世揚請留鉞陝西而久任諸邊巡撫帝卒召鉞　許相卿言天下政權出於一則治二三則亂公卿大夫參議則治匪人僭干則亂陛下繼統之初登用老成嘉納忠讜裁抑僥倖竄殛憸邪可謂明且剛矣曾未再期偏聽私昵秕政亟行明少蔽剛少遜操權未得其術而陰伺旁竊者得居中制之如崔文以左道罔上師保臺諫言之而不聽羅洪載守職逮繫廷臣疏七十

上而不行近又庇崔文奴奪法司之守斥林俊以違旨怒言官之奏擾事涉中人曲降溫旨犯法不罪請乞必從此與正德朝何異哉俊國之望也其去志決矣俊去類俊者必不留陛下將與二三近習私人共理天下乎今日天下與先朝異武宗時勢已阽危然元氣猶壯調劑適宜可以立起何也承孝宗之澤也今日病雖稍蘇而元氣已竭調劑無方將至不起何也承武宗之亂也伏願深察亂機收還政柄取文輩寘之重典然後務學親賢去讒遠色延訪忠言深恤民隱務使宮府一體上下一心而後天下可爲也帝卒不聽　六月癸丑以災傷免嘉靖元年天下稅糧之半　日本貢使宗設及宋素卿瑞佐抵寧波互爭真僞素卿賄市舶太監賴恩宴時坐宗設上船後至又先爲驗發宗設怒與之鬬殺瑞佐焚其舟追素卿至紹興城下素卿竄匿以免宗設還寧波所過焚掠執指揮袁璡奪船出海都指揮劉錦追至海上戰歿巡按御史歐珠以聞禮部言釁起宗設宜宣諭

素卿還國移咨其王究治張翀及御史熊蘭交章言素卿罪重不可貸請幷治賴恩及海道副使張芹分守參政朱鳴陽分巡副使許完都指揮張浩閉關絕貢振中國之威寢狡寇之計從之　韃靼入甘肅殺指揮孫仁等　秋七月永福長公主下嫁鄔景和安磐言舊儀駙馬都尉見公主行兩拜禮公主坐受乖夫婦之分當革正帝弗能從　錦衣革職旗校王邦奇屢乞復職安磐言邦奇等在正德世貪饕搏噬有若豹狼其捕奸盜也或以一人而牽十餘人或以一家而連數十家鍛鍊獄詞付之司寇謂之鑄銅板其緝妖言也或用番役四出搜愚民詭異之書或購奸僧潛行誘愚民彌勒之教然後從而掩之無有解脫謂之種妖言數十年內死者塡獄生者寃號今不追正其罪使得保首領亦已幸矣尚敢肆然無忌屢瀆天聽何爲者哉且陛下收已渙之人心奠將危之國脈實在登極一詔若使此輩攘臂一朝壞之則奸人環立蠭起隄防潰決不知所紀極矣宜嚴究治

絶禍源帝不能從　贈岳正太常寺少卿謚文肅　詔營都督同知
陳萬言第估工值六十萬趙璜持之萬言愬於帝下郎中葉寬員外
郎翟璘錦衣衛獄璜言二臣無與乞罪臣帝不聽已而論救踵至萬
言不自安再請貸寬璘寬璘獲釋工價亦大減萬言皇后父也　初
都督劉暉下獄林俊當以交結朋黨律請斬以謝天下廖鵬廖鎧齊
佐王讞論死屢詔緩刑俊乞亟行誅又劾谷大用占民田萬餘頃皆
不聽俊以耆德起田間持正不避嫌怨既屢見格遂乞致仕聽之加
太子太保　給事劉最極論崔文罪且言文耗帑金狀帝從文言命
最自覈侵耗數最言帑銀屬內府雖計臣不得稽盈縮文乃欲假難
行事逃己罪制言官疏入忤旨出爲廣德州判官言官論救不納
八月庚子以定策功進張鶴齡爲昌國公封陳萬言泰和伯授萬言
子紹祖尚寶丞喬宇言累朝太后戚屬無生封公者張巒亦歿後追
贈今奈何以父贈爲子封萬言封伯視巒更驟子授尚寶又非制願

陛下守典章以垂萬世不從帝又授外戚蔣泰等五人爲錦衣衛千百戶彭澤爭之給事中張原亦極言請裁帝皆不聽　致仕大學士劉忠卒年七十二贈太保諡文肅　辛酉小王子犯遼東丁字堡都指揮王綱戰死　九月楊廷和滿四考超拜太傅廷和四辭不拜戶部奉詔上各宫莊田數視舊籍不同帝詰其故孫交言舊籍多以奏請投獻數多妄報也新籍少以奉命清核田多除豁也帝意稍解令考成弘間籍以聞改稱官地所司徵銀解部然多爲宦寺中飽積逋至數十萬以爲常　巡撫大同都御史張文錦銳意振刷操切頗無序以大同北四望平衍寇至無可禦議曰寇犯宣府不能近鎮城者以葛谷白陽諸堡爲外蔽也今城外即戰場何以示重乃於城北九十里外增設五堡曰水口宣寧只河柳溝樺溝參將賈鑑督役嚴士卒咸怨　周憲附祀旌忠祠　徐光祚規占民田嗾灤州民訐前永平知府郭九皐太監芮景賢主之冬十月緹騎逮訊夏言疏救劉

濟請幷治光祚章下所司　戸部尚書孫交兵部尚書彭澤致仕令交子編修元侍行初興獻王愛重交劃陽春臺東偏地益其宅後中官言孫尚書侵地帝曰此先皇所賜吾敢奪耶　初廖鵬父子及錢寧黨王欽等皆以從逆論斬賁緣中人冀脫死劉濟言自來死囚臨斬鼓下猶受訴詞奏上得報已及日旰再請而後行刑則已薄暮殊非與衆棄之之意乞自三請後鼓下不得受詞鵬欽等罪甚當幸陛下勿疑詔自今以申酉行刑鵬等竟緩決及是欽以中旨免死濟力爭不聽　編修湛若水言陛下初政漸不克終左右近侍爭以聲色異教蠱惑上心大臣林俊孫交等不得守法多自引去可爲寒心亟宜親賢遠奸窮理講學以隆太平之業又疏言日講不宜停止報聞

華湘言古今善推算者三家漢太初以鐘律唐大衍以蓍策元授時以晷景而晷景爲近欲正算而不登臺測景皆空言臆說也望許臣暫罷朝參督中官正周濂等及冬至前詣觀象臺晝夜推測日記

月書至來年冬至以驗二十四氣分至合朔日躔月離黃赤二道昏旦中星七政四餘之度視元辛巳所測離合何如差次錄聞更敕禮部延訪精通理數者徵赴京師令詳定歲差以成一代之制從之

十一月丁卯朔免南畿被災稅糧　東廠太監芮景賢言劉最在途仍故銜乘巨舫取夫役巡鹽御史黃國用復遣牌送之帝怒逮二人下錦衣衞獄最充軍邵武國用謫極邊雜職法司爭不得劉濟言國家置三法司專理刑獄或主質成或主平反權臣不得以恩怨爲出入天子不得以喜怒爲重輕自錦衣鎮撫之官專理詔獄而法司幾成虛設如最等小過耳緝執於宦寺之門鍛鍊於武夫之手旨從內降大臣初不與知爲聖政累非淺且李洪陳宣罪至殺人降級而已王欽兄弟黨奸亂政謫戍而已以最等視之奚啻天淵而罪顧一律何以示天下帝怒責以黨比奪俸一月　宗設之遁也其黨中林望古多羅爲暴風飄至朝鮮朝鮮生禽之以獻夏言請逮赴浙江會所

司與宋素卿雜治因遣給事中劉穆御史王道往　初大禮議未定
吏部員外郎方獻夫巡撫湖廣都御史席書揣帝向張璁霍韜俱撰
議欲尊興獻王爲帝稱皇考改稱孝宗爲皇伯考會中朝競詆璁爲
邪說懼不敢上南京刑部主事桂萼性剛狠與璁同官日夜私詆朝
議會汪應軫以便養乞改南璁萼雅知其名欲倚以自助應軫與議
不合卽奏請遵禮經崇正統以安人心不報萼揣帝雖勉從廷臣意
終未慊乃具疏幷獻夫書二疏上之曰臣聞天下有道禮樂自天子
出伏望奮然裁斷將臣與二臣疏並付禮官令臣等面質　己丑振
河南饑　十二月鄭岳按甘肅亂卒事李隆及諸倡亂者咸伏誅
江南比歲不登中官請遣官督織造工部及給事御史言之皆不聽
趣內閣撰敕楊廷和等不奉命因極言民困財竭請毋急帝趣愈急
且戒毋瀆擾執拗廷和言臣等與舉朝大臣言官言之不聽顧二三
邪佞之言是聽陛下能獨與二三邪佞共治祖宗之天下哉且陛下

以織造爲累朝舊例不知洪武以來何嘗有之創始成化弘治耳憲宗孝宗愛民節財美政非一陛下不取法獨法其不美者何也即位一詔中官之倖路絀塞殆盡天下方傳誦聖德今忽有此何以取信因請究擬旨者何人疑有假御批以行其私者帝爲謝不審俾戒所遣官毋縱肆而已不能止也　御史張日韜言陛下既稱閣臣所奏惟愛主惜民是明知織造之害矣既知之而猶不已實由信任大臣弗專而羣小爲政也自古未有羣小蒙蔽於內而大臣能盡忠於外者崔文輩二三小人嘗濁亂先朝今復蒙惑聖衷竊弄威福陛下奈何任其逞私不早加斥逐哉臣聞織造一官行金數萬方得之既營之以重貲而欲其不責償於下此必無之事也張翀張原等皆力爭帝不能用　吏部侍郎何孟春以蘇松諸府旱潦相繼江淮北河水大溢漂沒田廬人畜無算特倣漢魏相條奏八事帝嘉納焉　帝以災異頻仍欲罷明年郊祀慶成宴裴紹宗言祭祀之禮莫大於郊丘

君臣之情必通於宴享往以國戚廢大禮今且從吉宜卽舉行豈可
以災傷復免修撰唐皐亦以爲言從之
三年春正月丙寅朔兩畿河南山東陝西同時地震　壬午五星聚
於營室兵部尚書金獻民以其占主兵請敕天下鎮巡官預守戰之
備且請用賢納諫罷土木屛玩好帝頗采納　帝得桂萼疏心動丙
戌手批下部議行二月禮部尚書汪俊集廷臣七十三人上議曰祖
訓兄終弟及指同產言今陛下爲武宗親弟宜考孝宗明矣孰謂與
爲人後而滅武宗之統也儀禮傳曰爲人後者孰後後大宗也漢宣
起民閒猶嗣孝昭光武中興猶考孝元魏明帝詔皇后無子擇建支
子以繼大宗孰謂入繼之主與爲人後者異也宋范純仁謂英宗親
受詔爲子與入繼不同蓋言恩義尤篤尤當不顧私親非以生前爲
子者乃爲人後身後入繼者不爲人後也萼言孝宗旣有武宗爲之
子安得復爲立後臣等言陛下自後武宗而上考孝宗非爲孝宗立

後也萼又謂武宗全神器授陛下何忍不繼其統臣等謂陛下既稱武宗皇兄矣豈必改孝宗稱伯乃爲繼其統乎萼又言禮官執者不過前宋濮議臣等愚昧所執實不出此蓋宋程頤之言曰雖當專意於正統豈得盡絕於私恩故所繼主於大義所生存乎至情至於名稱統緒所係若其無別斯亂大倫殆爲今日發也謹集諸奏章惟進士張璁主事霍韜給事中熊浹與萼議同其他八十餘疏二百五十餘人皆如臣等議議上留中而特旨召萼璁及席書於南京　帝漸疎大臣政卒內決鄧繼曾言比來中旨大戾王言事不考經文不會理悅邪說之諂媚則賜敕褒俞惡師保之抗言則漸將放黜臣目睹出涕口誦吞聲夫祖宗以來凡有批答必付內閣擬進者非止慮獨見之或偏亦防矯僞者之假託也正德之世蓋極敝矣尚未有如今日之可駭可歎者左右羣小目不知書身未經事乘隙招權弄筆取寵故言出無稽一至於此陛下不與大臣共政倚信羣小臣恐大器

之不安也疏入帝震怒下錦衣衛獄掠治謫金壇縣丞張逵鄭一鵬
及同官韓楷御史林有孚馬明衡季本論救不報初帝踐阼言路大
開或過於切直亦優容之自劉最及繼曾得罪厭薄言者廢黜相繼
侍讀湛若水言一二年間天變地震山崩川湧人饑相食殆無虚
月夫聖人不以屯否之時而後親賢之訓明醫不以深錮之疾而廢
元氣之劑宜博求修明先王之道者日侍文華以裨聖學　初宸濠
戚屬連逮者數百人毛玉奉命往訊多所全活且言宸濠稱亂由左
右貪賄釀成之因劾守臣不死事者而請禁天下有司與藩府交通
帝俱從之　初楊廷和以帝性英敏自信可輔太平事事有所持諍
及大禮議起帝數召廷和從容賜茶欲有所更定廷和卒不肯順指
先後封還御批者四執奏幾三十疏帝常忽忽有所恨左右因乘間
言廷和恣無人臣禮帝意内移廷和累疏乞休會桂萼疏入廷和力
持其議疏語露不平丙午帝許之致仕責以因辭歸咎非大臣道賜

璽書給與廩如例中前蔭子錦衣衞指揮使之命給事御史交章請留不報　庚戌南京地震　汪俊等議既留中越旬有五日乃下諭曰朕奉承宗廟正統大義豈敢有違第本生至情亦當兼盡其再集議以聞俊等不得已乃議請加皇字以全徽稱　昭聖皇太后壽旦詔免諸命婦朝賀舒芬言前者興國太后令旦命婦朝賀如儀今遇皇太后壽節忽行傳免恐失輕重之宜乞收成命以彰聖孝帝怒奪俸三月御史朱淛言皇太后親挈神器以授陛下母子至情天日昭鑒若傳免朝賀何以慰親心而隆孝治御史馬明衡言暫免朝賀在恆時猶可在議禮紛爭之時則斷不可且興國太后令節相去不過數旬而情文互異詔旨一出臣民駭疑萬一因禮儀未節稍成嫌隙傳陛下貽譏天下非細故也時帝亟欲尊所生而羣臣必欲帝母昭聖相持未決二人疏上帝恚且怒立捕至內廷責以離間宮闈歸過於上下錦衣衞獄拷訊何孟春及御史蕭一中論救不聽御史陳逅

季本員外郎林應驄繼諫帝愈怒幷下獄帝必欲殺淛明衡變色謂
蔣冕曰此曹誣朕不孝罪當死冕頓首固諫良久色稍解欲戍之冕
復繼以泣乃杖八十除名爲民謫近合浦縣主簿本揭陽主簿應驄
徐聞縣丞淛明衡遂廢　汪俊等議再上復留十餘日三月丙寅朔
諭禮部加稱興獻帝爲本生皇考恭穆獻皇帝興國太后爲本生母
章聖皇太后擇日祭告郊廟頒詔天下別諭建室奉先殿側祀獻皇
俊等復爭曰陛下入奉大宗不得祭小宗亦猶小宗之不得祭大宗
也昔興獻帝奉藩安陸則不祭憲宗今陛下入繼大統亦不得祭興
獻帝是皆以禮抑情者也然興獻帝不得迎養壽安太后於藩邸陛
下得迎興國太后於大內受天下之養而祀興獻帝以天子之禮樂
則人子之情獲自盡矣立廟大內於正統爲嫌臣等不得將順帝曰
朕但欲奉先殿側別建一室伸追慕之情耳迎養藩邸祖宗朝無此
例何容飾以爲詞令陳狀俊引罪嚴旨切責喬宇張翀等復連章力

諫鄭本公等言陛下濳邸之日則爲孝宗之姪與獻王之子臨御之日則爲孝宗之子與獻帝之姪可兩言決也至立廟大內實爲不經獻帝之靈既不得入太廟又空去一國之祀而託享於大內陛下享太廟其文曰嗣皇帝於獻帝之廟又當何稱愛敬精誠兩無所屬獻帝將蹙然不安帝怒責諸人朋言亂政並奪俸　壬申振淮陽饑

辛巳振河南饑　葺興獻帝陵寢號顯陵　張璁桂萼復上疏言今日之辨不在皇與不皇惟在考與不考已復偕南京主事黃宗明經歷黃綰合疏力爭　帝趣立廟益急汪俊等上議曰立廟大內有干正統臣實愚昧不敢奉詔帝不納令集羣臣大議俊等復上議曰謹案先朝奉慈別殿蓋孝宗皇帝爲孝穆皇太后祔葬初畢神主無薦享之所而設也當時議者皆據周制特祀姜嫄而言至爲本生立廟大內則從古未聞惟漢哀帝爲定陶共王立廟京師師丹以爲不可哀帝不聽卒遺後世之譏陛下有可以爲堯舜之資臣等不敢導

以襃世之事請於安陸特建獻帝百世不遷之廟俟他日襲封興王子孫世世獻饗陛下歲時遣官持節奉祀亦足伸陛下無窮至情矣帝命遵前旨再議俊遂抗疏乞休再請益力帝怒責以肆慢允其去召席書未至令侍郎吳一鵬署事　喬宇偕九卿言陛下罷汪俊用席書謫馬明衡朱淛季本陳逅召張璁桂萼霍韜舉措乖違人心駭愕夫以一二人邪說廢天下萬世公議內離骨肉外間君臣名爲効忠實累聖德且書不由廷推特出內降此祖宗來所未有乞令俊與書各仍舊職宥明衡等止璁萼毋召不納　改雲南金齒永昌二千戶所爲保山縣　夏四月吳一鵬集廷臣上議曰前世入繼之君間有爲本生立廟園陵及京師者第歲時遣官致祀尋亦奏罷然猶見非當時致議後代若立廟大內而親享之從古以來未有也臣等寧得罪陛下不欲陛下失禮於天下後世今張璁桂萼之言曰繼統公立後私又曰統爲重嗣爲輕竊惟正統所傳之謂宗故立宗所以繼

統立嗣所以承宗統之與宗初無輕重況當我朝傳子之世而欲倣
堯舜傳賢之例擬非其倫又謂孝不在皇不皇惟在考不考遂欲改
稱孝宗爲皇伯考臣等歷稽前古未有神主稱皇伯考者惟天子稱
諸王曰伯叔父則有之非可加於宗廟也前此稱本生皇考實裁自
聖心乃謂臣等留一皇字以覘陛下又謂百皇字不足當父子之名
何肆言無忌至此乞速罷建室之議立廟安陸下璁萼等法司按治
帝報曰朕起親藩奉宗祀豈敢違越但本生皇考寢園遠在安陸於
卿等安乎命下再四爾等欺朕沖歲黨同執違敗父子之情傷君臣
之義往且勿問其奉先殿西室亟修葺盡朕歲時追遠之情　蔣冕
抗疏極諫曰陛下嗣承丕基固因倫序素定然非昭聖皇太后懿旨
與武宗皇帝遺詔則無所受命既受命於武宗自當兄武宗考孝宗
母昭聖而於孝廟武廟皆稱嗣皇帝臣某以示繼統承祀之義今乃
欲爲本生立廟奉先殿側臣雖至愚斷斷知其不可自古人君嗣位

謂之承祧踐阼禮爲人後者惟大宗皆主宗廟祭祀而言自漢至今未有爲本生父母立廟大內者漢宣帝爲所生立廟葬所光武立四親廟於章陵宋英宗父濮安懿王亦卽園立廟陛下先年有旨立廟安陸與前代適同得其當矣豈可既奉大宗之祀又兼奉小宗之祀情重於所生義必不專於所後將孝武二廟之靈安所託乎竊恐獻帝之靈不能安雖聖心亦自不能安也爾者復允汪俊之去趣張璁桂萼之來人心益駭廷議之日天本晴明忽變陰晦至暮乃風雷大作天意如此陛下可不思變計哉因力求去帝得疏不悅以大臣故優詔留之　己酉上昭聖皇太后尊號曰昭聖康惠慈壽皇太后庚戌上興國太后尊號曰本生聖母章聖皇太后癸丑追尊興獻帝曰本生皇考恭穆獻皇帝詔天下大赦　巡撫應天都御史吳廷舉以大禮議未定請如洪武中修孝慈錄故事令兩京部寺臺省及天下督撫各條所見並詢家居老臣采而行之彙爲一書以詔後世時已

定稱本生考廷舉窺帝意不慊故爲此奏張原及給事中劉祺交劾之不報　吳一鵬極陳四方災異言自去年六月迄今二月其閒天鳴者三地震者三十八冬雷電雨雹十八暴風白氣地裂山崩産妖各一民饑相食二非常之變倍於往時願陛下率先羣工拯疾苦罷營繕信大臣納忠諫用回天意帝優詔報之　魯迷國貢獅子犀牛其國去中國絶遠鄭一鵬言魯迷非常貢之邦獅子非可育之物請敕邊臣量行賞賚遣還國以彰不寶異物之德不聽　方獻夫疏既爲桂萼所進廷臣目爲奸邪不與往還獻夫杜門乞假不得乃進大禮上下二論其說益詳　辛酉編修鄒守益言陛下欲隆本生之恩屢下羣臣會議羣臣據禮正言致蒙詰讓道路相傳有孝長子之稱昔者曾元以父寢疾憚於易簀蓋愛之至也而曾子責之曰姑息魯公受天子禮樂以祀周公蓋尊之至也而孔子傷之曰周公其衰願陛下勿以姑息事獻帝而使後世有其衰之歎且羣臣援經證古欲

陛下專意正統此皆爲陛下忠謀乃不察而督過之謂忤且慢臣歷
觀前史如冷褒段猶之徒當時所謂忠愛後世所斥以爲邪媚也師
丹司馬光之徒當時所謂欺慢後世所仰以爲正直也後之視今猶
今之視昔望陛下不吝改過察羣臣之忠愛信而用之去者復召之
無使姦人動搖國是離間宮闈昔先帝南巡羣臣交章諫阻先帝赫
然震怒豈不謂欺慢可罪哉陛下在藩邸聞之必以爲盡忠於先帝
今入繼大統獨不容羣臣盡忠於陛下乎帝大怒下錦衣衞獄考掠
謫廣德州判官　蔣冕再請罷建廟之議以天變爲言且乞休帝益
不悅五月乙丑朔聽致仕冕當正德時持正不撓及帝即位守之不
移代楊廷和爲首輔僅兩閱月卒齟齬以去論者謂有古大臣風
修撰呂柟以修省自陳十三事中言大禮未正詔言日進帝怒下錦
衣衞獄謫解州判官　致仕大學士王鏊卒年七十五贈太傅謚文
恪鏊博學有識鑒文章爾雅晚著性善論一篇王守仁見之曰王公

深造世未能盡也　帝手敕名奉先殿西室爲觀德殿丁丑遣吳一鵬偕崔元賴義迎獻皇帝神主於安陸一鵬言歷考前史並無自寢園迎主入大內者此天下後世觀瞻所係乞俯納羣言改題神主奉安故宮爲百世不遷之廟其觀德殿中別設神位香几以慰孝思則本生之情既隆正統之義亦盡奏入不納一鵬遂行　己卯吏部尚書石珤兼文淵閣大學士預機務　獻帝既改稱本生皇考閣臣請停張璁桂萼召命帝從之時璁萼已在道復馳疏曰禮官懼臣等面質故先爲此術求遂其私若不亟去本生之稱天下後世終以陛下爲孝宗之子墮禮官欺蔽中矣帝復心動趣召之至又條上七事時風氣淳厚士大夫皆重名節璁萼以異說進衆洶洶欲倣先朝馬順故事斃之於廷萼懼不敢出璁閱數日始朝恐有伺者出東華門走匿郭勛家勛大喜約爲內助張翀與給事中三十餘人連章言璁萼賦性奸邪立心憸佞變亂宗廟離間宮闈詆毀詔書中傷善類望急

出之爲人臣不忠之戒鄭本公偕同官四十四人言萼首爲亂階璁再肆欺妄黃綰黃宗明方獻夫席書連彙接踵尙書之命由中而下行取之旨已罷再頒大臣因此被逐言官由之得罪雖往日瑾彬之奸流禍不若是酷也皆不納　安磐言今欲別立一廟於大內是明知恭穆不可入太廟矣夫孝宗旣不得考恭穆又不得入是無考也世豈有無考之太廟哉此其說之自相矛盾者也不聽　席書進不由廷推廷臣交章詆之張漢卿劾書振饑湖廣不法多侵漁帑金請命官往勘書乃屢辭新命錄上大禮考議乞遣官勘振荒狀六月帝遣司禮中官戶刑二部侍郎錦衣衛指揮往勘而趣書入朝益急

張璁桂萼再上疏帝乃以璁萼爲翰林學士方獻夫爲侍講學士學士豐熙昌言於朝曰此冷褒段猶流也吾輩可與並列耶抗疏請歸不允喬宇言內降恩澤先朝率施於佞倖小人士大夫一與其間卽不爲清議所齒況學士最清華而俾萼等居之誰復肯與同列哉給

事中御史李學曾吉棠等七十四人言璁萼曲學阿世聖世所必誅
以傳奉爲學士累聖德不少御史段續陳相又特疏論并及席書請
俱正其罪帝怒切責宇責學曾等對狀下續相錦衣衞獄　張翀取
廷臣劾璁萼章疏送刑部尚書趙鑑復請置璁萼於理語人曰得命
旨便捶殺之帝留疏不下而責鑑朋邪害政亦令對狀璁萼乃復列
欺罔十三事力折廷臣　考功員外郎薛蕙撰爲人後解爲人後辨
及辨璁萼所論七事合數萬言上於朝解有上下二篇推明大宗義
其辨曰陛下繼祖體而承嫡統合於爲人後之義坦然無疑乃有二
三臣者詭經畔禮上惑聖聰夫經傳纖悉之指彼未能睹其十一遽
欲恃小慧騁夸辭可爲不知而作者也其曰陛下爲獻帝不可奪之
嫡嗣按漢石渠議曰大宗無後族無庶子已有一適子當絶父祀以
後大宗否戴聖云大宗不可絶禮言適子不爲後者不得先庶子耳
族無庶子則當絶父以後大宗晉范汪曰廢小宗昭穆不亂廢大宗

昭穆亂矣先王所以重大宗也豈得不廢小宗以繼大宗乎夫人子雖有適庶其親親之心一也而禮適子不爲後庶子得爲後者此非親其父母有厚薄也直繫於傳重收族不同耳今之言者不知推本祖禰惟及其父母而止此弗忍薄其親忍遺其祖也其曰爲人後者爲之子乃漢儒邪說按此踵歐陽修之謬也夫爲人後者爲之子其言出於公羊固漢儒所傳者然於儀禮實相表裏古今以爲折衷未有異論者也藉若修之說其悖禮甚矣禮爲人後者斬衰三年此子於父母之喪也以其父母之喪服之非爲之子而何其言之悖禮一也傳言爲所後者之祖父母妻妻之父母昆弟昆弟之子若子其若子者由爲之子故爾傳明言若子今顧曰不爲之子其言之悖禮二也且立後而不爲之子則古立後者皆未嘗實子之而姑僞立是人也是聖人僞教人以立後而實則無後焉耳夫無後者重絶祖考之祀故立後以奉之今所後旣不得而子則祖考亦不得而孫矣豈可

以入其廟而奉其祀乎由此觀之名漢臣以邪說無乃其自名耶抑二三臣者亦自度其說之必窮也於是又爲遁辭以倡之曰夫統與嗣不同陛下之繼二宗當繼統而不繼嗣此一言者將欲以廢先王爲人後之義與則尤悖禮之甚者也然其牽合附會眩於名實苟不辨而絕之殆將爲後世禍矣夫禮爲大宗立後者重其統也重其統不可絕乃爲之立後至於小宗不爲之後者統可以絕則嗣可以不繼也是則以繼統故繼嗣繼嗣所以繼統也故禮爲人後言繼嗣也後大宗言繼統也統與嗣非有二也其何不同之有自古帝王入繼者必明爲人後之義而後可以繼統蓋不爲後則不成子也若不成子夫安所得統而繼之故爲後也者成子也成子而後繼統又將以絕同宗覬覦之心焉聖人之制禮也不亦善乎抑成子而後繼統非獨爲人後者爾也禮無生而貴者雖天子諸侯之子苟不受命於君父亦不敢自成尊也春秋重授受之義以爲爲子受之父爲臣受之

君故穀梁子曰臣子必受君父之命斯義也匪直尊君父也亦所以自尊焉耳蓋尊其君父亦將使人之尊己也如此則禮義明而禍亂無今說者謂倫序當立斯立已是烏知禮與春秋之意哉若夫前代之君間有弟終而兄繼姪終而伯叔父繼者此遭變不正者也然多先君之嗣先君於己則考也己與先君則子也故不可考後君而亦無兩統二父之嫌若晉之哀帝唐之宣宗是也其或諸王入嗣則未有仍考諸王而不考天子者也陛下天倫不先於武宗正統不自於獻帝是非予奪至爲易辨而二三臣者猥欲比於遭變不正之舉故曰悖禮之尤者也其他所辨七事倣此書奏帝大怒下錦衣衛獄考訊已貰出之奪俸三月　舒芬楊慎王思等三十六人言臣等與桂萼輩學術不同議論亦異臣等所執者程頤朱熹之說也萼等所執者冷褒段猶之餘也今陛下既超擢萼等不以臣等言爲是臣等不能與萼輩同列願賜罷斥帝怒切責停俸有差　鴻臚寺少卿胡侍

劾張璁桂萼越禮背經因據所奏反覆辨論凡千餘言帝怒命逮治謫潞州同知　秋七月吏部尚書喬宇致仕御史許中劉隅等請留宇帝曰朕非不用宇宇自以疾求去耳　乙亥更定章聖皇太后尊號去本生之稱　禮部侍郎朱希周等言陛下考孝宗母昭聖三年矣而更定之論忽從中出則明詔爲虛文不足信天下祭告爲瀆禮何以感神祇且本生非貶詞也不妨正統而親之義寓焉何嫌於此而必欲去之以滋天下之議　何孟春偕九卿秦金等言伊尹謂有言逆於心必求諸道有言孫於志必求諸非道邇者大禮之議邪正不同若諸臣匡拂累千萬言此所謂逆於心之言也陛下亦嘗求諸道否乎一二小人敢託將順之說招徠罷閑不學無恥之徒熒惑聖聽此所謂孫於志之言也陛下亦嘗求諸非道否乎何彼言之易行而此言之難入也遂發十三難以辨折張璁桂萼　時諸曹各具一疏力言孝宗不可稱伯考本生之稱不可去皆留中不報毛紀石珤

再疏爭亦不納戊寅朝罷金獻民及大理寺少卿徐文華曰諸疏留中必改稱孝宗爲伯考矣何孟春曰憲宗朝議慈懿太后葬禮姚夔帥百官伏哭文華門此我朝故事也楊愼曰國家養士百五十年仗節死義正在今日張翀及檢討王元正曰萬世瞻仰在此一舉有不力爭者共擊之於是尙書秦金趙鑑趙璜俞琳侍郎朱希周劉玉賈詠都御史王時中張潤寺卿汪舉潘希曾張九敘吳祺通政張瓚陳霑學士豐熙少卿張縉蘇民金瓚府丞張仲賢通政參議葛檜寺丞袁宗儒侍講張璧修撰舒芬楊維聰姚淶張衍慶編修許成名劉棟張潮崔桐葉桂章王三錫余承勳陸釴王相應良王思檢討金皐林時給事中劉濟安磐張漢卿張原謝蕡毛玉曹懷張嵩王瑄張擬鄭一鵬黃重李錫趙漢陳時明鄭自璧裴紹宗韓楷黃臣胡訥御史王時柯余翱葉奇鄭本公楊樞劉頴祁杲杜民表楊瑞張英劉謙亨許中陳克宅譚纘劉翀張錄郭希愈蕭一中張恂倪宗嶽王璜沈教鍾

卿密胡瓊張濂何鼇張曰韶藍田張鵬翰林有孚郎中余寬黨承志劉天民黃待顯唐昇賈繼之楊易楊淮胡宗明栗登黨以平何巖馬朝卿余才汪必東張摠張懷陶滋賀緍姚汝臯劉淑相萬潮相世芳張峨詹潮胡璉范祿陳力張大輪葉應驄白轍許路趙儒葉寬張子衷江登劉璣江珊員外郎馬理徐一鳴劉勳申良鄭漳顧可久婁志德翁磐李文中張澯劉漳楊儀王德明戴欽張儉劉士奇金廷瑞范鏓龐淳主事應大猷李舜臣馬冕彭澤張鵾徐嵩張庠高奎安璽王尚志朱藻黃一道陳儒陳騰鸞高登程旦尹嗣忠郭日休李錄周詔戴亢繆宗周邱其仁組琚張希尹張鏜豐坊仵瑜丁汝夔臧應奎汪溱黃嘉賓李春芳盧襄華鑰鄭曉劉一正郭持平余楨陳賞祁敕趙廷松熊宇何鼇楊濂劉仕蕭樟顧鐸王國光汪嘉會殷承敘陸銓錢鐸方一蘭伍餘福張鳳來張羽車純蔣珙鄭騶司務洪伊金中夫李可登劉從學檢校丁律寺正毋德純蔣同仁寺副王暐劉道評事陳

大綱鍾雲瑞王光濟張徽王天民鄭重杜鸞及獻民等俱跪伏左順
門希周走告諸閣臣曰羣臣伏闕公等能坐視乎毛紀石珤亦偕跪
伏以請帝命司禮中官諭衆退皆曰必得俞旨乃敢退自辰至午有
大僚欲去克宅扼其項曰奈何先去爲人望其人愧而止帝再傳諭
猶不起帝大怒遣錦衣執爲首者熙翀翶寬待顯滋世芳德純八人
繫獄愼元正乃撼門大哭衆皆哭聲振闕廷帝益怒命盡錄諸臣姓
名收繫理等一百三十四人而令希周孟春等待罪坊熙之子也
己卯上章聖皇太后冊文秦金金獻民趙鑑趙璜何孟春朱希周王
時中張縉徐文華俱不赴帝怒責陳狀金等伏罪復嚴旨譙責乃已
癸未錦衣衛以繫獄并待罪二百二十餘人請命待罪者停俸四
月繫獄者杖於廷人三十戍豐熙等八人於邊衛熙鎮海張翀瞿唐
陶滋榆林編修王思王相給事中毛玉裴紹宗御史張日韜胡瓊郎
中楊淮胡璉員外郎申良張瀚主事安璽仵瑜臧應奎余禎殷承敘

司務李可登皆病瘡先後卒思志行邁流俗呂枏嘗曰聞過而喜似季路欲寡未能似伯玉則改齋其人也改齋思別號也相豪邁尙志節事親篤孝家貧屢空晏如淮屢監京通淮諸倉及內庫釐剔積弊殆盡供饋悉謝絕應奎受業湛若水之門以聖賢自期可登素慷慨以忠義自許皆如其志　甲申獻皇帝神主至京奉安於觀德殿

諸臣之下獄也毛紀具疏乞原帝怒傳旨責紀要結朋奸背君報私紀乃上言曰曩蒙聖諭國家政事商搉可否然後施行此誠內閣職業也臣愚不能仰副明命邇者大禮之議平臺召對司禮傳諭不知其幾似乎商搉矣而皆斷自聖心不蒙允納何可否之有至於笞罰廷臣動至數百乃祖宗所未有者亦皆出自中旨臣等不得與聞宣召徒勤扞格如故慰留雖切詰責隨加臣雖有體國之心不能自盡宋司馬光告神宗曰陛下所以用臣蓋察其狂直庶有補於國家若徒以祿位榮之而不取其言是以官私非其人也臣以祿位自榮而

不能救正是徒盜竊名器以私其身也臣於陛下敢舉以爲告夫要
結朋奸背君報私正臣平日所痛憤而深疾者有一於此罪何止罷
黜今陛下以之疑臣倘可一日靦顔朝宁間哉乞賜骸骨歸鄉里以
全終始尤望陛下法祖典學任賢納諫審是非辨忠邪以養和平之
福帝銜紀亢直己丑聽致仕紀有學識居官廉靜簡重與楊廷和蔣
冕正色立朝並爲搢紳所倚賴其代冕爲首輔亦僅三月　或言前
此朝罷羣臣已散修撰楊慎等七人實糾衆伏哭辛卯再杖慎及檢
討王元正給事中張原劉濟安磐張漢卿御史王時柯於廷原創重
卒戍慎永昌元正茂州濟遼東斥磐漢卿時柯爲民先是廷和當國
盡斥錦衣冒濫官及是伺諸途將害慎慎知而謹備之至臨清始散
去扶病馳萬里憊甚抵戍所幾不起　免南畿河南被災稅糧　諸
臣既得罪帝始下何孟春等疏責曰朕嗣承大統祇奉宗廟尊崇大
禮自出朕心孟春等毀君害正變亂是非且張璁等所上十三條尚

留中未發安得先知其以實對孟春等言璁等所條者於未進之日先以私稾示人且有副本存通政司故臣等知之臣等忝從大臣後得與議禮之末竊以璁等欺罔故昌言論辨以瀆天聽罪應萬死惟望聖明加察辨其孰正孰邪則臣等雖死亦爲萬幸帝怒不已責孟春倡衆逞忿非大臣事君之道奪俸一月　大同五堡成張文錦欲徙鎭卒二千五百家戍之衆憚行請募新丁僚吏咸以爲言文錦怒曰如此則令不行矣鎭親兵先往孰敢後親兵素游惰有室聞當發大怒請子身往得分番又不聽嚴趣之賈鑑承風杖其隊長諸邊卒自甘州五衛殺巡撫許銘朝廷處之輕頗無忌郭鑑柳忠等遂乘衆憤倡亂殺鑑裂其屍走出塞屯焦山墩文錦恐與外寇連令副將時陳等招之入城卽索治首亂者郭鑑等大懼八月癸巳朔復聚爲亂焚大同府門入行都司縱獄囚又焚都御史府門文錦踰垣走匿博野王俊櫝府第亂卒欲燔王宮俊櫝懼出文錦郭鑑等又殺之亦裂

其屍遂焚鎮守總兵公署出故總兵朱振於獄脅爲帥事聞帝命侍郎李昆往曲赦亂卒尋擢山西按察使蔡天祐爲右僉都御史巡撫其地天祐從數騎馳入城諭軍士獻首惡衆心稍定昆爲文錦請䘏不報　張曰韜既受杖猶占疏劾奸人陳洸未幾竟死陳洸者素無賴以給事中家居潮陽與知縣宋元翰不相能令其子柱訐元翰謫戍元翰摭洸罪及帷薄事刊布之名辨寃錄洸由是不齒於清議喬宇長吏部出之爲湖廣僉事洸遂上疏言張璁桂萼等議是宜急去本生之稱因詆宇及文選郎夏良勝羣結朋黨任情擠排稱引其黨前給事中于桂閻閎史道前御史曹嘉帝卽復洸等原官良勝已遷南京太常寺少卿謫茶陵知州璁等遂引洸擊異己故曰韜劾之後府經歷俞敬言學士豐熙等皆以觸冒宸嚴繫獄拷訊諸臣跡雖狂悖心實忠誠今聞給事中裴紹宗編修王相主事余楨等俱已死熙等在獄者亦垂亡矣其呻吟衽席創重不能起者又不知凡幾竊

惟獻皇帝神主已奉迎入廟正宜赦過宥罪章大孝於天下望霽雷霆之威施雨露之澤已死者卹其後垂亡者宥其身使人臣無復以言爲諱通政司經歷李繼先言陛下追崇尊號乃人子至情誠不容已羣臣一時觸冒天威重得罪譴死者遂十餘人大臣紛紛去位小臣苟默自容今日大同告變曾無一人進一疏畫一策者則大小之臣志不奮而氣不揚亦可見矣乞錄卹已死赦還謫戍追復去國諸臣而在位者委任寬假之使各陳邊計臣愚不勝惓惓帝皆不省

調吏部左侍郎何孟春於南京工部故事南京六部止侍郎一人時已有右侍郎張琮復以孟春爲左蓋贅員也　吳一鵬言大禮之議斷自聖心正統本生昭然不紊今陳洸妄謂陛下誕生於孝宗沒後三年嗣位於武宗沒後二月無從授受其說尤爲不經謹案春秋以受命爲正始故魯隱公上無所承內無所受則不書卽位今陛下承武宗之遺詔奉昭聖之懿旨正合春秋之義而洸謂孰從授受是以

陛下爲不得正始也洸本小人不痛懲艾無以杜效尤之漸不聽
南京國子監祭酒崔銑上疏求去且劾張璁桂萼等曰臣究觀議禮
者其文則歐陽修之唾餘其情則承望意旨求勝無已悍者危法以
激怒柔者甘言以動聽非有元功碩德而遽以官賞之得毋使僥倖
之徒踵接至歟臣聞天子得四海歡心以事其親未聞僅得一二人
之心者也賞之適自章其私昵而已夫守道爲忠忠則逆旨希旨爲
邪邪則畔道今忠者日疏而邪者日富一邪亂邦況可使富哉帝覽
之不悅令致仕　陳洸劾費宏金獻民趙鑑吳一鵬朱希周余才劉
天民薛蕙鄭一鵬悉邪黨而薦廖紀等十五人宏乞歸慰留之大禮
之議諸臣力與帝爭宏頗揣知帝旨第署名公疏未嘗特諫帝於是
心善宏　乙卯吏部侍郎賈詠爲禮部尚書兼文淵閣大學士預機
務　張璁等既驟貴干進者爭以言禮希上意九月百戶隨全錄事
錢子勳言獻皇帝宜遷葬天壽山禮部尚書席書言高皇帝不還祖

陵文皇帝不遷孝陵蓋愼也金等諂諛小人妄議山陵宜罪趙璜亦言不可乃止　丙寅席書會廷臣大議徐文華及吏部侍郎汪偉兵部侍郎鄭岳猶力爭郭勛遽曰祖訓如是古禮如是張璁等言當書曰大臣事君當將順其美乃定稱孝宗爲皇伯考昭聖皇太后爲皇伯母獻皇帝爲皇考章聖皇太后爲聖母及改題廟主文華諫曰孝宗有祖道焉不可以伯考稱武宗有父道焉不可以兄稱不若直稱曰孝宗敬皇帝武宗毅皇帝猶兩全無害也岳亦言若以兩考爲嫌第稱孝宗廟號毋稱伯考以稍存正統石珤請從之帝切責珤再奪文華及岳俸珤復諫曰大禮一事已奉宸斷無可言矣但臣反覆思之終有不安於心者心所不安而不以言言恐觸忤而不敢盡則陛下將焉用臣臣亦何以仰報君父哉夫孝宗皇帝與昭聖皇太后乃陛下骨肉至親也今使疏賤讒佞小人輒行離間但知希合取寵不復爲陛下體察茲孟冬時享在邇陛下登獻對越如親見之寧不少

動於中乎夫事亡如事存陛下承列聖之統以總百神臨萬方焉得不加慎重顧聽細人之說干不易之典哉帝得疏不悅戒勿復言丙子詔天下　隴壽隴政之爭襲也朝廷以嫡故立壽政與支祿倚爲撒土舍安寧等兵力仇殺如故壩底參將何卿請於巡撫都御史許廷光發土兵二萬五千人相機進勦政祿佯聽撫乞緩師而令賊黨阿黑等掠周泥站七星關又遣阿核等糾諸苗掠畢節諸處殺官軍燬房屋甚衆卿等擊斬二百餘級降其衆數百政奔烏撒　滿速兒擁二萬騎入寇圍肅州分兵犯甘州丙戌金獻民兼右都御史總制陝西四鎮軍務署都督僉事抗雄爲平虜大將軍充總兵官張忠提督軍務禦之　張璁桂萼驟進南京吏部尚書楊旦帥九卿極言不可時方召旦代喬宇冬十月陳洸劾旦及汪偉等帝益大喜立罷旦及偉而擢廖紀代旦給事中御史趙漢朱衣等交章劾洸御史戴金藍田特疏論之田幷劾席書且封上宋元翰辨冤錄王時中請罷洸

聽勘洸言羣奸恨臣抗議大禮將令撫按殺臣請遣一錦衣洸意錦衣可利誘也得旨遣葉應驄及錦衣衛千戶李經往　析廣東潮陽縣地置惠來縣以海豐縣地益之以雲南騰衝司地置騰越州　十一月前吏部侍郎胡世寧言臣向以仁明武三言進然尤以仁爲本仁生成之德明日月之臨皆不可一日無武則雷霆之威但可一震而已今廷臣忤旨陛下赫然示威辱以箠楚體羸弱者輒斃傳之天下書之史冊謂鞭撲行殿陛刑辱及士夫非所以光聖德新進一言偶合後難保必當舊德老成一事偶忤後未必皆非望陛下以三無私之心昭臨於上無先存適莫於中世寧意是張璁等嘗疏請早定追崇大禮故帝不以爲忤　陳九疇自甘州晝夜馳入肅州射賊賊多死已又出兵擊敗之斬他只丁其分掠甘州者總兵官姜奭敗之張欽堡滿速兒乃引去　金獻民師過大同亂卒疑見討復鼓譟蔡天祐懼急請再赦兵部言元惡不除無以警後請特遣大臣督二鎮

以制其變己卯命戶部侍郎胡瓚提督宣大軍務魯綱充總兵官統京軍三千以往瓚等未發進士李枝齎鑲銀至亂卒曰此承密詔盡殺大同人爲軍犒也夜中火起圍枝館出牒示之乃解尋復殺知縣王文昌圍代王俊杖府脅草奏乞赦俊杖急攜二郡王走宣府巡按御史王官言亂卒方囂大兵壓境是趣之叛也請亟止禁軍容臣密圖乃命瓚駐兵宣府時左右皆賊耳目幕府動靜悉知之天祐廣招星卜藝士往來軍中因具得其情卒賴以成功　初柳州洛容縣爲猺獞所據及是復之　時大禮初定廷臣下吏貶謫者無虛日十二月大理寺評事韋商臣言臣所居官以平獄爲職乃自授任以來竊見羣臣以議禮忤旨者左遷則吏部侍郎何孟春一人謫戍則學士豐熙等八人杖斃則編修王思等十七人以咈中使逮問則副使劉秉鑑布政使馬卿知府羅玉查仲道等十人以失儀就繫則御史葉奇主事蔡乾等五人以京朝官爲所屬訐奏下獄則少卿樂頀御史

任洛等四人此皆不平之甚上干天象下駭衆心竊以爲皆所當宥况比者水旱疫癘星隕地震山崩泉湧風雹蝗蝻之害殆徧天下有識莫不寒心及今平反庶獄復戍者之官錄死者之後釋逮繫者之囚正告訐者之罪亦弭災禳患之一道也帝責以沽名賣直謫清江縣丞　遼東妖賊陸雄李真等作亂突入山海關兵部主事王冕方巡關侍吏欲扶避冕不可曰吾有親在急趨母所執兵以衞賊至母被傷冕奮前救母被執脅以刃大罵遂見害　蔡天祐奏總兵官桂勇已捕亂卒五十四人請止京軍勿遣帝責以阻撓令必獲首惡郭鑑等胡瓚次陽和勇天祐令千戸苗登禽斬鑑等十一人函首送瓚請班師甫二日鑑父郭疤子復糾徐氈兒等夜殺勇家人又燬登家瓚言非盡殲不可帝乃切讓天祐召勇還京以朱振代之敕瓚仍駐宣府　壬子甘涼寇退召金獻民還　帝爲世子時獻帝嘗言楚有三傑劉大夏李東陽及楊一清也心識之及卽位廷臣交薦一清戍

午起一清爲兵部尚書總制陝西三邊軍務故相行邊自一清始溫
詔褒美比之郭子儀

明紀卷第二十八

明紀卷第二十九

賜進士出身工部候補主事虞衡司行走陳鶴纂

䘏贈知府銜給雲騎尉世職內閣候補中書孫男克家參訂

世宗紀二 起嘉靖四年乙酉訖嘉靖七年戊子凡四年

四年春正月侍郎孟春及李昆交章言郭疤子潛逃塞外必爲後患馬永亦言逆賊干紀朝廷赦其脅從恩至渥顧猶抗命今不勦春和北寇南牧叛卒句連禍滋大宜亟調鄰鎭兵剋期攻城譬曉利害懸破格之賞令賊自相斬爲功元凶不難殄也乃命永督諸軍會胡瓚往　丙寅西海卜兒孫以八千騎犯涼州姜奭帥游擊周倫等襲擊於苦水墩大敗之斬首百餘級殲其長還所掠人口千二百畜產二千都指揮張錦戰死　初長洲知縣郭波以事挫織造中官張志聰志聰伺波出倒曳之車後典史蕭景腆操兵教場急帥兵救百姓登屋飛瓦擊志聰志聰奏逮波景腆吳廷舉亦具奏志聰貪黷狀帝乃

降波五級調景腆遠方志聰亦召還　致仕兵部尚書何鑑卒二月胡瓚等還京言逃卒無足患乃罷馬永還鎮瓚列上功狀請遍頒文武大臣臺諫部曹及各邊撫按鎮監賞鄭一鵬言桂勇誅郭鑒等在瓚未至之先徐氈兒等之誅事由朱振於瓚無與瓚欲邀功冒賞懼衆口非議乃請并敘以媚之夫自大同構難大臣臺諫誰爲陛下畫一策者孤城窮寇尚多逋逃各邊撫鎮相去數千里安在其能掎角也請治瓚等欺妄罪賞乃不行　陳九疇言番賊敢入犯者以我納其朝貢縱商販使得稔虛實也寫亦虎仙逆謀已露輸貨權門轉蒙寵幸以犯邊之寇爲來享之賓邊臣怵利害拱手聽命致內屬番人句連接引以至於今今即不能如漢武興大宛之師亦當效光武絕西域之計先後入貢未歸者二百人宜安置兩粵其逆謀有迹者加之刑僇則賊內無所恃必不復有侵軼倘更包含隱忍恐河西十五衞所永無息肩之期也下楊一清議一清至是三爲總制部曲皆

踴躍喜時帥諸將肄習行陳嘗曰無事時當如有事隄防有事時當如無事靜鎮　乙卯禁繫獄囚　三月御史王懋言廷臣以議禮死杖下者十有七人其父母妻子顛沛可憫乞賜優卹贈官錄廕帝大怒謫懋高縣典史　巡按雲南御史郭楠馳疏言人臣事君阿意者未必忠犯顏者未必悖今羣臣伏闕呼號或榜掠殞身或間關謫戍不意聖明之朝而忠良獲罪若此乞復生者之職卹死者之家庶以收納人心全君臣之義帝得疏益怒遣緹騎逮之　行人司副柯維熊言陛下親君子而君子不容如林俊孫交彭澤之去是也遠小人而小人尚在如張璁桂萼之用是也且今伏闕諸臣多死徙而御史王懋郭楠又謫譴竊以爲罰過重矣璁萼遂求去優詔慰留下維熊獄斥爲民　郭疤子復潛入大同焚朱振第冀曰蔡天祐閉城大索獲疤子及其黨三十四人悉斬以徇盡宥脅從人心乃大定　費宏言獻皇帝嘉言懿行舊邸必有成書宜付史館纂修實錄寶訓從之

張文錦父政訟其子守安慶功禮部爲之請卹不許文錦妻李氏復上疏哀請帝怒命執齎疏者治之副都御史陳洪謨言文錦僨事朝廷戮之可也假手士卒傳之四方損國威不小復降旨詰責自是廷臣不敢言　壬午仁壽宮災玉德安喜景福諸殿俱燼　給事中楊言言朝廷設六科所以舉正欺蔽也今吏科失職致陛下賢否混淆進退失當大臣蔣冕林俊輩去矣小臣王相張漢卿輩皆得禍矣而張璁桂萼始由捷徑以竊清秩終怙威勢以賊善良戶科失職致陛下儉德不聞而張崙輩請索無厭崔和輩敢亂舊章禮科失職致陛下享祀未格於神而廟社無帡幪之庇兵科失職致陛下綱紀廢弛而錦衣多冒濫之官山海攘抽分之利匠役增收而不禁奏帶踰額而不裁刑科失職致陛下刑罰不中元惡如藍華輩得寬籍沒之法諍臣如郭楠輩反施杻械之刑工科失職致陛下興作不常局官陸宣輩支俸踰於常制內監陳林輩抽解及於蕪湖凡此皆時弊之

急且大而足以拂天意者願陛下勤修庶政而罷臣等以警有位庶可以格天心弭災變帝以浮謗責之　襄王祐櫍病廢不事事承奉邵亨挾權自恣至捶死鎭寧王舅棗陽王祐梡誘致之抉其目帝遣大理寺少卿袁宗儒偕中官錦衣往訊亨論死祐梡坐奪爵　錦衣百戶俞賢中官泰養子也以中旨管事給事御史爭之金獻民言祖宗有舊制孝廟有禁例陛下登極有明詔賢無公家庸又非泰子姓猥以廝養竊名器紊斁典章不可之大者宜納諫官言弗聽　劉穆王道讞上宋素卿獄素卿及中林望古多羅並論死會琉球使臣鄭繩歸國命傳諭日本禽獻宗設還袁璡及海濱被掠之人否則閉關絕貢徐議征討　夏五月甲戌賜廬州知府龍誥官秩詔天下倣誥備荒振濟法　錦衣衛副千戶李全王邦奇等以冒濫汰去奏辨不已金獻民言全等足不履行陳而坐論首功身不隸公家而躐躋顯秩陛下登極汰去者三百餘人人心稱快萬一倖端再啓則前詔皆

虛將來奏擾有何紀極帝竟授全等試百戶獻民復奏曰令出惟行勿惟反今以小人辨奏一旦復官九十餘人徇左右私壞祖宗法竊爲陛下惜之明旨不許貪緣管事而奔競已成風矣不許比例陳乞而奏擾已踵至矣誰生厲階至今爲梗望仍斥全等以息人言消天變言官任洛等亦以爲言不聽　何淵爲平涼主簿屢被上官榜笞求內改帝擢爲光祿寺署丞乃復申前議請崇祀獻皇帝於太廟章下廷議吏部尚書廖紀等乞寢其奏帝弗從紀力爭曰淵所言干君臣之分亂昭穆之倫蔑祖宗之制臣謹昧死請罷勿議楊言抗章曰祖宗身有天下大宗也君也獻皇帝舊爲藩王小宗也臣也以臣並君亂天下大分以小宗並大宗干天下正統獻帝雖有盛德非若周文武創王業也欲襲世室名舛矣如以獻帝爲自出之帝是前無祖宗以獻帝爲禰而宗之是後無孝武二宗陛下前既罪醫士劉惠之言今乃納淵之說臣不知其何謂也時廷臣無一人以爲可者張璁

桂萼亦同衆議席書復密疏勸止帝不說責以畏衆飾奸復令會議庚辰書等議準漢宣故事於皇城內立一禰廟如文華殿制籩豆樂舞一用天子禮帝親定其名曰世廟　致仕尚書楊廉卒　六月寧夏總兵官种勛行賂京師偵事者獲其籍有金獻民名給事中張經御史高世魁等交劾之獻民引疾帝以議禮故不說獻民令致仕初慶王台浤賄鎮守太監李昕及种勛求爲奏請復祿昕勛不納台浤銜之會寧夏衞指揮楊欽等得罪於巡撫都御史張璿謀藉王殺璿及勛事覺下都司按察司按治欽等誣台浤不軌璿以聞帝使王時中扶安等覆按言台浤他罪有之無謀不軌事詔廷臣定議坐前屈事實鐇蒙恩不悛煽構羣小謀害守臣廢爲庶人留邸歲與米三百石以其叔父鞏昌王寘鏓視府事　弋陽王拱樻等言獻王惠王四服子孫所共祀非宸濠一人所自出如臣等皆得甄別守職業如故而二王不獲廟享臣竊痛之疏三上帝命拱樻以郡王奉祀攝寧

府事　何卿檄安寧禽隴政寧以阿核屍獻竟不出政兵久不解巡
撫都御史湯沐以聞詔革卿冠帶令勦賊自贖政使人誘殺隴壽奪
其印巡按御史劉黻請從蠻情立支祿王軏代沐巡撫上言政祿怙
終稔惡戕朝廷命吏罪不可赦乃會貴州兵分道進禽政於水西追
獲芒部印前後斬六百七十四級招撫白烏石等四十九砦秋七月
捷聞還卿冠帶如初貴州巡按御史劉廷簠言烏撒衞所獻阿核等
屍及水西所縛隴政真僞未可信恐首惡尚在不無後慮請覈實
八月戊子朔詔營仁壽宮就拜王軏工部右侍郎督采大木　四川
副使余珊應詔陳十漸其略曰陛下有堯舜湯武之資而無稷契伊
周之佐致時事漸不克終者有十正德間逆瑾專權假子亂政不知
紀綱以爲何物幸陛下起而振之未幾而事樂因循政多苟簡名實
乖謬宮府異同紛拏泄沓以爲在朝廷而不在朝廷以爲在宮省而
不在宮省遂致天子以其心爲心百官萬民亦各以其心爲心此紀

綱之頹其漸一也正德間士大夫寡廉鮮恥趨附權門幸陛下起而作之乃今則前日之去者復來來者不去自夫浮沈一世之人擢掌銓衡首取輭美脂韋重富貴薄名檢者列之有位致諛佞成風廉恥道薄甚者侯伯專糾彈罷吏議禮樂市門復開買販仍舊此風俗之壞其漸二也正德間國柄下移王靈不振是以有安化南昌之變賴陛下起而整肅之乃塞上戍卒近益驕恣曩殺許巡撫而姑息頃遂殺張巡撫而效尤曩縛賈參將以立威近又縛桂總兵而報怨致榆關妖賊效之而戕主事北邊庫吏仿之而賊縣官陛下惑鄙儒姑息之談牽俗吏權宜之計遂使廟堂號令出於二三戍卒之口此國勢之衰其漸三也自逆瑾以來以苞苴易將帥故邊防盡壞賴陛下起而申嚴之然積弊已久未能驟復今朶顏躑躅於遼海羌戎跳梁於西川北狄蹂躪於沙漠寇勢方張而食肉之徒不能早見預料亟求制馭之方乃假鎭靜之虛名掩無能之實跡甚且詐飾捷功濫邀賞

賚虛張勞伐峻取官階而塞上多事日甚此外裔之強其漸四也自逆瑾以來盡天下之脂膏輸入權貴之室是以有劉趙藍鄢之亂賴陛下起而保護之乃近年以來黃紙蠲放白紙催徵額外之斂下及雞豚織造之需自爲商賈江淮母子相食兗豫盜賊橫行川陝湖貴疲於供饟田野嗷嗷無樂生之心此邦本之搖其漸五也正德朝衣冠蒙禍家國幾空幸陛下起而收錄之乃未幾而狂瞽之言一鳴輒斥昔猶遷謫外任今或徧配遐荒昔猶禁錮終身今至箠死殿陛蓋自呂柟鄒守益等去而殿閣空顧清汪俊等去而部寺空張原胡瓊等死而言路空間有一二忠直士又爲權奸排擠而違之俾不通致陛下耳聾目眩忽不自知其在鮑魚之肆矣此人才之彫其漸六也正德朝奸邪迭進忠諫不聞幸陛下起而開通之顧閱時未久而此風復見降心未懲其憤逆耳或動諸顏不勦說而折人以言卽臆度而虞人以詐朝進一封暮投千里甚至三木囊頭九泉含泣此言路

之塞其漸七也正德間忠賢排斥天下幾危賴陛下起而主持之豈期一轉瞬間憸邪投隙而起飾六藝以文奸言假周官而奪漢政堅白異同模棱兩可是蓋大奸似忠大詐似信王莽匿情於下士之日安石垢面於入相之初雖有聖哲誰其辨之臣恐正不敵邪羣陰日甚此邪正之淆其漸八也正德之世大臣日疏小臣日親致政事乖亂賴陛下紹統堂廉復親乃自大禮議起凡偶失聖意者譴謫之鞭笞之流竄之必一網盡焉而後已由是小人窺伺巧發奇中以投主好以弋功名陛下既用先入為主順之無不合逆之無不怒由是大臣顧望小臣畏懼上下乖戾寖成暌孤而泰交之風息矣此君臣之暌其漸九也正德之世天鳴地震物怪人妖曾無虛歲賴陛下紹統災異始息乃頃歲以來雨雹殺禽獸雷風拔樹屋婦人產子兩頭無極晝晦如夜四方旱潦奏報不絕曾何異正德之季乎且京師陰霾之氣上薄太陽白晝冥冥罕有暉采尤為可畏此災異之臻其漸十

也此十者天子有一無以保四海陛下聖明何以致此無乃輔弼召
之歟竊見今日之爲輔弼第一人者徒以奸佞伴食怙恩致上激天
變下召民災中失人望臣逆知其非天下之第一流而陛下乃任信
之不至於魚爛不已願亟去其人更求才兼文武如前大學士楊一
清老臣厚重如今大學士石珤者並置左右庶弊政可除天下可治
臣又聞獻皇帝好賢下士容物恕人天下所共知也今議禮諸臣一
言未合輒以悖逆加之謫配死徙朝宁爲空此豈獻皇帝意苟非其
意雖尊以天下無當也陛下何不起而用之使駿奔清廟以慰獻皇
帝在天之靈哉疏反覆萬四千言其所斥輔弼第一人謂費宏也帝
付之所司　內府諸監局請收工匠至數千人秦金等執奏不聽
九月廖紀條奏三事其末言人才當惜謂正德之季宗社幾危議者
但知平定逆藩之功而不知保護京師之力自陛下繼統老成接踵
去新進連茹登以出位喜事爲賢以淩分犯禮爲貴伏望陛下於昔

年致仕大臣念其保護之勳量行召用其他降職除名遣戍者使得以才自效帝但納其正士風重守令二事而已　致仕刑部尚書林俊從病中上書言古者鞭撲之刑辱之而已非欲糜爛其體膚而致之死也又非所以加於士大夫也成化時臣及見廷杖二三臣率用厚棉底衣重氊疊裹然且沈臥久乃得痊正德朝逆瑾竊權始令去衣致末年多杖死臣又見成化弘治時惟叛逆妖言劫盜下詔獄始命打問他犯但言送問今一槩打問亦非故事自去歲舊臣斥逐殆盡朝署爲空乞聖明留念既去者禮致未去者慰留碩德重望如羅欽順王守仁呂柟魯鐸輩宜列置左右臣衰病待盡無復他望敢效古人遺表之意敬布犬馬之心下所司　土魯番復犯肅州分兵圍參將雲冒而以大衆抵南山援兵至賊始遁　冬十月丁亥作玉德殿景德安喜二宮　有錦衣官校偵事廣東按察使張祐副使孫懋疑其僞執之事聞逮祐懋下錦衣獄謫邊方雜職　郭楠逮至下鎮

撫獄掠治復廷杖之削其籍　世廟既建帝欲毀神宮監伐林木以
通輦道韓楷及御史楊泰葉忠等交諫忤旨奪俸給事中衞道繼言
之貶秩調外石珤復抗章極言不可弗聽　田州岑猛叛十一月提
督侍郎盛應期巡按御史謝汝儀議大征條征調事宜詔報可　張
璁桂萼由郎署入翰林舉朝惡其人費宏每示裁抑璁萼大怨席書
弟春先由他曹改檢討武宗實錄成宏議出爲僉事書爭之得留書
亦憾共排宏御史吉棠請還楊一清內閣章僑及御史侯秩等爭之
帝謫秩官召一清於三邊　張逵言近廷臣所上封事陛下批答必
曰已有旨處置是已行者不可言也或曰尙議處未定是未行者不
可言也二者不言則是終無可言也且今日言者已非陛下初政時
比矣初年事之大者旣會疏公言之又各疏獨言之一不得行則相
聚環視以不得其言爲愧近者不然會疏則刪削忌諱以避禍獨疏
則毛舉纖微以塞責一不蒙譴則交相慶賀以茍免爲幸消讜直之

氣長循默之風甚非朝廷福也章下所司　葉應驄與李經焚香誓天會御史熊蘭涂相等雜治陳洸事具上洸罪狀至百七十二條除赦前及曖昧者勿論當論者十三條罪惡極宜斬妻離異子柱絞洸懼亡詣闕申訴帝持應驄奏不下趙鑑張潤鄭本公及給事中解一貫等連章執奏帝不得已令覆覈郎中息縣黃綰力持應驄議席書桂萼爲居間不能得要張璁共奏謂洸議禮臣爲法官所中帝入其言命免罪爲民大理寺卿湯沐及鑑一貫更爭之不聽　十二月辛丑大禮集議成頒示天下進張璁等官并原陳洸妻子　閏月乙卯朔日有食之　乙亥振遼東災　南京守備已三人復命太監卜春添注以往兵部尚書李鉞力爭不納　兵部侍郎胡世寧條上戍邊時所見險塞利害二十五事又請善保聖躬毋輕餌藥物獻大學秦誓章洪範惟辟威福繫辭節初爻講義並乞留中給事中余經劾世寧啓告密之漸世寧乞罷不許

五年春正月御史張衮喻茂堅朱實昌以世廟禮成請宥議禮得罪諸臣章下吏部廖紀等列上四十七人卒報罷　大計外吏賈詠廖紀以私憾欲去廣東副使魏校河南副使蕭鳴鳳陝西副使唐龍考功郎中馬理力爭曰三人督學政名著天下必欲去三人請先去理乃止　帝惑崔文等言好鬼神事日事齋醮徵龍虎山道士邵元節入京見於便殿大加寵信俾居顯靈宮專司禱祀會雨雪愆期元節禱有驗二月甲寅朔命爲清微妙濟守靜修真凝元衍範志默秉誠致一真人　初淮浙長蘆引鹽常股四分以給各邊主兵及工役振濟之需存積六分非國家大事邊境有警未嘗妄開正德時權倖奏開殘鹽改存積常股皆爲正課且皆折銀邊臣緩急無備而勢要占中賣窩價增數倍課日耗給事中管律請復舊制從之　庚辰免山西被災稅糧　壬午振京師饑　陳九川爲主客郎中正貢獻名物節貢使犒賞費數萬會天方國貢玉石九川簡去其不堪者所求

蟒衣不爲奏覆復怒罵通事胡士紳等三月士紳假番人詞訐九川及會同館主事陳邦偁帝怒下二人錦衣衛獄張璁桂萼方欲傾費宏奪其位乃屬士紳再訐九川盜貢玉饋宏製帶詞連張翀及錦衣衛指揮張潮等帝益怒并下翀等獄指揮駱安請攝士紳質訊解一貫等亦以爲言帝不許獄成九川戍鎭海衛邦偁等削籍有差　丁未定有司久任法　夏四月兵部言芒部隴氏釁起蕭牆騷動兩省王師大舉始克蕩平今其本屬親支已盡無人承襲請改爲鎭雄府設流官知府統之分所屬谷佐夷良毋響落角四寨爲懷德歸化威信安靜四長官司使隴氏疏屬阿濟白壽祖保阿萬四人分統如程番府例三年一朝貢從之以通判程洸爲試知府　析江西新淦縣地置峽江縣　五月析廣東南海縣地置三水縣以高要縣地益之又析饒平縣地置大埔縣　刑部尚書趙鑑致仕帝賜詩寵其行御史鄭洛書言陛下眷禮大臣此虞廷賡歌之風也願推此心以念舊

如致仕大臣劉健謝遷林俊孫交等特降宸章咨訪時政則聖德益
宏又推此心以赦過如遷謫豐熙劉濟余寬王元正等特垂仁恩量
與牽復則聖度益廣報聞　庚子楊一清復入閣　少詹事兼侍講
學士霍韜疏辭新命因請令六部長貳翰林給事御史俱調外任練
政體監司守令政績卓異卽擢卿丞有文學者入翰林舉貢入仕皆
得擢翰林陞部院不宜困資格帝不允辭趣令赴職下其奏於有司
悉格不用　六月帝御平臺特賜費宏御製七言一章命輯倡和詩
集署其銜曰內閣掌參機務輔導首臣張璁桂萼滋害宏寵萼卽言
詩文小技不足勞聖心且使宏得憑寵靈淩壓朝士帝置不省　致
仕太常寺少卿潘府卒　初席書巡撫湖廣盜李鑑與父華劫村聚
華誅鑑得脫復行劫知府宋卿捕獲之書劾卿故入鑑帝遣大臣按
問言鑑盜有狀帝命逮鑑至京書言臣以議禮忤朝臣問官故與臣
左乞敕法司會官覆訊杜鸞會御史蘇恩覆訊無異詞疏言書以惡

卿故爲鑑奏辨且以議禮爲言夫大禮之議發於聖孝書偶一言當意動援此以挾陛下壓羣僚壞亂政體莫此爲甚帝重違書意竟免鑑死戍遼東　管律言比言事者每借議禮爲詞或乞休或引罪或爲人辨愬於議禮本不相涉而動必援引牽附何哉蓋小人欲中傷人以非此不足激陛下怒而欲自固其寵又非此不足得陛下歡也乞自今誡言事者據事直陳毋假借以累聖德帝是其言命都察院曉示百官　自黃陵岡決開封以南無河患而徐沛諸州縣河徙不常黃河上流驟溢東北至沛縣廟道口截運河注雞鳴臺口入昭陽河汶泗南下之水從而東其出飛雲橋者漫而北淤數十里河水沒豐縣徙治避之督漕都御史高友璣請濬山東賈魯河河南鴛鴦口分洩水勢毋偏害一方部議恐害山東河南不允　致仕戶部尚書韓文卒年八十六贈太傅謚忠定　初嶧縣人李福達坐妖賊王良李鉞黨戍山丹衞逃還更名午爲清軍御史所句再戍山海衞復逃

居洛川以彌勒教誘愚民邵進祿等爲亂事覺進祿伏誅福達先還
家得免更姓名曰張寅往來徐溝間輸粟得太原衞指揮使子大仁
大義大禮皆冒京師匠籍用黃白術干郭勛勛大信幸秋七月其仇
薛良訟於巡按御史馬錄按問得實勛爲移書祈免錄不從偕巡撫
都御史江潮具獄以聞且劾勛庇奸亂法章下都察院都御史聶賢
等如錄奏力言勛黨逆罪詔福達父子論死妻女爲奴沒其產責勛
對狀勛懼乞恩因爲福達辨帝置不問　張璁急圖柄用與桂萼連
章攻費宏宏言萼璁挾私怨臣屢矣不爲經筵講官則怨不與修獻
皇帝實錄則怨不爲兩京鄉試考官則怨不爲教習則又怨萼璁疑
內閣事屬臣操縱抑知臣下采物望上稟聖裁非可專擅萼璁曰攘
袂搤擥覬覦臣位臣安能與小人相齮齕祈賜骸骨帝知其情留宏
不卽放璁乃以省墓請既辭朝帝復用爲兵部右侍郎兼官如故給
事中杜桐楊言趙廷瑞交章力詆幷劾吏部尚書廖紀引用邪人帝

怒切責之　帝以觀德殿窄隘欲別建於奉天殿左趙璜謂不可不聽乃建於奉先殿之東曰崇先殿　庚寅免四川被災稅糧　瀋府宗室勛注以事憾胡侍八月奏侍試諸生題譏刺且謗大禮逮至京訊斥爲民　丙寅振湖廣饑　九月世廟成御史李儼請卹錄議禮獲罪諸臣且請詳察是非議禮是而行事非者不以是掩非議禮非而行事是者不以非掩是使朋黨全消時靡有爭則大公之治也不納　初中官刁永等多所陳乞帝皆許之又錄司禮扶安家八人官錦衣御馬監閻洪因軍政請自考騰驤四衛牧馬所官兵部尙書李鉞累疏力爭帝皆不納至責以抗旨令對狀鉞引罪乃罷郭勛以會武宴列尙書下疏爭之鉞引宴圖爲徵帝竟從勛言錦衣革職百戶李全奏乞復任鉞請治其違旨罪帝不問於是官旗鄭彪等皆援全例以請鉞執奏如初而疏有猿攀狐媚語帝惡之復責對狀奪俸一月鉞遂再疏乞休許馳驛未行卒贈太子少保遣官護喪歸葬久之

賜諡恭簡　帝欲奉章聖皇太后謁見太廟世廟張璁桂萼力主之禮部侍郎劉龍等爭之楊一清等復以爲言皆不納石瑤上疏曰祖宗家法后妃已入宮未有無故復出者且太廟尊嚴非時享祫祭雖天子亦不輕入況后妃乎璁輩所引廟見禮今奉先殿是也聖祖神宗行之百五十年已爲定制中間納后納妃不知凡幾未有敢議及者何至今日忽倡此議彼容悅佞臣豈有忠愛之實而陛下乃欲聽之乎且陰陽有定位不可侵越陛下爲天地百神之主致母后無故出入太廟街門是坤行乾事陰侵陽位不可之大者也夫從令故孝而孝有大於從令者臣誠不敢順旨曲從以成君父之過帝終不聽己亥章聖皇太后有事於太廟世廟　冬十月辛亥朔帝親享世廟如太廟禮　壬子振南畿浙江災免稅糧物料　馬永上書爲陸完請卹典且乞宥議禮獲罪諸臣帝大怒奪永官寄祿南京後府巡按御史邱養浩言永仁以卹軍廉以律己固邊防御強敵軍民安堵資

彼長城聞永去遮道乞留且攜子女欲遂逃移夫陸完久死炎瘴非有權勢可託永徒感國士知欲效區區之報不負知己寧負國家祈曲賜優容俾還鎭順天巡撫都御史劉澤及給事中御史交章救之俱被譴永竟廢不用　帝以四方災異敕羣臣修省費宏等言陛下用度無節工役不休畿內土地半成莊田內庫收納要求踰倍太倉無三年之積而宂食日增京營無十萬之兵而赴功不已直臣得罪未見原言官舉職乃被詰律所當行者數經讞不誅罪無可辨者遽傳旨獲免干和召怨自非一端帝引咎褒答然不能用也　御史魏有本疏劾郭勛救馬永命謫官給事中沈漢等論救不聽廖紀從容爲言且薦永及楊銳帝納之有本得無謫　庚午頒御製敬一箴於學宮　戚應期以他事去廣詔以都御史姚鏌代爲提督懸金講岑猛猛奏辨鏌知猛無反心欲緩師謝汝儀誣鏌子淶納猛萬金廉得淶書獻之鏌惶恐乃再疏請征猛妻歸順知州岑璋女無寵璋怨猛

千戶趙臣雅善璋都指揮沈希儀使臣語璋圖猛璋受命鏌與總兵官撫寧侯朱麒發兵八萬使希儀及張經李璋張佑程鑒將之分五道進破定羅丹梁猛聞大兵至令其下毋交兵裂帛書寃狀陳軍門乞憐察鏌不聽督兵益急猛長子邦彥守工堯隘璋詐遣兵千助之報希儀曰謹以千人內應矣希儀夜遣軍三百緣山上繞出其背比明合戰所遣軍立幟山巔歸順兵大呼曰敗矣田州兵驚潰希儀麾兵乘之斬首數千級邦彥死猛倉皇不知所出璋使人甘言誘之猛遂走歸順璋鴆殺之斬其首以獻麒暉之子也　張璁居兵部黃宏欲用新寧伯譚綸掌奮武營璁遂劾宏劫制府部又因宏子編修懋艮下獄與桂萼共攻宏又錄前後劾疏上之不得請則力求罷詆宏尤切章數上宏亦連疏乞休帝輒下優詔慰留宏然終不以譴璁萼御史張錄言今水旱相仍變異迭出正臣工修省時諸人爲國股肱相傾排若此欲弭災變不亦難乎乞並黜三人以回天譴鄭洛書與

同官鄭氣言陳九川事人謂璁萼與謀固己得罪公論而宏取與之際亦未明夫朝廷有紀綱大臣重進退宏璁萼皆不可不去宏不去則有持祿保位之誚璁萼不去亦冒蹊田奪牛之嫌解一貫等言宏立朝行事律以古大臣固不能無議但入仕至今未聞有大過至璁萼平生奸險特以議禮一事偶合聖心超擢以來憑恃寵靈淩轢朝士與宏積怨已久欲奪其位而居之陛下以累疏俱付所司而於其終乃曰爾等宜各修乃職蓋所以陰折其奸謀者至矣二三臣不體至意或專攻宏或兼攻璁萼不知能去宏不能去璁萼也君子難進易退小人則不然宏卹人言顧廉恥猶可望以君子璁萼則小人之尤何所忌憚苟其計得行則奸邪氣勢愈增善類中傷無已天下事將大有可慮者時科道多論三人事而一貫言尤切璁萼銜不已竟謫開州判官以卒　給事中陳臯謨言獻皇帝追崇之禮實出陛下至情席書輩乃貪爲己功互相黨援恣情喜怒作福作威若李鑑父

子成案昭然書曲爲申救謂衆以議禮憾臣因陷鑑死夫議禮者朝
廷之公典合與不合何至深讐縱使讐書鑑非書子弟親戚交遊也
何故讐之至郭勛黨庇奸人請屬事露則又代奸人忘訴亦以議禮
激衆怒爲言不至於濫恩廢法不已豈不大可異哉乞亟斥書勳而
置鑑重典窮按勛請託事使人心曉然知權奸不足恃國法不可干
然後逆節潛消倖門永塞帝弗聽
六年春正月癸未命羣臣陳民間利病　教授王价錄事錢子勛以
考察罷假議禮希復用解一貫等言如此將壞祖宗百年制事乃寢
以災變修省從吏部言量與郭楠等官惟議禮者不與　二月辛
亥小王子犯宣府參將王經戰死　南京工部侍郎何孟春致仕
錦衣衛百戶王邦奇素憾楊廷和彭澤因上言哈密失國番賊內侵
由澤賂番求和廷和論殺寫亦虎仙所致誅此兩人庶哈密可復邊
境無虞詞連金獻民陳九疇下部議未覆邦奇復言費宏石珤曲庇

廷和廷和次子兵部主事惇壻修撰金承勛鄉人侍讀葉桂章及彭澤弟沖交關請屬俱逮下錦衣衞獄鞫治桂章方出使自殺於道楊言抗疏曰先帝晏駕江彬手握邊軍四萬圖爲不軌廷和密謀行誅俄頃事定迎立聖主此社稷之勳也縱使有罪猶當十世宥之今既以奸人言罷其官戍其長子矣乃又聽邦奇之誣而盡逮其鄉里親戚指爲蜀黨何意聖明之朝忽有此事至宏璐乃天子師保之官百僚之表也邦奇心懷怨望文飾奸言詬辱大臣熒惑聖聽若窮治不已株連益多臣竊爲國家大體惜也書奏帝震怒幷收繫言親鞫於午門羣臣悉集言備極五毒落其一指陳察大呼曰臣願以不肖軀易言命不忍言獨死帝目攝之察不爲動言亦卒無撓詞旣罷下五府九卿議察具疏爲言申理且請下邦奇於獄直聲震朝野鎭遠侯顧仕隆等覆奏邦奇言皆虛妄帝責仕隆等徇情而獄亦因是解謫言宿州判官程啓充請還言舊任不聽　石珤清介端亮孜孜奉國

數以力行王道清心省事辨忠邪敦寬大毋急近效爲帝言帝見爲迂闊弗善也議大禮時帝欲援以自助而珤據禮爭持論堅確失帝意張璁桂萼輩亦不悅璁萼朝夕謀輔政攻擊費宏無虛日以珤行高不能有所加及王邦奇誣訐宏珤皆乞致仕癸亥帝許宏馳驛而責珤歸怨朝廷失大臣誼一切恩典皆不予歸裝襆被車一輛而已都人歎異謂自來宰臣去國無若珤者自珤及楊廷和蔣冕毛紀以強諫罷政迄嘉靖季左右輔弼之臣無復進逆耳之言者矣　姚鏌議改田州府爲流官沈希儀曰思恩以流官故亂至今未已田州復然兩賊且合從起鏌不聽請於朝幷陳善後七事詔俱從之鏌留參議汪必東僉事申惠參將張經以兵萬人鎮其地知府王熊兆署府事　起羅欽順禮部尚書辭未幾改吏部尚書又辭許致仕時張璁桂萼用事屏逐正人欽順恥與同事故屢詔不起　費宏之去舉謝遷自代張璁意楊一清必援己一清欲阻璁亦力舉遷庚午帝遣行

人齎手敕即家起遷命撫按官敦促上道璁等由是怨一清　三月
庚辰小王子復犯宣府參將關山戰死　給事中鄭自璧劾總兵官
傅鐸副將時陳巡撫都御史周金鎮守中官王玳等罪鐸逮問陳褫
冠帶金玳責立功贖罪　致仕大學士劉健卒年九十四遺表數千
言勸帝正身勤學親賢遠佞帝震悼賜卹甚厚贈太師謚文靖健器
局嚴整正己率下朝退寮寀私謁不交一言李東陽以詩文引後進
健獨教人治經窮理其事業光明俊偉明世輔臣鮮有比者　席書
疾篤詔加武英殿大學士賜第京師支俸如故甫聞命而卒贈太傅
謚文襄蔭一子尚寶司丞異數也　廷推閣臣帝意在張璁弗與命
再推乃及禮部侍郎翟鑾中官多譽鑾者遂踰次用之楊一清以鑾
望輕請用吳一鵬羅欽順帝不許甲午命鑾以吏部侍郎兼翰林學
士入閣預機務　汪必東申惠移疾他駐岑猛黨盧蘇王受等詐言
猛不死借交阯兵二十萬且至夷民信之蘇等薄城城中陰爲內應

呼譟四出張經力戰不支突圍走士卒死者數百人城遂陷受亦攻入思恩府巡按御史石金劾姚鏌失策罔上並論前提督盛應期帝以鏌有功許便宜撫勦　考察京官戶部尚書秦金工部尚書趙璜俱自陳致仕吏部郎中彭澤以浮躁被斥張璁言昔議禮時澤勸臣進大禮或問致招衆忌今諸臣去之將以次去臣等澤遂得留居三日璁復言臣與舉朝抗四五年舉朝攻臣至百十疏今修大禮全書羣奸側目將誣陷益甚因引疾乞休以要帝帝優詔慰留　莫登庸令其黨范嘉謨僞爲黎懬禪詔簒其位改元明德立子方瀛爲皇太子旋酖殺懬謚爲恭皇帝　杜鸞言往者李鑑之獄陛下徇席書言誤恩廢法權倖遂以鬻獄爲常請託無忌今勛謀又成矣書曰以議禮招怨勛亦曰以議禮招怨書曰欲殺鑑以仇臣勛亦曰欲殺寅以仇臣簧鼓聖聽如出一口以陛下尊親之盛典爲奸邪掩覆之深謀將使賄賂公行亂賊接踵非聖朝福也　自李福達獄起廷臣論劾

郭勛不已勛亦累自訴復乞張璁桂萼爲援璁萼素惡廷臣攻己欲
藉端報復乃合謀騰蜚語謂諸臣內外交結借端陷勛將漸及諸議
禮者帝深入其言而外廷不知攻勛益急帝益疑命取福達等至京
下三法司訊既又命會文武大吏更訊之皆無異詞帝怒將親訊鄭
洛書言陛下操獨斷之威使法官盡得罪雖有張釋之于定國不獲
抗辨於人主之前何以使刑罰中楊一清亦力解乃止仍下廷鞫刑
部尚書顏頤壽等不敢自堅改擬福達妖言律斬帝猶怒命法司俱
戴罪辦事遣官往械馬錄江潮及前問官寧夏巡撫都御史李璋甘
肅巡撫都御史李珏僉事章綸都指揮馬豸等　夏四月刑部主事
唐樞言李福達之獄陛下駮勘再三誠古帝王欽卹盛心而諸臣負
陛下欺蔽者肆其讒諂諛者溷其說畏威者變其辭訪緝者淆其真
是以陛下惑滋甚而是非卒不能明臣竊惟陛下之疑有六謂謀反
罪重不宜輕加於所疑一也謂天下人貌有相似二也謂薛良言不

可聽三也謂李珏初牒明四也謂臣下立黨傾郭勛五也謂崞洛證佐皆讐人六也臣請一一辨之福達之出也始而王良李鉞從之其意何為繼而惠慶邵進祿等師之其傳何事李鐵漢十月下旬之約其行何求我有天分數語其情何謀太上元天垂文祕書其辭何指劫庫攻城張旗拜爵雖成於進祿等其原何自鉞伏誅於前進祿敗露於後反狀甚明此不必疑一也且福達之形最易辨識或取驗於頭禿或證辨於鄉言如李二李俊李三其族也戚廣之妻其孫也杜文杜其姻也韓良相李景全其友也以至鄜州之人洛川之人山陝道路之人莫不識之此不必疑二也薛良怙惡誠非善類至所言張寅之即福達即李午實有明據況福達蹤跡譎密非良狡猾亦不能發其陰私從來發摘告訐之事原不必出之敦良朴厚之人此不當疑三也李珏因見薛良非善人又見福達無龍虎形硃砂字又見五臺縣張子真戶內實有張寅父子又見崞縣左廂都撫李福達李午

名遂苟且定案輕縱元兇殊不知五臺自嘉靖元年黃冊始收寅父子忽從何來納粟拜官其爲素封必非一日之積前此何以隱漏崞縣在城坊既有李伏答乃於左廂都追察又以李午爲真名求其貫址何可得也則軍籍之無考何足據也況龍虎形硃砂字安知非福達前此假之以惑衆而後此去之以避罪乎此不當疑四也京師自四方來者不一福達既改名張寅衣冠楚楚郭勛從而信之其爲妖賊餘黨亦意料所不及在勛自有可居之過陛下既宏議貴之恩諸臣縱欲傾勛亦安能加之以罪此不用疑五也鞫獄者曰誣必言所誣何因曰讐必言所讐何事若曰薛良讐也則一切證佐非讐也曰韓良相戚廣讐也則高尚節屈孔石文舉非讐也曰魏奏劉永振讐也則布按府縣官非讐也曰山陝人讐也則京師道路之人非讐也此不用疑六也望陛下六疑盡釋明正福達之罪庶羣奸屏跡宗社幸甚疏入帝大怒斥爲民　乙巳免廣西被災稅糧　五月丁丑朔

日有食之　丁亥詔王守仁以原官兼左都御史總制兩廣江西湖廣軍務討田州叛蠻　吏部缺尚書廷推前尚書喬宇楊旦禮部尚書亦缺推侍郎劉龍溫仁和仁和以倖深爭張璁言宇旦乃楊廷和黨仁和亦不宜自薦帝命大臣休致者非奉詔不得推舉宇等遂廢

盧蘇王受數求撫姚鏌不許將大討之會廷議用王守仁令鏌與同事鏌引疾乞罷六月許馳驛歸初魏校毀廣東諸寺觀田數千畝盡入霍韜方獻夫諸家鏌至廣追還之官韜獻夫恨甚與張璁桂萼合排鏌謂大同當征而反撫田州當撫而反征皆費宏謀國不臧釀成南北患時宏已去猶借鏌以排之也鏌既得請方候代千夫長韋貫徐伍攻復思恩鏌上其狀詔先賞貫等而以撫勦事宜俟守仁處置既而鏌奏辨石金前疏詆金阻撓養寇金亦再疏詆鏌帝先入璁等言落鏌職閑住　岷王彥汰與弟南安王彥泥訐陰事彥泥廢爲庶人彥汰亦坐抗制擅權革爵　總河侍郎章拯言滎陽北孫家渡

蘭陽北趙皮寨皆可引水南流但經壽春王諸園寢爲患叵測惟寧陵北岔河通飲馬池抵文家集又經夏邑至宿州符離橋出宿遷小河口濬而通之水勢易殺而園寢無患命刻期舉工拯懋之從子也贈前瑞州知府宋以方光祿寺卿立祠瑞州　張璁等用事以王瓊與楊廷和讐霍韜首薦之已而有邊警桂萼亦力請用瓊帝亦憫瓊老病令還籍爲民鄭自壁與御史譚纘等言瓊罪宜追治萼引奸邪請并論不納御史胡松復劾萼謫廉州推官御史周在請宥松下在錦衣衞獄萼復言瓊前攻廷和故廷臣羣起而排之帝乃命復瓊尚書待用松績溪人也　芒部賊沙保等謀復隴氏擁隴壽子勝糾衆攻陷鎮雄府執程洸奪其印殺傷數百人洸奔畢節　南京言官拾遺及桂萼萼上言故輔楊廷和廣植私黨蔽聖聰者六年今次第斥逐然遺奸在言路昔憲宗初年命科道拾遺後互相糾劾言路遂清請舉行如制章下吏部侍郎孟春等言憲宗無此詔萼被論報復

無以厭衆心蕚言詔出憲宗文集春欲媚言官宜并按問章下部再議春等言成化中科道有超擢巡撫不稱者憲宗命互劾去者七人非考察拾遺比帝終然蕚言趣令速舉給事中王俊民等爭之劉隅盧瓊等亦言交相批抵報復非盛世事帝切責俊民隅奪其俸五月瓊等皆三月秋七月春等以御史儲良才等四人名上帝獨黜良才而特旨斥給事中鄭自璧孟奇且令部院再覈復黜給事中余經商大節等數人乃已　致仕尚書林俊疾革上書請懋學隆孝任賢納諫保躬導和且預辭身後卹典遂卒年七十六俊歷事四朝抗辭敢諫以禮進退始終一節　吉囊數萬騎渡河從石白墩深入八月總制尚書王憲督總兵官鄭卿杭雄趙瑛等分據要害擊之都指揮卜雲斷其歸路寇至青羊嶺大敗去五日四捷斬首三百餘級獲馬駞器仗無算　馬錄等逮至廷訊乃反前獄詆薛良誣告罪帝以罪不及錄怒甚庚戌命張璁署都察院桂蕚署刑部方獻夫署大理寺事

盡下尚書顏頤壽侍郎劉玉王啓左都御史聶賢副都御史劉文莊
僉都御史張潤大理寺卿湯沐少卿徐文華顧佖丞汪淵於獄嚴刑
推問給事中沈漢言祖宗之法不可壞權倖之漸不可長大臣不可
辱妖賊不可赦不聽璁等遂搜錄篋得大學士賈詠都御史張仲賢
工部侍郎閔楷御史張英及汪淵私書癸亥詠引罪致仕去仲賢等
亦下獄璁萼獻夫言給事中劉琦常泰刑部郎中劉仕聲勢相倚挾
私彈事佐錄殺人給事中王科鄭一鵬秦祐沈漢程輅評事杜鸞南
京御史姚鳴鳳潘壯戚雄扶同妄奏助成奸惡給事中張逵御史高
世魁方幸張寅就死得誣郭勛謀逆飾罪連名同聲駕禍郎中司馬
相妄引事例故意增減誣上行私邇者言官締黨求勝內則奴隸公
卿外則草芥司屬任情恣橫殆非一日請大奮乾斷彰國法帝納其
言并下諸人獄鳴鳳等收繫南京刑部先是廷臣會訊太僕寺卿汪
天啓光祿寺少卿余才偶語曰此獄已得情何再鞫偵者告萼以聞

亦逮問蕚等遂肆榜掠自頤壽賢以下咸不免錄不勝刑自誣故入
人罪蕚等乃定爰書言寅非福達錄等恨勛搆成寃獄因列諸臣罪
名帝悉從其言謫戍極邊遇赦不宥者五人文華及李璋李珏章綸
馬豸謫戍邊衛者七人琦逵泰仕及御史盧瓊程啓充知州胡偉爲
民者十一人賢科一鵬祐漢輅世魁鳴鳳相鑾及御史任淳革職閑
住者十七人頤壽玉啓文莊沐佖淵天啓才楷仲賢潤英壯雄及江
潮僉都御史毛伯温其他下巡按御史逮問革職者副使周宣等復
五人艮抵死衆證皆戍寅還職錄以故入人死未決當徒帝以爲輕
欲坐以奸黨律斬蕚等謂張寅未死而錄代之死恐天下不服宜永
戍煙瘴地令緣及子孫乃戍廣西南丹衛遇赦不宥帝意猶未慊語
楊一清等曰與其僇及後世不若誅止其身從舜典罰弗及嗣之意
一清曰祖宗制律具有成法錄罪不中死律若法外用刑吏將緣作
奸人無所措手足矣帝不得已從之以蕚等平反有功勞諭之文華

殿賜二品服俸金帶銀幣給三代誥命　光祿寺少卿黃綰上書訟王守仁功請賜鐵券歲祿並敘討賊諸臣從之　先時大計京官南京六科無黜者桂萼因言南京吏部尚書朱希周畏勢曲庇希周言南京六科止七人實無可去者臣以言路私之固不可如避言路嫌誅責之尤不可且使舉曹皆賢必去一二人示公設舉曹皆不肖亦但去一二人塞責乎因力稱疾乞休許之林居三十年中外論薦三十餘疏竟不復起　庚午振湖廣水災　九月己卯免江西河南山西被災秋糧　張璁復請考察諸御史黜藍田等十二人尋奏行憲綱七條鉗束巡按御史　壬午頒欽明大獄錄於天下刪唐樞疏不載是獄所坐大抵張璁三人所夙嫌者以祖宗之法供權臣排陷而帝不悟南京御史吳彥抗章請寬諸臣帝怒斥於外已而張錄亦以爲言忤旨切讓張璁言錄不諳憲體罷歸自是無敢言者　方獻夫請專任王守仁討賊而罷朱麒及鎮守中官鄭潤帝乃召麒潤還

冬十月戊申張璁爲禮部尚書兼文淵閣大學士預機務釋褐六年至宰輔前此未有也楊一清爲首輔翟鑾亦在閣帝待之不如璁嘗諭璁朕有密諭毋泄朕與卿帖悉親書璁因引仁宗賜楊士奇等銀章事帝賜璁二章因并及一清鑾桂萼令密封言事　前御史虞守隨上皇陵正議數千言請改葬獻皇帝於天壽山帝斥其有希進心下巡按御史按問未幾光祿寺廚役王福復以爲請下錦衣衛拷訊

御史吳仲言通惠河屢經修復皆爲權勢所撓顧通流等八閘遺跡俱存因而成之爲力甚易歲可省車費貲二十餘萬且歷代漕運皆達京師未有貯國儲於五十里外者帝心以爲然命侍郎王軏何詔及仲偕相度　乙丑謝遷復入閣　張璁深恨諸翰林會侍讀汪佃講洪範不稱旨帝令補外璁乃請自講讀以下量才外補改官及罷黜者二十二人諸庶吉士皆除部屬及知縣引所善黄綰等爲少詹事兼侍講學士等官　河決曹單城武楊家梁靖二口吳士舉莊

衡入雞鳴臺奪運河沛北廟道口淤塡數十里糧艘阻不進刑部尚書胡世寧山東僉事江良材請於昭陽東別開漕渠爲經久計下章拯議未決會吳仲劾拯不能辦河事乃召拯還起盛應期右都御史往代　十一月尋甸土舍安銓作亂侵掠嵩明木密楊林等處巡撫雲南都御史傅習檄參政黃昭道等討之大敗賊遂陷尋甸嵩明殺指揮王昇唐功等知府馬性魯棄城走　王守仁在道疏陳用兵之非且言思恩未設流官土酋歲出兵三千聽官征調既設流官我反歲遣兵數千防戍是流官之設無益可知且田州鄰交阯深山絕谷悉猺獞盤據必仍設土官斯可藉其兵力爲屏蔽若改土爲流則邊鄙之患我自當之後必有悔章下兵部尚書王時中條其不合者五帝令守仁更議十二月守仁抵潯州會石金定計招撫悉散遣諸軍留永順保靖土兵數千解甲休息　楊一清言延綏總兵官魯經守莊浪二十餘載屢立戰功其部下土軍非他人所能及雖其子瞻己

爲指揮僉事奉命統轄然年尚少今陝西總兵官張鳳乃延綏世將若調鳳延綏而改經陝西自可彈壓莊浪無西顧患帝立從之　帝以京營多弊欲振飭之改刑部尚書李承勛於兵部兼左都御史加太子太保專督團營尋令兼掌都察院事

七年春正月帝視朝見張璁桂萼班承勛下意嗛之楊一清因請加散官乃手敕加璁萼太子太保璁辭以青宮未建官不當設乃更加璁少保　癸未命桂萼等考覈天下巡撫官河南巡撫都御史蔣瑤回籍候調　盛應期議於昭陽湖東北進江家口南出留城口開濬百四十餘里較疏舊河力省而利永夫六萬五千銀二十萬兩剋期六月從之　桂萼以彭澤等前獄未竟必欲重與大獄請追治陳九疇激變狀初土魯番敗遁都指揮王輔言滿速兒牙木蘭俱死於礮九疇以聞已而二人上表求通貢帝怪之及萼等議上益疑邊臣欺罔手詔數百言切責九疇欲置之死戒楊一清勿黨庇遂遣官逮九

疇自金獻民李昆以下坐累者四十餘人一清言事已前決不聽九疇至下錦衣衛獄　給事中張經等論官校提人之害願罷勿遣胡世寧請從其議不納　二月給事中陸粲請增築邊牆推明楊一清曩時議一清因力從臾之帝爲發帑金命侍郎王廷相往然久之亦竟止　初昌化伯邵喜子蕙嗣伯無子卒弟萱嗣羣從子弟錦衣指揮輔千戶茂言萱非嫡派不當襲蕙母爭之議久不決張璁等言邵氏子孫已絕今其爭者皆旁枝不宜嗣帝必欲爲喜立後甲寅以喜兄安之孫杰爲昌化伯　靈寶縣黄河清帝遣使祭河神楊一清張璁等屢疏請賀御史周相言河未清不足虧陛下德今好諛喜事之臣張大文飾之佞風一開獻媚者將接踵願罷祭告止稱賀詔天下臣民毋奏祥瑞水旱蝗蝻卽時以聞疏上帝大怒下相錦衣衛獄拷掠之復杖於廷謫韶州府經歷　謝遷居數月力求去三月戊寅致仕　桂蕚等必欲殺陳九疇幷株連楊廷和等胡世寧言於朝曰世

寧司刑而殺忠臣寧殺世寧乃上疏爲九疇訟冤曰番人變詐妄騰謗讟欲害我謀臣耳夫其畜謀內寇爲日已久一旦擁兵深入諸番約內應非九疇先幾奮僇且近遣屬夷劫其營帳遠交瓦剌擾其窟巢使彼內顧而返則肅州孤城豈復能保臣以爲文臣之有勇知兵忘身徇國者無如九疇宜番人深忌而欲殺也惟聽部下卒妄報以滿速兒等爲死則其罪有不免耳已法司具獄如世寧言帝乃謫九疇戍極邊削彭澤職而廷和得免 武定土知府鳳詔母子坐事留雲南土舍鳳朝文紿其衆言詔已戮官軍將盡滅其部黨遂率諸蠻爲亂殺同知以下官吏劫州印舉兵與安銓合犯雲南府滇中大擾癸巳右都御史伍文定爲兵部尚書提督雲南四川貴州湖廣軍討之以戶部侍郎梁材督饟會芒部沙保子普奴復叛命文定兼勦韃靼掠山西殺游擊將軍邵定 夏四月甲寅甘露降告於郊廟盧蘇王受聞王守仁議撫大喜守仁赴南寧蘇受遣使乞降守仁令

諸軍門蘇受竊議曰王公素多詐恐紿我陳兵入見守仁數二人罪杖而釋之親入營撫其衆七萬五月奏聞於朝陳用兵十害招撫十善因請復設流官量割田州地別立一州以岑猛次子邦相爲吏目署州事俟有功擢知州而於田州置十九巡檢司思恩府地爲九巡檢司以蘇受等任之並受約束於流官知府帝皆從之乃改田州府爲田寧府別置田州徙治八甲　馬錄等之以劾郭勛下獄也桂萼掌刑部陳洸上書訐葉應驄等萼因訟洸冤遂逮應驄及宋元翰息縣黃綰令張祐等還籍候命詞連四百人綰方爲紹興知府以寬大爲治被徵時士民哭震野爭致贐綰止取二錢比至京並下錦衣衞獄會九卿廷訊應驄對曰某所持者王章耳必欲直洸惟諸公命胡世寧等心知洸罪重懲前大獄不敢執會是日黃霧四塞獄弗竟次日又大風拔木有詔修省勿用刑乃當應驄按事不實律爲民元翰綰及藍田等貶斥有差洸授冠帶綰竟瘐死　下致仕兵部尚書金

獻民獄法司劾獻民奉命專征未至其地掠功妄報失大臣體宜奪職閒住削其世廕詔可　六月辛丑朔明倫大典成頒示天下　土魯番求通貢乞歸羈留使臣提督三邊都御史王瓊再疏請詔還番使通貢如故　癸卯定議禮諸臣罪追削楊廷和蔣冕毛紀喬宇汪俊林俊何孟春及前吏部郎中夏良勝等籍林俊子達遂以士禮葬俊　給事中陸粲言我朝太祖至宣宗大臣造膝陳謀不啻家人父子自英宗幼沖大臣爲權宜計常朝奏事先日擬旨其餘政事具疏封進沿襲至今今陛下銳意圖治願每日朝罷退御便殿延見大臣侍從臺諫輪日奏對撫按藩臬廷辭入謝召訪便宜復妙選博聞有道之士更番入直講論經史如仁宗宏文閣故事則上下情通天下事畢陳於前矣既又言資格獨重進士致貢舉無上進階州縣教職過輕王官終身禁錮皆宜變通因陳久任使慎考察汰冗官諸事而終之以復制科倣唐宋法數歲一舉以待異才高者儲之禁近其次

分寘諸曹先有官者遞進庶人才畢出野無遺賢帝皆不能用　吳仲言通惠河成因疏五事一大通橋至通州石壩地勢高四丈流沙易淤宜時加濬治二管河主事宜專委任三官吏閘夫宜復舊額四慶豐上閘平津中閘宜改建通州西水關外五剝船造費及遞歲修艌俱宜酌處又請留督工郎中何棟專理其事爲經久計詔悉從所請　以大禮成超拜霍韜禮部尚書掌詹事府事韜三疏力辭且稱給事中陳洸冤薦監生陳雲章才可用帝允韜辭復洸職授雲章國子監博士　伍文定未至雲南巡撫都御史歐陽重黔國公沐紹勛會兵討鳳朝文等紹勛以便宜告土官子弟當襲者先與冠帶破賊後爲請襲衆皆奮戰賊大敗奔回武定重遣鳳詔母子還武定蠻衆同逆者相顧錯愕相率歸詔朝文計窮絕普渡河走追斬之東川湯即箐安銓遁還尋甸列砦數十官兵分哨夾攻盡破之銓奔芒部爲土舍祿慶所執誅之先後斬二千九百餘級俘千餘人丁卯雲南蠻

平文定遂移師征普奴　韃靼入大同參將李蓁禦卻之　秋七月己卯追尊孝惠皇太后爲太皇太后恭穆獻皇帝爲恭睿淵仁寬穆純聖獻皇帝辛巳尊章聖皇太后爲章聖慈仁皇太后戊子詔天下

昭陽新河工未成會旱災修省言者多謂開河非計帝遽令罷役盛應期請展一月竟其工不聽初應期請令郎中柯維熊分浚支河維熊力贊新河之議至是亦言不便應期上章自理帝怒詔與維熊俱奪職胡世寧言新河之議倡自臣應期剋期六月今四月功已八九緣程功促急怨讟煩興維熊反覆變詐傾大臣誤國事自古國家僨大事必責首議臣請得與同罷帝不許新河至朱衡始成之　八月壬子免河南被災稅糧　容美宣撫司等入貢帥領千人所過擾害鳳陽巡撫都御史唐龍以聞禮部按舊制進貢不過百人赴京不過二十人命所司申飭　初大禮議起楊一清方家居寓書門人喬宇曰張生此議聖人復起不能易也璁等既驟顯頗引一清帝亦以

一清老臣藉其議杜衆口恩禮加渥所言邊事國計大小無不傾聽及璁入內閣多所更建一清引故事稍裁抑之遂相齟齬錦衣僉事聶能遷者初附錢寧得官用登極詔降百戶後附璁等議大禮且交關崔文得復故職大典成諸人皆進秩能遷獨不與大恨屬罷閑主事翁洪草奏誣王守仁賄席書得召用詞連黃綰及璁帝下能遷法司璁欲置之死一清不可能遷得遣戍洪爲民璁怒上疏陰詆一清斥爲奸人鄙夫綰亦上疏排一清甚力一清再疏乞骸骨且刺璁隱情帝手敕慰留一清因極言璁自伐其能恃寵不讓良可歎息又以浮詞責綰璁見帝忽暴其短頗愧沮未幾一清因災變請戒飭百官和衷復乞宥議禮諸臣罪璁等益憾　廣西斷藤峽猺賊上連八寨下通仙臺花相諸洞蠻盤亙三百餘里郡邑罹害者數十年王守仁欲討之故留南寧罷湖廣兵示不再用賊弛不爲備守仁令官軍突進連破油碓石壁大皮牛腸六寺等十餘寨賊奔斷藤峽復追擊破

之賊奔渡横石江溺死者六百餘人俘斬甚衆賊潰散遂循江而下攻克仙臺花相白石古陶羅鳳諸賊令布政司林富帥盧蘇王受兵直抵八寨破石門副將沈希儀邀斬軼賊九月甲戌八寨盡平　壬午振杭州嘉興湖州災　李承勛以疾三疏乞休且言山西潞城賊以四道兵討之不統於一人故無功川貴芒部之役措置乖方再勝再叛宜命伍文定深計毋專用兵豐沛河工二年三易大臣工不就宜令知水利者各陳所見而俾侍郎潘希曾度可否其尤要者在決壅蔽患倣唐宋轉對次對故事不時召見大臣帝不允辭下其議於所司　陝西山西湖廣四川歲饑詔免田賦李承勛言有司例十月始徵賦今九月矣恐官吏督促陰圖乾沒宜及其未徵遣官馳告以所蠲數山陬僻壤俾悉戸曉有司不能奉宣德意者罪之撫按失舉奏並坐帝褒納之　帝性嚴厲一日與皇后同坐張方二妃進茗帝循視其手后恚投盃起帝大怒后驚悸冬十月庚子墮娠崩喪禮悉

從殺　兵部敍薊州平盜功濫及通州守備鄢祐言官李鳴鶴劾尚書王時中等時中乞休且詆言者劉世揚等言時中不當逞忿箝言官帝乃切責時中令歸聽勘　初潞州巨盜陳卿據青羊山爲亂山西巡撫都御史江潮常道先後討賊無功乃敕河南巡撫都御史潘塤會勦塤謀於道曰賊守險難以陳合諸路夾攻出不意奪其險乃可禽也遂分五哨三路入募土人爲導首攻奪井腦賊悉衆爭險官軍奮擊大破之追奔至蒳草嶺燬安陽諸巢山東副使牛鸞由路城入破賊李莊泉其夕河南副使翟瓚擣卿巢卿敗走瓚追敗之欒莊山又敗之神河山西僉事陳大綱亦屢蹙賊閏月賊平自進兵至搜滅賊巢凡二十九日帝將大賚遣夏言往覈　王守仁奏斷藤峽捷帝以手詔問楊一清等謂守仁自誇大且及其生平學術一清等不知所對張璁嘗強桂萼共薦守仁及萼長吏部璁入內閣積不相下萼暴貴喜功名風守仁取交阯守仁辭不應萼遂顯詆守仁征撫交

失賞格不行方獻夫霍韜言諸猺爲患積年初嘗用兵數十萬僅得一田州旋復召寇守仁片言馳諭思田稽首至八寨斷藤峽賊阻深巖絕岡國初以來未有輕議勦者今一舉蕩平若拉枯朽議者乃言守仁受命征思田不受命征八寨夫大夫出疆有可以安國家利社稷專之可也況守仁固承詔得便宜從事者乎守仁討平叛藩忌者誣以初同賊謀又誣其輦載金帛當時大臣楊廷和喬宇飾成其事至今未白夫忠如守仁有功如守仁一屈於江西再屈於兩廣臣恐勞臣灰心將士解體後此疆圉有事誰復爲陛下任之帝報聞而已

十一月兵部尙書胡世寧陳兵政十事曰定武略崇憲職重將權增武備更賞罰馭士夷足邊儲絕弊源正謬誤惜人才所言多破常格帝優旨答之　侍衞軍不給衣履錦衣帥駱安援紅盔軍例以請工部尙書劉麟執不可詔量給銀自製後五載一給以爲常　丙寅立順妃張氏爲皇后　總督兩廣兼巡撫兵部尙書新建伯王守仁

病甚疏乞骸骨舉鄖陽巡撫林富自代不俟命竟歸行至南安卒年五十七喪過江西軍民無不縞素哭送者守仁天姿異敏年十七謁上饒婁諒與論朱子格物大指還家日端坐講讀五經不苟言笑游九華歸築室陽明洞中泛濫二氏學數年無所得謫龍場窮荒無書日繹舊聞忽悟格物致知當自求諸心不當求諸事物喟然曰道在是矣遂篤信不疑其爲教專以致良知爲主謂宋周程二子後惟象山陸氏簡易直捷有以接孟氏之傳而朱子集注或問之類乃中年未定之說學者翕然從之羅欽順致書曰聖門設教文行兼資博學於文厥有明訓如謂學不資於外求但當反觀內省則正心誠意四字亦何所不盡必於入門之際加以格物之功哉守仁得書亦以書報大略謂理無內外性無內外故學無內外講習討論未嘗非內也反觀內省未嘗遺外也反覆二千餘言欽順再以書辨曰執事云格物者格其心之物也格其意之物也格其知之物也正心者正其物

之心也誠意者誠其物之意也致知者致其物之知也自有大學以來未有此論夫謂格其心之物格其意之物格其知之物凡爲物也三謂正其物之心誠其物之意致其物之知其爲物也一而已矣就三而論以程子格物之訓推之猶可通也以執事格物之訓推之不可通也就一而論則所謂物者果何物耶如必以爲意之用雖極安排之巧終無可通之日也又執事論學書有云吾心之良知卽所謂天理致吾心良知之天理於事物則事事物物皆得其理矣致吾心之良知者致知也事事物物各得其理者格物也審如所言則大學當云格物在致知不當云致知在格物與物格而後知至矣書未達守仁已沒　宣府滴水崖賊郭春據城叛稱王十二月巡撫都御史劉源清遣卒捕之爲所覺副總兵劉淵令曰止禽元惡以旂遶城而呼其黨皆散春等自剄死　丙子小王子犯大同指揮趙源戰死

劉世揚與同官李仁劾詹事顧鼎臣汙佞且言今日詹事卽他日輔

臣帝怒詰詹事進輔臣出何典例世揚仁引罪帝怒不解予杖下詔獄既乃得釋　先是牙木蘭獲罪其主帥所部二千人來降沙州番族帖木兒哥土巴俱爲土魯番役屬歲徵婦女牛馬不勝侵暴亦帥其族屬五千餘人來歸邊臣悉處之內地滿剌兒怒使其部下虎力納咱兒引瓦剌二千餘騎犯肅州至老鸛堡值撒馬兒罕貢使在堡中賊呼與語游擊將軍彭濬急引兵擊之賊言欲問通和濬不聽進戰破之賊遁走赤斤使人持番文求貢委罪瓦剌詞多悖謾王瓊言番人且悔宜原情赦罪罷兵息民并上濬及副使趙載功狀胡世寧言番酋變詐多端乃者許之朝貢使方入關而賊兵已至閉關與通貢利害較然今瓊等既言賊薄我城堡縛我士卒聲言大舉恐喝天朝而又言賊方懼悔宜仍許通貢何自相牴牾牙木蘭本曲先衛人我之屬番爲彼掠去今束身來歸事屬反正彼安得索之哈密三立三絕其王已爲賊用民盡流亡借使更立他種彼強則入寇弱則從

賊難保爲不侵不叛之臣故臣以爲立之無益宜謝絕哈密專守河西圖自治之策帝深納其言而張璁等皆主瓊議世寧說不行獨留牙木蘭不遣　帝親製顯陵碑遣禮部侍郎嚴嵩祭告還言臣恭上寶冊及奉安神牀皆應時雨霽又石產棗陽羣鸛集繞碑入漢江河流驟漲請命輔臣撰文刻石以紀天眷帝大悅從之　老撾木邦孟養緬甸孟密隴川諸酋相仇殺各訐奏於朝師宗納樓思陀八寨皆亂久不解沐紹勛歐陽重遣參政王汝舟知府嚴時泰等徧歷諸蠻諷以武定尋甸事皆慴伏願還侵地木邦孟養皆貢方物謝罪南中悉定重乃卹創殘振貧乏輕徭賦規畫鹽鐵商稅屯田諸務疏罷歲貢金及大理太和蒼山奇石浮費大省

明紀卷第三十

賜進士出身工部候補主事虞衡司行走陳鶴纂

卹贈知府銜給雲騎尉世職內閣候補中書孫男克家參訂

世宗紀三（起嘉靖八年己丑訖嘉靖十二年癸巳凡五年）

八年春正月己亥振山西災　致仕大學士石珤卒謚文隱　王守仁旣卒桂萼奏其擅離職守帝大怒下廷臣議萼等言守仁事不師古言不稱師欲立異以爲高則非朱熹格物致知之論知衆論之不予則爲朱熹晚年論定之書號召門徒互相倡和才美者樂其任意庸鄙者借其虛聲傳習轉訛背謬彌甚但討捕畬賊禽獲叛藩功有足錄宜免追伯爵以章大信禁邪說以正人心帝乃下詔停世襲卹典俱不行給事中周延爭之謫太倉州判　二月癸酉吏部尚書桂萼兼武英殿大學士預機務　丁丑振襄陽饑　知州金輅謫戍郭勛納其賂遣人篡取之指揮王臣不予縛臣以歸掠取其賄事覺罷

勛營務奪保傅官階刑部尚書高友璣在告侍郎許瓚等以獄情請
帝憐勛諭毋刑輅等輅等遂不承瓚請如常訊具得勛納賄狀乃再
奪其祿友璣尋坐畏縮被劾去瓚進之子也　魯府輔國將軍當瀆
請以父子應得祿米佐振因勸帝法祖宗重國本裁不急之費息土
木之工詞甚愷切帝嘉其意特敕褒之不聽辭祿　韃靼八千騎乘
冰犯寧夏總兵官杭雄副總兵趙鎮禦之前鋒陷伏中雄等皆敗王
瓊劾之奪官閑住雄敢戰嘗以數騎行邊敵麕至乃下馬積鞍爲壘
跪而射之敵退解衣腋凝血乃知中飛矢少役延綏巡撫行臺既貴
每至臺議事不敢正席坐曰此當年役所也　戶部尚書梁材言臣
考去年所入止百三十萬兩而所出至二百四十萬加催徵不前邊
費無節凶荒又多奏免國計安所辦詳求弊端一宗藩二武職三冗
食四冗費五逋負乞集廷臣計畫條請於是宗藩武職各議上三事
其他皆嚴爲節帝命武職閑住者仍給半俸餘悉報可經費大省

甲申旱禱於南郊乙酉禱於社稷　給事中王汝梅言比來章奏多
逢迎請分別忠佞毋信諛言大臣奏事近多留中請悉付之公論人
主之學詞命非所重今一事之行動煩宸翰亦少褻矣宜倣祖宗故
事時御平臺召見宰執面決大議既省筆札之勞且絕壅蔽之害忤
旨切責　劉世揚言在獄繫囚及建言謫戍諸臣怨咨之氣上干天
和請悉疏釋帝不能用　升山西潞州爲潞安府置長治縣爲府治
又分潞城縣置平順縣屬之　三月丙申朔葬悼靈皇后於襖兒峪
梓宮出王門百官一日臨王汝梅諫不聽　兵部尚書李承勛言朝
廷有大政及推舉文武大臣必下廷議議者率相顧不發一言宜及
未議前備條所議布告於議者俾先稔其故然後平心商質各盡所
懷議苟不合聽其別奏庶足盡諸臣之見而所議者公帝然其言下
詔申飭　國子監祭酒陸深言講官撰進奏章閣臣不宜改竄又乞
於訓詁之外凡天下政事得依經比義條悉以聞桂萼等惡之謫延

平府同知　工部四司財物悉貯後堂大庫司官出納多侵漁劉麟請特除一郎官主之帝稱善因賜名節愼庫　中官麥福請盡徵牧馬草場租梁材不可從之　帝從李承勛言召伍文定還命提督京營文定至湖廣乞省祭歸四川巡按御史戴金言叛酋稱亂之初勢尙可撫而文定決意進兵一無顧惜飛芻輓粟糜數十萬及有詔罷師尙不肯已又極論土酋阿濟等罪軍民訛言幾復生變臣愚以爲文定可罪也又言芒部改流之議諸司咸執不可王軏徇程洸邪說違衆獨行致疆場不靖乃勒文定軏致仕文定忠義自許欲爲國伸威爲議者所旁撓廟堂專務姑息故功不克就　河南大饑潘塤駁諸請振文牒候勘實乃發河南府知府范璁不待報輒開倉發粟全活者數十萬民德而頌之塤怨聲大起流聞禁中帝切責戶部及撫按匿災狀塤惶恐引罪且歸罪於璁遂爲張經等所劾詔罷塤永不敘用夏言數上平賊功塤爲首但賚銀幣而已　夏四月考選庶吉

士楊一清列上唐順之等二十人請命官教習得旨以庶吉士之選祖宗舊制誠善邇來大臣徇私選取市恩立黨於國無益遂改順之等爲主事等官幷限翰林之額侍讀侍講修撰各三員編修檢討各六員著爲令時張璁霍韜爲考官順之等以大禮之議爲非不肯趨附璁又欲傾一清故以立黨之說進而故事遂廢　代王充燿言懿王當祔廟而自始封至今已盈五廟之數請定祧廟制禮部尙書李時等請始封百世不遷以下四世而祧藏主始祖之室歲暮則出而合祭從之　先是侍郎王軏清勳戚莊田言宜量等級爲限梁材言成周班祿有土田祿由田出非常祿外復有土田也今勳戚祿已踰分而陳乞動千萬請申禁之自特賜外量存三之一以供祀事帝命並清已賜者額外侵據悉還之民畿輔屯田自正統間以僉事督理權輕屯政日弛材請仍用御史御史郭宏化言天下土田視國初減半宜通行清丈材恐紛擾請但敕所司清釐籍難稽者始履畝而丈

帝悉從之　同安縣儒生李如玉詣闕上所註周禮會要十五卷得
旨獎賜冠帶　六月夏言請循弘治故事命吏兵二部每季開兩京
府部堂上文武方面官履歷及舉劾賢否略節奏覽命著爲令　採
木侍郎黃衷事竣歸家乞致仕未許緝事者奏衷潛入京師帝怒奪
衷職給事中魏良弼言衷大臣入都豈能隱乞正言者欺罔罪不報
前大學士楊廷和卒年七十一子愼聞訃奔告歐陽重請於朝獲
歸葬葬訖復還自是或歸四川或居雲南會城或留戍所大吏咸善
視之　京師民張福訴里人張柱殺其母東廠以聞刑部坐柱死不
服福姊亦泣訴官謂母福自殺之其鄰人之詞亦然詔郎中魏應召
覆按改坐福東廠奏法司妄出人罪帝怒秋七月甲午朔下應召錦
衣衛獄右都御史熊浹是應召議執如初帝愈怒褫浹職給事陸粲
劉希簡爭之帝大怒並下粲希簡獄許瓚等遂抵柱死應召及福之
鄰人俱充軍杖福姊百粲希簡各杖三十釋還職時帝方深疾孝宗

武宗后家桂實武宗后家夏氏僕故必欲殺之人以爲寃　劉麟嘗上節財十四事汰內府諸監局冒破錢顯陵工竣執役者咸覬官麟止擬賚中官及羣小咸怨會帝納諫官言停中外雜派工役麟牒停浙江蘇松織造而上供袍服在停中中官吳勳以爲言遂勒麟致仕麟清修直節當官不撓居工部爲朝廷惜財謹費僅踰年而罷　江陰賊侯仲金等作亂夏言請設鎮守江淮總兵官已而寇平罷總兵不設　真人張彥頨知帝好神仙遣其徒十餘人乘傳詣雲南四川採取遺經古器進上方且以蟒衣玉帶遺鎮守中官歐陽重劾之不問　韃靼犯靈州王瓊督游擊將軍梁振等邀斬七十餘人尋集諸道精卒三萬按行塞下寇聞徙帳遠遁諸軍分道出縱野燒耀兵而還　桂萼入內閣亦與一清不相能一清屢求去且言今持論者尚紛更臣獨主安靜尚刻覈臣獨主寬平用是多齟齬願避賢者路帝復溫旨褒之給事中孫應奎並論一清萼及張璁請鑒別三臣賢否

詆萼最力帝令萼滌宿愆全君臣終始之義萼大懼疏辨與一清璁皆乞休帝報萼曰卿行事須勉徇公議庶不負前日忠萼益懼給事中王準劾璁私參將陳璠萼舉私人李夢鶴爲御醫璁再疏乞休詞多陰詆一清帝猶溫旨慰諭八月丙子陸粲言璁萼凶險之資乖僻之學罔上逞私專權納賄尚書王瓊正德朝交結權倖濁亂海內萼受其賂遺鉅萬連章力薦璁從中主之遂得起用昌化伯邵杰本邵氏養子萼納重賄竟使奴隸小人濫膺封爵萼所厚醫官李夢鶴假託進書夤緣受職居室相鄰中開便戶往來常與萼家人吳從周序班桂林等居間行賄又引鄉人周時望爲選郎交通鬻爵時望既去胡森代之森與主事楊麟王激皆其鄉里親戚也典選僅踰年引用鄉故不可悉數如致仕尚書劉麟其中表親也侍郎嚴嵩其子之師也僉都御史李如圭由按察使一轉徑入內臺南京太僕寺少卿夏尙朴爲知府期月遂得清卿禮部員外郎張敔假曆律而結知御史

戴金承風搏擊甘心鷹犬皆萼姻黨相與朋比爲奸者也尚書李時柔和善逢猾狡多智南京侍郎王縉曲學阿世虛談眩人諭德彭澤貪緣改秩躐玷清華皆陰厚於璁而陽附於萼者也璁等威權既盛黨與復多天下畏惡莫敢訟言不亟去之凶人之性不移將來必爲社稷患奏入帝大感悟立奪萼官以尚書致仕璁亦罷政列璁萼罪狀詔羣臣略言其自用自恣負君負國而萼爲尤甚法當置刑典特寬宥之遂下夢鶴等法司以粲不早發與準亦皆下獄　時有詔採珠兩廣巡撫都御史林富言五年採珠之役死者五十餘人而得珠僅八十兩天下謂以人易珠恐今日雖以人易珠亦不可得給事中王希文言雷廉珠池祖宗設官監守不過防民爭奪正德間逆豎用事傳奉採取流毒海濱陛下御極革珠池少監未久旋復驅無辜之民蹈不測之險以求不可必得之物非聖政所宜有不聽　壬午始親祭山川著爲令　劉世揚等盡劾張璁桂萼之黨章下吏部方獻

夫奏留黃綰等二十三人黜編修金璐御史儲良才等八人法司訊李夢鶴等皆首服霍韜攘臂曰張桂行勢且及我遂上疏力攻楊一清言陸粲之疏一清實嗾之并言一清受張永蕭敬賄一清再疏辨乞罷劉希簡言璁萼去位由聖斷且使犬謂之嗾韜以言官比之犬侮朝廷帝下希簡獄謫粲貴州都鎮驛丞王準富民縣典史璁行抵天津命行人齎手敕召還九月癸巳朔復入閣韜攻一清益急且言法司承一清風旨搆成萼罪帝果怒令法司會廷臣雜議出刑部尚書周倫於南京郎中以下皆奪職以許讚代倫讚乃實韜言言夢鶴等假託行私與萼無與請削一清籍詔削夢鶴桂林籍抵吳從周罪復萼散官令一清自陳璁三上密疏引一清贊禮功乞賜寬假帝愈疑一清癸丑命致仕去璁爲首輔　免兩畿河南被災稅糧振江西湖廣饑　冬十月癸亥朔日有食之　刑部員外郎邵經邦言茲者正陽之月有日食之異質諸小雅十月之篇變象懸符說詩者謂陰

壯之甚由不用善人而其咎專歸皇父然則今之調和燮理者得無有皇父其人乎邇陛下納陸粲言命張璁桂蕚致仕尋以璁議禮有功復召輔政人言籍籍陛下莫之卹也乃天變若此安可勿畏夫議禮與臨政不同議禮貴當臨政貴公正皇考之徽稱以明父子之倫禮之當也若夫用人行政則當辨別忠邪審量才力與天下之人共用之今陛下以璁議禮有功不察其人不揆其才而加之大任是私議禮之臣也私議禮之臣是不以所議者為公禮也夫禮惟至公乃可萬世不易設近於私則固可守也亦可變也陛下果以尊親之典為至當而欲子孫世世守之乎則莫若於諸臣之進退一付諸至公優其賚予全其終始以答其議禮之功而博求海內碩德重望之賢以弼成正大光明之業則人心定天道順使萬年之後廟號世宗子孫百世不遷顧不偉歟如徒加以非分之任使之履盈蹈滿犯天人之怒亦非璁等福也帝大怒立下鎮撫司拷訊獄上請送法司擬罪

帝曰此非常犯不必下法司遂謫戍福建鎮海衛經邦之戍所閉戶讀書與豐熙陳九川時相討論居鎮海三十七年更赦不原及卒福建人立寓賢祠祀三人　安昌伯錢維圻卒庶兄維垣請嗣爵方獻夫言外戚之封不當世及帝以爲然已命魏定二公彭城惠安二伯襲封如故餘止終本身著爲令維垣遂不得襲以錦衣終維垣承宗之子也　雲南鎮守太監杜唐與沐紹勛相比爲奸利長吏不敢問羣盜遂起歐陽重言盜率唐紹勛莊戶請究主者又奏紹勛任千戶何經廣誘奸人奪民產唐役占官軍歲取財萬計因極言鎮守中官宜革帝頗納其言頻下詔飭紹勛命唐還京待勘二人懼且怒遣人結張璁謀去重會重奉命清異姓冒軍弊都司久未報給饟後期唐等遂嗾六衛軍譁於軍門巡按御史劉臯以聞劾重及唐紹勛處置失當璁從中主之解重職責臯黨庇調外任唐紹勛不問夏言等言以軍士一譟罪撫按紀綱謂何況重奉詔非生事臯言唐紹勛罪

與重等今處分失宜無以服天下頃年士卒驕悍相效成風類以月糧借口如甘肅大同福州保定事變屢見失今不治他日當事之臣以此爲諱專務姑息孰肯爲陛下任事哉願曲宥二臣全朝廷之體帝怒奪言等俸重罷歸在道聞御史王化劾其爲桂蕚黨不勝忿抗疏陳辨請錄大禮大獄被逐諸臣而自乞褫職又言得紹勛所遣百戶丁鎭私書知行賄張璁乞其覆護璁奸佞不宜在左右璁疏辨帝以重失職怨望黜爲民重以臯被謫言等奪俸皆由己致之復疏乞重譴代言官罪帝益怒以已除名置不問　林富言田州界居南寧泗城交通雲貴交阯爲備非一不宜改設流官請罷田寧府爲田州而廢鳳化縣移南丹衞於上林之三里仍屬南寧府從之　推官蔡存遠以其父清所著易四書蒙引進於朝詔爲刊布　十一月御史劉安言人君貴明不貴察察非明也人君以察爲明天下始多事矣陛下臨御八年而治理未臻識者謂陛下之治功損於明察夫治可

以綏圖不可以急取可以休養致不可以督責成以急切之心行督責之政於是躬親有司之事指摘臣下之失令出而復返方信而忽疑大小臣工救過不暇多有不安其位者孰能爲陛下建長久之策以圖治平哉且朝廷者四方之極也內之君臣習尚如此則外而撫按守令之官風從響應上以苛察繩下以苛察應恐民窮爲起盜之源食寡無強兵之理今明天子綜核於上百執事振刷於下叢蠹之弊十去其九所少者元氣耳伏望大包荒之量重根本之圖略繁文而先急務簡細故而宏遠猷不以一人之毀譽爲喜怒不以一言之順逆爲行止久任老成優容言官則君臣上下一德一心人人各安其位事事各盡其才雍熙太和之治不難見矣帝閱疏大怒逮赴錦衣衞拷訊給事中胡堯時救之并逮治獄具謫堯時攸縣主簿安餘干縣典史　史館儒士蔡圻疏頌桂萼功請召之庚子賜敕令撫按官趣上道萼未至監生錢潮等復請趣萼帝怒曰大臣進退么麼敢

與聞耶并圻下吏　劉世揚偕趙漢等陳修省八事中言大學士石珤貞介歿未易名尚書李鐩國之盜臣身後遺金得謚給事中鄭一鵬坐論楊一清再杖削職一清敗一鵬宜復官張璁惡世揚并惡一鵬因言珤前已賜謚給事言皆妄帝怒謫世揚江西布政司照磨停漢等俸鐩亦奪謚　甲辰振浙江災　戊申禱雪己酉雪丁巳親詣郊壇告謝百官表賀　十二月韃靼寇大同朔州廷推以左都御史王憲總督宣大憲不肯行曰我甫入中臺何見驅亟也夏言謂李承勛曰事急公當請行承勛亦不請言遂與中官趙廷瑞劾憲託疾避難并劾承勛憲竟罷歸　詔養病三年以上不赴都者悉落職閒住

帝既定尊親禮慨然有狹小前人之志張璁夏言用事咸好更張李時長禮部所建諸典禮率俟他人發端而傅會成之或廷議不合即具兩端待帝自擇終未嘗顯爭帝愛其恭順

九年春正月言疏言耕桑之禮不宜偏廢帝乃敕禮部古者天子親

耕后親桑以勸天下自今歲始朕親祀先農皇后親蠶其考古制具
儀以聞璁等請於安定門外建先蠶壇霍韜以道遠爭之戶部亦言
安定門外無浴蠶所西苑有太液瓊島之水考唐制親蠶在苑中請
倣行之帝謂唐人因陋就安不可法時等乃請鳳輦由東華玄武二
門帝從其言命自玄武門出丙午作先蠶壇於北郊　諭禮部天地
至尊次則宗廟又次則社稷今奉祖配天又奉祖配社此禮官之失
也宜改從皇祖舊制太社以句龍配太稷以后稷配乃以更正配位
禮告太廟及社稷藏二配位於寢廟　丁巳振山西饑　莫登庸禪
位於方瀛改元大正自稱太上皇移居都齋海陽爲方瀛外援作大
誥五十九條頒之國中　二月戊辰耕耤田　帝嘗問張璁書孝經
天帝異名朱子謂祭之壇謂之天祭之屋下謂之帝今大祀殿有屋
非祭天之禮且皇地祇合祭一處亦非專祭上帝璁以大祀殿下壇
上屋卽圜丘明堂爲對帝謂二至分祀萬代不易之禮大祀可擬明

堂不可爲圜丘瘞乃備述周禮及宋陳襄蘇軾劉安世程頤所議分合異同以對且言祖制已定無敢輕議帝銳欲定郊制卜之奉先殿太祖前不吉問翟鑾鑾具述因革以對又問李時時請少需日月博選儒臣議復古制帝復卜之太祖不吉議且寢會夏言議舉親蠶禮與南北郊之說合因諭令陳郊議言乃疏言國家合祀天地及太祖太宗之並配諸壇之從祀舉行不於長至而於孟春俱不應古典宜令羣臣博考詩書禮經所載郊祀之文及漢宋諸儒匡衡劉安世朱熹等之定論以及國初分祀之舊制陛下稱制而裁定之此中興大業也王汝梅等詆言說非是帝切責之乃敕諭禮部令羣臣各陳所見　時詔書斥異議者爲邪徒南京御史馮恩言明詔令直諫又詆之爲邪徒安所適從哉此非陛下意必左右奸佞欲信其說者陰詆之也今士風日下以緘默爲老成以謇諤爲矯激已難乎其忠直矣若預恐有異議而逆詆之爲邪則必雷同附和而後可也況天地合

祀已百餘年豈宜輕改皇后深居九重豈宜遠出郊野願速罷二議毋爲好事希寵者所誤恩草疏時自意得重譴及疏奏帝不之罪恩於是益感奮　丁丑禁官民服舍器用踰制　行人楊爵使王府還上言臣奉使湖廣睹民多菜色挈筐操刃割道殍食之假令周公制作盡復於今何補老羸饑寒之衆奏入被俞旨　三月張璁錄上郊祀考議一冊霍韜言分祀之說惟見周禮莽賊僞書不足引據夏言言周禮一書於祭祀爲詳故宋儒葉時謂郊丘分合之說以周禮爲定漢之前皆主分祭而漢之後亦閒有之宋元豐一議元祐再議紹聖三議皆主合祭者以郊賚之費每傾府藏故耳亦未嘗以分祭爲非禮也今之議者往往以太祖之制爲嫌爲懼然知合祭乃太祖之定制爲不可改而不知分祭固太祖之初制爲可復知大祀文乃太祖之明訓爲不可背而不知存心錄固太祖之著典爲可遵也且合祭之說實自莽始苟周禮爲莽所僞作何不削去圜丘方丘之制天

神地祇之祭而自爲一說邪韜素護前自遂帝方責韜罔上自恣不敢辨乃遺言書痛詆之復錄其書送法司言怒劾韜無君七罪并以其書進帝大怒下韜都察院獄而降璽書獎言賜四品服俸韜獄中上書祈哀璁亦再申救皆不納於是禮部集上羣臣議主分祭者都御史汪鋐等八十二人主分祭而以愼重成憲及時未可爲言者大學士張璁等八十四人主分祭而以山川壇爲方丘者尚書李瓚等二十六人主合祭而不以分祭爲非者尚書方獻夫等二百六人無可否者英國公張崙等一百九十八人臣等祇奉敕諭折衷衆論分祀之義合於古禮但壇壝一建工役浩繁請仍於大祀殿專祀上帝改山川壇爲地壇專祀皇地祇帝復諭當遵皇祖舊制露祭於壇分南北郊以二至日行事崙懋之孫也　時又議二祖配享帝降敕諭欲於二至日奉太祖配南北郊歲首奉太宗配上帝於大祀殿張璁翟鑾等言二祖分配於義未協且錄仁宗所撰敕諭並告廟文以進

帝復命集議於東閣皆執前議帝終以並配非禮諭閣臣講求璁等言古者郊與明堂異地故可分配今圜丘大祀殿同兆南郊而冬至太宗不與孟春太祖不與心實有所不安帝報曰天惟一天祖亦惟一祖大報天之祀止當以高皇帝配文皇帝功德豈不可配天但開天立極本高皇帝肇之耳如周之王業武王實成之而配天止以后稷配上帝止以文王未聞爭辨功德也因命寢其議已而夏言復言二祖並侑三帝並配之非古帝報曰禮臣前引太廟不嫌一堂夫祀帝與享先不同此說無當仍命申議禮臣言南北郊雖曰祖制實今日新創請如聖諭俱奉太祖獨配大祀殿太祖所創而不得侑享於中恐太宗未安宜仍並配從之　帝謂日月照臨其功甚大太歲等神歲有二祭而日月星辰止一從祭義所未安遂定春秋分之祭如舊儀　丁巳皇后親蠶於北郊　夏四月桂萼復入閣　芒部之役既罷四川巡撫都御史唐鳳儀言烏蒙烏撒東川諸土官故與芒部

為脣齒自芒部改流諸部內懷不安反者數起今懷德長官阿濟等雖自詭禽賊其心固望隴勝得一職以存隴後臣請如宣德中復安南故事俯順輿情戴金及貴州巡按御史陳講奏如鳳儀言部議從之革鎮雄流官知府以勝爲通判署府事　張璁等搆朱繼宗獄坐楊一清受張永弟容金錢爲永誌墓又與容世錦衣指揮遂落職閑住一清聞命大恨曰老矣乃爲孺子所賣疽發背卒遺疏言身被汙衊死且不瞑帝令釋贓罪不問一清博學善權變尤曉暢邊事羽書旁午一夕占十疏悉中機宜人或訾己反薦揚之晚爲璁等所軋不獲以恩禮終然其才一時無兩或比之姚崇云　丙戌振延綏饑帝念霍韜議禮功釋之令輸贖還職　五月羽林衞指揮劉永昌劾都督桂勇語侵桂萼及李承勛又劾御史廖自顯自顯坐逮已又訐兵部郎中盧襄等方獻夫請按治永昌毋令奸人以蜚語中善類帝不從獻夫遂求退帝亦不允　己亥更建四郊圜丘於正陽門外五

里許大祀殿之南方澤於安定門外之東朝日壇於朝陽門外夕月壇於阜成門外命夏言監之　總河侍郎潘希曾築孫家渡隄成未幾河決曹縣希曾言黃河由歸德至徐州入漕故道也自弘治時始塞今河復故道患害已遠支流達於河臺淺涸無虞此漕運之利國家之福帝悅召希曾還　桂萼欲復海運延公卿議得失工部尚書章拯言海運雖有故事而風濤百倍於河且天津海口多淤自古不聞有濬海者議遂寢　延綏之饑也夏言薦僉都御史李如圭為巡撫吏部推代如圭者帝不用再推及言御史熊爵謂言出如圭為己地至比之張綵帝切責爵令言毋辨而言不平訐爵且辭新命帝乃止　初洮岷諸番數犯臨洮鞏昌內地騷動李承勛言番為海寇所侵日益內徙倘二寇交通何以善後乞聽王瓊便宜制置瓊乃集眾議且勦且撫先遣總兵官劉文遊擊將軍彭楲分布士馬自固原進至洮岷遣人開示禍福洮州東路木舍等三十一族西路答祿失等

十三族岷州西寧溝等十五族皆聽撫給白旂犒賜遣歸惟岷州東路若籠族西路板爾等十五族及岷州剌卽等五族恃險不服乃分兵先攻若籠板爾二族覆其巢剌卽諸族震慴乞降凡斬首三百六十餘級撫定七十餘族六月捷聞巡撫都御史唐澤巡按御史胡明善言甘肅軍民素苦土魯番侵暴恐瓊去相率乞臣奏留因具陳瓊功優詔獎之　癸亥立曲阜孔顏孟三氏學　秋七月兵部主事趙時春言陛下以災變求言已旬月大小臣工率浮詞面謾蓋自靈寶知縣言河清受賞都御史汪鋐繼進甘露今副都御史徐瓚訓導范仲斌進瑞麥指揮張楫進嘉禾鋐及御史楊東又進鹽華禮部尙書李時再表請賀仲斌等不足道鋐瓚司風紀時典三禮乃罔上欺君壞風傷政帝責其妄言且令獻讜言善策時春惶恐引咎未對帝趣之時春乃上疏言當今之務最大者有四最急者有三最大者曰崇治本君之喜怒賞罰所自出勿以逆心事爲可怒則賞罰大公而天

下治曰信號令毋信一人之言必參諸公論毋狃一時之近必稽之久遠苟利十而害一則利不必興功百而費半則功不必舉如是而天下享安靜之福矣曰廣延訪宜倣古人輪對及我朝宣召之制使大臣臺諫侍從各得敷納殿陛間羣吏則以其職事召問之曰勵廉恥大臣宜待以禮取大節略小過臺諫言是者用之非者寬容之庶臣工自愛不敢不勵其最急者曰惜人才凡得罪諸臣其才不當棄其過或可原宜霈然發命召還故秩且因南郊禮成除謫戍之罪與之更始曰固邊圉敗軍之律宜嚴臨陳而退者裨將得以戮士卒大將得以戮裨將總制官得以戮大將則人心震悚而所向用命曰正治教請復古冠婚喪祭之禮絕醮祭禱祀之術凡佛老之徒有假引符籙依託經懺幻化黃白飛昇遐景以冒寵祿者卽賜遣斥則正道修明而民志定帝覽之益怒下錦衣衞獄掠治黜爲民　平和知縣王祿疏請建獻皇帝廟於安陸封崇仁王以主祀不當考獻帝伯孝

宗涉二本之嫌宗藩子有幼而岐嶷者當養之宮中備儲貳選疏奏即棄官歸命巡按御史逮治亦斥爲民　張璁頤指百寮無敢與抗者夏言自以受帝知獨不爲下璁乃大害言寵言亦怨璁不右己有隙抗疏言方獻夫壞選法徒璁所惡浙江參政黃卿於陝西而用璁所愛党以平代邪回之彭澤踰等躐遷太常及他所私昵皆有迹疑獻夫交通賄賂疏入帝令卿等還故官獻夫及璁疏辨因引退帝重違璁獻夫意復令卿等如前擬　孫應奎劾方獻夫私其親故大理寺少卿洗光及彭澤等帝不聽　趙漢言內閣桂萼翟鑾稱病三月未嘗以曠職懇辭張璁久任政權亦未聞引賢共濟乞諭萼鑾亟去簡用兩京大臣及家居耆舊以分璁任上摘其譌字詰之諭璁毋避趣赴閣璁因言漢忠謀宜令備列堪內閣者帝即令漢舉所欲用漢惶恐言臣欲璁引賢無私主帝怒責漢對不以實趣以名上漢益懼言輔臣簡命出自朝廷非小臣所敢預帝乃宥之奪俸一月　致仕

尚書伍文定卒　八月給事中薛甲言劉永昌以武夫劾冢宰張瀾以軍餘劾勳臣下淩上替不知所止願存廉遠堂高之義俾小人不得肆攻訐章下吏部方獻夫等請從甲言敕都察院嚴禁吏民毋得譸張亂政并飭兩京給事御史及天下撫按官論事先大體毋責小疵帝方欲廣耳目周知百僚情僞得獻夫疏不懌報罷給事中饒秀言自劉永昌後言官未聞議大臣獨夏言孫應奎趙漢議及璁獻夫耳漢已蒙詰讓言應奎所奏皆用人行政之失甲乃指爲毛舉細故而頌大臣不已貪縱如郭勛亦不欲人言必使大臣橫行羣臣緘口萬一有逆人廁其閒奈何奏入帝心善其言下吏部再議甲具疏自明帝惡其不竢部奏命削二官出之外部謂甲已處分不復議帝責令置對停獻夫俸一月郎官倍之　壬午免江西被災稅糧　甲申諭閣臣曰姚廣孝佐命嗣興勞烈具有顧係釋氏之徒班諸功臣侑食太廟恐不足尊敬祖宗李時等請移祀大興隆寺太常春秋致祭

詔可　九月汪鋐請造佛郎機礟發諸邊鎮從之　壬辰罷雲南鎮守中官　給事中高金言陛下臨御之初盡斥法王國師佛子近又黜姚廣孝配享臣每歎大聖人作爲千古莫及乃眞人邵元節誤蒙殊恩爲聖德累望削其封號奪其師李得晟贈祭庶異端闢正道昌帝大怒立下錦衣獄拷掠終以其言直釋之　僉都御史翟鵬巡撫寧夏邊政久弛壯卒率占工匠私役中官家守邊者並羸老不任兵又番休無期甚者夫守墩妻坐鋪鵬盡清占役使得迭更野雞臺二十餘墩孤懸塞外久棄不守鵬盡復之會總兵官趙瑛失事鵬劾之爲所訐奪職歸　方獻夫兩疏引疾帝報允猶虛位以竢　四郊既建帝命詞臣取洪武時舊樂歌一切更改夏言薦致仕甘肅行太僕寺丞張鶚命趣召之　致仕兵部尚書胡世寧卒贈少保謚端敏世寧風格峻整居官廉疾惡若讐而薦達賢士如不及　黎譓死於清華子寧據其地仍僭帝號改元元和　冬十月帝欲輯郊禮爲成書

擢夏言侍讀學士兼吏科都給事中充纂修官　張璁言先師祀典有當更正者帝以爲然因言聖人尊天與尊親同今籩豆十二牲用犢全用祀天儀亦非正禮其諡號章服悉宜改正璁上疏如帝指國子監祭酒許誥亦請撤塑像用木主帝命禮部會翰林諸臣議編修徐階疏陳易號毀像之不可璁召階盛氣詰之抗辨不屈璁語塞怒曰若叛我階正色曰叛生於附階未嘗附公何得言叛長揖出斥爲延平府推官帝乃御製正孔子祀典說付史官璁作正孔廟祀典或問奏之并令禮部集議黎貫帥同官上疏曰聖祖初正祀典嶽瀆諸神皆去其號惟孔子如故良有深意自唐尊孔子爲文宣王已用天子禮樂宋真宗嘗欲封孔子爲帝或謂周止稱王不當加帝號而周敦頤則以爲萬世無窮王祀孔子邵雍則以爲仲尼以萬世爲王其辨孔子不當稱王者止吳澄一人而已且莫尊於天地亦莫尊於父師陛下敬天尊親不應獨疑孔子王號爲僭帝疑貫借此以斥追尊

皇考非大怒詆爲奸惡下法司會訊汪鋐言言官論事每挾衆以凌人請究倡議者明正其罪帝遂褫貫職王汝梅等言陛下萬幾之餘留神典禮甚盛舉也但恐生事之臣望風紛起今日獻一議明日進一說國家自此多事矣況祖宗成法守之百六十年縱使少不如古循而行之亦未爲過帝斥其違旨以祀典說示之十一月辛丑禮部會諸臣議人以聖人爲至聖人以孔子爲至宋眞宗稱孔子爲至聖其意已備請改題神位曰至聖先師孔子去王號及大成文宣之稱改大成殿爲先師廟大成門爲廟門四配稱復聖顏子宗聖曾子述聖子思子亞聖孟子十哲及門弟子稱先賢某子左邱明以下稱先儒某子皆去公侯伯之號遵太祖首定國子監規制製木爲神主仍擬大小尺寸著爲定式其塑像卽令屏撤春秋祭祀十籩十豆天下各學八籩八豆樂舞止六佾凡學別立一祠祀叔梁紇題啓聖公孔氏神位以顏無繇曾點孔鯉孟孫氏配俱稱先賢某氏程珦朱松蔡

元定從祀稱先儒某氏從祀諸賢申黨卽申棖留棖去黨公伯寮秦冉顏何荀況戴聖劉向賈逵馬融何休王肅王弼杜預吳澄罷祀林放蘧瑗盧植鄭衆鄭康成服虔范甯祀於其鄉后蒼王通歐陽修胡瑗宜增入詔悉如議行又以行人薛侃議進陸九淵從祀　己酉祀昊天上帝於南郊禮成大赦　時有白鵲之瑞許誥獻論司業陳寰獻頌十二月給事中張裕謝存儒及馮恩並劾誥裕至比之祝欽明帝怒下裕獄謫福建布政司照磨存儒亦調邊方恩詆誥學術迂邪誥求罷帝曰恩所詆乃指前日去土偶用木主事也爾以是介意耶其爲帝眷寵如此誥進之子讚之兄也　文華殿東室有釋像帝以其不經命撤去奉皇師伏羲神農黃帝帝師堯舜王師禹湯文王武王九聖南向左先聖周公右先師孔子東西向每春秋開講前一日行釋奠禮　改福建南詔千戶所爲詔安縣　青州儒生李時颺請祠高禖祈聖嗣帝謂高禖雖古禮今實難行已而從之　初龍州知

府趙相卒州人立其子燧趙楷弒之州人又立燧族弟㷔楷賂王守仁之客岑伯高言㷔非趙氏裔當立者楷也守仁令上思知州黃熊兆覈之熊兆與伯高比言楷當立以州印畀楷楷遂殺㷔龍州大亂州目黃安等潛往田州購趙寶寶爲奴楊布家十三年矣安等行百金贖之言之督府林富謂楷勢已張毋持之急乃令楷攝職竢寶長讓之楷復時時謀殺寶富乃諭楷令以印還寶寶謝以五千金賕田三十一村楷計寶弱易與遂聽命

十年春正月辛卯始行祈穀禮於大祀殿奉太祖太宗配禮畢帝諭張璁曰自古惟以祖配天今二祖並配決不可法後世嗣後大報與祈穀但奉太祖配　甲午更定廟祀告於太廟世廟幷祧廟三主遷德祖神主於祧廟奉安太祖神主於寢殿正中遂以序進遷七宗神位丁酉帝詣太廟行特享禮　桂萼自被摧抑氣懾不敢復放恣居位數月屢引疾乙巳致仕　陳洸令人奏葉應驄勘獄時酷殺無辜

二十六人下巡按御史李美覆勘美言死者皆有狀非故殺許瓚等
白應驄無罪帝特令戍遼東是獄也終始八載凡攻洸與治洸獄者
無不得罪逮捕至百數十人天下惡桂萼輩奸横益羞言議禮臣矣
先是罷歷代帝王南郊從祀及南京廟祭更建廟於都城西歲以
仲春秋致祭二月丁卯以廟尚未成躬祭於文華殿　帝以禘祫義
詢張璁令與夏言議言撰禘義一篇獻之大意謂自漢以下譜牒難
考欲如虞夏之禘黄帝商周之禘帝嚳不能盡合謹推明古典采酌
先儒精微之論宜爲虚位以祀帝深然之中允廖道南言朱氏顓頊
裔請以太祖實錄爲據禘顓頊詔禮部以言道南二疏會官詳議璁
等咸謂稱虚位者芒昧無據尊顓頊者世遠難稽廟制既定高皇帝
始祖之位當禘德祖爲正郎中張岳是言議言於李時曰不如爲皇
初祖位毋實以人時大喜告璁璁不謂然以初議上帝令再議言復
疏論禘德祖有四可疑帝幷下其章諸臣乃請設虚位以禘皇初祖

南向奉太祖配西向又請大禘三歲一行帝自爲文告皇祖定舉行以丙辛歲　甲戌免廬鳳淮揚被災秋糧　定祖陵曰基運山皇陵曰翊聖山孝陵曰神烈山顯陵曰純德山及天壽山並方澤從祀張璁以名嫌御諱請更壬午詔賜名孚敬字茂恭御書四大字賜之

三月改西苑土穀壇爲帝社帝稷墾苑中隙地爲田建亭曰豳風倉曰恆裕改築先蠶壇於西苑　先是大風晝晦帝憂邊事兵部尚書李承勛言去歲冰合敵騎盡入河套延寧固原皆當警備甘肅軍餉專仰河東宜於蘭州糴貯以備緩急曩河西患土魯番今亦卜喇又深入兩寇雲擾孤危益甚套寇出入並經莊浪急宜繕塞設險斷臂截踵使不得相合兀良哈最近京師不善撫卽門庭寇雲南安鳳之叛軍民困敝臨安蒙自盜賊復興曠日淹時恐成大患交阯世子流寓老撾異日歸命請援或據地求封皆未可測惟急用人理財俾邊鄙無虞帝深嘉納承勛沈毅有大略帝所信任自輔臣外獨承勛

與胡世寧大事輒咨訪二人亦孜孜奉國知無不言承勛廉官四十年家無餘貲其議大禮與世寧合世寧已卒及是承勛亦卒帝深嗟悼贈少保謚康惠賚予過常典　刑部郎中李瑜言誠意伯劉基宜侑享高廟封世爵如中山王達下廷臣議僉言高皇帝收攬賢豪一時佐命功臣並軌宣猷而帷幄奇謀中原大計往往屬基自劉廌隕世末裔凌替興滅繼絶宜在今日詔可之乃進基配享位六王之次

戊申罷四川分守中官　夏四月丁巳皇后親蠶於西苑　甲子禘於太廟　五月壬子祀皇地祇於方澤　六月癸亥雷震午門角樓及西華門城樓柱　罷山西鎮守中官閏月己丑罷浙江湖廣福建兩廣及獨石萬全永寧鎮守中官帝習見正德宦侍之禍即位後御近侍甚嚴有罪撻之至死或陳尸示戒張佐鮑忠麥福黃錦輩雖由興邸舊人掌司禮監督東廠然皆謹飭不敢大肆初年給事中張翀巡撫都御史劉天和等交章請撤鎮守内臣帝未之從及李承勛

長兵部復因諫官李鳳毛言力請先後裁二十七人及典京營倉場者終四十餘年不復設內侍之勢惟嘉靖朝爲少殺云　先是詔許六部歷事監生發廷臣奸弊有詹啓者訐吏部侍郎徐縉下都察院訊啓語塞已論罪復訐縉及通政陳經等再下都察院汪鋐力斥其妄會彭澤欲傾縉代之僞爲縉書抵張孚敬求解復甚孚敬劾縉賄己縉疏辨詔法司會錦衣衞訊許讚等卒論啓誣罔而縉行賄事莫能白坐除名帝嘉啓能奉詔言事竟宥其罪　乙未彗星見東井積三十四日而沒李時請敕臣工修省令言官指陳利害興革帝以建言乃科道專責寢不行　時無賴子率持朝士陰事索貲財妄搆事端入奏諸司爲惕息軍人童源訐中官張永造塋犯天壽山龍脈復嗾其僕王謙等發永弟容違法事奸人張雄又爲謙等草奏詆許誥許讚汪鋐廖道南史道及黃錦輩數十人受容重賂源亦上疏助之鞫得實源等並戍極邊告訐始少衰　致仕大學士謝遷卒年八十

三贈太傅謚文正　秋七月癸丑侍郎葉相振陝西饑　夏言侍帝眷數以事訐張孚敬孚敬銜之言爲經筵日講官眉目疎朗美鬚眉音吐宏暢不操鄉音每進講帝必目屬欲大用之孚敬忌彌甚未有以發行人司正薛侃具疏言祖宗分封子弟必留一人京師司香有事居守或代行祭饗列聖相承莫之或改正德初逆瑾懷貳始令就封乞稽舊典擇親藩賢者居京師慎選正人輔導以待他日皇嗣之生此宗社大計未上以示彭澤澤與侃及言皆同年生而附孚敬知帝方祈嗣是疏觸帝諱欲興大獄以陷言乃紿侃槀示孚敬因報侃曰張公稱甚善此國大事當從中贊之與爲期趣之上孚敬乃錄侃槀以進謂出於言請勿先發以待疏至帝許之侃猶豫澤頻趣之乃上帝震怒立下獄廷鞫究交通主使者侃備受拷掠獨自承累日獄不具澤挑使引言侃瞋目曰疏我自具趣我上者爾也爾謂張少傅許助之言何預孫應奎與同官曹汴揖孚敬避上疏言狀帝怒並下

言應奎汴錦衣獄命郭勛翟鑾及司禮中官會廷臣再鞫具得其實
帝乃釋言等出孚敬密疏二示廷臣斥其忮罔御史譚纘端廷赦唐
愈賢交章劾孚敬戊午帝諭法司令孚敬致仕侃爲民澤戍大同孚
敬乃大慚去澤在朝專爲邪媚及敗天下快之　辛巳鄭王厚烷獻
白雀薦之宗廟　夏良勝嘗輯其部中章奏名曰銓司存藁凡議禮
諸疏具在爲讐家所發下獄論杖當贖八月獄上特旨謫戍遼東三
萬衞踰五年卒於戍所　王福及錦衣衞千戶陳昇再請遷顯陵於
天壽山李時等力陳不可巡檢徐震奏於安陸建京師時等駁其非
制乃議改州爲府辛丑詔升安陸州爲承天府置鍾祥縣治焉又置
顯陵縣於純德山　九月乙丑西苑宮殿成設太宗位致祭宴羣臣
帝見兵部尚書王時中工部尚書蔣瑤席在外命移殿內而移皇親
於殿右以讓瑤曰親親不如尊賢　南京御史張寅言張孚敬憸邪
蠹政不可悉數請追所賜封誥銀章之屬明正其辟并劾左都御史

汪鋐陰賊邪媚帝怒謫高唐州判官　丙寅李時兼文淵閣大學士預機務翟鑾獨相時後入以宮保官尊反居鑾上兩人皆謙遜無齟齬侍郎夏言代時爲尙書去諫官未浹歲拜六卿前此所未有也時士大夫猶惡孚敬恃言抗之言旣以開敏結主知又折節下士大得公卿閒聲帝制作禮樂多言所議時鑾取充位而已　壬申帝幸西苑御無逸殿召李時坐講無逸篇翟鑾講豳風七月詩郭勛及九卿翰林皆入侍講畢帝退御豳風亭賜宴　帝諭李時等以宗廟之制父子兄弟同處一堂於禮非宜太宗以下宜皆立專廟南向夏言言太廟兩傍隙地無幾宗廟重事始謀宜慎未報廖道南言文皇帝以下宜各建特廟於兩廡之地有都宮以統廟不必各爲門垣有夾室以藏主不必更爲寢廟第使列聖各得全其尊陛下躬行禮於太祖之廟餘遣親臣代獻如古諸侯助祭之禮帝悅命會議言等言小其規模不合古禮臣下亦不可代主一廟之祭不可擬古諸侯卽先臣

邱濬謂宜間日一祭歷十四日而徧其說亦不可通請以木爲黃屋如廟廷之制依廟數設之設帷幄於其中庶幾展專尊之敬不報初帝惡楊廷和疑廷臣悉其黨乃用桂萼方獻夫爲吏部尙書獻夫去帝不欲授他人久不補是秋有詔召還獻夫疏辭舉梁材汪鋐王廷相自代帝手詔褒答遣行人蔡靉趣之靉及門獻夫潛入西樵以疾辭乃召王瓊代之　吏部侍郞唐龍爲兵部尙書總制三邊軍務兼理振濟齎帑金三十萬以行龍奏拯荒十四事報可　冬十月帝議於奉先殿丹陛上行大雩禮夏言言按左傳龍見而雩蓋巳月萬物始盛待雨而大故祭天爲百穀祈膏雨也通典曰巳月雩五方上帝其壇名雩禜於南郊之傍先臣邱濬謂此禮不傳遇有旱暵輒假異端之人爲祈禱不務以誠意感格而以法術劫制誣亦甚矣臣請自祈穀以後至於四月苟雨暘時若則大雩之祭可遣官攝行如雨澤愆期則陛下躬行禱祝乃建崇雩壇於圜丘泰元門之東爲制一

成奉太祖配　工部郎中陸時雍言良鄉盧溝河涿州琉璃胡良二
河新城雄縣白溝河河間沙河青縣滹沱河下流皆淤宜以時濬使
達於海詔巡撫都御史周期雍議之　十一月戊辰免陝西被災秋
糧　帝以皇嗣未建命邵元節建醮於欽安殿夏言爲監禮使文武
大臣日再上香侍郎顧鼎臣進步虛詞七章且列上壇中應行事帝
優詔褒答悉從其請詞臣以青詞結主知由鼎臣倡也　舊制軍功
論敘有生禽斬首當先殿後奇功頭功諸等其後濫冒日多兵部尚
書王憲定軍功襲替格自永樂至正德酌其輕重大小之差臚析以
上詔著之會典爲成式　丁丑遣行人齎敕召張孚敬　御史喻希
禮言陛下祈嗣禮成瑞雪遂降臣以爲招和致祥不盡於此往者大
赦今歲免刑臣民盡沾澤獨議禮議獄得罪諸臣遠戍邊徼乞量移
近地或特賜赦免則和氣薰蒸前星自耀帝大怒曰謂朕得罪諸臣
至遲嗣續耶所司參議以聞議未上御史石金亦言陛下一日萬幾

經理勞瘁何若中涵太虛物來順應凡人才之用舍政事之敷施始以九卿之詳度繼以內閣之諮謀其弗協於中者付之臺諫之公論陛下恭默凝神挈其綱領使精神內蘊根本充固則百斯男之慶自不期而至王守仁首平逆藩繼靖巨寇乃因疑謗泯其前勞大禮大獄諸臣久膺流竄困鬱既久物故已多望錄守仁功寬諸臣罪則太和之氣塞宇宙間矣帝不悅曰金欲朕勿御萬幾即古奸臣導其君不親政之意其并察奏夏言等言二人無他腸請帝寬恕帝益怒十二月戊子下希禮金錦衣衛獄責言等陳狀言等伏罪宥之希禮金竟謫戍邊衛　帝召李時翟鑾問都察院擬籍谷大用貲產當乎時鑾皆北人與中官合時曰所擬不中律鑾曰按律籍沒止三條謀反叛逆及奸黨耳不合三尺法何以信天下帝曰大用亂政先朝正奸黨也鑾乃曰陛下即天也春秋生殺何所不可帝卒從重擬　南京御史馬敭等十人劾吏部尚書王瓊詆爲先朝遺奸帝大怒盡逮敭

等下錦衣獄給事中魏良弼救之幷下獄瓊言臣在正德朝勛等尙
未通籍何由熟臣履歷蓋臣讐陰嗾勛等論阻請罷臣以快諸人憤
帝慰喻之未幾勛等亦還職　禮部主事田汝成言陛下以青宮久
虛祈天建醮復普放生之仁凡羈蹄鎩翮禁在上林者咸獲縱釋顧
使囹圄之徒久纏徽纆衣冠之侶流竄窮荒父子長離魂魄永喪此
獨非陛下之赤子乎望大廣皇仁悉加寬宥忤旨切責停俸二月
十一年春正月辛未祈穀於圜丘帝有疾不能親始命郭勛攝事給
事中葉洪言祈穀大報祀名不同郊天一也祖宗無不親郊成化弘
治間或有故寧展至三月蓋以郊祀禮重不宜攝以人臣請竢聖躬
痊改卜吉日行禮不從　大計天下庶官謫富民典史王準閒住孫
應奎言汪鋐爲張孚敬修郤誣準不謹乞復準官責鋐爲黨比戒章
下吏部王瓊亦言準當黜乃謫應奎高平縣丞　提督南贛都御史
陶諧言守令遷太驟宜以六年爲期言官忤旨當優容養病官才力

堪任者毋終棄時馬駁等被逮而新例養病久者率不復收用故諧以爲言又奏今天下差徭煩重既有河夫機兵打手富戶力士諸役乃編審里甲復徵曠丁課及供億諸費乞皆罷免帝採納之　二月戊戌免湖廣被災稅糧　陽春賊趙林花陷高州府　三月小王子乞通貢未得命怒遂擁十萬騎入寇唐龍請許之帝不聽龍連戰頗有斬獲時小王子最富強控弦十餘萬多畜貨貝稍厭兵乃徙幕東方稱土蠻分諸部落在西北邊者甚衆吉囊與俺答皆小王子從父行據河套雄黠喜兵爲諸部長相率躪諸邊　張孚敬復入閣事取獨裁李時等不敢有所評議而夏言益用事孚敬亦不能專恣如曩時矣　夏四月太僕寺卿何棟治滹沱等河棟請於藁城張村至晉州築堤十八里濬滹沱河故道使由晉州紫城口之南入寧晉泊會衛河入海濬真定鴨沙磁三河及唐河故道築河間決口濬渾河下流淤沙以通胡良琉璃二河郎中徐元祉言畿輔諸水利順天利害

相半真定利多於害保定害多於利河間全受其害弘治間嘗築長堤排決口旋即潰敗今惟疏濬可施其策凡六一濬本河俾河身寬邃使諸水皆南合滹沱北合白溝一濬支河令經大清河從紫城口入經文都村從涅槃口入經白洋淀從藺家口入經章哥窪從楊村河入以納細流一濬決河每衝量存一口復濬令合成一渠以殺湍急備淫溢一濬淀河令淀淀相通下有所洩一濬淤河占據曲防者抵罪一濬下河諸河一出青縣一出丁字沽相匯於苑家口施工必由此始並從之自後數十年水頗戢無大害　辛卯封常元振爲懷遠侯李性臨淮侯鄧繼坤定遠侯湯紹宗靈璧侯元振復之曾孫性璿之孫繼坤炳之子也　韓府襄陵王五世同居門內雍肅賚羊酒文幣　起致仕工部尚書趙璜故官未上卒贈太子太保諡莊靖驗封郎中李默爲武會試同考官五月宴兵部默據賓席欲坐尚書王憲上憲劾其不遜謫寧國府同知　帝復遣使召方獻夫云將別

用獻夫乃就道丙子命以故官兼武英殿大學士預機務賜銀章如故 六月壬午免畿內被災秋糧 甲申封劉瑜爲誠意伯 廣東海寇陳邦瑞許折桂等突入波羅廟欲犯廣州爲指揮李嵩所壓邦瑞投水死折桂還所執指揮二人乞就撫總督侍郎陶諧居折桂等東莞編爲總甲使約束其黨五百人爲新民兵部以降賊羣聚恐乘隙爲變令解散其黨諧尋檄副總兵張祐討趙林花祐深入多所斬獲忽中危疾卒軍中爲哀慟祐身長八尺智識絶人馭軍有節制與下同甘苦不營私產性好書每載以自隨軍暇即延儒生講論嘗過烏蠻灘謁馬伏波祠太息曰歿不俎豆其間非夫也題詩而去田州人立祠橫山祀之 河決魚臺 方獻夫家居引體自尊監司謁見輒稱疾不報家人姻黨橫於郡中鄉人屢訐告僉事龔大稔聽之獻夫還朝屬大稔會大稔坐事落職疑獻夫爲之秋七月上疏列其不法數事詞連霍韜獻夫疏辨帝方眷獻夫逮大稔下獄削其籍 史

部尚書王瓊卒命方獻夫掌部事贈瓊太師謚恭襄當正德嘉靖之際瓊與彭澤並有才略相中傷不已而瓊險忮獨不爲公論所予然在兵部時功多其督三邊也人以比楊一清　戊辰免南畿被災夏稅　八月己卯彗星見東井長尺許後東北行歷天津漸至丈餘掃太微垣諸星及角宿天門凡一百十五日始滅　戊子敕羣臣修省

歷代帝王廟成名曰景德崇聖之殿壬辰親祭嗣後歲遣大臣行禮凡子午卯酉祭於陵寢之歲則停秋祭　帝心疑大臣擅政張孚敬因求罷給事中魏良弼引占書言彗星晨見東方君臣爭明彗孛出井奸人在側孚敬專橫竊威福致奸星示異亟宜罷黜孚敬言良弼以濫舉京營官奪俸由臣擬旨挾私報復帝皆報聞給事中秦鼇言孚敬妬賢病國強辨飾奸言官論列輒文致其罪擬旨不密引以自歸明示中外若天子權在其掌握帝是鼇言令孚敬自陳狀辛丑許之致仕李時請給廩隸敕書不許再請僅得馳傳而已　德王祐

榕嘗請齊漢二庶人所遺東昌兗州閑田又請白雲等湖會戶部議
王府所請山場湖陂斷自宣德以後者皆還官詔允行山東巡撫都
御史邵錫言德府莊田俱在革中與祐榕相訐奏錫持之益急儀衞
司軍額千七百人逃絕者以餘丁補錫謂非制檄濟南知府楊撫籍
諸補充者勿與餉軍校大譁毀府門詔逮問長史楊穀楊孟法戍儀
衞副薛寧及軍校陶榮諭王守侯度毋徇羣小滋多事議者謂錫故
激致其罪不盡祐榕過云　九月戊申帝召見李時等諭以引咎修
省之意從容語及乏才時等退條上務安靜惜人才慎刑罰三事頗
及大禮大獄廢斥諸臣帝優詔褒答之然卒不能用也　丁巳振陝
西饑　魏良弼復偕同官劾吏部尚書汪鋐帝方向鋐奪良弼俸鋐
與張孚敬俱恨之　冬十月起聶賢爲工部尚書毛伯溫張潤汪天
啓李珏閔楷以次收錄惟臺諫曹郎竟無一人召復者　戊寅編修
楊名應詔上書言帝喜怒失中用舍不當語切直帝銜之而答旨稱

其納忠令無隱甲申名復言吏部諸曹之首尚書百官之表而汪鋐小人之尤也武定侯郭勛奸回險譎太常卿陳道瀛金贇仁麤鄙酣淫數人者羣情皆曰不當用而陛下用之是聖心之偏於喜也諸臣建言觸忤者心實可原大學士李時以愛惜人才爲請卽荷嘉納而吏部不爲題覆臣所謂虛文塞責者豈盡無哉夫此得罪諸臣羣情以爲當宥而陛下不終宥是聖心之偏於怒也眞人邵元節猥以末術過蒙采聽嘗令設醮內府且命左右大臣奔走供事遂致不肖之徒有昏夜乞憐出其門下者書之史冊後世其將謂何凡此皆聖心之少有所偏者故臣敢抒其狂愚疏入帝震怒卽執下錦衣衛獄拷訊鋐疏辨謂名乃楊廷和鄉人頃張孚敬去位廷和黨輒思報復故攻及臣臣爲上簡用誠欲一振舉朝廷之法而議者輒病臣操切且內閣大臣率務和同植黨固位故名敢欺肆至此帝深入其言益怒命所司窮詰主使名數瀕於死無所承言嘗以疏草示同年生編修

程文德乃幷文德下獄詔書責主謀者益急兵部侍郎黃宗明言連坐非善政今以一人妄言必究主使廷臣孰不懼況名搒掠已極當嚴冬或困斃將爲仁明累帝大怒謂宗明即其主使並下獄前沔陽州判官黃直言名以直言置詔獄非所以體羣臣宗明以論救與同罪非所以敬大臣亦下獄法司再擬名罪皆不當上指特詔戍瞿塘衞直戍雷州衞謫文德信宜縣典史宗明福建右參政　肇昌王寘銂裁慶邸宮妃薪米取邸中金帛萬計台浤子鼒櫝幼失愛於父逃寘銂所寘銂造台浤謀逆謠語使寺人誘鼒櫝吟誦圖陷台浤自立懷王妃王氏奏寘銂裁減衣食至不能自存豐林王台瀚亦欲陷寘銂發其瀆亂人倫諸罪驗實廢爲庶人幽高牆廷議謂台浤父子乖離徙之西安而封鼒櫝世子視府事　御史郭子弼言按天文志井居東方其宿爲木今者彗出於井則土木繁興所致也臣聞四川湖廣貴州江西浙江山西及真定諸府之採木者勞苦萬狀應天蘇松

常鎮五府方有造甎之役民間耗費不貲窰戶逃亡過半而廣東採珠之故激民爲盜致攻劫會城皆足戾天和干星變請悉停罷則彗沒而前星耀矣戶部尚書許讚等請聽子弼言帝怒曰採珠故事也朕未有嗣以是故耶責讚等附和黜子弼爲民　馮恩以天道遠人道邇乃備指大臣邪正而極論張孚敬方獻夫汪鋐三人之奸謂孚敬剛惡兇險媢嫉反側近都給事中魏良弼已痛言之獻夫外飾謹厚內實詐奸前在吏部私鄉曲報恩讐靡所不至昨歲僞以病去陛下遣使徵之禮意懇至彼方倨傲偃蹇入山讀書直俟傳旨別用然後忻然就道夫以吏部尚書別用非入閣而何此獻夫之病所以痊也今又遣掌吏部必將呼引朋類播弄威福不大壞國事不止若鋐則如鬼如蜮不可方物所仇惟忠良所圖惟報復今日奏降某官明日奏調某官非其所憎惡則宰相之所憎惡也臣不意陛下寄鋐以腹心而鋐逞奸務私乃至此極且都察院爲綱紀之首陛下不早易

之以忠厚正直之人萬一御史銜命而出效其鍥薄以希稱職爲天下生民害可勝言哉故臣謂孚敬根本之彗也鋐腹心之彗也獻夫門庭之彗也三彗不去百官不和庶政不平雖欲弭災不可得已帝得疏大怒逮下錦衣獄究主使恩日受搒掠瀕死者數語卒不變惟言御史宋邦輔嘗過南京談及朝政曁諸大臣得失遂并逮邦輔下獄　寇掠西海過寧夏巡撫都御史楊志學議發兵邀之總兵官周尙文不從劾解職　免山東被災稅糧振山西饑　十一月甲寅四川巡撫都御史宋滄獻白兔羣臣表賀　南京右都御史萬鏜應詔陳八事中言人邪正相懸而形迹易混其大較有四人主所取於下者曰任怨曰任事曰恭順曰無私而邪臣之恣強戾好紛更巧逢迎肆攻訐者其迹似之人主所惡於下者曰避事曰沽名曰朋黨曰矯激而正臣之守成法卹公議體羣情規君失者其迹似之察之不精則邪正倒置而國是亂矣此不可不愼也治天下貴實不貴文今陛

下議禮制度考文至明備矣而於理財用人安民講武之道或有缺焉願輟聲容之繁飾略太平之美觀而專從事於實用斯治天下之道得矣至大禮大獄得罪諸臣幽錮已久乞量加寬錄帝大怒斥爲民令吏部錮勿用　十二月己亥免畿內被災稅糧

十二年春正月甲辰朔副都御史王應鵬坐事下錦衣衛獄魏良弼言履端之始不宜以微過繫大臣帝怒并下獄獄卒見良弼訶曰公又來耶爲垂涕尋復職應鵬閒住　丙午河南巡撫都御史吳山獻白鹿羣臣表賀自後諸瑞異表賀以爲常　帝復思張孚敬丙辰遣鴻臚齎敕召之　蒲州諸生秦鏜伏闕上書言孝宗之統訖於武宗則獻皇帝於孝宗實爲兄終弟及陛下承獻皇帝之統當奉之於太廟而張孚敬議禮乃別創世廟祀之使不得預昭穆之次是幽之也又謂分祀天地日月於四郊失尊卑大小之序去先師王號撤其塑像損其禮樂增啓聖祠皆非聖祖之意請復其初帝得奏大怒責以

毀上不道下詔獄嚴訊令供主謀鏜服妄議希恩實無主使者乃坐妖言律論死繫獄　免浙江河南被災稅糧　二月乙酉振雲南饑

致仕尙書孫交卒　吉囊居河套西抵賀蘭山限以黃河不得渡用牛皮爲渾脫渡入山後邊臣有備乃以五萬騎西襲亦不剌卜兒孩兩部大破之卜兒孩爲莊寧邊患久亦郞骨土魯番諸蕃皆苦之嘗因屬番帖木哥求貢市朝廷未之許至是唐龍以卜兒孩衰敗遠徙西海獲寧請無更議款事吉囊既破西海旋竊入宣府永寧境大掠而去俺答亦自豐州入河套爲患　帝移馮恩刑部獄欲坐以上言大臣德政律致之死尙書王時中等言恩疏毀譽相半非專頌大臣宜減戍帝大怒曰恩非專指孚敬三臣徒以大禮故仇君無上死有餘罪時中乃欲欺公黨獄耶遂褫時中職奪侍郞聞淵俸貶郞中張國維員外郞孫雲極邊雜職而論恩死奪宋邦輔職恩疏詆時中時中顧以寬恩得罪時稱長者邦輔歸躬耕養親妻親操井臼子樵

牧歲與田夫會飲醉卽作歌相和高風動遠邇士大夫造其門者屏
輿從而後入焉　三月丙辰釋奠於先師孔子　夏四月張孚敬復
入閣與汪鋐修前郤以考察後科道官互糾奏上十一人而魏良弼
等不與擬旨切責令吏部再考乃別糾二十六人削良弼籍謫葉洪
秦鼇縣丞中外大駭時鄭洛書亦被劾落職饒秀爲御史所劾無所
泄憤復訐洛書及御史浦鋐王重賢張祿段汝礪給事中李鳳來考
功郎余允緒等浦鋐等皆坐罷　顧鼎臣請令曾子後授五經博士
比三氏子孫從之　析廣西宣化縣地置隆安縣　五月西域土魯
番天方撒馬兒罕入貢稱王者百餘人夏言論其非張孚敬等言西
域諸王疑出本國封授或部落自相尊稱先年亦有至三四十人者
卽據所稱荅之若驟議裁革恐人情觖望言與王憲言諸國稱王者
弘正間率一人多不過三人至嘉靖二年八年撒馬兒罕至二十七
人數已滋多今土魯番十五王天方二十七王撒馬兒罕五十三王

實前此所未有弘治時敕書止稱一王若循撒馬兒罕往歲故事類
答王號人與一敕非所以尊中國制外蕃帝納其言國止給一敕且
加詰讓是時貢使多黠悍習知中國情且憾邊吏之侵剋屢訴之禮
官卻不問中官陳浩嘗鎮甘肅令家奴王洪多索名馬玉石一日番
使遇洪於途即執詣官以證實其事言等以事關國體須大有處分
以服遠人之心乃命三法司錦衣衛及給事中各遣官一人赴甘肅
按治洪迄獲罪　四川黑虎五砦番反圍長安諸堡烏都鶻鴿諸番
繼叛松潘副總兵何卿討平之　六月辛巳彗星復見昴畢間張孚
敬乞避位不許　趙府輔國將軍祐椋招亡命殺人劫奪積十餘年
莫敢發巡按御史王儀偕吳山奏之奪爵禁錮甫三月儀出為蘇州
知府祐椋潛入都奏儀据撫并訐都御史毛伯温以私憾入己罪且
言臣嘗建醮祈皇嗣為知府王天民訕笑請并按問帝心知祐椋罪
而悅其建醮語為遣使覆按解儀伯温任下天民獄使者奏儀不誣

第祐椋罪在赦前宜輕坐帝終憐祐椋愛己復其爵除儀名伯溫閒住山天民謫降終嘉靖世多以誹謗齋醮獲重禍自祐椋許奏始

秋七月詔簡六部官爲翰林衆首擬禮部主事王愼中張孚敬欲一見辭不赴乃用唐順之等數人吏部侍郎席春欲召還楊維聰陳沂汪鋐不可遂有隙春書之弟也　馮恩長子行可年十三伏闕訟冤日夜匍匐長安街見冠蓋者過輒攀輿號呼乞救終無敢言者南京兵部尙書王廷相入爲左都御史以恩所坐未當疏請寬之帝不聽比朝審汪鋐主筆東向坐恩獨向闕跪鋐令卒拽之西面恩起立不屈卒呵之恩怒叱卒卒皆靡鋐曰汝屢上疏欲殺我我今先殺汝恩叱曰聖天子在上汝爲大臣欲以私怨殺言官耶且此何地而對百僚公言之何無忌憚也吾死爲厲鬼擊汝鋐怒曰汝以廉直自負而獄中多受人餽遺何也恩曰患難相卹古之義也豈若汝受金錢鬻官爵耶因歷數其事詆鋐不已鋐益怒推案起欲毆之恩聲益厲廷

相曰馮御史無多言我朝不殺諫官百五十年矣豈今日破祖宗法又好謂鋐公當惜大體不可以私怒廢公義夏言曰此豈冢宰私家耶鋐稍止然猶署情眞恩出長安門士民觀者如堵皆歎曰是御史非但口如鐵其膝其膽其骨皆鐵也因稱四鐵御史恩母吳氏擊登聞鼓訟冤不省　八月辛未朔日有食之　乙未以皇子生詔赦天下刑部郎中李遂請列大禮大獄諸臣於赦令中尚書聶賢懼不敢遂乃與同官盧蕙請於王廷相廷相從之已而竟報罷　王廷相請以六條考察差還御史帝令疏其所未盡編之憲綱九月廷相取張孚敬汪鋐所奏列及新所定凡十五事以進悉允行　汪鋐有所推舉不復與席春議春怒詬鋐鋐訐春前附楊廷和排議禮諸臣詔落職　趙林花等攻廣州與德慶賊鳳二全相倚爲患庚戌陶諧討破百二十五砦巢賊平帝曰諧功足錄第前縱患者誰乃僅賚銀幣巡撫四川都御史楊守禮嘗坐事謫敘州通判爲僉事張文奎所辱

及爲巡撫而文奎爲參議恐守禮修郤以先所撫事奏詔俱解職
帝念黃宗明議禮功召爲禮部右侍郎　冬十月癸酉追復楊一清
官　先是命岷世子譽榮理府事譽榮上疏懇辭謂臣坐享尊榮而
父困苦寂寞臣心何安且前曾舉臣弟善化王譽桔廷議以子無制
父理奏寢不行臣亦人子也獨不愧臣弟乎帝覽疏憐之賜彥汰冠
帶理府事　大同總兵官李瑾浚天城左孤店濠四十里趣工急乙
亥卒王福勝等作亂焚殺瑾因焚巡撫潘倣署代王充燿走宣府倣
奏瑾激變王憲言首亂當誅餘宜散遣張孚敬意主用兵憲不敢堅
前議帝乃以樊繼祖代倣而命宣大總制侍郎劉源清總兵官郤永
討之源清榜令解散有五堡變處之過寬語五堡遺孽大懼　初興
國太后以藩妃入昭聖皇太后猶以故事遇之及帝朝昭聖昭聖待
之又倨帝銜之指揮司聰者爲建昌侯張延齡行錢負其五百金索
之急遂與董㬋子至謀訐曹祖前所首事脅延齡賄延齡執聰幽殺

之令聰子昇焚聰屍而折所負券昇噤不敢言常憤詈至至慮事發乃撫聰前奏上之下刑部逮延齡及諸奴雜治帝遂欲以謀反族張氏昭聖太后窘迫無所出皇子生請入賀帝謝不見使人請不許張孚敬言延齡守財虜耳何能反帝手敕曰天下者高皇帝之天下孝宗皇帝守高皇帝法卿慮傷伯母心豈不慮傷高孝二廟心耶孚敬復奏曰陛下嗣位時用臣言稱伯母皇太后朝臣歸過陛下至今未已茲者大小臣工默無一言誠幸太后不得令終以重陛下過耳夫謀逆之罪獄成當族誅昭聖獨非張氏乎陛下何以處此刑部上延齡獄言謀不軌無驗而嘗買沒官第宅造園池僭侈踰制又以私憾殺婢及僧丙子論延齡死革其兄昌國公鶴齡爵謫南京錦衣衛指揮同知謂聶賢輕縱奪其俸　流星起中台近濁尾跡化爲白氣大小流星縱橫交行不計其數自四更至曉乃息　皇子薨謚哀沖太子　御史郭宗皋上疏勸帝惇崇寬厚察納忠言勿專以嚴明爲治

帝大怒下錦衣衛獄杖四十釋之 十一月己亥朔振遼東災 劉
源清師次陽和潘倣等密捕亂卒杖死十餘人繫賊首王堡等七十
餘人以獻請旋師源清懲胡瓚事不欲已以囚屬御史蘇祐因妄言
前總兵朱振失職首亂且多引無辜源清遣參將趙綱入城大索城
中訛言城且屠亂卒遂鼓噪殺千戶張欽會僉事孫允中自源清所
至諭源清意撫慰之始定振前爲亂卒所擁實不反詰源清自明不
能自發憤自殺郤永兵至城下大掠五堡遺孽遂盡反迎戰殺遊擊
將軍曹安官軍攻據四關晝夜圍擊亂卒出前參將黃鎮等於獄奉
爲帥死守倣與鎮國將軍俊櫟等登城止毋攻俊櫟出見永請緩兵
皆不聽允中縋城出言將士妄殺狀源清叱曰汝爲賊遊說耶欲囚
之允中不敢歸源清因多設邏卒遏王府及有司軍民章疏而請益
師至五萬帝命兵部侍郎錢如京都督江桓統京軍八千往已悟大
同重鎮不宜破壞罷弗遣專責源清永討賊倣馳疏言將士妄殺激

變速旋師亂可已源清亦詆倣媚賊張孚敬主源清顧鼎臣黃綰言
用兵謬帝不能決　慮因帝又欲殺張延齡張孚敬言昭聖皇太后
春秋高猝聞延齡死萬一不食有他故何以慰敬皇帝在天之靈帝
恚責孚敬自古強臣令主非一若今愛死囚令主矣當悔不從廷和
事敬皇帝耶帝故爲重語喝止孚敬而延齡終昭聖世得長繫　癸
丑翟鑾以生母憂去　兵部侍郎寇天敘卒　乙丑祀天於南郊復
命郭勛攝事　十二月己卯吉囊犯鎮遠關寧夏總兵官王效副總
兵梁震敗之於柳門又追敗之於蜂窩山蹙諸河斬首百四十有奇
溺水死者甚衆　黎寧爲莫登庸所攻竄占城界國人立其弟憲改
元光照　大同圍久大困毀王府及諸廨舍供爨兵部復下安撫令
劉源清亦樹幟招降叛卒稍稍自投首惡黃鎮等亦分日出見乞通
樵採路郤永許諾翌日採薪者出永悉執之城中人益懼叛卒復羣
聚勾外寇爲助

明紀卷第三十

明紀卷第三十一

賜進士出身工部候補主事虞衡司行走陳鶴纂
卹贈知府銜給雲騎尉世職內閣候補中書孫男克家參訂

世宗紀四 起嘉靖十三年甲午訖嘉靖十八年己亥凡六年

十三年春正月永遇之大敗而遁叛卒遂引寇十餘騎入城指代府曰以此爲那顏居那顏者華言大人也城中人聞之皆巷哭明日外寇攻東南二關叛卒與犄角官軍殊死戰互有殺傷寇知叛卒不足賴倒戈擊之大詬而去是時寇游騎南掠至朔應源清請募九邊兵增總制官禦之已得一意攻城王憲請從之帝不許　癸卯廢皇后張氏居別宮　壬子立德妃方氏爲皇后舊制立后謁內廟而已至是下禮臣議廟見禮禮臣遂擬儀注以上是日帝率后謁太廟及世廟越三日頒詔天下明日受命婦朝　劉源清百道攻穴城爲毒煙薰死者相藉二月復請壅水灌之帝大不懌以兵部侍郎張瓚往代

督饟郎中詹榮有智略善應變叛卒掠城中無敢犯者外圍益急榮密約都指揮紀振游擊將軍戴濂鎮撫王寧同盟討賊察叛卒馬昇楊麟無逆志乃陽令寧持官民狀詣源清所爲叛卒乞原而陰以榮謀告請宥昇麟死畀三千金俾募死士自効會源清已罷樊繼祖許之昇麟結心腹禽首惡黃鎮等九人戮之榮開城門延繼祖入復捕斬二十六人亂遂定己丑瓚至麾兵退二舍鼓吹入城大集文武將吏置酒高會賞有功而還　辛卯代王充燿返國　吉囊俺答犯延綏梁震敗之黃甫川　閏月王廷相言南京守備權太重不宜令魏國世官給事中曾忭亦言之詔解徐鵬舉兵柄　武平侯陳熹卒吏部言熹曾祖友征苗功多冒濫請停襲帝不從丙寅命熹子大策嗣侯　大同叛卒未盡獲軍民瘡痍甚代王充燿請遣大臣安輯疏下禮部夏言遂極詆前用兵之謬請如王言語多侵張孚敬孚敬怒力持王疏不欲遣帝委曲諭解令孚敬與言交好三月壬申命黃綰往

大同振被兵者且令察軍情勘功罪得便宜行事孚敬以議不用稱疾乞休疏三上已而子死請益力帝報曰卿無疾疑朕耳孚敬復上奏不引咎且歷詆同議禮之桂萼方獻夫霍韜及綰帝詰責之乃復起視事　代府輔國將軍成鐎言雲中叛卒之變幸獲銷弭究其釁端實貪酷官吏激成之臣慮天下之禍隱於民心異日不獨雲中而已指陳切直下廷臣飭行成鐎兄成鎮有孝行時以爲二難　乙酉吉囊犯響水堡參將任傑擊敗之　夏四月時享太廟先有詔遣郭勛代給事中張選言宗廟之祭惟誠與敬孔子曰吾不與祭如不祭傳曰神不歆非類孟春廟享遣官暫攝中外臣民知非得已茲孟夏之祭更不親行則跡涉怠玩如或聖體初復未任趨蹌宜明詔禮官先期告廟陛下亦宜靜處齋宮以通神貺帝閱疏大怒下之禮部夏言等言代祭之文載之周官語曰子之所慎齋戰疾疾當慎無異於祭選言非是但小臣無知惟陛下曲赦帝愈怒責言等黨比命執選

闕下杖八十帝出御文華殿聽之每一人行杖畢輒以數報杖折者
三曳出已死帝怒猶未釋是夕不入大內繞殿走製祭祀記一篇一
夕鋟成明旦分賜百官而選出家人投艮劑得槩帝竟削選籍選居
職甫三月遽以言得罪名震海內　釋高牆庶人長鏊齊庶人榑曾
孫也　方獻夫飾恬退名連被劾中悪雖執大政氣厭厭不振居職
二歲三疏引疾己酉帝優詔許致仕獻夫與張孚敬桂萼共事持論
頗平恕人不甚惡之　黃綰馳至大同宗室軍民牒訴官軍暴掠者
以百數無告叛軍者綰一無所問以安其心有爲叛軍使韃靼歸者
綰執戮之反側者復相煽綰大集軍民曉以禍福罹害者陳牒綰陽
不問而密以牒授給振官按里覈實一日捕首惡數十人卒尙欽殺
一家三人懼不免夜鳴金倡亂無應者遂就禽綰復圖形購首惡數
人軍民乃不復虞詿誤綰令有司樹木柵設保甲四隅創社學教軍
民子弟城中大安　六月甲子南京太廟災南京禮部尙書湛若水

請權將太廟香火并於奉先殿重建太廟補造歷聖神主帝召夏言與羣臣集議言等言子孫之身乃祖宗所依聖子神孫旣親奉祀事於此則祖宗神靈自當陟降於此南京原有奉先殿其朝夕香火當合併供奉如常太廟遺址當倣古壇墠遺意高築牆垣謹司啓閉以致尊嚴之意從之帝欲改建九廟言因言京師宗廟將復古制而南京太廟遽災殆皇天列祖佑啓默相不可不靈承者帝悅詔春和興工　馮行可上書請代父死不許　秋八月壬子吉囊復以十萬騎入寇花馬池王效梁震拒之不得入轉犯乾溝震分兵擊大破之寇趨固原總兵劉文力戰乃趨青山峴大掠安定會寧效方敗別部於鼠湖追至沙河疾移師往援破之安定再破之靈州先後斬首百五十餘級唐龍以大捷聞而巡按御史奏諸將失事罪給事中戚賢往勘言安定會寧多殺掠文當罪然麾下卒僅八千倍道蒙險攖八九萬方張之寇殊死戰宜以功贖震乾溝效鼠湖沙湖安定靈州之戰

以孤軍八百當寇萬餘功俱足錄龍亦善調度詔文奪職效震賚銀幣龍一子入監是役功多執政尼之故賞薄御史周鈇以爲言龍效震各增俸一等乾溝凡三十里當敵衝震濬使深廣築土牆其上寇不復輕犯　九月夏言等議於太廟南左爲三昭廟與文世室而四右爲三穆廟具圖進帝以世室尙當隆異令再議言等請增拓殿寢視羣廟崇廣報可　黃綰還朝列上文武將吏功罪極詆劉源清郤永言源清實罪魁具劾其婪賄不貲狀張孚敬王憲庇源清陰抑綰曾忭等言宸濠亂源清有保障功當蒙八議之貸綰累疏論帝亦意嚮之下忭等錦衣獄源清永皆被逮減死斥爲民　冬十月享太廟命顧鼎臣霍韜捧主二人有期功服當辭乃上言古禮諸侯絕期今公卿卽古諸侯請得毋避夏言極詆其非乃已時言氣漸驕禮部郎中張元孝李遂與小忤卽奏謫之　南京兵部主事劉世龍應詔陳三事一杜諂諛以正風俗天下風俗之不正由於人心之壞人心之

壞患得患失使然也今天下刻薄相尚變詐相高諂媚相師阿比相
倚仕者日壞於上學者日壞於下彼倡此和靡然成風唯陛下赫然
矯正勿以詭隨阿比者爲賢勿以正直骨鯁者爲不肖勿以私好有
所賞勿以私惡有所罰虛心以防邪佞謙受以來忠讜更敕大小臣
工協恭圖治無權勢相軋朋黨相傾則風俗正矣二廣容納以開言
路陛下臨御之初犯顏敢諫之臣比先朝爲盛所言或傷於激切而
放逐既久悔悟日深當宥其既往以次錄用死者則卹之仍令大小
臣工直言時政以作忠義之氣三愼舉動以存大體立國者在敬大
臣不遺故舊蓋任之既重則禮之宜優今或忽然去之忽然召之甚
至嬰三木被箠楚何以勵臣節哉臣愚以爲陛下歷試之餘其人果
無足取則宜以禮使退如素行無缺偶以一時喜怒輒從而顛倒之
陛下固付之無心而天下有以窺陛下也至如張延齡憑寵爲非法
難容假側聞長老之言孝宗時待之過厚遂釀今日之禍顧區區腐

鼠何足深惜獨念孝廟在天之靈昭聖皇太后垂老之景乃至不能
自庇其骨肉於情忍乎恐陛下孝養兩宮亦不能不爲一動心也頃
刱造神御閣啓祥宮特令大臣督理其事臣以爲南京太廟方被災
工役之急當無過此今興作頻年四方凋敝正時絀舉贏之會亦宜
酌量緩急而爲之以漸此皆應天以實之道也疏入帝震怒謂世龍
訕上庇逆械繫至京下詔獄拷掠獄具廷杖八十斥爲民世龍家居
五十年自養親一肉外蔬食終身卒之日族人爲治衣冠葬之　邵
元節乞假還山中途上奏言爲大學士李時弟員外郎旼所侮時上
章引罪旼下獄獲譴比元節還舟至潞河命中官迎入賜蟒服及闡
教輔國玉印　十二月巡按直隸御史李新芳疑廣平知縣謀己欲
抶之知府爲之解並欲執知府發兵二千捕之知府及佐貳皆走一
城皆空巡撫保定都御史周金發其罪狀下刑部黜官　黄河南徙
歷濟徐皆旁溢總理河道都御史劉天和疏汴河自朱仙鎮至飛雲

橋殺其下流疏山東七十二泉自鳥尾諸山達南旺河濬其下流役夫二萬不三月訖工故事河南八府歲役民治河不赴役者人出銀二兩天和因歲饑請盡蠲旁河受役者課遠河未役者半之詔可

監督倉場中官王奉季慎互以奸贓訐奏下法司按問給事中管懷理言倉場錢穀皆戶部事今參用內官惟肆貪饕於國計無補請悉撤回

十四年春正月壬申罷督理倉場中官　從張孚敬議改文世室稱太宗廟　丙戌莊肅皇后崩禮部上喪儀有素冠素服絰帶舉哀及羣臣奉慰禮帝曰嫂叔無服且兩宮在上又迫聖母壽旦朕服青諸儀再擬夏言等言莊肅皇后喪禮在臣民無容擬議惟陛下既以嫂叔絕服羣臣成服後不敢以素服見陛下請暫罷朝參帝許之又諭莊肅皇后事宜與累朝皇后不同無几筵之奉當卽行祔廟令皇后攝事於內殿及議謚張孚敬曰大行皇后上嫂也與累朝元后異宜

用二字或四字李時曰宜用八王廷相曰均帝后也何殊言集衆議因奏曰古人尚質謚法簡稱其行後人增加臣子情也生今世宜行今制大行皇后宜如列聖元后二四及八於禮無據帝不從命再議羣臣請如孚敬言帝曰用六合陰數焉於是上謚孝靜莊惠安肅毅皇后　戚賢之未奉使也以時當大計外吏大計罷者例永不用而言事諸臣忤柄臣意率假計典錮之因先事言所黜有未當宜聽言官論救帝稱善從其請已而參議王存韋商臣言事忤要人前給事中葉洪劾汪鋐被謫果在黜中給事中薛宗鎧據賢疏伸救鋐持不可賢還朝以鋐恣橫實張孚敬庇之乃條其罪狀曰輔臣孚敬布腹心以操吏部之權懸利害以箝言官之口即如考察一事陛下曲聽臣言許其申雪正防大臣行私也今言官爲洪等辨救孚敬乃曲庇冢臣巧言阻遏陛下有堯舜知人之明輔臣負伯鯀方命之罪放流之典具在惟陛下以威斷之帝內嘉賢言而重違孚敬鋐意洪等竟

不復　二月己亥作九廟各爲都宮有殿有寢太祖廟寢後有祧廟奉祧主藏焉　丁未禁冠服非制　編修唐順之以疾告張孚敬持其疏不下或言順之欲遠孚敬孚敬怒擬旨以吏部主事罷歸永不復敘　帝問夏言清明節既遣官上陵內殿復祭似涉煩複言因言上陵及奉先殿皆沿前代故事上陵以清明中元冬至中元俗節事本不經冬至既行大報配天之禮則陵事爲輕請罷冬至上陵而移中元於霜降惟清明如故仍輟二節內殿之祭從之　吉囊寇榆林殺參將魏祥　三月戊子葬孝靜皇后於康陵　初遼東諸衞所每軍一佐以餘丁三每馬一給牧地五十畝巡撫都御史呂經損餘丁之二編入均徭冊盡收牧地還官又役軍築邊牆督趣過當己丑諸軍詣經乞罷役都指揮劉尙德叱之不退經呼左右榜訴者卒遂爭毆尙德經竄花馬寺幽室中亂卒毀府門火均徭冊搜得經裂其冠裳幽之都司署巡按御史曾銑行部金復聞變急檄副總兵李鑑罷

經苛虐事爲亂軍乞赦下都察院議王廷相等言亂卒抗軍令辱大臣赦之恐士氣益驕無以懲後詔下兵部再議皆是銑言乃詔經還以都御史韓邦奇代爲巡撫　張孚敬有疾帝遣中官賜尊牢而與李時言頗及其執拗且不惜人才以叢怨狀已又遣中官賜藥餌手敕言古有翦鬚療大臣疾者朕今以己所服者賜卿孚敬幸得溫諭遂屢疏乞骸骨夏四月甲午致仕命行人御醫護歸　召費宏復入閣　呂經至廣寧都指揮袁璘將剋諸軍草價爲辦裝丙午悍卒于蠻兒等復爲亂執經裸而置之獄虐辱之脅鎮守中官王純等奏經十一罪帝務姑息將逮經黃宗明言前日遼陽之變生於有激今重賦苛徭悉已釐正廣寧復變又誰激之法不宜復赦請令新撫臣韓邦奇勒兵壓境揚聲致討取其首惡用振國威帝不從命邦奇與山西巡撫任洛換任而遣官校逮經亂卒復置官校於獄大理寺丞林希元言其事帝命驗狀皆諱之希元坐貶經逮至下錦衣獄謫戍茂

州　撫順卒縛指揮劉雄父子　五月工部侍郎林庭㭿勘遼東兵變庭㭿瀚之子也　馮行可刺臂血書疏自縛闕下言臣父幼而失怙祖母吳氏守節教育底於成立得爲御史舉家受祿圖報無地私憂過計陷於大辟祖母吳氏年已八十餘憂傷之深僅餘氣息若臣父今日死祖母吳亦必以今日死臣父死臣祖母復死臣煢然一孤必不獨生冀陛下哀憐置臣辟而赦臣父苟延母子二人之命陛下僇臣不傷臣心臣被僇不傷陛下法謹延頸以俟白刃通政使陳經爲入奏帝覽之惻然令法司再議聶賢王廷相言前所引律情與法不相麗宜用奏事不實律輸贖還職帝不許乃言恩情重律輕請戍之邊徼六月宥恩死遣戍雷州　吉囊犯大同總兵官魯綱禦卻之

遼軍亂卒聞林庭㭿將至懼首惡趙劓兒潛詣廣寧與于蠻兒合謀欲俟鎮城官拜表集衆爲亂爲總兵官劉淮所覺計不行復結死囚欲俟庭㭿至閉城門爲變而會銑已刺得二城及撫順爲惡者姓

名密授諸將秋七月甲申剿兒等數十人同日捕獲銑上言往者甘肅大同軍變處之過輕羣小謂辱命臣殺主帥罪不過此遂相率爲亂今首惡宜急誅乃召還庭楊命銑勘實斬諸首惡懸首諸城全遼大定　帝問遼東將於李時時薦馬永且曰其家衆足用也帝曰將須文武兼寧專恃勇乎時曰遼士新定須有威力者鎮之八月以永爲遼東總兵官　三邊闕總制帝召費宏李時同對宏薦姚鏌時亦助之遂命以兵部尚書往已而鏌辭帝不悅仍落職閑住薦者至二十疏不復用　乙巳詔九卿會推巡撫官著爲令　先是御史曾翀戴銑劾聶賢及南京尚書劉龍等九人汪鋐覆奏盡留之帝召李時言鋐有私留三人而斥其六薛宗鎧與同官餘姚孫應奎言鋐肆奸植黨擅主威福巧庇龍等上格明詔下負公論且縱二子爲奸利鋐疏辨乞休帝不許給事御史翁溥曹逵等相繼劾鋐鋐又抗辨且極詆宗鎧等挾私翀復言鋐一經論劾輒肆中傷誣臣杜口已三年蔽

塞言路罪莫大乞立正厥辟九月己未朔帝果罷鋐而責宗鎧言不早又惡翀諍臣杜口語下鎮撫司鞫訊詞連應奎等及御史方一桂皆杖闕下斥宗鎧翀一桂爲民鐫應奎溥逵等級調外宗鎧翀竟卒翀垂斃曰臣言已行臣死何憾神色不變　冬十月戊申費宏卒年六十八贈太保謚文憲宏承張孚敬桂萼操切後易以寬和朝士皆慕樂之李時遂獨相鎮以安靜每便殿召對議論恆本忠厚帝嘗問太倉所積幾何時對曰可支數年由陛下初年詔書裁革冗員所致帝慨然曰此楊廷和功不可沒也　巡撫南贛都御史陳察乞休因薦前都御史萬鏜大理寺卿董天錫等十四人可用吏部請從其言十一月帝奪部臣俸責察徇私妄舉斥爲民察居官廉既歸敝衣糲食而已　初岑邦彥死有子曰芝依大母林氏瓦氏居官給田以養岑邦相惡之又惡盧蘇專權密與頭目盧玉等謀誅蘇及芝蘇知之邦相又侵林氏瓦氏所食莊田林氏瓦氏遂與蘇合謀以芝奔梧州

赴軍門告襲蘇又爲芝疏請尋令人刺邦相邦相覺殺行刺者十二月蘇伏兵殺玉等以兵圍邦相宅誘邦相出乘夜與瓦氏縊殺之

十五年春正月唐龍言故尚書彭澤孝友廉直先後討平羣盜功在盟府陛下起之田間俾掌邦政澤孜孜奉國復爲讒言構罷今沒已五年所遺二妾衣食不給請覈澤往勞復官加卹以作忠臣之氣不從　二月癸巳振湖廣災　三月戊午客星見天棓旁東行歷天廚西入天漢帝問李時所主事應對曰事應之說起漢京房未必皆合惟在人君脩德以弭之帝稱善　析福建尤溪縣地置大田縣以永安漳平德化三縣地益之　丙子帝奉章聖皇太后如天壽山謁陵免昌平今年稅糧三之二賜高年粟帛癸未謁恭讓章皇后景皇帝陵是日還宮　自汪鋐罷後吏部久不置尚書霍韜以侍郎掌部事夏四月帝始命許讚讚丁憂未至李時嘗傳旨用鴻臚卿王道中爲順天府丞韜言輔臣承天語無可疑然臣等猶當奏請用杜矯僞因

守故事列道中及應天府丞郭登庸二人名上帝嘉其守法乃用登庸而改道中大理少卿韜又嘗疏薦陸粲粲聞曰天下事大壞憸人手尚欲以餘波汚我耶　吉囊以十萬衆屯賀蘭山後分兵寇涼州副總兵王輔禦之斬五十七級他部寇莊浪姜奭與遇分水嶺再戰再勝遂至平嶺敵騎大集奭伏兵誘之復斬其長一人獲首功七十

癸巳詔建山陵癸卯帝詣七陵祭告癸丑還宮　蜀王讓栩賢明喜儒雅不邇聲伎蜀自獻王以下四世七王皆檢飭守禮法好學能文孝宗恆稱蜀多賢王舉獻王家範爲諸宗法讓栩創義學脩水利振災卹荒巡撫都御史吳山巡按御史金粲以聞賜敕嘉獎署坊表曰忠孝賢良　時修建兩宮七陵役京軍七萬郭勛請給月糧冬衣戶部尚書梁材言非故事如所請當歲費銀四十五萬且冬衣例取內庫非部事勛怒劾材誤公帝詰責材竟如勛奏　五月議修宋史南京吏部尚書嚴嵩以賀萬壽節至京師李時請留之命以禮部尚

書兼翰林學士董其事　貴州苗王阿向先世為土官為王仲武先人所奪阿向與仲武爭印煽亂據凱口囤巡撫都御史陳克宅總兵官楊仁討平之斬阿向等盡逐其黨以地屬都勻府改名滅苗鎮　帝復遣錦衣官齎手敕視張孚敬疾趣其還朝孚敬行至金華疾大作乃歸　黎憲等廉知黎寧所在迎歸清華　張孚敬等並銜夏言已知帝眷言厚亦不敢與較獨霍韜讐言不置順天府丞劉淑相與韜善治中費完言姻也秋七月淑相坐所親贓私被鞫疑言及完陷已訐言請屬事帝怒下淑相錦衣衛獄言亦疑韜主淑相遂訐韜匿蹕謁陵遠遊銀山寺大不敬韜已遷南京禮部尚書亟自訴因論言請謚故少師費宏為文憲不敘宏累被劾狀按律增減緊關情節者斬且憲乃純皇帝廟號人臣安得用會南京給事中曾鈞騎馬不避尚書劉龍潘珍轎龍與鈞互訐奏韜劾鈞且請禁小臣乘轎給事中李充濁曹邁等交章言近侍之臣不當避道雜舉公會宴次得與尚

書同列以證語頗侵韜韜疑充濁倚言爲內主訐充濁爲奸黨復摭言他事言益忿奏韜大罪十餘事且言彭時宋濂皆於正德間謚文憲不避廟號韜陋不知故事帝方不直韜淑相復從獄中訐言帝益怒考訊之辭服韜主使乃斥淑相爲民降韜俸一級　帝之從章聖太后謁陵也語及擇相太后曰先皇嘗言提學張邦奇器識他日可爲宰相其人安在帝憬然曰尚未用也時邦奇方居憂服闋卽召爲吏部侍郎掌部事推轂善類人不可干以私銓部升除多受教政府邦奇獨否李時銜之郭勛家人犯法昇重賄請寬邦奇不從帝欲卽授邦奇尚書爲兩人沮止　八月總制三邊侍郎劉天和言三邊兵車皆雙輪用二十人遇險卽困又行遲不適於用請倣前總督秦紘隻輪車上置礮槍斧戟廂前樹狻猊牌左右虎盾連二車可蔽三四十人一人輓之推且翼者各二人戰則護騎士其中敵遠則施火器稍近發弓弩又近乃出短兵敵走則騎兵追復製隨車小帳令士不

露宿又毒弩矢修邊牆濠塹皆從之尋敘甘涼卻敵功進天和右都
御史姜奭等進秩有差　九月夏言請改悼靈皇后諡時帝意久釋
矣乃改諡曰孝潔　庚午帝如天壽山祭諸陵丁丑還宮　吉囊復
大集兵將入犯劉天和策寇矚西有備必東竄檄延綏副將白爵宵
行與參將吳瑛合寇果東入黑河墩遇爵伏兵大創而去既又入葭
黎川爵尾擊之寇多死尋入寇家澗張家塔為爵瑛所敗犯寧夏者
總兵官王效復破之帝大喜進天和左都御史　大同兵連叛魯綱
代李瑾為總兵官威不振兵益驕文武大吏不敢要束廷議以為憂
冬十月移梁震鎮之震素畜健兒五百人至則令軍中申約束鎮兵
素憚震由是帖服　帝覺張孚敬言非是敕曰孝靜皇后諡不備不
稱配武宗乃改諡孝靜莊惠安肅溫誠順天偕聖毅皇后　張延齡
之下獄也刑部主事徐申言於聶賢唐龍謂昭聖皇太后春秋高延
齡旦暮戮何以慰太后心宜援議貴議親例請於帝賢龍皆深然之

延齡始逮提牢主事沈椿不令入獄置別所繼者益寬假之脫梏拲通家人出入已而大猾劉東山亦繫獄發延齡手書訕上憾前主事羅虞臣笞己因訐及椿等帝震怒命執先後提牢主事三十七人付錦衣衞獄中與焉獄具當輸贖還職帝命悉杖於廷謫外任斥虞臣爲民東山得免戍　己亥更創世廟號獻皇帝廟改舊世廟曰景神殿　帝以孝肅太皇太后孝穆皇太后孝惠皇太后別祀奉慈殿爲非宜禮臣言妾母不世祭宜遷主陵廟歲時祔享如故遂罷奉慈殿改題神主曰皇后不繫謚以別於嫡戊申帝如天壽山祭慰壬子還宮　王仲武因諸苗失業陰爲招復旋科索之諸苗不勝怨遂推阿向餘孽王聰王佑爲主攻奪凱口囤巡撫都御史楊春芳遣參將李佑等撫之爲所執乞還土田乃釋佑春芳以聞詔進討　十一月吉囊犯大同入掠宣大塞　戊午以皇子生詔赦天下　時當頒詔外國夏言言安南不貢已二十年兩廣守臣謂黎譓黎懬均非黎賙應

立之嫡莫登庸陳暠俱彼國篡逆之臣宜遣官按問求罪人主名且前使既以道阻不通今宜暫停使命詔議征討言及兵部尚書張瓚等言逆臣篡主奪國朝貢不脩決宜致討郭勛亦贊之乃命錦衣千戶陶鳳儀鄭璽分往廣西雲南詰罪人主名勅四川貴州湖廣福建江西守臣預備兵食候征調起毛伯温右都御史治兵待命以雲南按察使汪文盛才就拜右僉都御史巡撫其地擢梧州知府翁萬達廣西副使專辦安南事提督兩廣侍郎潘旦方之任過吉水語伯温曰安南非門庭寇公宜以終喪辭往來之間少緩師期俟其聞命求款因撫之可百全也伯温辭詔不許旦珍之族子也　郭勛建言三事請開礦助工餘鹽盡輸邊漕卒得攜貨物以梁材議不盡行勛益怒　十二月辛卯九廟成　霍韜之請禁小臣乘轎也王廷相等議如韜奏而南京諸給事御史自如韜以爲言帝復申飭衆情滋不悅曹邁及同官尹相等遂與韜忿爭相劾韜遷南部怨望擅取海子魚

與鄉人羣飲郊壇松下侍郎袁宗儒期喪不當進表逼使行韜上疏自理下廷議停韜俸四月相等亦停二月　閏月戶部侍郎唐胄言安南之事若欲其脩貢而已兵不必用官亦無容遣若欲討之則有不可者七古帝王不以中國之治治蠻夷故安南不征著在祖訓一也文皇帝既滅黎季犛求陳氏後不得始郡縣之後兵連不解章皇帝成先志棄而不守今當率循二也外夷分爭中國之福安南自五代至元更曲劉紹吳丁黎李陳八姓迭興迭廢而嶺南外警遂稀今紛爭正不當問奈何殃赤子以威小醜割心腹以補四肢無益有害三也若謂中國近境宜乘亂取之臣考馬援南征深歷浪泊士卒死亡幾半所立銅柱爲漢極界乃近在今思明府耳先朝雖嘗平之然屢服屢叛中國士馬物故者以數十萬計竭二十餘年之財力僅得數十郡縣之虛名況又有征之不克如宋太宗神宗元憲宗世祖朝故事乎此可爲殷鑒四也外邦入貢乃彼之利一則奉正朔以威其

鄰一則通貿易以足其國故今雖兵亂尚絫絫奉表賤具方物款關求入守臣以姓名不符卻之是彼欲貢不得非抗不貢也以此責之詞不順五也興師則需饟今四川有采木之役貴州有凱口之師而兩廣積儲數十萬卒耗於田州岑猛之役又大工頻興所在軍儲悉輸將作興師數十萬何以給之六也然臣所憂又不止此唐之衰也自南詔之役始宋之衰也自伐遼之役始今北寇日強據我河套邊卒屢叛毀我藩籬北顧方殷更啓南征之議脫有不測誰任其咎七也錦衣武人闇於大體儻稍枉是非之實致彼不服反足損威即令按問得實伐之不可不伐不可進退無據何以爲謀且今嚴兵待發之詔初下而征求騷擾之害已形是憂不在外夷而在邦域中矣請停遣勘官罷一切征調天下幸甚章下兵部亦以爲然命俟勘官還更議　廢后張氏薨喪儀視恭讓皇后　癸亥以定廟制加上兩宮皇太后徽號詔赦天下　乙丑夏言以本官兼武英殿大學士預機

務　丙寅享九廟　韃靼犯大同梁震破之牛心山斬級百餘寇憤駐近鎮伺隙　免山西山東被災稅糧　復岷王彥汰爵慶王台浤冠帶寧府宗人錮高牆得釋者多請封夏言議量復中尉數人爲儀制郎中葛守禮所駁不行　帝以皇子疊生數加恩邵元節拜禮部尙書賜一品服其孫啓南徒陳善道等咸進秩　帝營建最繁卽位初名爲汰省至是年經費已六七百萬其後增十數倍齋宮祕殿並時而興工場二三十處役匠數萬人軍稱之歲費二三百萬及宗廟萬壽宮災帝不省營繕益急經費不敷乃令臣民獻助獻助不已復行開納勞民耗財視武宗過之　初岑猛長子邦佐出繼武靖及邦相死鎮安土舍岑眞寶以兵納之田州歸順州岑瓛盧蘇壻也及向武州黃仲金皆與眞寶隙乘間襲破鎮安眞寶鬪亂走還蘇會目兵追圍之武陵寨瓛等發眞寶父母墓焚其骸分兵占據諸洞寨眞寶訴之軍門督諭瓛等不退久之乃解眞寶與瓛互相訐蘇乃請給岑

芝冠帶以撫田州而自悔罪願裹糧立功及追補累年所逋糧賦巡
按御史諸演以聞
十六年春正月部議以土蠻自相讐殺當從末減皆令立功贖而命
芝管田州事邦佐復還武靖田州世岑氏改流者再終不果蘇再叛
弑主得逸於罰論者以爲失刑　二月刑部尚書唐龍以再更大赦
錄上大禮大獄建言封疆獲罪謫戍應赦者百四十二人徐文華陳
九疇張翀余翺陶滋劉琦程啓元葉應驄並釋還所不原惟豐熙楊
愼王元正劉濟馬錄馮恩邵經邦呂經八人而已　壬子安國黎寧
遣國人鄭惟憭等告莫登庸之難言寧卽譓子國人立爲世孫屢馳
書邊臣俱爲登庸邀殺乞興師問罪亟除國賊禮部尚書嚴嵩謂其
言未可盡信請羈之待勘官回奏從之　癸酉帝如天壽山梁震伏
將士於諸路寇果入大破之宣寧灣又破之紅崖兒斬獲甚衆詔進
秩廕一子百戶震父棟前陳亡震辭廕子乞父祭葬帝嘉而許之三

月甲申還宮　郭勛請以五世祖英侑享太廟廷臣持不可唐胄爭尤力帝不聽英竟得侑享　韃靼大入甘州姜奭不能禦貶二秩戴罪　丙午帝幸大谷山視壽陵丁未道沙河見居民蕭索愴然曰七陵在此宜加守護李時對曰昔邱濬建議京師當設四輔以臨清爲南昌平爲北薊州保定爲東西各屯兵一二萬今若於昌平增一總兵可南衞京師北護陵寢帝乃下廷臣勘議於沙河築鞏華城爲置戍焉　夏四月癸丑還宮　禮兵二部會廷臣列莫登庸十大罪請剋期討之乃命戶部侍郎胡璉高公韶先馳雲南貴州廣東西調度軍食都督僉事江桓牛桓爲左右副總兵督軍往討其大將需後命兵部復奉詔條用兵機宜十二事獨侍郎潘珍持不可上疏諫曰陳暠莫登庸皆弒逆之賊黎寧與其父譓不請封入貢亦二十年揆以大義皆所當討何獨徇寧請爲左右且其地不足置郡縣叛服無與中國今北敵日蕃聯帳萬里烽警屢聞顧釋門庭防遠事瘴蠻非計

之得宜遣大臣有文武才者聲言進討檄數登庸罪赦其脅從且令
黎寧合勦賊父子不禽則降何必勞師帝責珍撓成命褫其職　潘
旦至廣東適莫登庸使至疏言登庸之簒黎氏猶黎氏之簒陳氏也
朝廷將興師問罪登庸即有求貢之使何嘗不畏天威乞容臣等觀
變待彼國自定若登庸奉表獻琛於中國體足矣豈必窮兵萬里哉
章下禮兵二部嚴嵩張瓚窺帝旨力言登庸不可宥求貢決不可許
旦疏遂寢　五月毛伯溫至京上方略六事以潘旦不可共事請易
之優旨褒答召旦爲南京兵部尚書擢副都御史張經兵部侍郎總
督兩廣軍務及兵部議上帝謂黎寧誠僞未審敕兩廣雲南守臣再
勘從宜撫勦參贊督鑲大臣俱暫停命伯溫協理都察院事御史何
維柏請聽伯溫終制不許伯溫引疾不出至禫除始起視事旦未行
引疾乞休語侵伯溫帝怒勒致仕將還吏白例支庫金爲道里費旦
笑曰吾以不妄取爲例　戊戌雷震謹身殿鴟吻下詔求言　六月

御史桑喬等陳三事略言營造兩宮山陵多侵冒吉囊恣橫邊備積弛而末言陛下遇災而懼下詔脩省脩省不外人事人事無過擇官尚書嚴嵩及林庭㭿張瓚張雲皆上負國恩下乖輿望災變之來由彼所致疏奏嵩等皆乞罷詔庭㭿雲致仕留嵩瓚如故嵩再疏辨且詆言者給事中胡汝霖言大臣被論引罪求退而已嵩負穢行召物議逞辭奏辨陰擠言官無大臣體帝下詔戒飭如汝霖指時嵩拜尚書半歲方養交遊揚聲譽爲進取地舉朝猶未知其奸喬首發之後喬以巡按畿輔引疾王廷相劾其規避嵩遂搆其罪逮下錦衣獄廷杖戍九江居二十六年竟卒於戍所人咸服喬先見　時工作繁興林庭㭿議加天下田賦何維柏言四海困竭所在流移而所司議加賦民不爲盜不止因請罷沙河行宮金山功德寺工作及安南問罪之師帝頗嘉納　御史徐九臯給事中謝廷蒞並請罷安南之師廷蒞語直帝摘疏中訛字停其俸　癸酉吉囊寇宣府指揮趙鏜戰死

秋八月復寇宣府殺參將張國輔　汪文盛獲莫登庸間諜及所撰大誥以聞帝震怒命守臣仍遵前詔征討時黔國公沐朝輔幼兵事一決於文盛副使鮑象賢言勦不如撫文盛然之登庸之篡也安南舊臣不服多據地搆兵有武文淵者據宣光以所部萬人降獻進兵地圖且言舊臣阮仁蓮黎景瑁等皆分據一方與登庸抗天兵至號召國中義士諸方並起登庸可禽也九月文盛上其圖於朝詔賜文淵四品章服子弟給冠帶文盛又招安南旁近諸國助討皆聽命乃奏言老撾地廣兵衆可使當一面八百車里孟艮多兵象可備徵調酋長俱未襲職乞免其保勘先授以官彼必鼓勇爲用帝悉從之

霍韜欲因事傾夏言上言頃吏部選劉文光等爲給事中尋忽報罷人皆曰閣臣抑之給事中李鶴鳴考察謫官尋復故人皆曰賄得宜諭吏部毋受當事頤指使天下知威福出朝廷而大臣有李林甫秦檜者不得播弄於左右其意爲言發也鶴鳴上疏自白並摭韜居

鄉不法諸事帝兩置之無何韶劾南京御史龔湜郭本湜等自辨亦劾韶帝並置不問　應天府進試錄考官評語失書名諸生答策多譏時政帝怒逮考官諭德江汝璧洗馬歐陽衢下錦衣衛獄貶官府尹孫懋下南京法司致仕舉子停會試御史吳悌爲舉子求寬坐下獄尋得釋　掌詹事府禮部尙書顧鼎臣言蘇松常鎮嘉湖杭七府供輸甲天下而里胥豪右蠹弊特甚宜將欺隱及坍荒田土一一檢覈改正從之　劉東山陰構奸人劉琦誣張延齡盜宮禁內帑所告連數十百人奸人班期于雲鶴又告延齡兄弟挾左道祝詛辭及昭聖皇太后鶴齡自南京赴逮幷京山侯崔元等皆下錦衣獄昭聖太后衣敝襦席藁爲鶴齡請不聽　冬十月致仕刑部尙書趙鑑卒致仕南京禮部尙書顧清卒　廣東巡按御史余光言黎氏魚肉國君在陳氏爲賊子抗拒中國在我朝爲亂魁今失國或天假手登庸以報之也自太宗以來丁移於李李奪於陳陳篡於黎今黎又轉於

莫欲與黎氏勢必不能臣已遣官責其脩貢道里懸遠往復陳請必
失事機乞令臣便宜從事帝以光疏中引五季六朝事下兵部劾光
輕率奪其俸十一月光進鄉試錄嚴嵩摘其誤奏之被逮削籍　故
昌國公張鶴齡瘐死　涇王祐橓薨子厚烇未封而卒無子封除
梁材屢忤權倖不得志乞改南京爲給事中周琉所劾吏部尚書許
瓚請留之帝不悅令與材俱對狀材引罪得宥而瓚等坐奪俸材由
此失帝意　初思恩改設流官以其酋韋貴徐五爲土巡檢分掌其
兵各萬餘夷民不樂漢法凡數叛鎮安有男子名金自言岑濬子鎮
安土官乃潛召其舊部酋長出金而與之盟曰若小主也諸酋羅拜
擁金歸聚兵五千將攻城復故地遠近洶洶濬之誅也其酋楊留者
無所歸帥黨千餘人詣賓州應募爲打手及是白柳州參將沈希儀
云欲往見小主希儀故患金聞留言大駭因好謂留曰是岑濬第九
子耶我向征田州固聞之因自語岑氏其復乎欲以深動留留果喜

已召留密室言與我重賂即爲金復官且出復呼入曰韋貴徐五今分將思恩兵必讐金善防之留益大信金遂從五千人因留以見門者奔告請無納希儀罵曰金士官子非賊奈何不納引入厚結之又引以詰兵備副使隨以計漸散其五千人卒縛金留亦自恨死思寧復寧

十七年春正月劉東山以射父亡命爲御史陳讓所捕獲復誣告張延齡并搆讓及遂安伯陳鏸等數十人冀以悅帝意而脫己罪奏入下錦衣衞窮治讓獄中上疏言東山扇結奸黨圖危宮禁陛下有帝堯既睦之德而東山敢爲陛下言漢武巫蠱之禍陛下有帝舜底豫之孝而東山敢導陛下以暴秦遷母之謀離間骨肉背逆不道義不可赦疏奏帝頗悟指揮使王佐鉤得東山情論以誣罔法反坐枷之闕門外數日死班期于雲鶴等皆謫戍赦讓鏸及崔元等延齡長繫如故鏸塤之從孫也　二月戊辰帝如天壽山壬申還宮　宣府總

兵右都督王效卒謚武襄效言行謹飭用兵兼謀勇威名著西陲與馬永梁震周尚文並爲名將　汪文盛檄安南所部以土地歸者仍故職幷諭莫登庸束身歸命籍上輿圖待以不死攻破鎭守營莫方瀛救之失利登庸部衆多來附文盛列營樹柵於蒙自縣之蓮花灘處之地當交廣水陸衝登庸益懼遣使奉表乞降且投牒文盛及沐朝輔具述黎氏衰亂陳暠叛逆己與方瀛有功爲國人歸附乞貰罪修貢如制會黎寧亦以本國簒弑始末及軍馬之數水陸進兵道里來上三月兵部集廷臣議僉言登庸罪不可赦亟宜進師辛丑咸寧侯仇鸞爲征夷副將軍毛伯温爲兵部尚書參贊軍務剋期啓行鸞鉞之孫也　戶部尚書梁材致仕　遼東太清堡守將徐顯誘殺泰寧衞九人部長把當孩怒寇邊馬永擊斬之其族屬把孫借朵顏兵報讐復爲永所卻已復入犯中官王永戰敗永坐戴罪　夏四月庚戌帝如天壽山癸丑還至沙河夏言庖中火延郭勛李時帳帝付言

疏六亦被焚言當獨引羿與勛等合謝被誰責甲寅帝還宮　安南之役帝以用兵事重無必討意特欲威服之而張瓚無所晝視帝意爲可否朝論多主不當興師顧不敢顯諫會張經以用兵方略上言進兵之道有六兵當用三十萬一歲之饟當用百六十萬造舟市馬制器犒軍諸費又須七十餘萬況我調大衆涉炎海與彼勞逸殊勢不可不審處欽州知州林希元則極言登庸易取請卽日出師廉州知府張岳爲書貽執政曰黎寧所居卽古日南地與占城鄰限大海莫登庸不能踰之南故兩存近登庸又以交州付其孫福海而自營海東都齋居之於安南諸府中地最大此賊負篡逆名常練兵備我又時揚言求入貢愚以爲彼內亂未嘗有所侵犯可且置之待其亂定若必用兵勝負利鈍非岳所敢知也執政與瓚皆不能決復請廷議戊午議上帝不悅曰朕聞鄉士大夫私議咸謂不當興師爾等職司邦政漫無主持悉委之會議旣不協心謀國其已之鸞伯温別用

郭勛陳時政極詆大小諸臣不足任請復遣內侍出鎮守詔從之御史謝瑜言勛所論諸事影響恍惚而復設鎮守則其本意所注勛交通內侍代之營求利他日重賄其言官吏貪濁由陛下無腹心耳目之人在四方又曰文武懷奸避事許內臣劾奏則奸貪自息果若勛言則內臣用事莫如正德時其爲太平極治耶陛下革鎮守內臣誠聖明善政而勛詆以偏私在朝百官孰非天子耳目而勛詆以不足任欲陛下盡疑天下士大夫獨倚宦官爲腹心耳目臣不知勛視陛下爲何如主給事中朱隆禧亦以爲言勛奏始寢　甲子帝禱雨於郊壇戊辰雨　初徽王厚爝守莊者與佃人訟粱材請革守莊者令有司納租於王報可厚爝言不便帝又從之唐胄等執初詔帝大怒下郎官錦衣獄奪胄俸并責材令以右侍郎閑住　六月韃靼犯宣府都指揮周冕戰死　遼州同知李文察進所著樂書四種授太常寺典簿　致仕通州同知豐坊博學工文而性狂誕父熙既卒家

居貧乏思效張璁等片言取通顯詣闕上書請建明堂加獻皇帝廟號稱宗以配上帝帝大悅下禮部議嚴嵩等言明堂圜丘皆所以事天今大祀殿在圜丘之北禁城東南正應古之方位明堂秋享宜於此行之至配侑之禮自周至宋皆主於親親至錢公輔司馬光等之議則主於祖宗之功德今以功德論則當配以文皇帝以親親論則當配以獻皇帝其稱宗之說則臣等不敢妄議帝降旨明堂秋報大禮於奉先殿行其配帝務求畫一之說皇考稱宗何爲不可命再議丙辰戶部左侍郎唐胄言孝經嚴父莫大於配天則周公其人也說者謂周公有聖人之德制禮作樂而文王適其父故引以證聖人之孝答曾子問而已非謂有天下者皆必以父配天然後爲孝不然周公輔成王踐阼其禮蓋爲成王而制於周公爲嚴父於成王則爲嚴祖矣然周公歸政之後未聞成王以嚴父之故廢文王配天之祭而移於武王也後世祀明堂者皆配以父此乃誤孝經之義而違先王

之禮今南北兩郊及祈穀皆主尊尊必季秋一大享帝而後親親之
義備請奉文皇帝配帝大怒下冑錦衣獄拷掠之斥為民嵩乃再會
廷臣議請奉獻皇帝配明堂而文皇帝配祀於孟春祈穀帝從獻皇
配帝之請卻文皇議不行已復集文武大臣於東閣議獻皇帝宜稱
宗為有德不遷之廟帝以疏不言祔廟留中不下乃設為臣下奏對
之詞作明堂或問以示輔臣大略言文皇遠祖不應嚴父之義宜以
父配稱宗雖無定說尊親崇上義所當行既稱宗則當祔廟豈有太
廟中四親不具之理嵩益惶恐盡改前說緣帝指條畫禮儀甚備
巡撫山東都御史胡纘宗濬膠萊河　秋七月辛卯開河南雲南銀
礦　癸巳慈寧宮成　八月甲辰吉囊犯河西劉天和禦卻之　丙
辰顧鼎臣以本官兼文淵閣大學士預機務時李時為首輔政多自
夏言出時每事推讓之不與抗鼎臣入侍先達且年頗長欲有所可
否言不悅鼎臣遂不敢與爭　九月戊寅免畿內被災稅糧　帝既

排正議崇私親念太宗永無配享無以謝廷臣辛巳改上太宗廟號曰成祖上獻皇帝廟號曰睿宗遂奉睿宗神主祔太廟躋武宗上初南京太僕寺卿胡鐸與張孚敬同舉於鄉大禮議起鐸意亦主考獻帝孚敬因要之同署鐸曰主上天性固不可違天下人情亦不可拂考所生不已則宗宗不已則入廟入廟則當有祧以藩封虛號之帝而奪君臨治世之宗義固不可也入廟則有位將位於武宗上乎武宗下乎生爲之臣死不得躋於君然魯嘗躋僖公矣恐異日不乏夏父之徒也孚敬不從及是獻帝入廟稱宗則桂萼輩俱已死孚敬病廢不及與其議其後帝又預祧仁宗以爲獻帝地則孚敬亦死不及見矣豐坊待命久之無所進擢歸家益困改名道生別爲十三經訓詁類多穿鑿語又僞撰子夏詩傳行世人以其畔父咸深惡之竟悒悒以死　辛卯改欽安殿爲元極寶殿大享上帝奉獻帝配罷世廟之祭　乙未帝如天壽山丁酉還宮　冬十月嚴嵩奏慶雲見請受

羣臣賀又爲慶雲賦大禮告成頌奏之帝悅命付史館　十一月辛
未朔詣南郊上皇天上帝號還詣太廟上太祖高皇帝高皇后尊號
給事中顧存仁疏陳五事首言宜廣曠蕩恩赦楊慎馮恩等末云
敗俗妨農莫甚釋氏葉凝秀何人而敢乞度凝秀道士也帝方崇道
家言以存仁爲刺己且惡其欲釋楊慎等責以妄指凝秀爲釋氏廷
杖之六十編氓口外往來塞上幾三十年　辛卯祀天於南郊詔赦
天下　乙未免江西被災稅糧　十二月癸卯章聖皇太后蔣氏崩
帝諭禮工二部將改葬獻帝於大峪山以崔元爲奉迎行禮使張瓚
爲禮儀護行使指揮趙俊爲吉凶儀仗官郭勛知聖母山陵事壬子
帝如大峪山相視山陵甲寅還宮令議奉太后南詣合葬嚴嵩等言
靈駕北來慈宮南詣共一舉耳大峪可朝發夕至顯陵遠在承天恐
陛下春秋念之臣謂如初議便帝曰成祖豈不思皇祖耶何以南孝
陵因止元等毋行令俊往啓視幽宮　乙卯李時卒贈太傅諡文康

戊午振寧夏災　初斷藤峽猺侯勝海爲亂指揮潘翰臣誘殺之即其地置堡土目黃貴韋香以三百人往戍貴香奪勝海田廬諸猺俱恚勝海弟公丁嘯聚二千餘人乘夜陷堡殺戍兵二百人張經至廣州將討之會朝議欲征安南事遂已公丁等益橫龍州趙楷復求韋璋之子應育之應往來趙寶所與寶妻黃氏通結州目圖寶楷夜襲寶殺之以他盜聞應遂據龍州思恩土目盧回煽九司爲亂憑祥知州李珍淫縱部民怨之其季父寰殺珍附安南爲之嚮導翁萬達言於張經曰莫登庸大言中國不能正土官弒逆罪安能問我今寰等同惡共濟一旦約爲內應我且不自保先禽此數人問罪安南易下耳經曰然惟君之所爲萬達謂楷狙詐未可速圖應巽懦寡慮可旦夕禽斷其中堅然後可次第獲經善之萬達廉得百戶許雄通賊狀雄懼請自効萬達陽庇公丁捕繫訐訟者數百人公丁遣人自列萬達陽許之又令雄假稱貸爲賄公丁喜益信雄萬達乃以事屬參

議田汝成而自行部至太平禽應及實誅之立李佛爲憑祥知州又以計禽回誅之招還九司從亂者三十餘人揚言楷才勇藉爲龍州當一面諸言楷事者故不爲理楷遂來見萬達伏壯士劫之曰汝罪大宜自爲計誠死尙可爲爾子留一官楷自分無生理乃手書諭其黨曰業已如此亂無益也可善輔我子萬達即杖殺楷而立其子匡時公丁詰汝成白寇堡事諉諸他猺汝成慰遣之而密令居民被害者家出毆之一市盡譁游徼弁逮公丁繫獄遂遣雄諭其黨曰寇堡事公丁委罪諸猺果否諸猺言事由公丁聽論坐不敢黨乃檻致公丁於軍門磔之而請進兵討賊　天方入貢其使臣請游覽中土禮部疑有狡心以非故事格之

十八年春正月庚午朔帝祭服拜天於元極寶殿遂服翼善冠黃袍御殿百官致詞鳴鐘鼓鳴鞭奏堂上樂　以祇薦皇天上帝册表進郭勛翊國公夏言少師上柱國明世人臣無加上柱國者言所自擬

也　趙俊還自承天謂顯陵不吉遂議南巡九卿大臣許瓚等諫不聽王廷相又諫帝曰朕豈空行哉爲吾母耳已而南京侍郎呂柟給事中曾烶御史劉賢郎中岳倫等相繼疏諫皆不聽　二月庚子朔立皇子載壡爲皇太子封載垕爲裕王載圳景王辛丑詔赦天下時當頒詔朝鮮帝以安南事未決欲因以往覘命擇大臣有學識者以往乃起黃綰禮部尚書兼翰林學士爲正使諭德張治副之　帝慮南巡後塞上或有警議遣重臣巡視夏言等薦翟鑾壬寅起鑾兵部尚書兼右都御史充行邊使齎帑金五十萬犒東西諸邊軍士文武將吏咸受節制又以毛伯溫總督宣府大同山西軍務　丁未祈穀於元極寶殿不奉配遂爲定制　江西巡撫巡按諸臣以先賢曾子裔孫質粹名聞命回嘉祥授翰林院五經博士子孫世襲　壬子振遼東饑　癸丑安南莫方瀛遣使上表請降並籍其土地戸口聽天朝處分帝納之下禮兵二部協議　乙卯帝如承天太子監國宣

城伯衛焞及陳鏞留守顧鼎臣輔太子軍國重務悉聽啓行張瓚參贊機務各賜敕行事皇城及京城諸門分命文武大臣坐守郭勛夏言等並扈行　辛酉次真定望於北嶽　丁酉次衛輝有旋風繞駕帝問此何祥也前遼東庫大使陶仲文以善符水訣從對曰主火夜四鼓行宮火從官倉卒不知帝所在錦衣指揮使陸炳排闥負帝成國公朱希忠翼衛以出宮人及內侍多死者炳等由是得幸希忠輔之孫也　戊辰盡逮河南巡撫等官下獄黜爲民知府以下杖發邊方　張經命副總兵張經將三萬五千人爲左軍翁萬達監之指揮王良輔等六將分六道會南寧攻紫荊石門梅嶺木昂藤沖大坑等巢都指揮高乾將萬六千人爲右軍副使梁廷振監之指揮馬文傑等四將分四道會賓州攻碧灘羅淥上中下洞等巢南北夾擊賊大窘擁衆奔林峒而東良輔邀擊之賊中斷復西奔諸軍合擊大破之斬千二百級其東者遁入羅運山萬達等移師攻之檄右軍沿江而

東繞出其背賊刊巨木塞隘口布蒺藜窾伏機弩毒鏢懸石樹杪急則撼其樹石皆墜官軍並以計破之右軍徑期田州土酋盧受乃縱賊去俘其衆四百五十招降二千九百有奇土人言祖父居羅運八世矣未聞官軍涉茲土也萬達又移兵勦平南縣小田羅應古陶古思諸猺降賊黨二百餘人江南胡姓諸猺歸順者亦千餘人藤峽復平尋議割四峒屬南寧降洞豪黃賢相莫登庸始懼　三月己巳朔帝渡河祭大河之神辛未次於鈞州望於中嶽　甲戌免畿內被災稅糧　庚辰至承天辛巳謁顯陵甲申享上帝於龍飛殿奉睿宗配秩於國社國稷徧羣祀嚴嵩再請表賀夏言請俟還京帝報罷意大不懌嵩知帝指固以請帝乃曰禮樂自天子出可也令表賀而滋不悅言戊子帝御龍飛殿受賀詔赦天下給復承天三年免湖廣明年田賦五之二畿內河南三之一　壬辰發承天給事中戴嘉猷馳疏請回鑾而車駕已發帝大怒夏四月過慶都御史謝少南言慶都

有堯母墓佚於祀典請祀之帝曰帝堯父母異陵可知合葬非古卽
拜少南左春坊左司直兼翰林院檢討復議葬太后大峪山壬子至
自承天執嘉猷及前諫南巡者曾烶謝廷蒞給事中李逢周玩等俱
下錦衣獄謫極邊典史岳倫等皆獲罪逢遂之弟也　御史蕭祥曜
劾吏部侍郎張潮受顧鼎臣屬調刑部主事陸崑爲吏部潮言兵部
主事馬承學恃鼎臣有連自詭必得銓曹臣故抑承學而用崑帝下
承學錦衣獄鼎臣不問　甲子帝如大峪山諭嚴嵩曰大峪不如純
德始定議命崔元奉梓宮南祔丙寅還宮　先是詔選宮僚夏言顧
鼎臣舉陸深崔銑王教羅洪先唐順之黃佐等三十七人皆天下名
儒時以爲極盛已而御史洪垣再疏言溫仁和張衍慶薛僑胡守中
屠應峻華察胡經史際白悅皇甫涍張寅等皆庸流不可使輔導青
宮他諫官亦言言等多徇私五月帝爲廢黜數人而以選補事屬吏
部給事中錢薇呂應祥任萬里乞如會推故事集內閣九卿公舉帝

特命黜三人爲民許讚等乃舉霍韜毛伯温顧璘呂柟鄒守益徐階任瀚薛蕙周鈇趙時春等詔璘柟蕙仍故官餘俱擢用　郭勛嚴嵩俱害夏言寵霍韜亦陰比勛共齮齕言帝幸大峪言進居守敕稍遲帝責讓言懼請罪帝大怒曰言自卑官因孚敬議郊禮進乃怠慢不恭進密疏不用賜章其悉還累所降手敕言益懼疏謝請免追銀章手敕爲子孫百世榮詞甚哀帝怒不解疑言毁損令禮部追取削少師勳階以少保尚書大學士致仕言乃以手敕四百餘并銀章上之居數日帝怒解命止行復少傅入直諭令勵初忠秉公持正免衆怨言心知所云衆怨者勛輩也再疏謝謂自處不敢後他人一志孤立爲衆所忌帝復不悅詰責之惶恐謝乃已尋還所追銀章御書　戶部尚書李廷相罷帝念梁材廉勤大臣亦多薦者乃召復故官材三掌國計砥節守公如一日帝眷亦甚厚考察京官特命監之有大獄不能決又命兼掌刑部事帝歎曰尚書得如材者十二人吾無憂天

下矣　六月丁酉朔雷震奉先殿左吻及東室門槅召夏言及顧鼎臣不時至帝詰讓令禮部劾之言等請罪帝復讓言傲慢并責鼎臣　王廷相應詔自陳言人事修而後天道順大臣法而後小臣廉今廉隅不立賄賂盛行先朝猶暮夜之私而今則白晝之攫大臣汚則小臣悉傚京官貪則外官無畏臣職憲紀不能絕其弊乞先罷黜以儆有位廷相意蓋斥嚴嵩張瓚輩也帝但諭留而已　霍韜疏辭加秩因言今大臣受祿不讓晉秩不辭或有狐鼠鑽結陰固權寵怨氣召災實有所自其意亦爲夏言發也　應天巡撫都御史歐陽鐸檢荒田二千餘頃計租十一萬石有奇以所欺隱田糧六萬餘石補之餘請豁免戶部持不下蘇松田有官民之分腴瘠相等而賦入懸殊下者畝五升上者至二十倍鐸與蘇州知府王儀盡括官民田裒益之履畝清丈定爲等則令賦重者減耗米派輕齎最輕者徵本色增耗米重者陰予以輕輕者陰予以重推收之法以田爲母戶爲子詭

寄無所容時豪右多梗其議顧鼎臣獨以爲善曰是法行吾家益千石輸然貧民減千石矣不可易也顧其時上不能損賦額長民者私以己意變通官田不至偏重而民田之賦反加矣鐸又議徭役及裁郵置費凡數十百條民皆稱便　秋七月洪垣劾文選郎中黃禎先賄選郎楊育秀得爲考功及居文選貪婪欺罔知州王顯祖等考察調簡而補大州知縣何瑚年過六十而選御史皆非制今當大計京官乃以猥瑣之曹世威爲考功郎誤國甚帝下其章都察院令會吏科參覈乃下禎詔獄及育秀顯祖等咸斥爲民因詰責許讚王廷相而令十三道御史公舉隱年冒進若瑚者御史王之臣等坐調者四人世威亦改他部得罪者凡二十餘人　霍韜鄒守益上東宮聖學圖自神堯茅茨土階至帝西苑耕稼蠶桑凡爲圖十三帝以爲謗訕欲罪之已而得解　遼東自軍變後首惡雖誅漏網者衆悍卒無所憚結黨叫呼動懷不逞閏月廣寧卒佟伏張鑑等乘旱饑倡衆爲亂

諸營軍憚馬永無應者伏等登譙樓鳴鼓大譟永帥家衆仰攻千戶張斌被殺永戰益力盡殲之永畜士百餘人皆西北健兒驍勇敢戰至是竟得其力　日本貢使至寧波守臣以聞時不通貢者已十七年敕巡按御史督同三司官覈實果誠心效順如制遣送否則卻回且嚴居民交通之禁　庚申葬獻皇后於顯陵時諸內奄迫脅所過州縣吏索金錢宣言供張不辦者死州縣吏多逃武定知州唐侃置空棺旁舍中奄迫之急則給至棺所指而告之曰吾辦一死金錢不可得也諸奄皆愕眙去蕪湖知縣張永明至江岸佛舍爲殿供器飾箔金財用大省漕舟以避梓宮後期者三千而江南北多災傷總督漕運鎮遠侯顧寰請被災地方停漕一年令改折色軍民交便　帝之南幸也趣黃綰詣行在受命綰憚安南之行至徐州先馳使奏疾不能前致失期帝責綰不馳赴行在而舟詣京師爲大不敬令陳狀已而宥之綰數陳便宜請得節制兩廣雲貴重臣遣給事御史同事

吏禮兵三部擇郎官二人備任使帝悉從之綰又爲其父母請贈且
援建儲恩例請給誥命帝怒褫尙書新命令以侍郎閑住停使命初
安南征討之議發自夏言帝既責綰因發怒曰安南事本一人倡衆
皆隨之乃訕上聽夏言計共作慢詞此國應棄應討宜有定議兵部
即集議以聞張瓚惶懼辛酉偕廷臣請如前詔仍遣仇鸞毛伯溫南
征如莫登庸父子束手歸命無異心則待以不死從之文武三品以
下不用命者許伯溫鸞以軍令從事　嚴嵩歸自承天日驕諸宗藩
請卹乞封挾取賄賂子世蕃又數關說諸曹南北給事御史交章論
貪汚大臣皆首嵩嵩每被論亟歸誠於帝事輒已帝或以事諮嵩所
條對平無奇帝必故稱賞欲以諷止言者　九月乙未朔日有食之
辛酉帝如天壽山　河南大饑命戶部侍郎王杲往振杲請急發
帑金詔齎臨清倉銀五萬兩以行既至復請發十五萬兩以其事委
參政王愼中全活不可勝計　大同所轄鎮邊鎮川宏賜鎮河鎮虜

五堡相距二百餘里極邊近賊帳自張文錦以築堡致亂後無敢議修者追翟鑾巡邊毛伯溫爲總督始與梁震共議及之伯溫曰變所由生以任用匪人非建議謬也冬十月五堡成募軍三千防守給以閒田永除其賦邊防賴焉　十一月御史黃正色劾梓宮南祔時中官鮑忠駙馬都尉崔元禮部尙書溫仁和所過納饋遺帝召詰忠等皆叩頭祈哀因譖正色擅於梓宮前乘馬執扇及江行陟險又不隨舟督護大不敬帝更怒正色立捕下詔獄榜掠遣戍遼東　大同總兵官梁震卒贈太保謚武壯震有機略號令明審前後百十戰未嘗少挫時帥健兒出塞劫敵營或議其啓釁震曰凡啓釁者謂寇不擾邊我横挑邀功也今數深入乃不思一挫之耶震沒健兒無所歸守臣以聞編之伍邊將猶頗得其力　時中外訛言帝復南幸十二月霍韜上疏顯頌郭勛言六飛南狩時臣下多納賄不法文官惟袁宗儒武臣惟勛不受饋今訛言復播宜有以禁戢之帝乃下詔安羣情

復詰韜曰朕昨南巡鄉不在行受賄事得自何人據實以奏　翟鑾以職方郎中楊博自隨所過山川形勢土俗好惡士卒多寡强弱皆疏記之至肅州屬番數百遮道邀賞鑾慮來者益衆不能給博請鑾盛儀衞集諸番轅門外數以天子宰相至不悉衆遠迎將縛以屬吏諸番羅拜請罪乃稍賚其先至者餘皆懼不復來鑾乃與劉天和議拓嘉峪關而還

明紀卷第三十一

西元二〇一六年六月一日重製一版

明紀 冊二（清陳鶴撰 清陳克家續成）

平裝四冊基本定價參仟參佰元正
（郵運匯費另加）

發行人 張敏君
發行處 中華書局
臺北市內湖區舊宗路二段一八一巷八號五樓（5FL., No. 8, Lane 181, JIOU-TZUNG Rd., Sec 2, NEI HU, TAIPEI, 11494, TAIWAN）
客服電話：886-2-87978396
公司傳真：886-2-87978909
匯款帳戶：華南商業銀行西湖分行
179100026931
印刷：維中科技有限公司
海瑞印刷品有限公司

No. N1031-2

國家圖書館出版品預行編目(CIP)資料

明紀 / (清)陳鶴撰 ; (清)陳克家續成. -- 重製一版. -- 臺北市 : 中華書局, 2020.04

冊 ; 公分

ISBN 978-986-5512-08-8(全套 : 平裝)

1.明史

626.02 109003713